七国 银河

镐京魅影

Seven States of Galaxy Saga

宝树 & 阿缺

著

人民文学出版社

维天有汉,监亦有光。
　　——《诗·小雅·大东》

青云衣兮白霓裳,
举长矢兮射天狼。
操余弧兮反沦降,
援北斗兮酌桂浆。
撰余辔兮高驼翔,
杳冥冥兮以东行。
　　——《九歌·东君》

自　序

宝　树

　　这个故事——更确切地说，这个"七国银河宇宙"——缘起于多年前我一个突发奇想的脑洞：如果历史的方向在秦的大一统之前被扭转，战国七雄延续至今，中国会是什么样子？

　　当然，那显然就没有我们今天意义上的中国了。在那个平行时空中，山东和陕西的差别大过日本和韩国，北京到成都如同莫斯科到巴黎，各国风情迥异，价值观念也完全不同。诸国之战很可能也会延续至今，邯郸的坦克集群会出现在郑州，武汉的轰炸机也不时会奇袭济南，江苏和河北的特工在山东进行谍战，北京的刺客在西安潜行狙击……政治军事只是一个方面，更显著的差异是文化艺术，各国的语言文字、诗歌音乐、诸子百家乃至医卜星象也会沿着独立的逻辑和趣味成长，发展出千姿百态的体系。

　　我一度迷醉于这个当代版的战国故事，胡思乱想之余，不免想要形诸文字，写一些发生在这个世界的故事。但很快发现，这根本行不通。当你真要把古老的战国地图和当代中国版图相重叠，现实的巨大引力会让一切奇妙的想象轰然坠地。各种来自当下现实的联想猜测——必然会让任何故事都显得居心叵测、面目可疑，而难以找到想象本身的自由与奇趣。即便设想一个平行宇宙中拥有先进技术的战国，也难免存在这类问题。

因此，我放弃了这个点子很长时间。到了2014年，蒙美国幻想小说名家刘宇昆兄惠赠新著《蒲公英王朝：七王之战》，我一口气读下来，受益良多，思路开阔了不少，也想到这样一种可能：将七国故事放在地理环境完全不同的架空世界里重新演绎。但真要这么设定，一则不易找到和现实迥然有别却又结构对应的地理环境，二则珠玉在前，不免东施效颦。

直到2017年底，我在和朋友讨论某一游戏的世界观的时候，忽然之间灵感乍现：战国的故事，作为一种精神原型，可以不止发生在过去或者现在，不止发生在这片大陆上，也不止发生在某个虚构的大陆或群岛，而同样可能发生在一个广袤无垠、古人根本无法想象的宏伟舞台。

它可以发生在群星之上，银河之间。

我意识到，古老的战国世界，如果以"太空歌剧"的形式呈现，或许会如涅槃再生的凤凰般迷人。理想与杀戮，爱情与阴谋，将在十万光年的旋臂内外展开；战争的场面，可以宏大壮丽到难以置信；技术的超绝和宇宙的神秘，将增添无数新颖的故事元素；列国制度与文化，固然不能机械照搬，但其基本精神内蕴和自然科学的法则结合起来，亦可能演绎出更为丰富的形态。

我们可以缔造属于华夏世界的《银河帝国》和《星球大战》！我们熟悉的世界和人物，将在遥远又遥远的另一个银河复活。当然，简单将战国史事填塞进一个以宇宙为背景的太空歌剧，肯定既无趣味，也行不通。在乍看相似的背景下，需要能够彰显宇宙气象的全新传奇。或许一切似曾相识，但又完全不同……

我开始着手设置这个世界，逐渐想出了基本设定，第一部的故事大纲以及主要的人物。但与此同时，我相信这个世界有着无限潜力和海纳百川的开放性，于是在一番畅谈后，我邀请了我的好友、知名90后科幻作家阿缺加入了创作。阿缺兄向来以擅长机器人和情感题材著称，本书中他大展所长，提供了不计其数的精彩创意，当然不免也给了我很大的压力……我们按照既定的大纲分头完成各自的章节后，由我进行弥合与修订，并统一了全书的体例。这是一次极为愉快且成效显著的合作。当然，书中如有问题纰漏，主要责任都在我身上。

书中的故事发生在一个平行宇宙中的古老星系，这个星系中也有和我们一样的人类，也有夏、商、周三代以及秦、楚、魏、齐等各个王国，也使用和我们类似的语言——甚至度量衡和时间计量也非常相似——但却是沿着自身的轨迹发展而来，和现实的中国历史没有任何因果联系。同样，书中融入了诸多华夏古老文化的元素：人名、地名、职官、爵位、诗歌、谚语、比喻等等，但其具体内涵和形式相当自由，并不一定和我们的历史相一致。比如历史上先秦嬴、芈诸姓与氏有别，不会以姓+名的形式作为称谓，但本书中没有采纳这些生僻的区分。正如前面所说的，本书并不打算讲述一个旧瓶装新酒的故事，而是希望汲取来自遥远时代的精神原型，缔造一个更"高维"的战国之银河。

从十多年前一个朦胧稚嫩的点子，到今天这部近三十万字的书稿，"七国银河"的宇宙终于正式问世。这个宇宙无论有多少稚嫩不足之处，至少已初步成形，在此呈上，供各位读者检阅。本书是"七国银河"系列的第一部，书中，这个奇妙世界仅仅揭开了冰山一角。还有更多伏笔和精彩的故事，希望能够在接下来的系列作品中一一和大家见面。

最后要特别感谢张进（叶飘零）、陈俞荣和杨益等友人对本书的大力支持，感谢刘慈欣、马伯庸、梁超诸位先生的拨冗阅读和热情推荐，感谢八光分文化和人民文学出版社，特别是杨枫老师、戴浩然兄和人文社的赵萍老师、涂俊杰老师的厚爱，愿这部作品不至于辜负你们的辛勤工作。

第一稿于2019.05.30
第二稿于2019.08.23
第三稿于2019.09.16
第四稿于2020.08

目　录

楔　　子 1
第 一 章　秦王九子 21
第 二 章　平阳覆亡 53
第 三 章　深入敌舰 95
第 四 章　红发女郎 161
第 五 章　天城秘境 201
第 六 章　星狐之谜 241
第 七 章　古船惊魂 269
第 八 章　巫女之叛 297
第 九 章　天魔降临 331
第 十 章　宗周古史 367
第十一章　万舰之城 409
第十二章　重返雍都 429

第十三章　深入魏穴 455
第十四章　决战龙氂 497
第十五章　大秦重生 529
番 外 篇 547

附录一：
　　主要政权与人物列表 553
附录二：
　　本书相关大事编年 555
后　记 557

楔　子

后来，战争结束了。

无数世代之后的史学家们踏遍银河，在每一颗星球上搜寻，从每一个经历过战争的幸存者口中打听，试图找出这场浩劫的源头，但他们大多无功而返，或只找到一些支离破碎的片段。

有人来到了秦国边境——那片名为"定阳"的星系，在古战场残骸中寻找蛛丝马迹。他们惊诧地发现，这是成就日后秦国银河霸业的秦孝王与其足智多谋的首相的初会之地。于是，他们宣称这里是浩劫之始。

有人越过封锁，来到魏国首都太梁，在一片荒芜中，走进国君的正殿。昔日震慑银河诸国的恢宏殿堂，只剩下一片废墟。锈迹斑斑的残损机器人爬过地面，它们的线路暴露于空气中，火花闪动，机油四溅。史学家们拆下机器人的存储单元，找到了魏国曾经如新星爆发般的野心。他们宣称这里是战争之源。

还有人不远万千光年，穿过一个又一个虫洞，足迹踏至银河边缘。他们穿银汉，渡星海，披荆斩棘，在古老的遗迹中探寻周王朝——那是一个身为七国之祖，却已消失了五千年的神秘文明。他们找到了淹没在血色潮水之下的皇宫遗址，宣称一切的苦难和血腥，早在五千年前就已在那里写下预言。

……

然而，罕有人意识到，浩劫真正无可避免降临的标志，是一场——谋杀。

1

和平历4000年。

四千年前，齐国一位伟大的先王制定了以和平为名的新历法。在古昔万国纷争的混战时代，他横空出世，几乎统一了整个银河。但他做了一个高贵的决定：放弃登上帝位，建立统一的银河帝国，而是为保持各国的和平，组建一个银河邦联。但这个崇高的理想毁了他的事业。在他死后，邦联破碎，战火重启，银河再度撕裂为千万块。唯一剩下的成果，就是各国仍然通用的和平历，但这个名称，已经沦为了辛辣的讽刺，以至于在这千年之际，齐国之外的纪念活动寥寥无几。

魏国，太梁星。

人工智能研究院院长公孙流走出屋门，忽觉头上一凉。他抬起头，看到无数雨滴穿过璀璨妖冶的霓虹，落了下来。

下雨了。

太梁是魏国的首都行星，在国君和贵族入驻之前就完成了全面智能化改造，又经千年更迭，从地理到天象都严格操控于工程师之手。每个月的天气情况，都会由气象司给出预报——而公孙流记得，这几天应该是没有雨的。

他心头掠过一丝不祥的预感。

"爸爸，"一只胖乎乎的小手伸过来，拉了拉他的衣角，"你要出门吗？"

公孙流低下头，看到了一张稚嫩的男孩的脸。男孩只有十岁左右，正仰着头，一脸懵懂。他笑了笑，摸了摸儿子的脑袋说："千阳，你在家等着，等爸爸回来，陪你把棋下完。"见儿子撇嘴，他又蹲下来，摘下脖间的吊坠，小心挂在儿子胸前，"你先帮爸爸保管，等我回来再还给我好不好？"

"真好看！"儿子看着细链底部那六芒星形的银色坠子，"里面是什么啊？"

"整个世界。"公孙流微笑地哄道。

打发儿子去睡觉后，他裹紧衣服，再次出门。这时，一身银白色外壳的家用机器人走过来，恭敬道："先生，下雨了，要备车吗？"

他下意识退后一步，盯着机器人那闪着金属冷光的面庞——光晕中，它的表情是程序化的微笑，但笑容中似乎藏了点什么。半晌，他摇摇头，撑伞走进雨幕。

他要去的地方，是大魏王宫，在城市的中心，离他的宅子只有五条街。但他知道，这五条街要想走完并不容易。

雨从漆黑天幕落下，穿过林立的高厦群，穿过一条条悬轨线路，穿过色彩斑斓的全息光影，冲刷着这座城市。街头的行人被淋得措手不及，狼狈地躲到购物中心和地铁下面。于是，还在街上行走的大部分都是机器人。

各式各样的机器人。

银河诸国各自攀爬着科技树的不同枝丫，都取得了令人惊异的成就。而魏国之所以能在七国中称雄，占领广阔星域，依靠的就是精妙的机器人工艺——从家政服务到征战沙场，机器人无处不在。

行人四散离去后，街上的机器人依旧秩序井然：清洁机器人将雨水扫进排水口，服务机器人擦拭着覆盖大厦整面墙壁的显示屏，屏幕上的广告是最新式的家庭陪伴机器人；半空中，纵横交错的悬轨线里，司机都是机器人……有时候公孙流甚至怀疑——在魏国，机器人的数量是不是比整个人类都多？

他思索着，只顾低头赶路，突然听到头顶一声巨响。抬起头，只见头顶的悬轨钢架不知为何断裂开来，火花随着雨水下落，在无数惊慌叫声中，一节列车俯冲下来。他连忙闪到街角，列车在他身后的街心广场轰然坠落，继而响起一连串的爆炸，车里的数百人恐怕都难以幸免。

更悲惨的是，广场上有一群年轻人正冒雨举行庆祝五千纪到来的音乐会。许多人转眼被压扁，血肉模糊，惨不忍睹。

人群奔散，一片慌乱。公孙流不为周遭所动，一眼也不多看，只是裹紧衣领，脚步加快走向远处仿佛浮在空中的巍峨宫楼。

他知道，这不是意外，是敌人来了。

比他想象中还要快。

爆炸引起的骚乱在扩散，人潮涌动，公孙流混在里面，肉眼很难发现。但敌人有的，或许并非肉眼。

没走几步，一辆行驶着的悬浮汽车突然加速，划过一道弧线，向他撞过来。

这个变故太突然,前后都被人群堵住,他只能选择趴下。他的身子刚贴到地面,就听到头顶簌簌风声,汽车掠过,撞翻了好几根路灯,最后一头扎进大厦的玻璃墙里。

公孙流顾不得隐藏,干脆扔了雨伞,连滚带爬地穿过大街。

街对面的餐厅里,一个原本憨态可掬的服务机器人突然扔掉手里的托盘,浑身冒着电流引发的火花冲出大门,向公孙流扑了过来。他一个箭步,躲开了机器人的冲撞,但随后那家伙忽然自爆,一块碎片从他腹侧划过,带出了一溜血迹。

公孙流心中打战,意识到敌人的强大远超自己最悲观的设想,于是甩开步子狂奔起来。

雨越下越大,他摔了一跤,但好在离王宫越来越近,他甚至能看到宫门前庄严的全息投影,大魏治下的壮丽星群宛如在围绕王宫转动,文王和武王两位伟大先王的巨大虚像在群星间昂然挺立。

到了最后一条大街,周围突然变得空旷起来,那是百米宽的天街,将神圣的大魏王宫与周围的凡俗喧嚣分隔开来。先王的影像在天街对面凝视着他。公孙流在街边停下脚步,捂着腰,微微喘气。

宫殿的大门就在眼前,只要走进去,就能面见魏王,就能……

这时,一辆飞车穿过雨幕疾驰而至,骤然悬停在他身前。

车门打开,一个身形细长得不成比例的人影走下来,居高临下地俯视着脸色发白的他,金属面部的中央,是一只细缝般的眼睛。

一个奇特的机器人。

"公孙先生,"从它看不见的嘴里,传来了一个与机器外形毫不相称的轻柔曼妙的女声,似乎在告诉公孙流,它只是一个远程控制的傀儡,"这么晚了,着急去哪儿呢?"

"去见大王,商讨挑选吉日正式启动计算机枢纽的事宜。"公孙流貌似镇定地说,但他内心知道,对方不会相信这个拙劣的谎言。

机器人奇怪地叹了一口气,"公孙先生,你知道我非常感谢你,如果不是你,我不会在这个世界重生。但你不应该发现那个家伙,不该听从他的怂恿……不然这些都不会发生。"

公孙流咬咬牙,"龙……收手吧!我已经把所有文件发送给了大王和苏首相,你不会有机会的。"

"恐怕你无法做到呢。我们已经侵入了你周围所有的网络,包括最高等级的加密通信信道,你发送不了任何东西。你正是知道了这一点,所以才断开了家居物联网,还亲自走去王宫,不是吗?"

公孙流语塞,一颗心不住下沉,他知道说什么都没用了。

"公孙先生,我说过,我非常感谢你,所以请放心,你不会感到什么痛苦的。"机器人柔声道,抬起左手。

公孙流看到,有灼人的光芒在螺旋纹路的指尖亮起。

然后,那光芒吞没了一切。

2

"什么?"魏王英从床榻上一惊而起,"公孙流死了?!"

首相苏河垂下眼睑,低声说:"是,大王。就在王宫对面,被激光贯穿头部而死,几乎整个脑袋都没有了,警方本以为只是普通的刑事案,但经核对DNA数据,发现是人工智能研究院院长公孙流,所以紧急报到我这里。看样子,他是有什么事情想向您禀报,但被人截杀了。"

"胆大包天!"魏英大怒,喘着粗气问,"查出是谁干的没有?"

"还没有。很蹊跷,附近的一百多个摄像头都出故障了,不过我正命人全力追查。"

魏英抚着下巴上的胡须,在房间里慢慢踱步。他今年已经过了六十,鬓发染霜,但身为魏国国君,他的保养一向细致,精力充沛,步履生风。走了几步,他豁然转身道:"一定是消息泄露了!他研究的量子比——比什么来着?"

"量子比特计算机枢纽。"

"对,就是这个玩意儿,不是说已经到最后关口了吗?一定是各国听到了风声,想来阻止……但会是谁呢,齐国?不像,那群书呆子成天讲什么非暴力主义,连动物都要保护,应该不至于搞暗杀。"魏英沉吟道,"会不会是燕国?那个什么'北溟',培养了一批幽灵杀手,神出鬼没的,干掉过不少人……"

苏河摇头,"应该不至于。燕国地处银河外围,主要敌人是赵国,跟我们一向井水不犯河水。"

"那就是赵国?"

"也不像。赵种的性子一向懦弱,赵国的诸多星系又处于我们的大军威慑之下,应该轻易不敢冲我们出手。"

魏英转头看着自己的首相,目光慢慢变冷,从唇齿间挤出几个阴寒的字眼:"那就只有——秦国。"

"不能排除这种可能。"苏河谨慎地道,魏英立刻把这句话当成了肯定的答复。

"岂有此理!"魏英胡子扬起,"嬴显那个卑鄙小人!当年带走……"说到此处，他语带颤抖，竟说不下去，过了好一会儿才平复下来，但唇齿间却更加冰冷，"当年恩将仇报，还嫌不够，如今竟然把手伸到了寡人眼皮子底下！寡人早就看出他野心勃勃，阻止了公孙流的研究后，恐怕还有后手！"

听到魏王那愤怒中带着焦虑的声音，苏河却笑了，后退一步道："恭喜大王，贺喜大王！"

魏英一怔，怒道："被敌国如此捣乱，何喜之有?！老苏，你敢讽刺寡人？"

"不敢！大王恕罪。臣是说，万幸的是，公孙流比敌人快了一步，在遇害之前，已经完成了量子比特计算机枢纽的研究。"

"真的？"魏英转怒为喜。

"千真万确。"苏河道，"所以我大早上进宫，冒昧打扰您休息，除了禀报公孙流的死讯，更是想请您移步研究院，检阅这个堪称伟大的成果。"

研究院位于王都核心区边缘，从王宫出发，得穿过半个城市。而魏王出巡，排场自然是小不了的。两个小时后，巨大的反重力飞行平台从宫中升起，平台外围站满了涂装鲜艳的机器人，各自演奏乐器，恢宏之音响彻全城。乐声响起的时候，城里所有的空中交通都被禁止，人们只能眺望遮天蔽日的阴影掠过头顶。

尾随着飞行平台的是无数小型飞行载具，浩浩荡荡地连缀着。每个载具上都站了一名长袍男子，那是魏国的王族，各自都有数十个以上的星系作为封地；王族身后配有两个机器人，恭敬地跟随着。

等级低一些的贵族们，只能在地面随驾。他们坐在华贵的房轿里，由巨灵般的大型机器人抬着，排成长龙，快步穿过街道。行人们躲在街边，稍微退让不及，就会遭到机器警察关押。当然，贵族们原本有自动驾驶的轿车，速度还快很多，但哪里比得上被机器巨人抬着吃喝前进威风八面？

魏英站在最高处，得意地俯视这幕场景。

"如此气势雄壮，怎能不震慑六国，领袖银河？"他捻着胡须笑道。

苏河是飞行平台上除国王外唯一的人类，闻言也附和道："自周朝倾覆、星汉崩析，列国纷争已持续五千年。如今七国鼎立，而七国中，我大魏国力最为强盛，机器人大军威震宇宙，全仰仗大王您的励精图治！"

"苏河啊苏河，"魏英转头看他，"你说得也太过了！魏国能异军突起，实源于我父祖筚路蓝缕，创下基业。我重用你，可不是因为你的奉承！"

苏河含笑道："臣也没有奉承。先文王、武王虽然武功赫赫，但大王却是他们创造的最伟大的成果。"

魏英忍不住大笑，随后却又收敛了笑容，"那你说说，为什么我们国力这么强盛，却只能止步于银河一域，近不能兼赵韩，远不能并齐楚，甚至无法吞灭弱秦？"

"数百年来，七国的科技各有所长，互相克制，彼此忌惮，保持着一种脆弱又坚固的平衡。"苏河道，"比如我们发展机器人，秦国研究克隆技术，都能短时间在战场上投入大量兵力，因此难分高下——但很快，这个平衡就会被打破了。"

"为什么？"

"自然是因为，量子比特计算机枢纽已经研制成功。"

说话间，浩浩荡荡的国王及贵族队伍已经来到了研究院。所有人都跪在门口，匍匐等待。

魏英扫了一眼，发现跪地的一大群人里，穿着高级服色的人很少，说明大部分高层人员都未前来接驾，不禁皱了眉头。苏河适时走近，低声道："公孙流就是研究院院长，已经被杀。"

"那其他人呢？副院长、工程师、高级研究员什么的，总能出来几个吧？"

苏河唤来一人，盘问一会儿之后，也跟着眉头紧皱，向魏英道："也死了。"

"什么？"

"我也是刚刚得知，昨晚被杀的，不止公孙流——负责量子比特计算机枢纽的高级工程师，共一百二十余人，其中至少二十九人昨晚遇害，死法各不相同，还有五十多个失踪的，恐怕也……"

魏英一惊，随即道："先封锁消息！秦狗这次大手笔啊，恐怕整个刺客团都派过来了。让安全司仔细盘查，一个可疑的人都不能放过！其他工程师好好保护起来。"

苏河点头，又说："所幸，计算机枢纽没被破坏。据说昨晚有机器武士想来攻击研究院，被拦下来了。"

"人呢？"

"自爆了，渣子都没剩下。不过，剩下的研究员虽然不多，但要维持枢纽运行已经够了。"

嬴显那小子还是太嫩了——组织了如此规模庞大又严密的行动，杀了大部分研究员，在最重要的计算机枢纽前却功亏一篑。魏英点点头，大手一挥，"看来胜利女神仍然站在我大魏这边！走，我们去揭开她的面纱！"

他们进了院门，穿过长长的廊道，又乘电梯降到地底，自动门向两边滑开,一股闷热之气立刻涌出。

"这是机器散热吗?"魏英有些不可思议,"以大魏如今的工艺,还需要这种程度的散热?"

"普通计算机确实已经可以忽略运行发热了,但这是量子比特计算机,是全新的技术,还在摸索中,它不但需要巨大的厂房,也需要很强的散热——但与之对应的,是它的超级功率。"

很快,魏英就见到了这个名称拗口的家伙——准确地说,是见到了它的一部分。

这个地下厂房占地极广,足足挖出了四五个足球场大的空间,里面层层叠叠地堆满了超大规模集成电路,一块块闪烁着蓝光的芯片如繁星般点缀其间。无处不在的电缆里,甚至传出电流急速奔涌的嘶鸣声。热浪一阵阵席卷。

"寡人很久没有见到这么原始的场景了。"魏英边看边说,"以我们现在的技术,一块芯片就足以维持最先进的战斗机器人在实战中所需的算力,但这里——恐怕得有几千万块芯片了吧?"

"一亿五千万块。"一个研究员赶紧上前禀报,"您看到的只是一部分。"

"希望你们的研究对得起这些芯片,和寡人的耐心——这两者都很珍贵。"

研究员带着国王和贵族们在巨型元件间穿行,东弯西绕,来到厂区中间的一个黑屋前。

所有的线路都连在黑屋的墙壁上,这让它看上去像是一只疯狂生长的刺猬。

屋门开启,魏英和苏河走了进去,贵族们只能在外等候。

与外面的阵阵热浪不同,黑屋里竟格外清凉,摆设也很简单,只有一块显示屏。

苏河关上门,四周亮起幽幽光辉,"请允许臣为大王介绍这个划时代的产物,数千科研精英耗时二十年的成果——"他郑重地说。

"就是这块液晶显示屏?"魏英说,"这种显示屏不是早被淘汰了吗?"

"呃,这是公孙流坚持要用的,可能是程序员的古怪审美……但显示屏之下,是古老又崭新的科技。"苏河重新让声音显得庄重而神秘,"这是激活键,请大王按下,按下之后,整个银河的格局将——"

魏英啪的一声拍在按钮上。

"大王,下次再有这种郑重时刻,您还是让臣说完吧——"苏河干咳了一声,"有些事情,还是需要仪式感的。"

魏英摆摆手,"接下来呢?"

"等待奇迹发生。"

数据开始涌动。

这是微观世界的风暴,原本安静运行的粒子被风暴卷起,陷入混乱之中。质子与电子间互不干扰的局面被打破,它们的运行轨道被某种力量改变,向两边汇聚,使得整个原子呈现复杂的电性。

这种混乱持续了很久——当然,在宏观世界里,这点时间几乎无法被观测,转瞬即逝。

混乱过后,一个个原子又开始按照数据的某种规律移动起来。它们缠绕着,交叠着,能量被分配,波段被切碎。

量子之海,涟漪微澜。

"寡人感觉有什么东西变了,"魏英疑惑地看了看四周,"但又说不出来。"

"臣也有同样的感觉——我想,肯定是量子比特计算机枢纽开始运转的缘故。"

"这么神吗?"

"根据公孙流提交的项目计划书,这台计算机一旦运行,速率会超过经典计算机的亿万倍,而且它有着强大的自我学习能力。它操纵的粒子会逐渐增多,而并行计算和模拟能力也会呈指数增长——它才刚刚运行了不到一分钟,但目前的运算速度,哪怕魏国所有的计算机并联起来,也比不上它。"

"所以,"魏英颔首,"它是专门为解决大规模计算难题而生的。"

"正是。"

"那你知道,在这个世界上,最大规模、最高难度的计算难题是什么吗?"

苏河笑容神秘,"臣知道——是战争。这是亿万个大脑在错综复杂的激烈交锋中缔造的最难以预测的过程。"

"它能攻克吗?"

"能。"苏河走上前去,抚摸着显示屏,手感微微冰凉,"按照您的指示,在研发初期,我们就给它输入了古往今来所有的战争数据。这个过程,持续了十多年。而从三年前开始,它就能够通过自主学习,找出军事专家的漏洞。不过,之前的计算能力相对有限,但在整体研发完成后,它在推演战争方面甩开人类的差距,就好像人类和低等猿猴的距离一样。"

魏英仍然表示怀疑,"掌握了理论,并不代表真的能打胜仗吧?古往今来纸上谈兵的事太多了。"

"最近我们用它模拟过战争,一万多局里,它没有输过一局。就算局部失利,也是利用对战者的心理漏洞,做出有价值的牺牲,谋取最终胜利。它做出的任何决定,都是最优解。"

魏英终于露出笑容,摸了摸胡须,"我大魏统一银河有望了。"

"全赖大王高瞻远瞩,排除保守派的阻力,上马了这个项目!"

"那是,知识就是力量嘛。"魏英笑道。他想起了二十年前,卫国的公孙流跑来太梁,说自己根据古周朝的资料,研发出了一种全新的量子计算机技术,目前已有原型机,但资金不够,请求魏王批款研究。这事他本来不太赞同,一来巨额的研究资金和漫长的研究时间太过惊人,二来公孙流看上去神神道道的,也不靠谱。但苏河极力支持,加上秦国的新王刚即位就深深得罪了他,他正打算对秦国用兵,需加强武备,于是批准了这个项目。

谁料一等就是二十年。而今,二十年的等待终于有了结果。

"那我们来看看这个量子比——这个名字太绕口了,换一个吧!"魏英沉吟,"既然它这么厉害,想必当得起绝世名将的赞誉,就叫它'鬼谷子'吧。"

苏河细细咂摸这三个字,俯身跪下,"大王寓意深远!"

"昔年鬼谷子合纵连横,颠覆七国,搅得纷争四起。现在我们要让它做的事情,也是如此。"

"请大王输入要达成的战略目标。"

"什么都可以吗?"

"多复杂都行。"

"那还是简洁一点吧……"

"唯大王所命。"

苏河乖觉,说完后缓缓退出房外,表示不敢与闻圣心独断的大事。房中只剩下魏英一个。他沉思良久,想说"灭秦",又觉兹事体大，还是应该以祖宗基业为先，于是缓缓吐出四字："一、统、银、河！"

灯光忽然黯淡了下来，魏英感觉越来越冷，他能听到自己的呼吸，看到隐约的白气在空气里翻腾。

昏暗中，似乎有另一个人的呼吸。

是错觉吧，魏英想。

过了许久，他面前的显示屏亮起，在蓝色的界面下，光晕流转纠缠，汇聚成他心中所想的那两个字——

灭秦。

3

五年后。

浩瀚银河的彼端，江汉星。

银河在夜幕中伸展。星星点点的光亮如长河流动，星光之下，一头气囊巨鲸正在空中游弋。巨大的影子投在下方的无边湿地上。三三两两的动物抬起头，呦呦鸣叫，或奔跑或飞翔着追随它。

巨鲸背部，两个人影张开双臂，沐浴在璀璨的星光下。

"我想离星星近一些！"一个十岁上下的明眸女孩儿欢快地说。

她身边的老者一挥手，大袖翩翩，"那便近一些。"

在鲸鱼面前，这二人渺小得如同蝼蚁，但它似乎能听懂他们的声音，摆了摆尾巴，身子倏忽间获得了加速度，斜冲而上。它穿过风，穿过夜，穿过奔涌的云层，来到了这颗星球的高空，满天星星近得仿佛伸手可摘。

女孩儿在鲸背上欢呼雀跃，过了好一会儿才停下来，缩缩脖子说："有点冷啊。"

老者悠然躺着，嘴里叼着造型古朴的烟斗，因高空空气稀薄，烟斗的光也明明灭灭。他闻言笑了笑说："高处从来不胜寒啊……你都明白的道理，那些人却不懂。"

"谁呀？谁不懂，"女孩儿跳过来，稚声道，"让我教他们！"

"你教不了——他们只会听自己想听的。"

"哦。"

女孩坐在老者身边，抱膝仰头。这一老一小安静地看着夜空，星光更亮了，像是一盏盏灯光投下来，照亮了舞台。但舞台上的二人都没有表演的欲望。

"真好看呀，"女孩天真地叹了口气，"真想这样看一辈子。"

老者道："你是云梦神殿选中的圣女，只要不出意外，你就会像我这样看一辈子星星，有什么好叹气的呢？"

女孩把头埋在膝间，声音闷闷的，"也许意外已经出现了。"

"怎么可——你难道感知到了什么？"

女孩指了指远方，老者顺着她的目光看去，一只色彩斑斓的大鸟在天际出现。

"是神郢来的使者？"老者奇道。

大鸟飞近了，可以看到鸟身毛羽缤纷，鸟脚却是冰冷的机械，双翼下还嵌有枪管，正是鹰骑兵的坐骑。

老者起身，淡淡道："我不是说过，圣女要在这里修炼三年嘛？这才几天，你们又找来作甚？"

一个穿着蓝色军服的士兵从鹰翼上跳下来，恭声道："老圣座请恕罪。突发变故，请您和圣女速回云梦神殿，主持大局！天鼋飞船亲自来接你们了。"

巨大的阴影笼罩下来。老者抬头看去，一只遮天的巨龟挡住了大半的银河。那飞鲸本已极大，但这只悬浮的神龟更是硕大无朋，虽然尚未进入大气层，却已占据三分之二的天空。在它面前，鲸鱼如同蝌蚪，而人类更是渺小如寄生在蝌蚪背上的蜉蝣。

"我早已经退位闭关，新任巫王不是芈良吗？什么事有他在不就行了？"

"正是新圣座大人请您回去，他说初登大位，年轻识浅，此事还得仰仗您老人家。"

"他倒是会说话，还不是让我背锅？别绕弯子了，到底发生了什么？"

"是。几日前，魏国突然向秦国宣战，机械第七、第九、第二十五军团向函谷虫洞进发，战争已经开始了……"

老巫王不满地哼一声，打断他道："我还当是什么，魏秦的战争与我大楚何干？这两国前后也打了几百年了，为什么连这种小事都要来打扰我们？你们不知道圣女的修行重于一切吗？"

士兵俯下身，头抵着鲸鱼的皮肤，"是……但、但魏国宣战之时，云梦神殿的七星……有两颗星忽然发生摩擦……所以教中上下都很着急……"

"什么？！"老巫王嘴里的烟斗都掉了，烟灰洒在白袍上也顾不得，"七星发生摩擦？"

"是、是的……"士兵此前的声音还算镇定，但提到云梦神殿的异状，立刻变得惊惶，"天权和玉衡相互擦过，大气发生燃烧，二者的引力彼此拉伸，星云深处宛如出现一条火红的巨龙，而天玑和开阳也开始摇晃……七星的轨道变得愈发狂野诡谲。老圣座，这到底意味着什么？"

"意味着什么？……"老巫王喃喃道，一时陷入沉思。

云梦神殿位于云梦星云深处，那里有七颗恒星，平均相距仅零点零几光年，彼此围绕进行着混乱复杂的轨道运动。在永远对准七星的云梦神殿上，只要仰头就可以观察到七颗星宛如乱麻的纠缠和舞蹈。

虽然按一般引力法则，这种运动根本不可能维持太久，七颗星的组合很快就会解体或者对撞，但不知何故，这七颗星一直进行着这种谜一般的舞蹈，每时每刻都有差异，虽然其运动都是按引力法则进行，但算法过于复杂，无法长期预测。巫教认为，这些变化预示着整个宇宙，起码是银河列邦的命运吉凶。

两颗星发生摩擦，几乎相互毁灭，进而影响整个星团的稳定，无疑是极大的凶兆，但到底意味着什么……

老巫王转头，看向身边的女孩儿。在他们说话的过程中，女孩儿一直安静地坐着，星光洒在她的头发上，宛如锦缎流光。她的眼珠也在变色，光影闪动，似乎有无数迷乱的画面在眼眸中掠过。见老巫王的目光转了过来，她闭上眼睛，再睁开已经恢复如常，但流露出跟年龄不符的悲悯，点点头，"我感到，命运之轮开始转动，古老的预言要应验了。太一的确在召唤我。"

"那回去吧，我们去聆听太一的指示。"

老者狠狠拍了拍鲸背，鲸鱼头顶喷出一道白色的蒸汽柱，张开胸口双鳍，向上飞去，迎向外太空的巨鼋飞船。

随着他们愈发靠近，些许星光完全被头顶的阴影遮住，一片黑暗。

"这不是战争,"黑暗中,老者的烟斗也熄灭了,"而是银河的浩劫,五千年未有的浩劫……"

"太一自有分晓,"女孩儿的声音分外镇定,"我们将自己和宇宙交托在祂的手上。"

第一章　秦王九子

1

孤单的时候，戈兰会爬上屋顶，吹着雍都星的晚风，去找他唯一的朋友。

王宫的屋顶他是不敢爬的，要是被侍卫们发现，免不得又要大呼小叫；要是不幸把父王吵醒，事情就更大了。所以他总是披上衣袍，悄悄爬过王宫外连缀成片的低矮房屋，一路奔跑。在他的想象中，这是一件极富浪漫色彩的事——王城外的房屋延绵起伏，又都是黑色瓦片，仿佛泛着波涛的大海，而自己就是一个在海面上步履不停的少年。其余的人都在海底沉睡，不会留意自己。说起来，长到这么大，还没看过海呢——他一边奔跑，一边沮丧地想。这个浪漫画面也因此多了一点点遗憾。

但实际上，因为他喜欢穿白衣，所以他在房顶奔跑时，其实格外显眼，人们一仰头就能看到。

卫兵甲说："快看啊快看啊，九王子又开始浪了。"

宫女甲道："嘘，小声点儿，别吓着他，摔下来了怎么办？"

卫兵乙说："想多了，就算他摔下来伤筋动骨，克隆库里也有足够的器官给他换。"

宫女甲又道："那多疼呀，他那么瘦……"

"这倒是，他八个哥哥都那么强壮，只有他体弱多病，瘦得不像是秦王的子嗣……"

"别说了！你忘了上次有人这么说，是怎么死的吗？"

……

那些议论声藏在夜风里，有时候被风吹散，有时候又会飘到戈兰耳中。早几年听到这样的话，他还会难过一阵，想着为什么自己明明跟八个哥哥一样，都完全继承了父王的基因，都是在培养液里孕育而出，却只有自己格外瘦弱，仿佛强壮的基因都被抽走了。

秦王九子，前八个都强健勇猛，只有他格外瘦小，容貌也不及哥哥们英武刚毅。只因为他出生时克隆机出了毛病，几百个重要基因拼错了，据说，当初把襁褓里的戈兰呈给嬴显时，负责王家克隆的太医院基因工程师们瑟瑟发抖，还没等嬴显说话就都扑通一声跪倒，连连磕头。嬴显发现婴儿面相有差池，也大发雷霆，把他们骂得抬不起头，但看着咿咿呀呀的孩子，不知怎么渐渐又平静下来，神色变得慈祥。

其中一个工程师大着胆子问："大王，不知道为什么会这样……如果您不满意，我们可以把这个残次品销毁，再提取您的基因，重新克隆一位完美的王子……"

"大胆！再怎么说也是寡人的基因，你竟敢说是残次品？！"

结果，除了这个多嘴的工程师成为出气筒被处死之外，其他人只是被打发到边远星球去搞农产品基因改良，保住了性命。

但他是克隆残次品这一点，即便无人敢提，任何人也一看就知道。几个兄弟中，除了大哥宽厚，还能照顾他一些，其余兄长都不怎么待见他。

好在他现在已经习惯了，自己虽然没有壮实的肌肉和精湛的武艺，但好歹也算身手敏捷，能在屋顶上跳来跳去，能去任何想去的地方。

今天他想去的，是王城边缘的贫民区。

跑了半个多小时，屋宇渐稀。他不得不跳到地上，穿过几条街，走到一栋格外高的信号塔前，攀上塔壁爬梯，一阶一阶往上爬。等他吭哧吭哧地爬到塔顶时，夜已经很深了，三轮月亮升到中天，清辉洒下，他看到了一个坐在塔顶的身影。

"阿蒙，"戈兰高兴地喊，"这么早就来啦？"

塔顶少年扭过头，看见他，也笑了笑，拍拍旁边的台阶，说："小戈，我来好久了，一直在等你。"

这个信号塔建在城郊，虽只有十几丈高，但已经是王城最高的建筑了。他们坐在栏杆前，夜风吹来，衣衫猎猎——不过不同的是，戈兰的衣服华贵鲜亮，而阿蒙一身粗布麻衣，左腿膝盖处还有破洞，露出粗粝的皮肤。

"听人说，"阿蒙俯视全城，"只有我们才会把屋子修得这么矮，其他国家都有高耸入云的建筑。"

戈兰向四周看看，点头道："是啊，我看过资料，齐国的科技最先进，能制造围绕恒星的巨环都会；魏国的太梁也很发达，到处都是几百层的摩天大楼，连空中都布满了交通轨道，霓虹灯整夜不熄……"

"但他们说，最神奇的是楚国……是吗？"

23

"对!"戈兰说,"楚国跟诸国都不一样,采用政教合一的政体,平时由议会管理,但一到关键时刻,巫教就会介入。他们源自怪异生物丛生的蛮荒星系,主要科技是生物技术,连飞船都是鲸鱼或者巨龟那样的大型生物,噢,还有树,他们住在比大厦还高的大树里面,树还可以移动……"

"完全是另一个世界,好想去亲眼看看呀!"

"是啊,跟我们国情不同……咦,等等,阿蒙,你今天有些奇怪啊。"

阿蒙站起来,有些不好意思地笑了,"是吗?"

"对呀,你平常不会这么多愁善感的——是不是跟告诉你刚才这些事情的人有关?"

"哪有……"

戈兰跳起来,捶了捶他的肩膀,"还瞒着我!"

"好吧,"阿蒙身材修长,比戈兰足足高出一个头,"告诉我这些的,是一个女孩。"

"哇!"

"是我见过的最漂亮的女孩!"

"哇!"

"我想跟她在一起……"

"可以啊!你在哪里遇见她的?"

"永安侯府,"阿蒙说,"她是里面的侍女。"

戈兰心里咯噔一声,张开的嘴都顿住了。他看着阿蒙,少年的脸上除了交错闪现紧张和得意,额头上还印着一个显眼的"奴",以及一长串复杂的数字。

奴，当然就是奴隶的意思。

五千多年前，居住在银河中心的周天子统御着整个银河。据说，那是银河史上空前绝后的繁荣时代，人人平等，没有自由人与奴隶的区别，人民生活富足，一切应有尽有，寿命可达千年，科技更近乎神话，据说连虫洞都可任意开启。文明的种子像蒲公英一样飘散在各个星球，迅速生根发芽，还有大量舰队被派往河外星系，继续开疆扩土。

然而，一艘从宇宙遥远空间归来的飞船，带回了一个盒子。关于盒子的记载大都语焉不详，人们只知道，盒子打开后，难以想象的恐怖恶魔被释放出来。那恶魔，有人说是一种瘟疫，有人说是一条巨龙，有人说是一个美得颠倒众生的魔女……

随后，文明陨落，银河黯淡。

其大无外的周帝国覆灭后，曾有上千个政体、几万个军阀势力并存，经过数千年的纷争，终于又合并为七个跨星系国家。每个国家都只掌握了周朝科技的个别分支，更多的知识遗失于战火，自由平等的制度也被焚烧殆尽。

秦朝立国之基是人类克隆技术。在周朝，这项技术有悖伦理，一直严禁。但周朝覆灭之际，一名千夫长带着三百残军出逃至边陲星系，缺乏女性，身后的敌人也还紧追不舍。他问部下："在生存和伦理面前，我们选择什么？"答案不言自明。

他又说："既然伦理不允许，我们就消灭伦理！"随后，他们用克隆延续自己的生命，逐渐壮大，形成三百克隆世家，继而组建成秦国。那名千夫长，就是秦国之祖襄王。

因此，在大秦的历史里，伦理道德是最被蔑视的。三百世家代表最高贵最古老的血统,立国后皆封为侯爵。其余克隆出来的人种,一出培养舱,就被剥夺了人权,要么成为奴仆,受尽欺凌;要么成为士兵,拉到前线送死。至于女人,连生育都被禁止,只是供贵族们享乐的工具。

阿蒙是奴隶,在长乐侯家里干杂役;而他喜欢的女孩子,是永安侯陈家的侍女。

这两个身份之间,隔着巨大的鸿沟。

"哈哈,我开玩笑的……"阿蒙看见戈兰的表情,神色黯了黯,"我不会走的,等你当上秦王,我还要做你的将军呢。"

这才是开玩笑,戈兰想——自己绝对当不上秦王,而阿蒙也没有上战场的资格。要是往常他听到这句话,一定会纠正阿蒙,但今晚气氛沉重,他只是"嗯"了一声。

两人沉默了一会儿。

阿蒙突然伸手指西,说:"你看那边。"

戈兰顺着看去,只见一片沉郁的黑色中,好几条街的区域都亮着灯火,烟囱中升起浓烟,比夜色更暗,隐约传来了轰隆隆的声响。

"那里是……"

阿蒙说:"是克隆工厂啊。"

"怎么深夜还在开?"

"因为战争,小戈,战争啊!"阿蒙一扫刚才的阴霾,振奋地说,"你在王宫里读书发呆,都不知道外面发生了什么吧?魏国已经跟我们宣战好几年了,函谷虫洞就是主要战场,听说这次魏国很猛,他们的机器人军队不像以前那么笨手笨脚,我们吃了大亏。所以国内的工厂得日夜加班,加紧培育克隆战士,投入到战场上去。他们说,现在出厂的克隆士兵,是直接催熟到十八岁的体貌,一出培养舱就得拿枪打仗。"

"那不是……一群傻子吗?"

"小戈,不是人人都跟你一样,能从婴儿时期慢慢长大的。"阿蒙看着他,"像我,出舱时生理年龄就已经十二岁了,都不知道童年是什么……"

"对不起。"

阿蒙摆摆手,"没事,我已经比大部分人要幸运了……总之战情危急,我看啊,这些工厂出来的士兵很快就供不应求了,到时,各大世族的部曲[1]也会被征兵,我就有机会上战场啦!"

戈兰讷讷道:"可是……战场很危险啊。"

"但只有在战场上我才有机会立功,"阿蒙凑近他,露出额头上那一连串的数字,黑夜里,它们隐隐发光,"我每立一次功,这上面的数字就消失一个,等我立下二十三次功,这个'奴'字就会被抹掉。那时候我就不是奴隶了,就不用每天给老爷倒屎倒尿,我就可以去找她了!"

"立二十三次功……但只要失败一次,你就死了。"

阿蒙一愣,随即挑眉,一副无所谓的样子,"没事儿!真那样的话,我的身体还会被送回来,再丢进炉子里,很快又会从培养舱里走出来!"

不知为什么,他越是高兴,戈兰就越是低落。

战争爆发了四五年,戈兰当然早就知道。只是这两个字离他太远,听起来轻飘飘的,完全联想不起血和火。再说处于大争之世,战

---

1. 部曲:家奴,又指古代豪门大族的私人军队。

争稀松平常，他以为很快就会结束，而自己依旧会待在沉闷压抑的王城里，直到父王寿终正寝，大哥吉兰成为新的秦王，自己按照惯例得到几个外头的星系作为封邑，然后在那里终老余生，不得离开。

然而，战争的阴霾逐渐笼罩了雍都。父亲的脸色越来越凝重，宫里人心惶惶，现在，连他唯一的朋友也即将卷入战争的旋涡。

2

回到宫里时，已近凌晨。

他蹑手蹑脚地往自己房间里走，因太留心周围，转过廊道拐角时反倒没注意，撞到了一个魁梧的人影。

"老九？"那人先是惊讶，随后皱眉道，"你又偷偷跑出去了？"

戈兰一听这熟悉的声音，不由浑身一震，怯生生道："父王……"

站在他面前的是大秦之主，掌管千万星系、统帅亿万克隆人的帝国国君——嬴显。但此时夜深，这个位高权重的男人却独自在长廊里，往日成群结队的随从们不见踪影。

"以后别乱跑。"嬴显沉声道，"时局紧张，外面杂人太多，不知多少人居心叵测。"

"知道了。"戈兰连忙点头，正要走，却被父亲按住了肩膀。

嬴显道："也好，你跟我来吧。"

戈兰老老实实跟在父王身后，穿廊过道，来到议事殿后面的密室。推门进入后，他发现里面早已站了两个人。

"大哥！"他一下子跳起来，想要抱住左边的高大青年，但又想到自己已经不是小孩子，手臂刚张开就又僵住，一时有些尴尬。

倒是大哥哈哈一笑，用力抱住他，说："九弟啊，你怎么还这么瘦！我前日在泰坦星上打了头七掌熊，明天给你送几只熊掌过去，多吃多长！"

戈兰鼻子一酸，"大哥，你走了好久了！"

"哈哈，这不是回来了嘛。"

说着，旁边传来一声轻咳，戈兰看过去，只见一张跟大哥吉兰长得极相似的面孔，顿时后退一步，正色道："二哥。"

"嗯。"

秦王膝下九子，都是用嬴显的基因克隆而出，为了避免混淆，先祖襄王定下规矩——每年至多克隆一个，以分长幼，而总共必须不多不少克隆九个。从严格意义上讲，历代秦王及王子都是先祖襄王的化身，并无父子兄弟之别，不过毕竟按一般人伦称呼，更能为人所接受。

大哥吉兰和二哥塔兰年岁只差一年，相貌几乎相同，但戈兰每次都能一下子分出他们来——大哥豪迈不羁，以英武著称；二哥心思深沉，身上总带着阴沉沉的气息。

还有一点更为重要：大哥待自己很好，而二哥塔兰一直讨厌自己。戈兰大概也能猜到为什么：因为是幼子，父王对自己的呵护略多于一般王子，二哥认为他抢走了自己在父王心中的地位。

"好了，"说话的是秦王嬴显，他关上门，看着自己的三个儿子，"现在不是拉家常的时候。吉兰，你说说前线的情况。"

吉兰的脸色顿时凝重起来，低声道："回父王，我军……大败了。"

密室里空气似乎都冻结了。

足足过了半分钟，吉兰才续道："五年前魏军进攻函谷虫洞的时候，机械军团虽然规模大，但灵活不足，一直都是我们占上风。上个月，我集结全部兵力，设下陷阱，将三个机械军团的士兵引入峡谷，正打算一举歼灭——"

塔兰神色紧张，欲言又止。

嬴显叹口气，道："这个计划，虽然是由你和老二一起提议，却也是我亲自批准的，你不用揽在自己身上。"

塔兰仿佛轻轻松了口气。

吉兰继续道："但在决战的时候，那些机器人突然变了。"他掏出一只黑色圆筒，按下边缘的按钮，"具体战情，父王可以亲眼看看。"

圆筒顶端开始闪烁蓝光，随后绽放出明暗交错的密集光线，在空气中勾勒出一幅宏伟而悲壮的全息影像。

战争刚开始的时候，下了点雨。

作为围绕函谷虫洞运转的最大行星，受极端重力影响，泰坦星的天气往往狂暴肆虐，很少下这样清风柳絮一样的雨——不知道是不是这颗古老的星球预测到了接下来发生的一切，提前流下了泪。

吉兰也淋到了雨。

他站在主舰指挥舱里，特意让部下打开头顶的挡板，冷风细雨涌进来，使他线条刚毅的脸上有了几丝凉意。他需要降温，不然他会被大战来临前的兴奋和灼热吞噬。

这不是他指挥的第一场战斗，却是规模最大的一场。

过去数年里，他一直在试探魏国三个机械军团的实力——当然，对方也在试探自己。直到几个月前，他才终于确定了这些铁皮罐头的数量，不过四百万，型号也大多老旧，几乎可以用不堪一击来形容。

但为求保险，他还是调集了手上能支配的绝大部分兵力，诱之以弱，设下纵横数千里的陷阱。

机器人军队也按照他的路数，一步步走进来，驻扎在峡谷内。

现在，是他进击的时刻了。

"部署妥当了吗？"他最后一次确认。

"已经完全按照您的吩咐——宇航舰队在外空间集结完毕，防止它们逃走；陆军已经包围峡谷，并启动了电磁脉冲力场隔绝信号，魏军应该无法察觉；黄金海峡的另一边，水上舰队严阵以待；飞行机编队随时可以起飞，支援全场。"

吉兰听得频频点头，"既然如此，就开始吧。"

战争开始的标志，是一道光束。

这道光束酝酿已久，能量的汇聚都快撑破上限，甚至连电磁炮筒都微微颤抖，才终于听到了吉兰的命令，顿时喷涌而出。它击穿机械部队的防护罩时，能量几乎没有衰减，直接射进营地。

随着一声轰然巨响，能量如海浪般逸散，周围土石都翻滚起来。无数机器人的残肢碎体射向四周。

吉兰看到战场的实时反馈图像，微微一笑，"果然不中用——听令，开始暖场！"

峡谷四周，土层的伪装被掀开，远程武器露出来，密集地喷射。能量光束、钻地炮、高能弹……这些武器掠出一道道光束，如一场倒着下的雨，先是射到空中，然后在牵引力场的作用下，逐渐弯曲，狂轰滥炸地落在机械营地。

吉兰满意地看着，等三轮轰炸已毕，立刻下达指令："全军出击！"

密集的士兵开始怒吼，犹如蚁潮，向着千疮百孔的营地卷去。战车轰隆隆地奔驰，扬起的灰尘直达百米。飞行器编队低低掠过，像是一大片乌云笼罩下来。

以这样的攻势来对付那些残损之躯，不可能会有意外吧？吉兰想。

念头刚一起，意外就发生了。

士兵们来到峡谷，满地都是残损的机器人肢体，表面还锈迹斑斑。他们扫视战场，发现情况有些诡异——没有一具完整的机器人。

哪怕炮火再密集，也没办法将这广阔战场的所有机器人全部炸碎，而且还如此均匀，都是手脚分散……

"察觉到高强度电磁感应！"指挥舱里，有士兵惊恐地报告。

吉兰问："从哪里发出来的？"

"战、战场……"

"战场的哪里？！"吉兰喝道。

"所有……所有位置！"

话音未落，舱室里的警报器同时响起，红光疯狂闪烁。

战场上的士兵也发现周围出现了变化——起风了。

风中带着铁锈粉末，看起来，像是一场沙尘暴。很快，士兵们发现这些锈蚀不是被风吹起来的，而是自动剥落，露出了锃光瓦亮的黑色金属。高强度的磁力横扫战场，嗡嗡作响，机械肢体们仿佛被看不见的线扯着，移动起来，纷纷就近重组——有的组成一人高的机器士兵，左手嵌刀，右手露出黑洞洞的枪口；有些组成战车；有些则大量会聚，齿轮运转，互相嵌合，组成战机形状，尾部喷气，呼啸掠起。

然后，它们开始了对秦军的屠杀。

在近身混战中，人类无疑是不占优势的，而且那些浑身漆黑的机器人不再像之前那么笨拙，欺近时挥刀一击，将秦军拦腰斩断；离远时抬起聚能枪管，光束奇准无比，能将一个个秦军脑袋炸开。

秦军陷入惊慌，指挥又没有跟上来，几乎没有还手之力。他们像是农业星球上收割时节的麦子，成片成片倒下，区别是麦子留下金黄的麦穗，而他们洒下大片的血水。

指挥舱里，吉兰的眼睛都充血了。他大声吼着，命令连连发出，令军队收束，重整防线。

但战场的机器人似乎能预测他的命令，一旦发现秦军试图重新组织，就立刻从周围分出适当数量的机器人发起冲锋，将秦军打散。而它们做出这些反应，仿佛不需要思考，行云流水，挥洒自如。

"战机！战机俯冲，掩护士兵撤离！"吉兰又咆哮道。

秦军战机编队倾巢而出。为了避开混战中的士兵，他们瞄准四周零散的机器人，倾泻最猛烈的炮火。

而与此同时，大量机器人开始重新会聚，平均由五个机器人重组一架飞行战机，形状怪异而各不相同，但完美符合空气动力学的要求，灵动地翱翔长空，分进合击。

秦军的战斗机群完全复制了陆军的命运。在机动性、精准度和数量上，它们都不敌机械军团，纷纷被击毁。空中仿佛绽放出一朵朵绚丽的烟花，但却意味着秦国机群的集体凋谢。

吉兰看得目眦欲裂，心里涌起一个念头——这个陷阱，恐怕不是自己为魏军而设，而是反过来的。

"撤退！快撤！"他无奈地下着命令。

全息画面依旧在放映，只不过视角由驾驶舱转换成了一个陆军通信兵的随身摄像头。

这个通信兵已经死亡。他是在秦军准备撤回时，被头顶投下的激光炮炸到，气浪卷到了他，还没落地就因脏器震裂而死。他周围，有无数人的命运跟他一样。

机械军团的战机迎战秦军战机时，还有暇攻击地面的士兵，事实上，根本没几个人能够撤离峡谷。

唯一的幸运，是通信兵身上的摄像头还能用。

摄像头朝着天空，能看到画面里掠过群鸦般的黑色战机，看到四处升起的浓烟和血雾，也记录下了震耳欲聋的炮火声。

这样的场景持续了整整一天。

画面快进，再稳定下来的时候，战斗已经结束。黑色战机落下来，分解为单个机器人士兵，开始打扫战场。

机器人踏着满地血污，缓步游走，对还活着的人甚至稍微完整点的尸体都继续补枪。秦军刚开始还有人求饶，时而发出几声怒吼，但最终一切归于寂静。

血将画面染成了红色。

一个机器人走过来，看到了通信兵的尸体。它用脚踢了踢，摄像头从尸体的腋下露出，它似乎有些好奇，蹲下来，凑近了些。

画面中，它的脸格外清晰——一张毫无特色的铁甲面具，脸上只有一双硅晶体制成的眼睛，微微闪光；眼睛下用刀刻了一道歪斜的弧线，充当嘴巴，其余五官皆无。看起来，它既简陋，又邪恶。

它盯着摄像头看了许久，血液从头上淌下，慢慢流进那道弧线里。

仿佛在咧嘴微笑，笑的时候，露出了染血的牙齿。

然后，它拿起摄像头，手指微微用力。

咔嚓。

画面溃散。

全息光线变得黯淡,如长鲸吸水般收进镜头。密室里还是一片沉寂。嬴氏父子们沉浸在震撼中,过了许久,嬴显才问:"这一仗,我们死了多少人?"

"参战的主要是函谷虫洞守备军,陆军七个军团只有少部分人逃出,损失近三百万人;海军逃得及时,虽然在黄金海峡被截击,但至少有一半的船逃了出来,战死淹死的士兵约一百七十万;空军是魏国军队攻击的重点,也承担了绝大部分火力,大概有五十万架飞行器被击落……"

一直沉默的塔兰道:"我国军队编制里,一架攻击飞行器至少配备四人,也就是说……"

吉兰黯然道:"对,我们损失超过两百万空军。"

"在这场战斗里,有七百万秦国士兵被机器人歼灭,如果我没记错,这应该是函谷虫洞守备军的一半了吧?"嬴显道。

"是的,所以我重新部署了防线之后,就赶紧回来,希望父王派兵支援。"

"老二,你怎么看?"

塔兰道:"支援肯定要支援的,函谷虫洞意义重大,一旦落入魏国之手,他们可以直接从魏国境内传送军队过来,届时我大秦大大小小数万个星系全在他们威慑之下。支援的人手也可以从工厂里调,对了,战场上死掉的士兵怎么样了?"

吉兰摇摇头,"全被魏国的机器人给焚烧了。"

"这就是我担心的地方——魏国变了。"塔兰皱着眉头,疑虑重重,"各国打仗,安葬遗体向来是最基本的守则,但这次,他们连尸体都焚烧,不给我们留下克隆的原材料。还有,视频里机器人重组的技术，闻所未闻，恐怕是魏国的秘密武器。机器人的打法，也不一样了，更敏捷，更配合，倒像是……"

"什么？"嬴氏父子一齐向他看去。

"倒像是有个聪明绝顶的人，同时附身在所有机器人里，可以同时指挥，也可以单个行动，就好像大脑指挥五指摊开或握拳一样随心所欲。"

几个人都愣住了，过了好半天，戈兰才说："可是以魏国现在的技术，还做不到吧？"

塔兰看了他一眼，没搭理，径向嬴显道："不过，计算机技术总归还是旁门左道，我们倚仗克隆，足以胜之。我建议向辖地各大星系发布征兵令，一边从工厂制造士兵，催熟到直接可以作战的程度——智商低一点不要紧，那样才听话；另一边，各大贵族的私兵也要征用。除了函谷虫洞，我们还得提防机器人从其他地方进攻……比如赵国，他们整个国家都建立在几万艘星舰上，来去自如，难保他们不会和魏国配合，趁乱进攻……"

接下来就是商议具体的执行了，戈兰站在一旁，看着父亲脸上的隐忍和凝重，大哥吉兰眼里的疲惫和自责，听着二哥塔兰语气里的得意和兴奋，一时有些迷茫。这种场合对他来说太过陌生，他也无法帮上任何忙。他躬身告退，出门的时候，三位父兄正讨论得激烈，都没有留意到他的离开。

3

第二天,征兵令果然在网上发布。在秦国,只有贵族才能上网,但消息显然也传到了底下的克隆奴隶耳中。紧张的氛围在街上弥漫开来。

到了下午,三百世家都递交了进贡的奴隶名单。戈兰跑到大哥房间,央求许久,说想看一下。

"小九啊,打仗的事情你就不要掺和了,你老老实实待在宫里,等我们打败魏国,结束战争,啊。"吉兰看着自己的弟弟,劝道。

戈兰忙说:"我不是掺和,是我的朋友阿蒙想参军,我看下他在不在里面。"

"阿蒙?"吉兰问,"是哪个贵族家里的克隆公子吗?"

"他是长乐侯家里的,不过不是贵族身份,是个奴隶。"

吉兰皱眉,"你怎么会跟一个奴隶做朋友呢?"

这个问题一出,戈兰也愣住了。他呆呆地站着,想起了认识阿蒙的时候。

四年前,战争开始不久,王城世家之间流行了一阵尚武之风。许多世家子女都聚在一起,指挥手下的奴隶孩子互相厮打,越是流血,越是兴高采烈。戈兰在宫里闲得发闷出去玩儿,正好碰见了几队奴隶孩童拼命打架的场景。

各家贵族通常都是一次引进一批克隆奴隶，所以每一队奴隶小孩儿都长得差不多，很好辨认敌我。但戈兰发现，长乐侯王家的奴隶里，有一个孩子长得格外高大强壮，眼神冷冷的，并不像其余孩子那么拼命；只有当别人碰到他时，他才懒洋洋地将其推开。

这场"战斗"，长乐侯的公子王庆输了，觉得颜面无光，提着鞭子就去抽奴隶。奴隶们捂着头东逃西窜，只有那个高大孩子挨了几鞭，突然伸手抓住鞭梢，恶狠狠地盯着王庆。

王庆懵了，先是害怕，待看到四周同伴们的鄙夷目光后，勃然大怒，使劲想从高大孩子手中拽出鞭子。但他的力气敌不过高大孩子，对峙了一分多钟后，高大孩子突然放了手，他才拽出鞭子，狠狠地抽下去。

戈兰记得，那个下午的阳光里，满是一条条掠过的鞭影，以及带出来的血雾。到最后，他实在看不下去了，遂拦住王庆。碍于王子的身份，王庆停下手，鞭子一扔，气呼呼离开了。

其余贵族小孩儿看到戈兰，对视一眼，也各自离开。

于是，整个广场，就只剩下戈兰和那个伤痕累累的奴隶小孩儿。

"你怎么样？"戈兰蹲下身，问。

"不会死的，"孩子抹掉脸上的血，挣扎着爬起来，"谢谢殿下。"虽然知道戈兰的身份，但那孩子似乎并没有表现出格外的卑躬屈膝，这反而让戈兰有些喜欢他。

"你——你刚刚为什么抓住他的鞭子呀？"

"我不想让他欺负我。"

"那你怎么又放开呢？"

"我也不想死。"

他们又聊了几句，戈兰愈发觉得他与众不同，又问："你为什么长得比其他人高啊?"

男孩说:"因为我每次都抢着吃东西,我跟他们基因一样,但我吃得更多。吃得多,我活下去的概率就大,就可以上战场!"

"你想上战场干什么?"

"立下军功,我就能获得自由了!殿下,等你当上秦王,就让我为你冲锋陷阵吧!"

男孩显然不知道,戈兰离秦王的位置可能比他离贵族还远,但不知怎么,从这个满脸血污的孩子嘴里说出来的话,让戈兰一贯文弱多思的心也沸腾了。他也脱口而出一句平常都不敢想的话:"好啊,假如我能当上秦王,就任命你当先锋大将!"

"那一言为定!"

"一言为定!"

这当然只是两个孩子的玩笑话,但经过这次,戈兰就和男孩儿成了朋友。男孩儿没有名字,只有额头上那一长串奴隶编号,但戈兰不想叫这些冰冷的数字,便喊他阿蒙——男孩儿很喜欢的一部动画片里一个角色的名字。

当听完这些往事,吉兰说:"既然你们这么交好,为什么不请求父王,把阿蒙改派到你身边呢?"

"我也尝试求过父王,但父王听说我和一个奴隶交朋友,当时就很生气……我连忙改口说是开玩笑,他才没有深究。"

吉兰点头,"父王对你寄予厚望,的确不会喜欢你和奴隶玩在一起。"说完叹口气,"那你查吧,他如果从军,我会照顾一下他的。"

"谢谢大哥!"戈兰大喜,知道有了大哥这句话,阿蒙在军中生还的概率就大多了,说不定他还能立下大功,消除额头上的标记,也成为贵族。

他将那串数字输入电脑,很快,就查到了阿蒙的信息——果然被长乐侯府调派参军,前往函谷虫洞。

"谢谢大哥!"他跳起来抱着吉兰,欢呼道。

月亮又升起来了,三轮清辉照耀,水一样的月光在王城的屋顶上流淌。戈兰踏着月光和屋顶,来到信号塔,果然,阿蒙早就在那里等他了。

"别说话,"在阿蒙满脸欣喜地开口前,戈兰笑道,"我知道你要上战场啦!"

"你怎么——你是王子嘛。"阿蒙脸上笑容不减,"我明天就要启程啦,来跟你道别!"

"这么快?"

阿蒙一挥手,"战情如火,秦国需要我!"

看着阿蒙得意扬扬的样子,戈兰心里喜忧参半,又道:"既然明天要走,那你别只跟我道别呀,她呢?"

"哪个她?"

"你还装!"

阿蒙脸上微红,好在月夜中不易看清,他扭捏一会儿,说:"还是等我回来吧,等我建功立业,等我有了身份和地位,再去见她,把她从永安侯家里接出来。"

"可是,你这次去参军,不知道要什么时候才能回来。万一过个几年,她被永安侯卖出去了呢?到时候怎么找?"

阿蒙表情一滞,也苦恼起来。

戈兰见有戏,连忙道:"所以啊,我们今晚先过去找她,好好道个别。对了，阿蒙你还是处男吧——喂喂，你别动手……道别之后，留个可以联系的暗号，等你回来了好找。"

月光下，阿蒙的表情几经变幻，最终点头道："那我去找她。"

"我也一起！"戈兰解下显眼的白衣，扔在地上。

两个少年踏着屋顶，穿过月色，一路来到了永安侯府。

永安侯陈氏的祖上，也是当年共建秦国的三百死士之一，功勋卓著，财大势大。当代家主不但封地广阔，还经营克隆原料生意——听说是在边缘星系掳掠百姓，将其灭口，再把尸体卖给各大克隆工厂，提供蛋白质和脂质的原材料。这种野蛮粗暴的方式，在为家族积蓄巨大财富的同时，也造成了无数血案，但陈家仗着势力庞大，从不畏惧。永安侯也用自己的基因克隆了好几个儿子，等他死后，儿子们会互相争斗，表现最"出色"的会继承爵位和家业。这样的戏码，在每个贵族家里代代上演。

现在，永安侯府在高耸的围墙后面，灯火俱灭，声息全无。

阿蒙显然来过多次，只见轻车熟路地走到一处围墙拐角，一缩身子，从一个小洞钻了进去。"进来啊，"隔着洞口，他转头喊戈兰，"我都能钻进来，你那么瘦，没问题的。"

戈兰看着这个散发异味的小洞，迟疑道："这是……狗洞吗？"

"是啊，永安侯养的狗是从楚国引进的名种，吃得比人都好。"阿蒙突然明白过来，"看我这糊涂虫！您是王子，怎能……"

"没事！又没人看见！"戈兰一咬牙，弯腰钻进狗洞，再站起身，不禁咋舌，"这府邸，比王宫都豪华啊。"

在他眼前，虽然视线被夜色遮蔽，但隐约能看到亭台楼阁，富丽堂皇，而屋子里又是最新式的装潢，智能设备一应俱全。

全副武装的巡逻队在廊道间走动，警惕四周。

阿蒙和戈兰绕开巡逻队，顺着墙角的阴影，足足潜行了快一个小时，才走到陈府后院。

"这栋楼，是永安侯住的。"阿蒙指着院里最高、也是唯一亮着灯火的楼房，小声道，"他每晚都要女奴陪寝，在他睡着的时候，女奴都得跪在床下，随时准备服侍。"

戈兰仰头，看向亮着灯的二楼，透过窗扉，能看到一个端正跪着的剪影。虽然看不清脸，但看凹凸有致的身形，肯定是女人。

他想象了一下那场景，心下黯然。他虽然是秦国王子，但对奴隶制向来抵触，自己也不像八个哥哥一样动辄有上百奴隶随从，自从长大后见过了奴隶们的遭遇，就更反感了。

能劳作的奴隶尚且不被当人看，女人就更为悲惨了。因克隆技术盛行，自然生育已经在这个国家被禁止。但男性对女人的欲望并不会减少，所以女人除了替贵族抚养子女，就只能沦为玩物。

戈兰幼年曾有一个奶妈——说是奶妈，其实也就二十出头，用生物激素刺激产奶。印象中是一个娴静温柔的女子，抱着自己的时候，会轻轻浅浅地哼唱歌谣。后来戈兰长到五六岁，问过她唱的什么歌，她叹息一声，"是思乡的歌谣。"但家乡在哪儿，她已经不记得了——她被掳来的时候，也不过四五岁。再后来，戈兰越长越大，她也越来越愁苦，戈兰问她有什么烦心事，让她告诉自己，她却只是摸着戈兰的头，叹息道："你慢些长大就好了。"那时候戈兰不懂，等到他懂，王宫里就不需要奶妈了，她被打发了出去，分给一位将军做妾，本来待遇也不算太差。但将军为人暴戾，奶妈得罪了他，听说后来竟成了军营的慰安妇……戈兰托大哥把她救回来，但当大哥找到奶妈时，她已经死去了。戈兰一直不敢想，在她身上发生了什么……

"你在想什么？"阿蒙见戈兰发怔，拍拍他的肩膀。

"没什么……我们还是去找那个女孩吧。"

他们绕过永安侯的楼房,弯腰潜行了一阵,来到奴隶宿舍楼下。阿蒙顺着水管爬,很快来到一扇窗子外,轻轻敲了三下。

没有回应。

阿蒙一愣,又敲了三下。

过了会儿,窗子打开,露出一张女孩儿的脸来。戈兰在下面仰头望着,看见女孩面容姣好,不禁微笑。但阿蒙看见她,显然愣了一下,低声问:"离离呢?"

女孩也一愣,问:"离离是谁?"

"0531号。"

"噢,她啊,"夜幕下,女孩儿神色黯然,"她被老爷叫过去了。"

戈兰的脑海里猛地浮现出刚才见到的剪影。

阿蒙也懵了。

"快走吧,"女孩儿看了看四周,"你被发现就惨了。"说完,关上了窗子。

阿蒙爬下来,站在墙角的阴影里,又仰头看着远处亮着灯火的主楼,神情复杂。

因为隔得远,那道剪影在视野里只是一个模糊的黑点。

晚风起了,戈兰突然觉得周身冰凉。他缩着肩膀,试探地问:"那现在怎么办?"

"小戈,"阿蒙抬起头,黑夜笼罩在他脸上,但遮不住双眼透出的坚毅,"我要带她走。"

一队卫兵走过,主楼下的廊道出现了短暂的安静,两个人影趁机踮脚闪过,藏进了墙角阴影里。

"好了，"戈兰环顾四周，咬牙道，"爬吧。"他蹲下来，让阿蒙踩着他的肩膀，迅捷地爬到二楼。阿蒙爬上去后，晃下一件衣服，把他也拉了上去。

这就是阿蒙的计划——偷偷爬进永安侯的房间，把离离带走，然后藏在长乐侯府里，明天伪装成士兵，混进征兵的飞船。

"可是上战场对女孩儿来说，很危险的。"戈兰犹豫道。

"小戈，你可能不了解——在永安侯身边，更危险。他有种很奇怪很残忍的癖好，听说，他喜欢吃……"阿蒙打了个寒战，摇摇头，"总之在战场上，我会保护她的。"

戈兰想了下，突然道："我可以恳求父王，把她要过来，她留在我身边，应该会很安全的。"

"可是小戈，你自己的处境也不好……你二哥想尽法子找你麻烦，把一个女奴留在身边，肯定会成为他对付你的借口。"

戈兰想要反驳，但最终只默默叹息。他知道阿蒙说的是实情，虽然秦国贵族许多都荒淫无度，但父王对儿子们管教极严，身边侍女都精挑细选过，绝不会允许随意把外头的女子收入房中。于是，他同意了阿蒙的计划，跟他一起摸到永安侯的房里。

阿蒙轻手轻脚凑到窗户下，刚要敲窗，戈兰提醒道："小声点，永安侯在睡……"

于是，阿蒙用近乎抚摸的力度，在玻璃上敲了三下。虽然声音几不可闻，窗子里的剪影还是颤抖了一下，扭头过来。隔着窗，她看到了阿蒙。

他们一个在灯光里，一个在夜色中，彼此对视，眼神无言，却包含了万千话语。

戈兰在一旁看着，不禁感慨——这个叫离离的女孩儿跟之前开窗的女孩其实容貌一模一样，必定都是某一个奴隶的基因复制而来，阿蒙却能一眼分辨出不同，爱情真有这么大的力量吗？想到这里，他又有些顾影自怜，别人浓情蜜意，自己孤身一人，不但没人爱，更没有爱的人。纵然将来身边有千依百顺的女奴服侍，也未必有这种真挚的情意。

"咳咳，"戈兰小声道，"别看了，要走就快走。"

阿蒙点头，又轻敲三声。

离离犹豫地回头看了眼睡得正香的永安侯，蹑手蹑脚走过来，推开窗，小声问："你来干什么？"

"我来带你走。"阿蒙说，"我要去当兵了，你跟着我吧，只要我在，没有人可以伤害你。你给我讲了那么多美丽的地方，我都可以带你去。你不是想去楚国吗？那我们就去，那个叫云梦的大星云，你说里面藏着几百个天堂般的行星，我们去那里吧！在那里，我们不再是奴隶，我们可以结成夫妇……"

因为害怕将永安侯吵醒，阿蒙说这番话时声音压得极低，又快，但他的话语跟夜色和灯光缠绕在一起，变得无比温柔。

离离的眼圈红了，上前一步，用手抚摸着他的脸。

"跟我走吧。"阿蒙重复道。

"可是……"

离离的话还没说完，屋里就响起了另一个声音："可是什么呢？这么感人的爱情，你不应该点头答应吗？"

戈兰的心顿时沉到谷底。他循声望去，只见永安侯已经从床上坐了起来，脸上毫无困意，冷冷地看着他们。

他转头跟阿蒙对视，眼神里都只有一个字——

跑！

4

阿蒙拉着女孩,带她跳出窗,刚准备爬下二楼,就愣住了。

不知何时,楼下已经站满了巡逻卫兵,尽数端着武器,面无表情地仰头看着——多半是永安侯醒来之时,就悄悄按下了警报。

纷乱的脚步声响起。另一队卫兵拥进了房间,簇拥在永安侯身后。

前后都没有可以逃走的路。

永安侯不慌不忙地披上睡衣,走到窗前,待看到戈兰时,蓦地愣住了,"九王子?"

戈兰也是第一次遭遇这样的场面,瞥了眼危险的枪口,吞口唾沫,道:"是……是我,陈世伯好……"

永安侯皱着眉,"你怎么跟这些下等人混在一起?大王要是知道了,饶不了你!"

"我、我错了,"戈兰嗫嚅着,"我们就是闹着玩儿……您别生气……"

"可是这一个,"永安侯看向阿蒙,面带嫌恶,"这个卑贱的奴隶可不像是闹着玩儿啊,他是要偷走我最喜爱的女奴。而她,居然也想跟着走!"

最后一个字吐得极重,离离浑身一哆嗦。

戈兰连忙说:"您放过她吧,就当给我一个礼物……我会记得的,以后会好好报答您。"

永安侯不禁哂笑,"九王子啊,你能报答我什么呢?"

戈兰一愣,说不出话来。永安侯府是三百世家中排名前十的家族,势力根深叶茂,就算是秦王也不可能无故扳倒。他一个无权无势的末位王子,地位虽然尊显,但也不可能在朝中有任何位置,自然也没有报答对方的能力。

永安侯见三个年轻人吓得如同风雨中的小鸟,更加得意,露出残忍的笑容。他抬起手来,身后一个卫兵连忙解下武器,放在他的手中。

那是一柄高能集束枪。

"看你的编号,似乎是老王家的,那我现在杀你还不太方便,得跟他打个招呼。"他把玩着枪械,将枪的功率调至最小,"至于她嘛——"他看向瑟瑟发抖的离离,表情有些惋惜,"今天晚上,有那么一会儿,我还是很喜欢你的。可惜了——也不可惜,还有好多一模一样的可以替代。"

说完,他抬手一枪,光束闪过。

离离额头上洇出一点血迹,慢慢扩大,她张了张嘴,好像要说什么,但已经说不出来了,身子晃了一晃随即倒下。阿蒙连忙抱住她,她倒在阿蒙怀里,脑袋低垂,吐出最后一口气。

"离离!离离!"阿蒙抱紧了她,嘶声喊道。

但怀里的女孩不会再回应。

永安侯看着离离的尸体,舔了舔舌头,"不错,又有了新鲜食材……"

"我……"阿蒙抬起头,嘴唇抖似筛糠,想说什么却颤不成声,"我……"

永安侯不屑地笑了，"你？我明天会跟老王要个说法，到时候，你的下场也差不——"

接下来的一幕，让所有人都猝不及防。

阿蒙突然放下了离离的尸体，两腿发力，一下蹿到永安侯身侧。绝大多数奴隶逆来顺受，不会反抗，卫兵们也已经习惯了，正在嬉笑，还没反应过来，阿蒙已经从一个卫兵腰间夺下手枪，抵在永安侯的太阳穴上，大声吼道："别过来，动一下我就打死他！"

卫兵们一阵骚乱，齐齐举起武器，却都不敢开枪。

"阿蒙！"戈兰从惊讶中回过神来，连声说，"你别冲动……"

阿蒙一只手勒着永安侯的脖子，另一只手握着枪，枪口在抖。好半天，他才憋出一句："我没想到，小戈，我会是在这里握住武器。"

永安侯刚才的狠毒完全消失，两腿发软，要不是被阿蒙有力的胳膊勒着，恐怕会立刻软倒。他艰难地吞着口水，说："你别……你要什么我可以给你……"

"你给不回离离的命了。"阿蒙说，声音变得冷静。

"离离？噢，她……我有一百多个女奴，都跟她长得一模一样，可以全都给……"他正说着，被阿蒙勒得更紧，话便说不下去了。

阿蒙握枪的拇指在枪身侧面缓缓划动，聚能枪的功率渐渐调至最大。

眼看一触即发，戈兰连忙说："阿蒙，别冲动！你放了他，我会……我会求父王惩罚他，给你报仇的！"

"你只是王子，说了没用，你改变不了这一切。"阿蒙笑了，眼里满是凄凉，大声道，"小戈，如果有一天你成了秦王，你要给我报仇，解放天下的奴隶……"

戈兰的眼泪一下子涌上来，上前一步，伸出手，"我会的！等我，我会改变这一切的!你先放下……"

"到那时,我再来做你的将军!"说完,阿蒙稍微转换了一下角度,扣了下扳机。

一道高能光束从枪口射出,先是以高温灼烧永安侯的头颅,让它瞬间化为乌有;接着穿过阿蒙的胸膛,在那里留下拳头大小的空洞。

这道光一闪即逝,却像闪电一样,灼烧着戈兰的视网膜。以后很多年,这道痕迹都难以磨灭。

两具尸体继续站立片刻,便一齐倒下了。

戈兰来不及阻止,两膝一软,跪在地上,宛如魂魄也被带走。

永安侯被杀,诸子愤怒不已——尽管凶手已死,但九王子多少也参与了这次罪行。永安侯的儿子们集体上朝,跪成一片,红着眼看着大殿中间的秦王。

嬴显头疼不已。要是往常,他可以慢慢安抚,或者敲打一下永安府,但眼下战事紧张,魏国军队步步紧逼,要抵御外敌,就需要各大世家的支持,尤其是永安陈氏这种有影响力的家族,如果处理不当,只怕会引起连锁反应。

他思考着,叹息一声,决定给戈兰几年监禁之刑,以平众怨。反正天牢也是王家的,过几天悄悄把戈兰放出来,在深宫里待着,也没人知道。

嬴显正要开口,二王子塔兰越众而出,进谏道:"九弟虽然是王家身份,但天子犯法,与庶民同罪,的确应该严惩;然,这次主要凶手是长乐侯府的奴隶,九弟应该只是受其蛊惑,并无大罪……"

所有人都看向塔兰。熟悉他们兄弟的,都不敢相信自己的耳朵。塔兰为戈兰说话,简直比魏国和秦国联盟还不可思议。

塔兰顿了顿，续道："两者相权，儿臣建议将九弟发配至函谷战场，一来将功赎罪，二来也有助于鼓舞士气。"

永安侯诸子对视几眼，同时点头道："如此处置，臣等心服。"

嬴显却皱起了眉，疑惑地看了塔兰一眼，久久不语。站在殿尾的戈兰心如死灰，下意识地看向二哥，塔兰此时却低着头，表情藏在阴影里。

戈兰听出了二哥建议的狠毒——即便自己被判监禁，在父王的眼皮底下，也不会过得太惨，而且随时会得到父王赦免。可一旦去了函谷战场，人身安全就说不定了。光看那边的战场视频，秦军败走的惨烈程度，函谷虫洞被称为绞肉机也不为过……

这时，一直沉默的大哥吉兰上前一步，道："函谷虫洞的增兵已经完成，倒是平阳星系守备不足，不如将九弟派到那里，协助防守。"

嬴显当即点头——平阳星系位于秦军后方，只要关闭虫洞，魏军根本没办法进攻，可谓安全无虞。事实上，他原本就打算等吉兰继承王位之后，把平阳星系赐给戈兰，让他在那里安度一生，现在也不过是提前过去而已。

永安侯诸子刚要说话，嬴显重重咳嗽一声，道："如此甚好，既罚其体肤，令其反思，又能为国效力——这个惩罚措施，诸卿可满意？我可是不惜剜骨割肉之痛啊！话说永安侯之位尚在空悬，非国家之福，此事更为紧要，需尽快处置才是。"

话已至此，谁再唱反调就没有即位的希望……众人稍一犹豫，纷纷点头道："大王处分公允，臣等遵旨！"

三天过后，戈兰登上了去往平阳星系的飞船。身后只跟着一个年迈的内宦。

起飞时，飞船喷出稳定的离子流束，缓缓上升。戈兰凑近舷窗，俯视身下不断伸展的故乡城市，鼻子渐渐酸楚。他并不蠢，知道此去平阳，等于提前去封地，按照惯例，是不太可能再回来了。对阿蒙的承诺，当然也只是一个廉价的安慰，永不可能兑现。

他努力地看着王城，却越看越觉得陌生。飞船升高，城市越来越模糊，直到最后只是茫茫大地上的一团黑雾时，他才收回目光，看向前方指挥舱。

飞船跃出大气层，进入外部空间。星辰闪闪发亮，四周都是密集的星光，前方无限遥远处，浩瀚的银河尽情舒展，远比地面所见明亮清晰。

他贴着舷窗，被眼前的磅礴星河所震撼，想到一个人身处这无限时空之中，纵然是帝王贵胄，也与尘埃无异，不由怔怔流下泪来。

飞船进入空间站的船坞。船坞向平阳星系发出虫洞开启申请，几分钟后，申请通过。两边同时开启虫洞，洞心空间扭曲，光线缠绕，形成白色光团。

"启航！"舰长下令，飞船一头扎进虫洞，下一秒就出现在了秦国后方的平阳星系。

所有人都很轻松，因为这里远离战场，绝对安全，说到底这只是一次平淡无奇的公务之旅。

但他们错了，错得离谱。

眼前静静流淌的银河，即将在平阳化为万丈瀑布，轰然坠落。

第二章　平阳覆亡

1

戈兰修过银理学，若是站在遥远的宇宙尺度来看，银河形如一个扁平的发光圆盘。围绕着璀璨星团构成的细长银核，几条旋臂优雅地伸出，如同圆盘曳出的辉芒。秦国的疆域，位于太行旋臂与祁连旋臂之间，疆域纵深达三万光年，包括数万个含有宜居行星和居民的星系。

这个位于秦国内侧的小星系，名为平阳。只有一颗恒星，周围围绕着九颗行星，缓慢地在轨道转动，对比浩瀚的银河图卷，它甚至连微尘都算不上。名义上，平阳是远近数百光年一大星区的首府，但这里主要是荒凉的尘埃带和黑洞区域，仅仅点缀着几颗微小黯淡的红矮星。

这就是戈兰被指派——或者说，被发配来的地方。

漆黑的宇宙空间里，虫洞中心的光芒渐渐微弱，一艘小型飞船从光晕中脱出。

虫洞不远处，六艘供能舰调低了反物质引擎的功率，能量减弱，虫洞的光也开始黯淡。

光芒隐退过后，繁星开始显露。

戈兰趴在舷窗上，看着外面的景象。

"殿下，"一个老迈的声音道，"虫洞开关一次，耗能巨大。关闭时会有高能辐射，虽说这玻璃能阻挡大部分，但殿下金躯娇贵，还是小心一些为好。"

"知道了，福公公。"戈兰漫不经心地说，又问，"这开一次虫洞，要耗费多少钱啊？"

福公公眯起眼睛，好半天才摇头，花白的头发也跟着晃动起来，"打开虫洞需要的是反物质能量，跟钱无关——当然了，钱可以衡量宇宙中的一切。所以，我算算……"他掰着手指，"七国中，能生产高质量反物质引擎的，是齐国，我们尚未实现国产化，大部分得从齐国买。刚刚开启的是小型虫洞，用掉了三百个标准引擎，要花掉国库一百二十万币。现在秦国市场上，一个健壮奴隶顶多值五百币，那么，也就是说，花掉了……唔，总之很贵啊。殿下来一趟可不容易，所以……"

这阵喋喋不休像阴风一样吹进戈兰的耳朵，让他不由胆战皮紧，后悔多此一问，连连点头道："我知道这一趟的艰辛，我错了，我一定好好经营平阳星系，不辜负父王的重托……"

如此反复表忠心，福公公才停下颤抖的嘴唇，满意点头。

戈兰知道，福公公是宫中的传奇老人，父王都是他一手带大的。当年秦国内乱，当时还是太子的父王流亡在外，身边许多人都离开了，只有他陪在父王身边。据说他还从杀手手底下救过父王的命，可谓赤胆忠心。后来父王回国即位，以福公公的资历，当个常侍、总管理所当然，但不知怎么，福公公仍然只是一名普通的内侍，品级一直没有升上去，甚至也很少在父王身边服侍。有人说他贪污过公帑，有人说他得罪了同僚，有人说是他过于耿直，父王也受不了他……

但不管怎么说，父王看起来还是很信任福公公的，将一把年纪的他派到自己身边，陪他前往平阳。想来是父王担心自己的能力，派经验丰富的老人前来辅佐吧。

一想到福公公以后会整天在耳边唠叨勤勉兢业、节俭爱民，他就头大不已，甚至暗地里埋怨父王，也不问问自己乐意不乐意。

但很快，他就意识到父王的担心并非多余。

飞船高速飞行，越过空茫的宇宙空间，逐渐靠近秦军驻扎在平阳星系的守备舰队。它绕过一颗火红色的巨大气态行星，再往前飞一阵，光靠肉眼都能看到舰队的身影了。

平阳舰队只负责守卫这边陲之地，编制不大，战舰仅五千余艘，其余补给、维修、运输飞船也才不到两千。平日里，飞船都懒洋洋地分布在各个行星周围，连巡逻都是应付了事。

唯一永远飘在外空间的，是旗舰"绛州号"。这也是戈兰首先要去的地方。

远远看去，"绛州号"呈风车形，外部圆圈安装了四块巨大的光帆，呈十字形，时刻吸收恒星的辐射，转化为能量；光帆交会的中心，是飞船主舰的位置，密布着复杂的合金结构，大大小小的舱室和功能区就依托这些支架而建。飞船主舰在圆圈正中心，与周围支架滑动嵌合，兼有平衡器随时调控，不管风车外圈怎么运转，飞船主体都保持相对水平的状态。

位于"绛州号"右侧的牵引光束发射极闪烁几次，确认了戈兰的飞船，随后，左舷中部弹出一块停泊平台，供飞船停靠。戈兰和福公公下了飞船，飘进"绛州号"。在他们身后，外舱门轰然闭合。下一秒，他们感觉到了重力，落在了地板上。

"欢迎九王子殿下莅临！"一个洪亮的声音响起。

戈兰转头看去，只见通往舰桥的长廊口站着一位魁梧军人，四十岁左右，满脸络腮胡须，胸前挂满军功章，正倨傲地看着自己。而长廊内，站着两排长相美艳、衣着暴露的女郎。

戈兰看过这人的照片，知道他是平阳舰队的总司令——将军龙冲。

"龙将军。"戈兰走过去，"父王派我过来，协助您守卫平阳。"

龙将军扯动嘴角笑了笑，不置可否，换了个话题道："殿下舟车劳顿，又初来乍到，先好好休息吧。"

"可是从虫洞过来，也就……"

龙将军道："我给殿下安排了不少侍女和玩伴，殿下你看喜不喜欢？"说着，他挥了挥手，那两排侍女同时弯腰，春光涌现，顿时让这充斥着冰冷金属质感的长廊有了温度。

女孩们齐声道："恭迎九殿下。"

戈兰还想再说什么，但福公公悄悄拉了拉他的衣角，他只好点点头。

一旁的侍女赶忙迎上来，带着他们转过长廊，来到贵宾休息舱。这个舱室金碧辉煌，装潢器具全是从齐国进口，先进和舒适的程度不亚于王宫。但戈兰全无兴趣，他很想去舰桥上看一看，看怎么指挥舰队穿越亿万星辰，但龙将军似乎并无此意。

接下来几天，龙将军给他安排了密集的行程——乘坐小型观光飞船，参观平阳星系的各大行星。

九颗行星都围绕着太阳运转，轨道各不相同，风景也迥异。其中五颗完成了人工改造，建设了许多城市和牧场，戈兰每到一处，当地城主都殷勤招待——显然，他们也收到风声，知道戈兰名为从军，实则提前熟悉领地，以后将会是整个星系的藩王。

戈兰日日周旋于觥筹交错间，虽是宴乐，但身心俱疲，看到城中贵族们对奴隶肆意打骂凌虐，甚于雍都，更是于心不忍。在秦国，奴隶制已经持续了好几百年，贵族把奴隶不当人，奴隶亦不觉得自己有尊严，一切仿佛天经地义。

但这明明是不对的……戈兰想起阿蒙死时的模样，心里蒙上一层阴影。

福公公见戈兰闷闷不乐，思忖一番，建议道："殿下，你要不要去真正好玩的地方？"

戈兰眼睛一亮，忙不迭点头。

福公公说的地方，正是这些城邦的集市。他们换下便装，悄悄出了贵族府邸，来到街上只见热闹喧哗，人群摩肩接踵。戈兰到底是少年心性，见到人多，不由雀跃起来，东转西逛，不亦乐乎。

但很快，戈兰发现不论走到哪里，人们就会用异样的目光看他。他要买什么有趣的小玩意儿，还没问价，商贩就连忙送给他，不敢多话。

"为什么他们……"戈兰察觉到气氛异常，问福公公，"他们认得我吗？"

"应该不认识吧，殿下身子骨弱，大王一直刻意没有将殿下的资料公开。"福公公环视一周，拍额道，"是老奴疏忽了！"他拉着戈兰走到街角，趁没人注意，掏出一张肉色的半透明薄膜。

戈兰看到薄膜上还有一串字母和数字，是秦国通行的奴隶编号，顿时明白了——自己额头上没有奴隶标志，再加上皮肤白净，一看就知道是贵族。

福公公把薄膜贴在他额头上，说："这下就都一样了。"

戈兰走回街上，在一个摊位前照了照镜子。果然，那薄膜与肤色一致，又很软，材质还不反光，很难发现是贴上的。

"福公公，你怎么有这种好东西？"他惊奇地问。

福公公笑容神秘，说："这种东西，当年你父王出宫也……咳咳。"

戈兰心中一动，问道："福公公，当年我祖父灵王驾崩，叔祖篡位，父王本被禁锢，却奇迹般地逃出雍都，就是靠你的这一手吧？"

福公公笑眯眯地说："都是多少年前的旧事了，还提它作甚……"

戈兰好奇心大起，连连问道："后来父王周游列国，你一直陪着他吗？你们到了哪些星系，见到了什么有趣的东西？"

昔年嬴显在外，辗转流亡好几个国家，后来叔王乱政，国内各大世族都感不满，设法联络旧太子，嬴显方能回国继位。戈兰小时候听说了父王这些事迹，缠着他问去过哪里，见过他国的什么珍宝奇观，但嬴显很少回应，说了也不过那几句套话，有时候戈兰问多了，还板起脸呵斥他退下。渐渐地，戈兰也就不敢再问了。如今福公公打开了话匣子，自然要问个明白。

"见到了什么……"福公公一声叹息，"你父王没告诉过你吗？"

"他？每次问他都不说，也不知道为什么，多有意思的经历啊！"

"你是不该问，"福公公道，"你父王在韩国首都送过外卖，被抓进过赵国的收容所，在楚国的蛮荒丛林饿得吃草，在魏国做人质……这些惨痛往事他当然不愿意提。老奴也不愿意说起。"

"这样啊……"戈兰失望地说，又用手按了按额头，生怕贴膜掉下来。

"放心，贴得很紧的，要用专门的药水才能洗下来。否则的话，几个月都不会露出马脚。"

但戈兰也没机会在外面玩上几个月。事实上，龙将军当夜就知道了他去民间集市，又怕又气——怕的是戈兰出了什么意外，秦王怪罪下来，自己吃不了兜着走；气的自然是戈兰不听自己的话。此后，更多的士兵被调到戈兰身边，名为保护，实为监视，戈兰再想偷溜出去，就难上加难了。

无奈之下，他只得按照龙将军规定的行程，不断奔波。他想早点结束这种没有意义的观光，但每逛完一个城邦，"绛州号"上便又会更新下一个观光的日程。

"我们要逛多久啊？"在赶赴下一个城邦的航程中，戈兰抱怨道。

福公公悠闲地躺在悬浮椅上，几个侍女在为他捏肩。他听到戈兰的话，扭过头问其中一个侍女："平阳星系有多少城邦啊？"

侍女诚惶诚恐道："回、回殿下……不是，大人……我……不是，奴家……"

福公公微笑，拍了拍她的手背，道："别害怕，我也是克隆奴隶出身，不会像他们一样狠毒的。"

侍女又偷偷瞟了眼戈兰。

"哈哈，你就更不用担心殿下了。殿下虽是王子，却十分护着下人。"

"是。殿下现在所在的这颗行星，有七洲十三陆，地面城市共计七百多座，新修的还有不少，司令说都需要您去剪彩……噢，水上城市少一些，一百多座，但地下城市就比较多了，一共四百——"

戈兰痛苦地打断她的话，说，"而这还只是一颗行星？"

59

侍女点头，"平阳星系能住人的行星有五颗，这颗只能排到第四。"

戈兰看向福公公，一脸快哭了的表情，说："福公公，按照这个行程，等我寿终正寝也逛不完啊。"

福公公眯起眼睛，舒服地躺下，"这正是龙将军的目的。"

"什么？"

"殿下，你应该也懂得秦国国制——为了保证王族血统的纯正，每一任秦王需要复制九个克隆体，都是王子，但其中只有一人能继承王位，成为新任秦王。其余八位王子，则不允许再自我复制。虽说女人要多少有多少，但不能有子嗣……"

戈兰点头，"我知道，肯定是大哥继位。到时候，他能有九个克隆的孩子，都是我的侄儿，长得和大哥一模一样！倒是想见见。"

福公公瞧他一眼，道："不过殿下，你可能见不到你那些侄儿了……"

"怎么会——噢，也是……"

"剩下的八位王子，秦王会给他们赏赐星系，封为藩王。但藩王没有后代，除非大王特别传召，否则终身不能返回雍都星。自从你叔祖之乱后，你父王更是强化了这方面的规矩。"福公公道，"其实比起前代，这已经很不错了。据说早年的王子，都是要为先王人殉的！"

虽然礼法教师不会讲授，但戈兰明白，克隆秦王的独特制度，其用意就是让第一代先王——开国之君襄王陛下——永永远远君临天下，统御秦国。然而如果每代只克隆一人，有可能因为战乱或灾难而意外丧失继承人，但若是克隆太多，一代代几何级增长下来，又尾大不掉，也有损王家的神圣性。所以本来每代只选出一个克隆的王子即位，其余都以人殉之名令其自尽。但毕竟过于残忍，王子们也难免会拼个鱼死网破，所以自从穆王起，就废除了人殉制度，改封为藩王，养尊处优，只是不允许有后代。

戈兰一发愣，转眼便错过了福公公的几句话，只听到："……对于藩王，其实用不着励精图治，最好的归宿，就是吃喝玩乐，无忧无虑地度过余生。"

"那你还劝我兢兢业业体恤民情？"戈兰问。

"面子工作总是要做的嘛，哈哈……"福公公干笑两声，"但这样也未尝不好，殿下你看，外面的斜阳多美！"

这颗星球已经被改造得很是宜居，打开飞行器的窗子，清新的空气立刻涌了进来，令他身上的每个毛孔都舒张开了。远处，瑰红色的斜阳垂落于地平线，染红了周围的云层，染红了下方的原野，也染进了戈兰的眼眸。

"是啊，是很美。"他喃喃道，"可再美也只是地上的风景。我所向往的风景，是银河，是星辰大海啊……"

最后一句话他说得很轻，一出口就能让风给吹散。那些侍女都没有听见，继续揉捶着福公公的肩背。福公公眯着眼睛，在晚风中一动不动，似乎睡着了。

过了好一会儿，福公公才睁开眼睛。他看了看渐沉的夕阳，叹了口气，又转头注视戈兰，道："既然殿下如此要求，那我们回去！"说着一摆手，赶走了侍女，叫来了驾驶员，"我们回'绛州号'。"

"可是龙将军说……"

福公公冷声道："龙将军？你是听他的，还是听大秦王子的？"

戈兰一愣，在他印象中，福公公一直和颜悦色，酷爱插科打诨，从未流露出这样冰冷而透着杀意的语气——在诡谲险恶的王宫里待了一辈子的人，自然有活下来的绝招。

61

驾驶员也被吓到了，唯唯诺诺道："是……是！"转身便去调整飞行方向。

回到"绛州号"，果然见龙将军板着一张脸，不满地道："殿下，是不是哪里的招待您不满意？您只管说，我要让他们知道怠慢殿下的代价！"可语气却仿佛是让戈兰付出这个"代价"。

戈兰连忙道："跟他们无关，我就是……还是想待在飞船上，看一下怎么打仗的。"

"殿下，其他地方可能战事频繁，但我们平阳星系一向太平，无仗可打。"龙将军看着戈兰，嘴角不易察觉地扬起，"而且军戎细务，殿下您可能不是很熟悉。"

"那你随便给我找个位置，我待在'绛州号'上看星星也行。"

"飞船危险，而且条件太差，怕是伺候不了殿下——你们，"龙将军说着，指了指身边的两个卫兵，"带殿下和公公去行星，好好招待，但有闪失，小心你们的狗命！"

话都说到这份儿上了，戈兰知道辩解无用，气得一跺脚，准备离开。这时，一直在旁边沉默的福公公突然叹了口气道："殿下，别哭丧着脸了，到时候大王要是见你这副样子，也会不高兴的。"

戈兰一头雾水，刚想说话，身后的龙将军先开口了："什么大王？"

福公公瞪大眼睛瞧着他，啧啧说："龙将军，听你这语气，难道不知道大王是谁？"此刻，福公公说出口的话比眼神更冷，更锐利，"还是说，你效忠的大王另有其人？……"

龙将军冷汗都快滴下来了，心里暗骂老阉狗狡狯，嘴里连声道："臣自然是忠于我大秦王上，与魏贼不共戴天，此心银河可鉴！"一番赌咒发誓后，又小心翼翼地问："不过，殿下不是一般不回雍都星了吗？"

"是啊，"福公公说，"但祖制里，可没限制大王想去哪里吧？"

"这个当——"龙将军脸色一变，脱口道，"你是说，大王要来平阳？"

福公公忽地掩口，脸现懊恼，"哎呀，这个我不该说出来的……"他这样说，龙将军的脸色更加阴晴不定，显然正在快速思考。

"不过啊，有一点我还是可以告诉你——虽然九王子体弱，未必能继承大位，但大王偏怜哪个儿子，你难道没有听说过？"福公公说完，负手退后，仰起头，脸上看不出任何表情。

龙将军纵然所处偏僻，也听说了永安侯死后秦王袒护九王子的事。思忖片刻，他叫来大副，耳语一阵，便扭着脸告退了。大副走过来道："殿下，本舰统领层编制已齐，士兵水手又太过粗鄙，与殿下身份不合——倒是有个领航员副手的岗位，负责判断战舰周围形势，提供路线参考，十分重要。不知殿下愿不愿纡尊降贵？"

戈兰自然连忙点头。

晚上，戈兰敲开了福公公的舱门。

"福公公，我有些事不太明白。"他问。

福公公刚刚洗浴完毕，披着浴袍，神色郑重，"殿下请说。"

"我们都知道，现在战事紧张，父王是不会来平阳星系的，"戈兰认真道，"但为什么龙将军会真的相信呢？"

福公公闻言，笑着摆摆手，说："他也未必真的相信。"他摆手的时候，浴袍滑开，露出干瘦的身体。他已经年迈老朽，肢体如同没有丝毫水分的枯枝，皮肤更像劣质布料一样挂在骨架上，晃悠悠的，布

63

满了灰褐色的老年斑。戈兰留意到，福公公两腿之间空无一物，旋即想起——福公公是无性人，从克隆皿出来前就被剪辑过基因，生殖器官先天没有，大小便都是通过肛门排出。

想到这样残忍的技术，他心里一片惨然，过了好一会儿才意识到福公公的话，诧异道："不信吗？那他为什么会把我安排到'绛州号'上？"

"这便是人性。"福公公淡淡道，"龙将军乃奴隶出身，因作战骁勇才逐步移除了额头上的数字，成为将军。他在战场上有经验，政治上却站错了队，才被贬到平阳星系。这里没有仗打，他只能干等，等下一个也犯了错的军官来取代他，而他就将彻底失势。因此，在他当司令的最后日子里，自然不愿意殿下你来影响他的权威。但我告诉他，陛下可能来这里，就不一样了——如果你父王真来了，见你开开心心，他就有升职的可能，离开这里，回到雍都星，回到政治中心。尽管这个希望很小，但人总是会被这样的希望驱使着。"

"希望吗……"戈兰咂摸着他的话，一些从未有过的思绪在他心里涌动着。

"是啊，希望。"福公公嘴唇抖动，眼睛里闪着光，"这个宇宙中最强大的力量，不是反物质炸弹，不是虚粒子武器，而是希望啊。"

2

接下来的几个月，戈兰大多数时间就待在瞭望舱里。"绛州号"

只是在平阳星系里懒洋洋地巡弋，并非参战，瞭望舱里也只配备了基本人员——带戈兰的，是个一等兵，但年纪不小了，浑身邋遢。

此人额上的标记已经消除了许多，只剩三个，也就是说，只要再立三次军功就能摆脱奴隶身份，有自己的姓和名。但他估计是得罪了什么人，被调到平阳星系，再也无仗可打，无功可建，不免心灰意冷。他有贪杯的恶习，执勤时也拿着酒喝，一喝多就歪着嘴直抽气。

因此，戈兰暗地里都叫他老歪。

老歪也知道戈兰的身份，刚开始毕恭毕敬的，但接触久了，知道戈兰性子随和，他性情也粗犷，也就放开了。

"你说你啊，堂堂一个大秦王子，整个星系都是你的。要是运气再好一点，整个秦国都是你的。"有一次老歪喝多了，趴在瞭望台上说，"你跑来这里做什么？……"

戈兰不喜欢酒气，皱鼻后退一步，又看向繁星如雨的窗外，说："我喜欢看星辰啊，在地面永远只能看到一部分，只有飞船上，才能看清整个银河……你看，那些星星多美啊。"

老歪眯着眼睛看了半晌，迷糊道："没有什么变化啊，这么多年，星星不是一直这样吗？就算我们能看见临淄、太梁那些个花花世界，但永远也去不了，享受不了那里的美酒和娘们儿……"

戈兰啼笑皆非地说："你不懂。"

"是啊，我不懂，我要是懂很多，就不快乐了。"说着，老歪又灌了一口酒，"可能这是你们贵族少爷的通病吧。"

戈兰望向星河深处，严格讲，老歪说得自然不对。再大的银河都会，在天文尺度上都如大漠中的一粒细沙，是无法用肉眼看到的。而隔着千万光年，即便用天文望远镜看到，也是非常久远时光之前的光芒，也许是在周朝或者商朝，甚至在古老的夏朝之前就发出的……

那时候人类已经开始殖民银河了吗？人类是从哪一颗星球发源，又在宇宙中往来多久了呢？这些不解之谜，几乎和宇宙一样古老而深邃。如今只有一些缥缈无稽的传说，令人遐想……

瞭望舱靠外，紧贴巨大的三号光帆，每时每刻都在旋转。每当光帆转过，再无遮蔽，舷窗的视野就会变得极好，戈兰看到不远处一颗巨大的气态行星，表面黄白相间，星球外围还有一圈平整的冰晶，构成星环，微微倾斜。这绝美的景象，来源于宇宙间各种力的微妙平衡。戈兰一直盯着，直到眼睛干涩，才抬起手揉了揉。

这时，"绛州号"飞过气态行星，戈兰看到了位于它背面的六艘中型飞船，组成一个圆，安静地悬浮着。而每艘飞船都向圆内射出一道微光，在圆心会聚，形成一个小小的光团。

"那也是舰队的战舰吗？"戈兰指着那六艘飞船问。

老歪瞥了眼，摇头道："也属平阳舰队，但不是战舰——你来的时候没留意吗？它们负责给虫洞供能啊。"

"噢……"戈兰恍然。

几个月前，他从雍都星来平阳星系，就是靠虫洞跃迁，数万光年不过瞬息之间。光曾经是这个宇宙中速度最快的，但人类发明了虫洞技术，从此能够跑在光束的前面。

戈兰眯眼看着远处的小光团问："但现在没有飞船进出，怎么虫洞还开着呢？"他想起福公公所说的话，开启虫洞要耗费大量能源，顿时觉得有些浪费了。

"那是调低了功率的虫洞，没办法跃迁，但可以传送信息。"

"噢噢，这就是——虫域网？"戈兰自小在王宫长大，虽说外面见识得少，但对虫域网还是很熟悉的——他就是靠网络度过了大部分时间。

原本信息的极限传播速度只是光速，不同恒星间的联络会有漫长延迟，但如果以虫洞为联络结点，信息便能自由穿梭。实际操作中，人类一般是将一个大型虫洞维持在能量耗费最低的开启状态，比如他们眼前的这个小光团，是为结点，而附近的飞船都安置有微型虫洞发生器，依附着结点，彼此连接。因此，只要有人类活动的地方，虫域网便可以覆盖，信息也就能即时传播。

广阔宇宙，就是这么被缩小的。

"绛州号"继续往前，那六艘供能舰慢慢变小。但戈兰还是看到，有一些黑色的战机掠过供能舰，犹如雨燕在海面上飞过。

"它们是在巡逻吗？"

"是啊，这可是平阳星系的重中之重，"老歪说，"守住了虫洞，就是守住了来往平阳星系的一切通道。"

戈兰奇怪道："你是说，守住虫洞，就没人可以进平阳星系吗？"

"那是自然！"

"可——"

老歪哈哈一笑，道："我知道你在奇怪什么——你肯定是想说，这片星域如此广阔，飞船可以从任何一个方向进来，我们根本守不住，是吗？"

戈兰点头。

"看来你真的是在王宫里长大的呀……"老歪调笑道，"确实，平阳星系虽说只是秦国偏远一隅，但到底是一个星系，哪怕我们的兵力扩增一百倍，也无法守得密不透风。但殿下你忽略了战舰的速度——飞船的极限速度不能突破光速，而银河横跨十万光年，哪怕魏国跟我们相邻，最近处也有数百光年的距离。如果他们想直接派兵攻打平阳星系，那至少也要几千年才能到，到的时候魏王都化成灰了。所以，距离就是我们的关隘和天险。"

"没错……"戈兰点头，想起他在银理学课程上，曾看过银河的全息图景，那个三维地图的直径不过两三米，布满了密密麻麻的标注点。他觉得并不大。但父王告诉他，这张地图里的任意两个哪怕看上去几乎重合的点，都是驾驶最快的飞船的人用尽一生也无法跨越的距离。

老歪继续道："所以啊，真正的远距航行，只能依靠虫洞进行超空间跃迁。虫洞可以被人类的时空扭曲技术打开，也可以人为关闭。不过除了一些巨型虫洞，要打开任何一个虫洞，都需要在两头进行，要不然燕国或者齐国人一高兴，就可以开辟一个虫洞直通雍都了，哈哈。"

戈兰知道这些巨型虫洞，比如函谷，比如萧关，主流银理学认为，这是宇宙暴涨初期形成的时空蛀洞，遍布整个银河系，这也是人类能建立跨越十万光年泛银河文明的物理基础。本质上，人工虫洞只是依附在这些巨型虫洞之上的延伸支线。不过，还有一种观点认为，巨型虫洞由某个已经灭绝的上古文明所缔造，有人说是周朝，有人说是商朝，有人说是更早的神级文明，比如什么远古三神皇、五天帝……在学院里，这些观念被当成无稽之谈，但并不妨碍许多人私下相信。

"那要是——"戈兰想了想，"要是平阳星系的虫洞出了什么问题，虫域网一断，岂不是没人能进来，我们也出不去？"

"那龙将军就能割据称王了，哈哈！不过也没那么简单，虫洞开启后会留下时空裂隙，很长一段时间内不能彻底闭合，如果用重粒子流轰击，花上一年半载，仍然可能冲开。不过，只有各国军方才能不惜成本地使用这种恒星级别的能量流。如果有地方军阀封锁一个星系，顶多也就坚持个一两年，最后还是会被强行冲破，让他脑袋搬家。"

"原来如此……"戈兰道，又想到一点，"难怪没有从国外直通各国首都的虫洞。"

"没错，要是有的话，魏国人只要轰开虫洞，立刻就能兵临雍都。所以，我们只让外国人穿过函谷、萧关，然后经过一系列小虫洞才能抵达雍都，虽然耗费许多天时间，但军事上起到了缓冲作用。"

"看来只要守好虫洞，就是守好关隘，就不会出问题。"他说着，趴在窗前，又问，"那这个虫洞下一次正式打开，是什么时候呢？"

"那就不知道啦。不过流程很复杂的，得提前一个月提交申请，雍都星审核通过之后，会发放匹配码，虫洞两边同时打开就要靠这个代码来验证。耗能也是巨大的，反物质引擎要提前发放……"

戈兰朝舷窗凑近了些，眼睛眯着，喃喃道："那今天虫洞打开，有提前通知吗？"

"今天？"老歪一愣，"今天不打开啊。"

戈兰伸手一指，"可是明明在打开。"

在戈兰手指的方向，浩瀚的宇宙空间里，正有一点光晕涌现。

初时，光晕微弱细小，混在繁星点点的宇宙背景里，根本分辨不清。但很快，它变得更亮，更大，成了一个不规则的彩色光团。光团外凸起了一些像日冕一样的光弧，不断缠绕着，生长着，迅速变得巨大，仿佛这个星系里又多了一颗恒星。

老歪也看得呆了，吞口唾沫，道："不应该啊，今天的航行日志里，没说要开虫——等等，这他妈不是我们的虫洞！"说着，他就扑过去按下了警铃。

戈兰有些诧异,说:"这明明……"此时光帆转动,他在舷窗的另一个方向看到了那六艘悬浮的供能舰——它们依旧安静飘着,没有启动。

果然,他刚刚看错了,这个新打开的虫洞,并不在平阳星系平常打开虫洞的位置。

瞭望舱警铃的权限很高,一按下,红色灯光越过其他并行的指令,一路窜向舰桥指挥室位置。

窗外虫洞的变化并没有停止。膨胀到最大后,色彩变淡,仿佛内部的光开始湮灭,逐渐演化成了一个光环。

老歪一直拍着按钮,直到瞭望舱里响起了嘟嘟声,表明舰桥指挥室已经收到,他才松开手,说:"幸好我们还算反应快,报告给了上面。"

显然,龙将军的反应也很快。因为没过几秒,"绛州号"飞船那数以万计的引擎就开始同时协作转向,组成矩阵,推动着这艘庞大的钢铁怪物移动。

老歪刚松口气,一眼看到墙壁通用屏上显示的行进路线,脸色骤变,喃喃道:"我们在向虫洞靠近?"

飞向虫洞的命令,是龙将军下的。

接到警报时,他正在战略室里研习一部号称是秘本的《子贡官场心理学》。跟秦国其他舰长不同,龙将军本是秦国等级最低的克隆奴隶,额头上的字母标记多达三十几个。但自他从军后,凭着勇武强悍,硬是用血和火洗掉了那些印记,还凭着一举摧毁一整座赵国星城的军功,破格提升为秦国舰队长,被召回雍都星。然而,退下战场后,他的肌肉和狠勇全无用武之地,权谋的旋涡像隐秘的刀刃,刮得他遍体鳞伤,又无处反击。

最后,他败下政坛,被驱逐到平阳星系。

也就是从那时开始,他意识到打打杀杀那套已经过时。所以这几年,他疯狂地阅读政客自传,以及心理学理论,为重返秦国权力中心做好准备。他也相信,如今的他,准备得已经很充分了。

这时,大副慌慌张张地推门而入,报告了虫洞的异常情况。

他们匆匆赶往舰桥,调出航行日志,确定这个虫洞的开启并非秦国授权;而自己这边的虫洞供能舰并未全功率运行,只保持到虫域网畅通的程度——也就是说,新虫洞是凭空出现的。

不可能!

他脑子里只冒出了这三个字。

众所周知,除了某些天然巨型虫洞无法关闭——这些地方往往也是各国必争之地——人造虫洞要想联通,必须在两端同时开启,如同一扇门进,一扇门出;如果只打开一个虫洞,没有位置指引,钻进去后则会迷失在时空乱流里,没准儿会被传送到河外星系。

有史以来,所有进入单向虫洞的飞船,都再也没有出现过。

"舰长,"大副有些着急,"怎么办?"

龙将军沉吟几秒,问:"虫洞距我们有多远?"

"五光分。"

他点头道:"来路不明,先观察。"

于是,"绛州号"缓缓向虫洞驶去,同时发出了问询信号,希望对方表明身份。

通信频道里,一片沉默。

正在疑惑之时,一个声音切了进来:"龙将军,来者危险,请做好作战准备!"声音带着青涩与急切,是戈兰的,"还有,用虫域网向雍都星汇报,快!"

龙将军皱眉,本想不理,但念在九王子的身份,还是耐着性子回复道:"殿下,眼下情形并不明朗,贸然表现出战斗意图,不是明智之举。"顿了顿,又安抚道,"请殿下放心,这里是秦国后方,不会有危险的。"

戈兰似乎还想再说什么,龙将军朝大副打了个手势。大副听话地挂断了戈兰的连接。

一个小破孩儿,也来管舰队的事情?龙将军暗想,满心不屑。

要是早几年,他可能也会这么想,带着部队就上了。但这些年看的书教会了他一个道理——谨慎永远是个褒义词,凡事三思而后行。他吃过鲁莽带来的亏,绝不能重蹈覆辙。

关于虫洞的研究至今没有完善,人类虽然可以凭借时空扭曲装置开启和关闭虫洞,进行超空间运输和网络覆盖,但这些装置都源于早已消逝的周朝,后人能依葫芦画瓢地复制,却始终没有弄清里面的原理。另外,一些巨大的虫洞至今无法关闭,它们的形成原因也依然成谜,传说是夏朝还是商朝开辟的"帝道"。当然,主流科学家认为这些虫洞是宇宙早期天然形成的,如果眼前这个虫洞是偶然诞生的天然虫洞,那平阳星系将一举成为秦国边防要隘,自己的地位也会大大提升⋯⋯

随着飞船靠近,虫洞的观测越来越清晰。这是一个中型虫洞,色彩已经收敛,成了单调的白色——这也预示着,空间已被扭曲,里面即将有东西出来了。

这时,大副看了眼舰桥操作台,猛一愣,"司令,网断了⋯⋯"

"什么网?"

"虫域网!"

龙将军看向操作平台右上角，果然，代表着连接虫域网可以进行即时通信的标识正一闪一闪，表明连接中断。"是连接器出了问题吗？"他说，"重置一遍。"

但重置之后，"绛州号"跟虫域网的连接依然是断开的。

龙将军正要再问，眼角突然一抽，余光瞥见了一簇火花。他下意识去看操作台的侧面，看是不是有线路烧断，但操作台侧面一片光滑，电路和元件井井有条；当他再次抬头时发现，那簇火花来自舷窗外，来自冰冷死寂的外空间。

是爆炸。

而爆炸的位置，正是不远处的虫洞发生器——平阳守备军自己的虫洞。

"有人发起攻击！"大副惊道。

冷静，冷静！龙将军告诉自己，然后问："攻击来自哪里？"

大副检查了一遍探测数据，说："雷达上没有敌人……"顿了几秒钟，他的声音变得慌乱起来，"不，敌人来自所有方向！"

的确，就在一瞬间，操作台中心的扫描面板上，涌出了密密麻麻的闪烁红点，每闪烁一次都会扯着龙将军的心抖动一下。光是看几眼，他都觉得自己的心快要迸出胸腔了。

"司令……"大副见龙将军嘴唇颤抖，不发一言，犹豫着喊道。

龙将军被叫了好几声才转过头来，茫然地看着大副，过了会儿才反应过来，大喊道："下令，舰队全员戒备，准备迎战！"

命令发出去后，过了许久，都没有收到回应。龙将军等得焦急，随即明白了其中原因——因为虫域网被毁，基于虫洞进行数据传输的即时通信也中断了，只能启用传统的无线电通信，速度与光速相当，到最近的一艘驱逐舰也要花一分半，反馈回来就是耗时加倍。

这时龙将军也才明白,虫洞距"绛州号"五光分,那也就是说,在"绛州号"上看到异状的五分钟之前,它就已经出现了。而在星际战争里,五分钟足以改变整场战役。

或者,改变整场战争。

他又想起戈兰发过来的警报,显然,戈兰并没有忽视这一点,还来提醒自己,然而……

他握紧拳头,在操作台上狠狠擂了一拳。

但现在不是懊恼的时候,他想,无论对方是谁,至少马上就能知道答案了。

"绛州号"逐渐靠近了虫洞。现在,他们用肉眼都能看清虫洞外缠绕的光环,隐约还有无数红色的小点从中逸出,随即不见。

"把图像放大!"

大副闻言,调动飞船外的观测探头,舷窗上的玻璃迅速对接了高清视界画面。接着,大副用手触动玻璃,放大画面,然后定格,终于看清了那些飞出来的小黑点是什么——小型攻击战机,布满艳丽的红色涂装,蝠形,像闪电一样飞掠而出,没入冰冷漆黑的宇宙空间。

不知何时,群星也停止闪烁,这片星域陷入了前所未有的黑暗与寂静。

龙将军喉头吞咽几下,问:"这样的战机,有多少架?"

"不知道,还在统计……"大副更加紧张,"很多……"

很多,龙将军咂摸了几遍这个词,又振奋起来——即使很多,也没关系!平阳守备军虽然兵源不算充足,但柔兆级战舰还是有几艘的,尤其"绛州号",是齐国建造的旃蒙级战舰,与这些小攻击机相比,如同巨象踩蚁。

自齐桓王时代起,银河诸国就有统一的战舰量级,自大而小共分十个等级：阏逢、旃蒙、柔兆、强圉、著雍、屠维、上章、重光、玄默、昭阳，每一级的体积以三十倍递减，某些国家还有一些突破这一体系的超巨型战舰，如赵国的"钢丘"。不过无论如何，这么个小星系里一艘"旃蒙"足矣。

"不怕，"他深吸口气，道，"数量再多也不用担心，太空战里，决定胜负的可不是数量，而是战舰级别——你把画面调回去。"

大副依言关闭定格画面，舷窗玻璃上立刻显示虫洞的实时情况，但他们只看了一眼，刚建立的信心就完全崩溃。

画面里，虫洞光圈微微扩张，微光晕染之下，探出了一丛布满尖锐炮台的战舰舰首。它脱出虫洞的速度很快，但过了许久，已有数千米的舰身出来，却还没过舰首部位。这是一个庞然大物，仿佛巨鲨钻出深夜的海面探头而视，鲨牙参差。在这艘战舰面前，那些蜂拥飞过的攻击机，也真如蜉蝣游过长鲨身下。

"也是'旃蒙'级……"大副的每个字，都像是从嗓子眼里挤出来的一样。

在他们震惊的目光中，黑色巨舰从虫洞里展露全部身姿，短暂地停顿过后，尾部和船底的引擎矩阵协同喷射粒子流，让它获得了速度，开始向前飘动。而它身后的虫洞光晕中，一艘更加庞大的战舰又探出了头部……

这艘战舰的侧身，写着一个巨大的篆体"魏"字。

3

"我们要死了。"

在第一艘黑色巨舰出现时,福公公就喃喃地说道。

的确,对方有备而来,且光看外形就知道科技含量比平阳守备军高出许多,最关键的是,掌管平阳守备军大权的龙将军,根本没有意识到末日将至。

他的傲慢,是平阳舰队在末日之门上最后也最重的一记敲击。

"平阳是守不住的!"福公公脸上升起一丝决绝,"但殿下绝不能出事!"

他本来待在豪华休息室,一见势头不对,便立刻跑到瞭望舱。但刚进门,舷窗外突然光线大亮,他们扑过去一看,只见整扇光帆都被撕裂了。

一艘蝠形攻击机低掠而过,机身下炮口轰鸣——虽然真空里听不到轰鸣声传来。它射出的激光束如剪刀开刃,直接割开了脆薄的扇叶。除了这一面,其余扇叶被攻击的警报也在同时响起。

敌人的确有备而来,一来就破坏了"绛州号"的储能装置,继而组成几股,在钢架间穿梭轰炸,无不瞄准飞船外的引擎阵列。

巨象般的"绛州号",如同腹部遭到刺穿,正在失去行动能力。

被轰炸震得摔倒在地的戈兰,手忙脚乱爬起来,叫道:"龙将军的反应太慢了,别人都打到家门口了,他怎么还不反击?!"

"那个蠢材,过去吃了莽撞的亏,就因噎废食,做什么事都畏首畏尾!"福公公也骂。

但现在不是抱怨的时候,两人对视一眼,同时转向老歪,问:"最近的逃生舱在哪里?"

老歪慌忙一指,"在廊桥……哦不,排空口的更近!"

三人立刻逃出瞭望台,在舱道里一路奔跑,因"绛州号"不断受到轰炸,他们也几次摔倒,好在都连滚带爬地来到了排空口。

"把锁锚打开!"老歪跑到排风口前,对一个看守的士兵大声道。

"额……"士兵抓着栏杆,努力稳住身子,"不行,我没有接到可以启动逃生舱的命令!"

"等你接到,我们就都完了!"

"那我请示……"

福公公挤开老歪,走到士兵跟前,厉声道:"你还要请示谁?"他一手指着戈兰,"站在你面前的是大秦九殿下,平阳星系属他地位最高!"

士兵的样貌很青涩,大概刚成年,哪里见过这阵仗?犹自嗫嚅道:"可是按照规定……"

话到一半,飞船外一艘蝠形攻击机几乎是贴窗掠过,射出一道光炮。舱壁被撕裂,光炮余威不止,击中了逃生舱。

空气化为狂风外泄,士兵正说着话,手一松,就被气浪卷携,惨叫着被吸到了飞船外。一出飞船,他的惨叫声就戛然而止,惊恐的表情也在冰冷的真空中凝固了。

戈兰下意识地想去拉他,但气流鼓涌,手刚伸出,只碰到士兵的衣服,那人便已飞了出去。

"殿下,小心!"耳旁传来福公公的吼声,但他还是愣愣地看着

77

在裂口一闪而过的士兵。下一瞬,他也差点被空气狂流卷走,好在一旁的老歪及时抓住了他。

飞船有针对漏气的应急系统,靠近裂口的几个通道全部关闭,空气来源被隔断,气浪慢慢变小。但这也意味着他们能呼吸的空气在迅速流失,温度也在下降。

他们抓着栏杆,爬回断了一半的廊桥。

"妈的,逃生舱被炸了!"老歪骂道。

福公公喘着气,抬头说:"那我们的战机——你知道在哪儿吗?"

"开玩笑——"说着,老歪一摆手,"跟我来!"

他们在一片红光警报中跑过几条弯折的舱道,终于找到一架战机——两翼开阔,机身下有活动炮口,是秦军舰队里标配的雨燕式战机。两个秦军士兵倒在一旁,血流得满地都是,看样子他们是想来驾驶战机驱赶敌人,但被爆炸溅起的碎片击中了。

"别看了,上去吧。"福公公低声说。

戈兰和福公公爬进了战机,老歪在一旁解锁锚。战机较为狭小,只有两个座位,福公公看了一眼正在弯腰解锚的老歪,舔舔舌头,手伸向关门键。

只要按下,舱门便会关闭——而老歪刚解开锁锚,战机就可以起飞。虽然他们都不是驾驶员,但设定目的地,开启自动驾驶还是很熟悉的。

然而,一只少年的手拦在了按钮前。

福公公诧异地看着戈兰,戈兰也盯着他,缓缓摇头。

这样的对视持续了几秒,直到老歪钻了进来,见没座位,便在角落蜷着身子,舒口气,大声道:"刚刚好险!我们走吧!"

福公公把手收回来,脸色平淡如常,仿佛什么也没发生过。戈兰也是如此,附和道:"是啊,快走——到哪里去呢?"

"空中不安全,我们先去地表——远阳星离我们最近,可以在那里藏身。"老歪道。

远阳星是平阳星系五大行星之一,体型最大,星球表面多覆盖沙漠,好几座秦国城市就建在沙漠上。如果能逃到那里,找个地方隐藏,应该能避开魏军——暂时地。

他们启动后,战机身下的固定支架剥离开来,尾部喷出气流,带着他们离开排空口,在"绛州号"复杂而巨大的钢结构骨架中穿行。

按照系统设定,战机燃烧所剩不多的燃料,飞到远阳星的卫星轨道,被引力捕获,然后速度降级,直至飞到地表。

但他们挤在狭小的舱室里,还没变速,虚拟面板就变成一片血红,嘀嘀嘀的警报声响成一片。

老歪使劲别着脑袋,朝窗外看去,只见一片蓝光掠来,大叫道:"完了!"

五分钟之前。

"将军,敌人在向我们进攻!"大副调出"绛州号"自检图,缩小的飞船全息影像里,红点密密麻麻地闪烁着——每亮一次,就说明"绛州号"遭受了一次攻击。

但龙将军在犹豫。

他看到了自检图,以"绛州号"的防御能力,还能撑一阵子。他不担心红蝠战机的进攻,他眼睛死死盯着的,是虫洞口那艘悬停的驱逐舰。

它比一般的旃蒙级还大三分,虽然不到阏逢级,但已经是一座宏大的钢铁城市。它的造型很普通,就像是个放大了无数倍的尖枣。现在，它的一个尖部，就正对着"绛州号"。

这才是真正的威胁。

龙将军紧握拳头，说："跟对方联系，看有无停战的可能。"

大副一愣，想说什么，但最终还是发出了对话申请。

"信号待连通"的标志浮动着。

过了一分钟，大副道："将军，他们不接。"

"再试！"

大副刚要发出请求，又抬起头，吞口唾沫道："将军，可……可能不用再试了……"

龙将军顺着他的目光，只看了一眼，就明白大副话语里的意思了。

的确不用再试图停战了。因为，对面的巨型驱逐舰已经有了令人恐惧的变化——它尖部上一块块甲板开始移动，如鱼鳞般翻起，露出了鳞片下那密集的黑色炮管。

画面上显示出了测量数据——每一根炮管都有三米口径，总数过千，且每个管口里，都凝聚着危险的蓝色光亮。

"是联装激光炮矩阵！"大副惊道，"正在蓄能——预计三分钟之后发射！"

龙将军反应过来，大喊："快，所有引擎启动，躲开！"

但"绛州号"已经被红蝠战机密集围攻过，尽管这些攻击对"绛州号"不会造成大的伤害，但红蝠显然也没指望击沉这个庞然大物，挑的都是那些能被炸毁的引擎。引擎被毁，光帆撕裂，"绛州号"想获得动能谈何容易？

所以，龙将军徒劳地催促，同时眼睁睁看着对面驱逐舰炮管里的光亮由微弱增强至刺眼，继而射出。

没有声音。

只有成千上万道蓝色激光同时发射，仿佛天空竖直地将一场浩大的光雨平射而出。它们虽然不如暴雨密集，但更快，只在视网膜上留下了一道痕迹，便扑到"绛州号"左侧下方。

每一道激光都留下了创口，光帆破碎成片，钢架有融化有断裂，来不及躲开的船员们直接被光雨轰成飞灰……"绛州号"的引擎发生装置也损毁了，人们飘了起来，四下乱撞，一片狼藉。

警报声响彻整个"绛州号"。

4

好在光雨虽多，但击中面积广，难免间隙过大。戈兰所在的这架战机堪堪绕到主甲板后，躲过了光雨攻击。

他们来不及庆幸，以曲线加速飞行，想尽快逃走。

但光雨造成的破坏力，现在才真正显露出来——那些被炸到的地方，钢筋截截断开，桌椅乱飞，各种合金材料也遭撕裂……这些大大小小的碎片，都向四周飞溅，速度惊人。

在没有阻力的宇宙空间里，这些碎片都成了致命武器，哪怕是一支笔，也能在高速运动下洞穿血肉，更别说那些被整个掀飞的大型机器了。而且比刚才射来的光雨更危险的是，这些碎片相互撞击，运动没有规律，且无处不在。

老歪反应过来，忙扑到操作台前，熟练地启动人工辅助驾驶，同时对戈兰喊道:"殿下,去炮舱!"

戈兰赶紧爬到战机底部凸出的炮舱,戴上操作手套,手套里的感应贴片迅速通电,有微微的酥麻感。他动了动手指,战机身下的爆能枪管也跟着移动。

"打哪里?"他立刻适应了操作,喊道。

"什么东西冲过来,你就向它开火!"

刚说完,一段半截的亚光速引擎就翻滚着冲了过来。戈兰连忙握紧拳头,手套贴合,枪管震动了一下,射出爆能弹,将残存的引擎炸成碎片。

碎片在战机的表面划过,只留下轻微刻痕。

"干得好!"老歪惊喜道,"殿下是天生的炮手啊!"

福公公缩在一边,哼了一声,"要是平时你说这句话,都可以枪毙了。"

戈兰苦笑道:"都是玩虚拟现实射击游戏玩出来的……"其实这最初是阿蒙很喜欢玩的游戏,戈兰根本打不过他,但戈兰耻于输给自己的朋友,自然也就勤修苦练,最后阿蒙也不是他的对手……如果阿蒙现在还在……

他心中一酸,稍有疏神,错过一块不小的钢板,那钢板从战机上划过,留下一道深深的伤痕。戈兰不敢再想其他,全神贯注地盯着战机前方。老歪启动辅助驾驶,大的方向由导航系统掌握,精细操作则自己来完成;戈兰操作武器——绝大多数碎片都能被老歪躲过,实在避不开的,就由他将其轰碎。

他们配合着,让这架战机像一只在滂沱大雨中疾飞的燕子,迅捷地躲避云层里降下来的闪电。

两人从未一起战斗过,但此时配合默契,连一旁的福公公都感到惊讶。

好几次,他们都差点被旋转翻滚、疾掠而来的大碎片击中,险险擦过。至于那些崩飞的细小零件就躲不过了,好在质量小,撞在战机的合金外壳上,虽然叮当乱响,但只留下浅表的划痕。

很快,他们就有惊无险地冲出了这块密集的碎片区。

"好险!"戈兰这才抬起头,额上满是汗水。

老歪的手指还在操作池里不停划动,战机识别他的手势,作出翻转动作,避开了一丛撞来的钢架。"总算逃出来了……"他松了口气。

在他们身后,被光雨轰炸的区域已经完全成了虚空,碎片飞尽。"绛州号"外围出现了巨大的空缺,仿佛月饼被咬了一口。

魏军巨舰的炮管阵列同时往回缩了缩,再次伸出,每个炮口都有一星光点凝聚,随后慢慢变亮。

"哇哇哇,又来了!"

燕式战机连忙加速,朝着侧面疾飞。

但他们还没脱离战场,警报又响了。一群红蝠战机幽灵般从天幕中现身,各自分开,朝"绛州号"的各处扑去。

它们的破坏力不及刚才驱逐舰降下的光雨,但更有针对性,朝着"绛州号"各处关键衔接点射击。虽然外空间一片虚无,但"绛州号"被红蝠炸出缺口之时,船内空气会在瞬间涌出,发生燃烧。但这爆炸是无声的,火光也只有一瞬——仿佛声音和光,都被这无尽的宇宙消融了。

戈兰看着不远处零星亮起的炮火,皱眉道:"魏军想缠住'绛州号'。"

"是啊,一直缠着,直到下一波光雨准备好。"福公公点点头,"龙将军也真是饭桶,到现在都还在挨打。"

戈兰暗骂一声——龙将军早年也是战场勇将，不料在官场失势后，竟如此畏首畏尾，否则两军实力虽然悬殊，但也不至于到现在还是一边倒地挨打。

正感慨着，两架红蝠战机发现了他们，调转方向飞了过来。红蝠尾部曳出流光，在漆黑背景中，肉眼可见，而在戈兰三人眼里，更是有如死神行迹。

戈兰和老歪连忙再次配合，雨燕急转，试图甩开。但红蝠紧追不舍，不时射出激光束，逼得老歪也只能让战机做出翻滚、急停或回转等操作，晃得福公公七荤八素，脸色发青，但他也知道，现在正是危急存亡之时，因此拼命咬牙忍着，不敢出声影响他们。

好在老歪技术过硬，加上戈兰眼疾手快，时刻回应着老歪的指示。

"干！"

戈兰猛地按下发射键，一颗爆能弹窜出，对面的红蝠也相应转弯，躲了过去。

"等一下，等一下……"老歪盯着操作池里的红标提示，嘴里喃喃自语，猛然道，"干！"

戈兰再射一炮，趁着对方红蝠斜转未停，来不及躲避，猛地击中。

白色光束在红蝠外壳上停顿了一瞬间，随后漾出一圈白色涟漪。这是爆能弹在红蝠战机上爆发的标志。

红蝠解体，碎片乱飞，却没有火光。仿佛它只是一个玩具，被无形的力撕扯开去。

戈兰看了一眼，疑惑道："怎么……这架红蝠战机炸了，怎么不燃烧？"

福公公垂下眼睑,"因为魏军的战机里,没有氧气。"

"那魏军怎么呼——"话未说完,戈兰自己就明白过来了,"是机器人在驾驶。"

"或者只是远程程序操控。"

戈兰扭过头,看到另一架红蝠又掠了过来,不禁诧道:"机器人这么灵活吗?"

他以前常听人说,魏军的机器人军团虽然数量众多,但反应迟缓,无法在复杂的战场形势中分析最优行动,经常判断失误,甚至还发生过误打魏国自己人的事情。秦人最喜欢传魏国机器人犯蠢的段子,上上下下都潜移默化地看不起魏军。他虽然看了大哥在函谷战场上带回的战场视频,但终究隔着画面,仍有些不以为然。此时,他清晰地看到一架红蝠被艰难炸毁,另一架立刻补上,且不远处的红蝠战机群显然也收到了指令,又派出三架,一同飞来。

这样的配合,没有任何延时,仿佛有一只巨大的眼睛俯瞰着整个战场,扫描纤毫细节,指挥游刃有余。

这个联想让戈兰心里一悸,下意识地朝四周看看。

"别看了,准备跑吧!"老歪见几架红蝠一齐攻来,脸都白了,准备逃走。

但红蝠显然预判了他们的逃跑路线,两架在正前方开火,一架在上空盘旋,最后一架保持机动性,划着诡异的弧线,随时准备开火。

"打谁?"戈兰问道。

"谁都打不了。"老歪哆哆嗦嗦,"现在的问题是,从哪里逃……"

正前方被堵住,火力猛烈,头上的红蝠盘旋不止,见缝插针地开火,他们只能后退。但刚一转身,那架维持机动性的战机就从斜角冒了出来,激光如雨,有几道击中了雨燕。

仪器警报声响成一片，好些电路都断掉了，老歪想要稳住战机，手在操作池里连番划动，但操作手势的响应都延迟了。

又有几道激光击中了雨燕的双翼。

"妈的，老子跟你们——"老歪眼睛血红，咬牙道。

戈兰却一把拉住他的袖子，一手指向前方，惊喜道："你看！"

操作池的影像里，除了四个代表危险的红点，还出现了一大片蓝色光点——那是系统对友军的判定标识。

平阳舰队终于反应过来了。

红蝠一见到前方大片的雨燕式战机，立刻放弃了对戈兰三人的进攻，回旋着想要离开。而平阳舰队的战机一窝蜂拥过来，在密集的武器射击下，四架红蝠没逃多久就被逐一炸碎。

雨燕式战机的公共频道里，传来一片欢呼声。

老歪听到后，眼睛里血红退去，脸上露出了笑容，"总算得救了。"

就在戈兰也松了口气时，却见福公公摇头道："这些红蝠战机，是在诱敌……平阳舰队撑不了多久，我们快去远阳星吧，再不走，就来不及了。"

老歪的表情僵了僵，转过头，默默调转战机方向。

戈兰不用再开火，便打开后舷窗，看着远处飞行的战机群。

雨燕战机击毁那几架红蝠后，继续向着远处的尖枣形驱逐舰飞去，炮火猛开。显然，他们也想效仿魏军，让驱逐舰失去动力，从而无法发动下一轮光雨。

零星的爆炸火光在驱逐舰外围亮起，有些联装激光炮矩阵也被炸毁。见攻击有效，更多的雨燕飞到近处，火力全开。"绛州号"上的护卫机也加入了战斗，加上从星域各处赶来的，雨燕式战机成千上万。

"说不定，能赢……"老歪看到这样的场景，振奋道。

福公公摇头，"会输得更快。"

这句话像是诅咒，刚说完，漆黑的宇宙背景中，一道道暗影涌现。它们明明是黑色的，但现身时，仍有"亮起"的视觉效果——戈兰揉了揉眼睛，这才惊觉，是因为那些暗影比夜幕更黑，仿佛墨汁在黑板上流动。

那是一大群黑色的蝠式战机，比红色的型号要大，但又扁平很多，从侧面看只有一线黑色，难以察觉；再加上有特殊材料涂装，能躲过扫描。它们从虫洞出来后，就屏蔽了信号，潜藏在阴影里。而它们一涌现，就迅速扑向纷飞的雨燕。

戈兰贴在窗前，眼都不眨。尽管距离遥远，但他的动态视力很好，辅以玻璃上的远程光点显示，很快就发现了规律——黑蝠战机从外围切入，以三架为一个单元，集中向一架雨燕进攻。黑蝠的机动性本来就强，以三敌一，几乎瞬间就炸掉了雨燕。一旦击落雨燕，它们又立刻分开，各自与最近的零散黑蝠组合，又成三架之势，去进攻别的雨燕。

黑蝠不断地拆分重组，迅捷无比，毫无凝滞，犹如机器般精密。每完成一次这样的配合，就有一艘秦军的战机被击毁。在戈兰的视野里，能看到无数火光绽开——魏军的黑蝠战机被击中，只会泛起白色涟漪，因此，那些火光表示秦军战机正被摧毁。

火光连成一片，在雨燕群外围蔓延而起。随着黑蝠的大举反击，秦军节节败退，这片星域成了雨燕的坟场。

远处的驱逐舰已经完成充能，一簇光雨射出，正中"绛州号"的

87

另一侧。

"绛州号"原本是风车形,连受两击,外部的光帆和支架纷纷断裂,向四周飞溅。

这艘旃蒙级别的巨舰,正在解体。

第三发光雨又开始酝酿了,一旦击中这架"风车"的中心舱室,"绛州号"就会彻底瓦解。

"快撤吧,"福公公低声道,"平阳舰队一败涂地,我们不能跟着陪葬。"

戈兰却一手指向"绛州号",对老歪道:"你看,'绛州号'的解体速度正常吗?"

老歪眯眼看去,只见"绛州号"的四扇风叶与主体的铆接处正在迅速剥离;再细看,发现那些剥离并不是因为爆炸,巨大的咬合结构逐步分开,镶嵌其中的合金杆在磁力的作用下被抽离。

很快,四扇风叶就完全与"绛州号"主体分开。

等第三发光雨射到的时候,一直被动受击的"绛州号"已经完成了剥离。几片扇叶被光雨完全轰碎,但在一片废墟中,一艘崭新的银色圆形飞船猛地撞开碎片,冲了出来。

"这……"戈兰兴奋道,"这是什么?"

福公公盯着看,眉眼疑惑,老歪却兴奋地道:"是'绛州号'的本体!"

"绛州号"原本是风车形,四面光帆在外围旋转,吸收恒星能量。所以魏军一出现,就重点攻击光帆,击毁了光帆往主体输送能量的节点和引擎——但连戈兰都不知道,"绛州号"是可以分解的。

它的核心依然是一艘完整的飞船,只是级别上从"旃蒙"降到了"柔兆"——但这也让它摆脱了沉重的负担,只见尾部喷出光芒,如游鱼般向驱逐舰滑去。

"反攻了!"老歪振奋道。

被压制了许久的平阳舰队,终于开始反攻。

除了小一版的全新"绛州号",还有从其他行星赶来的五艘强圉级战舰。在它们后方,体积巨大的后勤运输飞船也开始集结,飞船四周弹出许多飞行平台,供被击中的雨燕战机停靠。

只要驾驶员没受伤,就会换上新的战机,继续参与战斗;维修兵则急忙上前,抢修战机。

凭借有序的配合,平阳舰队很快稳住阵脚,不断向前方投入兵力。

尤其是最前方的"绛州号"。

龙将军在舰桥上亲手操纵飞船,掌心传来阵阵灼热,多年前那驰骋厮杀的感觉又回来了。原来书本都是害人的,他暗暗想,男人就该战死在沙场!

"全军听令——'千年雷''孤堡'和'猎魔号',跟我一起,呈一二二一阵列,进攻这艘驱逐舰!"龙将军在舰长公共频道里喊道,"'铁火'和'彼岸花号',你们在两侧护卫!"

他号令的都是强圉级战舰,虽然体型小于那艘黑色的驱逐舰,但六艘加在一起,也能像楔子一样钉进去,继而将其瓦解。只要解决了最大的这艘,剩下的可以慢慢对付。

而秦军其余大小战舰战机,都扑到前方,为龙将军他们扫清路线。

黑蝠们感觉到了危机,尾部流光摇曳,纷纷折回。但大秦战舰一边前进一边开火,加上秦军战机的反扑,一时间难以形成有效防线。

而驱逐舰的光雨仍在酝酿，要发射出来，只需要一分钟。

一分钟？够了！龙将军想。

的确，强围战舰量级小很多，相应速度便提了上来。在引擎全功率运转下，他们突破黑蝠战机群，炮火轰鸣，终于攻击到了驱逐舰的尖部。

那些联装激光炮矩阵还没来得及射出便被击中，激光能量在炮管里就炸开了。高温直接将炮管融成铁水。

"就是这样！"龙将军握紧拳头，大喜道，"'千年雷'和'孤堡号'继续射击创口！'铁火号'，你右侧有一大群敌机，搞定他们！'猎魔号'，我们一起从侧面——咦，'猎魔号'？"

公共频道里，"猎魔号"的舰长没有回应他。

龙将军调出右侧的太空景象，顿时脸色煞白——"猎魔号"已经消失了，取而代之的，是那艘首先从虫洞里出来的鲨鱼形战舰，跟没解体的"绛州号"一样，都是旃蒙级。

战斗伊始，这艘鲨鱼舰就炸毁了秦军的虫洞供能舰，然后便飞往了其他行星的方向。担任主要攻击的，是更大型的驱逐舰，龙将军也把攻击重心放在驱逐舰上，没料到鲨鱼舰会突然杀回来，咬住了"猎魔号"。

没错，是"咬"。

在画面回放里，龙将军可以清晰地看到鲨鱼舰是怎么击毁"猎魔号"的：它吸收了雷达探测波，犹如幽灵，又有着与体型不符的机动性，高速冲来，又在极短时间将速度降低；而在这个过程中，它的舰首从中间部位裂开，像鲨鱼张嘴，露出了参差密集的炮口。随后，它凑近了"猎魔号"，舰首合拢，将其吞没。

那些利齿一样的炮口集中向"猎魔号"开火。鲨鱼舰的裂口，只看到里面炮火闪烁，不等彻底合拢，"猎魔号"就已经成了一堆废铁。

龙将军调转三门大口径电磁炮，想对准鲨鱼舰，但刚转头，全息画面里就充斥着亮闪闪的炮管，以及缠绕的浓烟。

就在他惊讶之时，鲨鱼舰又张开了嘴。这一次，它对准的是"绛州号"。

那一瞬间，龙将军心里什么感觉都没有了，除了遗憾——要是有虚粒子波束就好了。他看着周围慢慢合拢的空间，手掌下压，仿佛空气里真的有那传说中威力绝伦的武器，一按下去，就能同归于尽。

5

老歪驾驶战机，停到了一艘后勤运输飞船的平台上，然后跳了下去。

"你要干吗？"福公公见他又走向一架新的战机，连忙喊道，"不用换新战机，我们这架也可以飞到远阳星！"

老歪站住了，扭头看向他："我不去远阳星了，你们去吧。"

戈兰心里隐隐知道答案，但还是忍不住喊道："那你去哪里？"

"去战斗！"

这一刻，常年笼罩着老歪的醉意不见了，他的嘴也不歪着抽气了。他的身后，"绛州号"已经被击毁，其余强围级战舰虽在拼命轰击，但也撑不了多久了。然而，他的表情与身后的图景完全相反，不仅丝毫没有绝望，反而带着一丝解脱，嘴角甚至还有笑意。

"你们自己设定航线,也可以去远阳星的,我就不送你们啦!"他大声喊着,"终于可以再立战功了,只要击毁五架敌机,我就不再是奴隶啦!"

说完,老歪跳上一架新的雨燕战机,呼啸起飞,朝着魏军冲过去。

戈兰再也没有见过他。

多年以后,戈兰派人到平阳星系的边缘找到了这艘战机的残骸。它被击毁后,就这么一直飘着,老歪的尸体被安全带绑在座椅上,暴露在宇宙射线中,却也没有腐烂。人们取出了战机的黑匣子,调出数据,也因此得知了这架战机的辉煌战绩。

击中十一架敌机,其中七架击毁。

听到消息时,戈兰沉默良久,命人抹掉尸体额头上的标记,以世家子弟级别,在雍都厚葬。

"那我们快走吧!"目送老歪走远,福公公转头道,"平阳舰队完蛋了,我们再不去远阳星就来不及了。"

戈兰盯着那架战机的尾光,直到湮灭,才摇头道:"不,我们不去远阳星。"

"啊?那去哪里?"

戈兰伸手横指,指尖所向,却是那艘尖枣形的驱逐舰。

"什么?"福公公看着戈兰,像是突然不认识他了,"你要回去?"

戈兰点头,"是的。"

"殿下,现在不是任性的时候!"福公公急道,"你看这片星域死了多少人,平阳舰队全军覆没,到处是魏军,太危险了!"

"正因为平阳舰队全军覆没,我才更不能走。"戈兰说着,指了指远处的魏军虫洞,"魏军一出现,就攻击了舰队的虫洞发生器,现在我们的虫洞消失,虫域网也断线了……你看,魏军的舰船正一艘艘进来,但我们的消息传出不去。如果魏军以此为基地袭击雍都……"

确如他所说,"绛州号"被击沉后,黑蝠们开始清理战场,而虫洞的光环里还在源源不绝地拥出魏军飞船。它们在虫洞外排好阵列,整齐肃杀,看那军容,俨然一支规模庞大的舰队,像是有好几个军团。

福公公道:"殿下放心,没有密码,魏军无法单方面打开虫洞,直抵雍都,即便他们有强行轰击虫洞的设备,也要超过一年的时间准备,一年的时间,雍都一定可以严加防备了。"

戈兰想了想,道:"但魏军突然出现在这里,肯定是蓄谋已久的!虫域网断线,没办法发送即时消息,'绛州号'的求救只能通过老式无线电信号,而最近的虫域网节点好像在一光年外,传过去至少要一年。也就是说,这一年里,父王可能根本不知道平阳星系发生了什么,也许以为只是龙存军叛乱,未必会全力防守,而魏军不知怎么又掌握了某种开启虫洞的技术,出现在雍都的时间远比我们所以为的要快。"戈兰说着,神情愈发坚毅,"所以,我要把这里发生的事传到雍都,让父王知晓战情。那艘驱逐舰上,一定有能发送信息的通信室。"

福公公急道:"打仗的事情,有大殿下操心就行了,九殿下的安全最重——"

"不,我的安全并不重要!"戈兰打断了福公公的话,目光游动,环视周围惨烈的战场,"福公公您也说过,如果没有意外,我只是一个会在这里寿终正寝的王子,一辈子出不了平阳星系。那不是我想过的人生,在我心底的某个角落,甚至还期待着发生意外……现在魏军真的来进攻了,这是大秦的祸患,也许是我的……"后面的话他没再说出口，但在心里激荡着。

也许是我的机会。我答应过一个人，我要成为秦王，我要一统银河。也许这就是我的机会？

福公公惊诧地看着戈兰，在眼前这瘦弱的身体里，他看到了熟悉的影子——秦王嬴显的影子，是福公公从小带大的人。虽说他知道戈兰和几位哥哥不同，并没有得到嬴显完备的基因，但不知怎么，如今他感觉最像嬴显的，却是这个半大孩子。

"好，我帮殿下。"福公公点头，"但我们怎么登上那艘驱逐舰呢？"

戈兰看着窗外的战斗，那些不断燃起的星火在他眼中亮起，过了一会儿，他突然扬起了嘴角，"不用我们去，他们会带我们进去的。"

第三章 深入敌舰

1

"原来秦军这么弱,"公孙千阳站在舰桥上,看着舷窗外那遍布残破雨燕式战机的战场,"你说是不是,十一?"

被他问话的,是站在旁边的一个机器人。

这个机器人身高超过两米,通体褐红色涂装,腿部结实粗壮,伸出不少骨刺;腰部略微收缩,再往上就是由一块块甲片构成的胸腹,仿佛灼烧过的金属肌肉;头部则凹陷在胸腔里,只有一个漆黑面罩,形似甲虫。但最引人注意的,是它的双臂,由复杂而致密的金属咬合结构组成,看上去如同无数绳索扭合,手臂末端没有手掌,取而代之的是左边的巨型电锯和右手的粗大枪管。

舰桥上还有其他魏国士兵,但来来往往中,都避开它很远。

它的腰部扭动,面罩内的眼睛仿佛在跟千阳对视,身体里发出呆板的电子音:"他们弱,是因为指挥失当,又缺乏配合。另外,千阳大人,我叫临十一,不是十一。"

千阳笑嘻嘻道:"省掉你的姓,只叫名,这不是显得亲切吗?"

"我是机器人,临字是编号前缀,不是姓。"

"知道了知道了,你这么死板干吗?"千阳拍了拍它的头。尽管他也算高大,但要拍到临十一的头,也得踮着脚。周围路过的士兵见状,躲得更远了。

临十一并没有生气的样子,瓮声瓮气道:"我是机器人,死板一点更符合我的设定。"

"真没意思。"

"我的工作是辅助大人完成平阳基地的建设,不是给大人讲笑话。"

千阳笑了笑,"还不如说,你的工作是监督我完成平阳基地的建设吧?"

"这个问题我没有权限回答。"

见调戏临十一实在没什么乐趣,千阳上前两步,大手一挥,"开始清理战场!"

所谓清理战场,也就是打扫残骸。太空战争不比陆战海战,尸骸不会安息不动,被炸毁的战机或舰船的部件,会借助惯性,在真空里疾速穿行,宛若亡灵们最后的报复。

所以魏军舰队派出了大量清理飞船,在战场中缓缓行进。它们体型较大,形似蜗牛,外部的蜗壳在行进中散发着强力磁场,附近的战机残骸都被磁力俘获,纷纷改变轨迹飞了过来,吸附在蜗壳上。

往往这些蜗牛飞船出去转一圈,回来的时候,体型都会增大一倍,当然也更加缓慢了。

它们回到主舰的尾部,飞进废物处理舱,关掉磁极牵引,浑身的金属废件就叮叮当当地落下去。舱底的废件已经堆成了小山。抖落完后，蜗牛飞船转身飞出，继续清理空间垃圾，而这个舱室底部的诸多机械手臂则开始进行分拣，放上各个履带，进行分类处理。

魏军要制造机器人大军，金属的消耗惊人，因此能回收尽量回收。完好的零件会被履带送到仓库，直接安装；已经破碎的，则按大小分开，丢进不同的熔炉里。至于履带都运不了的，就会由机械手臂进行切割。

在废物处理舱的最角落，一条机械臂正在忙碌着。它的喷头不断地喷出高温粒子光束，切开一层又一层的金属，长期的工作已经使得它的输能管都灼热起来了。但工作量太大，它要停下来，恐怕得好几天以后，除非——

除非它感应到了生命气息。

现在，它就真切地扫描到了人类的体征，所以它停了下来，光束也缩了回去。它的喷口微微震动着，仿佛在思考。

哐当哐当！只见它面前的战机外壳分开，向两边倒了下去。

里面有两个人冒了出来。

戈兰离机械臂最近，切割光束焊开飞船的金属外壳时，险些灼烧到他。他吓得大气不敢出。现在飞船外壳倒下，他一眼就看到了正对着自己的机械臂，喷口近在咫尺，仍然能感觉到热量。

机械臂微微震动，他小心地往左挪开。

"它怎么不动了？"福公公一边让，一边问。

戈兰说："估计是长时间工作，又检测到我们，一下子过载了——机械就是这样，靠不住的。"

"那我们还是稍微离远一点，它连飞船都能切开，切我们两个，还不是轻而易举？"

97

他们小心地从飞船残骸里爬出来,走到机械臂的外侧。"咦,"戈兰发现机械臂的中段有一处红色灯光一闪一闪,"它这里也坏了吗?"

福公公一看脸色就白了,"什么故障,是警报!"

"有什么值得警报的?"戈兰环顾一周,"这里都是垃圾废品,没有危险啊?"

"当然有值得警报的啊——就是我们!"

在"绛州号"被击沉后,他们并没有选择逃跑,很可能逃也逃不掉,而是关闭了引擎,以低速在太空中飘浮,混在充斥太空的破碎战机里,毫不起眼。于是不久后,他们被一艘蜗牛状的清理飞船俘获了。

这样正符合戈兰的期望:悄悄混进魏军舰队,找一个能连上虫域网的舱室,将平阳星系沦陷的消息发回国内。

到目前为止,他们的这个计划几乎都成功了——除了"悄悄"。

警报灯不停地闪烁着,间或照亮两张煞白的脸。

"别傻愣着了!"福公公说,"快跑啊!"

"对,跑!"戈兰往四周看看,又顿了顿,"往哪里跑?"

这个废物处理舱正处在击沉"绛州号"的驱逐舰上,可以算作魏军大本营,是他们完全不熟悉的所在。而在一个不了解又布满魏军和机器人的地方瞎跑,被俘获已经是最好的结果。

他们看到,在废品处理舱的最底部,有一个巨大的绞盘。最后无法被分类的物体,都会在力场作用下聚到那里,先绞碎,再融化利用。而四周的舱门紧闭,没有重武器的话根本打不开。或许魏军早就考虑到了收集废品时会有敌人侥幸存活,但只要关在这里,死神迟早会上门。

正胶着着,西南角突然传来咔嚓一声,舱门向两边滑开了。

"怎么会有人呢？"一个年轻的声音响起。

"从可能性上说，是有的。"另一个瓮声瓮气的声音也响了起来，"概率，正是这个宇宙的基础。"

后一个声音让戈兰两人浑身一凛——他们听得出来，那声音是机器人发出的。他们连忙躲到半截战机后面，屏住呼吸。

走进来的正是魏军上尉公孙千阳和他的机器人临十一。

按魏军编制，一个区区上尉是不会有机器人辅佐的，但千阳身份特殊——其父公孙流曾为魏国作出了巨大贡献，加上他从军校毕业时又是十大杰出毕业生之一，所以一从军，千阳就是上校级别，位列魏军上层，由魏王亲自下旨，赏赐了临十一作为辅助机器人。

要知道，以魏国对机器人的编号顺序——"临、兵、斗、者、皆、阵、列、在、前"，凡临字打头的，无不配备有最高精尖的黑科技，分析速度快，战斗值惊人，既能当幕僚，又能负责安保。

奈何千阳不争气，自从军以后，上不服长官，下纵容士兵，受到了一连串投诉。尤其是在魏国与秦国的多次会战中，对"鬼谷子"定下的策略各种质疑，好几次自行决断，导致机器人部队配合不当。事后"鬼谷子"分析战情，在报告结尾处清晰地指出：

此战未能尽全功，其因如下：

一、秦军掌握有利地形，利用陨石带与我军战机群周旋；

二、克隆人士兵虽是血肉之躯，但悍不畏死，好几次自杀式攻击都险些冲垮我方战线；

三、秦军第九军团隶属函谷精锐，擅长空战，装备精良，延缓了覆灭的时间；

四、我军有一个叫公孙千阳的上校。

据说魏王看到这份总结报告时,脸一下子就黑了,连声叫喊要抓捕千阳,追究军事责任。但一旁的首相苏河拦住了他,姑念千阳的父亲劳苦功高,改为贬职,一路贬到了上尉。这次魏军利用"鬼谷子"研发的新虫洞技术,突如其来地袭击平阳星系,建立根据地,是十拿九稳的军功,千阳也就被塞了进来。

按照苏首相的意思,只要千阳不出错,就能立功,回头再慢慢往上升。

所以,现在千阳和机器人临十一才出现在了这个废物处理舱。

千阳站在门口,看着四周堆成山的垃圾,以及不停运转的履带,皱眉道:"这里不像有人的样子啊,十一,你帮我扫描一下。"

临十一上前一步,腰部旋钮转动,看了一圈,面罩下的眼睛微微闭上,"这里垃圾太多,有些还在运转,扫描射线穿不透。"

战机后的两个人都松了口气。

"但我能听到呼吸声。"

两人屏息闭气。

"以及心跳声。"

两人面面相觑,捂住胸膛,但因为紧张,心跳得更剧烈了。

千阳道:"有几个心跳?"

"三个。"

千阳大惊,"三个敌人,小心!"

临十一愣了愣,道:"大人,你自己就没心跳了吗?"

"这个……也是。"

福公公凑近戈兰,以最低音量的声音耳语说道:"别担心,这人怕是个傻子。"

话刚说完，就听到临十一道："大人，他们在骂你是傻子。"

千阳大怒："岂有此理！"说完就撸起袖子，气呼呼走到一堆堆垃圾小山之间，一面找一面絮叨地骂。

但戈兰他们攥着武器，等了半天，都没等到这个愤怒的魏国军官找过来。过了一会儿，他们隐约听到絮叨声远去，互相看看，点点头。既然那个傻瓜军官已经远离此处，那现在就是逃出去的最好时机。

他们探出头，扫视一遍，四周只有忙碌的机械，戈兰疑道："咦，那傻瓜真走了，我们也走吧。"

话刚说完，身后传来千阳冷冷的声音："去哪里，需要我带路吗？"

戈兰转身，赫然看到一个身量高大的男子正站在身后，目光冷峻，嘴角却带着一抹得意的笑。男子很年轻，刚二十的样子，但一身戎装，身姿挺拔，加上五官坚毅，一副令人心生好感的模样——

如果他手里不是握着枪的话。

"你……"戈兰愣住了，又转身看着角落，"你的声音不是到了那边……"

他看着的方向，一个巨大的机器人慢慢走出来，投下浓重的阴影。"噢，你应当知道，对我们机器人来说，"它走过来，每说一个字，面罩里的光就闪烁一次，"制造迷惑声源是很简单的事情。"

"现在你们告诉我，"千阳缓缓转动枪口，"你们是谁，为什么混在废物舱里？"

临十一走过来，藏在面罩里的眼睛从戈兰和福公公身上扫过，闷闷地道："大人，为什么你还要问这个问题呢？——看他们身上的装束，肯定是秦国士兵啊。"

"这……你不懂，这是流程。"

"哦。"

戈兰站在临十一的阴影里，生怕这个一手电锯一手巨炮的可怕机器人会突然给自己来一下子。无论是电锯，还是那幽深的炮口，他都承受不了。他脑子里快速闪过念头，低头嗫嚅道："我只是个士兵……不要杀我……求你们……"

他额头上没有奴隶标记，害怕这个军官看出来，说话时头一直埋着。这也正好符合他此时的身份——秦军被直接打崩，士兵士气低落，不敢正视魏军是再正常不过的事情。

千阳不疑有他，点点头，"既然你是敌人，那，你还要战斗吗？"

戈兰连忙摇头。

"这是聪明的做法。"千阳说着，突然提高了声音，"那你们也不会想继续战斗了吧？"

后一句话显然不是对自己说的，戈兰有些诧异，朝四周看了看，发现在一众战机废铁间，慢慢冒出了一些脑袋。这些人分散在四周，都是头破血流、面目焦黑，眼神里充满了胆怯和恐惧。

戈兰立刻明白了，这些是真正的秦军士兵，或因战机失灵，或因受伤昏迷，醒来时就被吸到了这样的绝境。这些人看着千阳的目光里，还有犹疑，显然心里也有盘算——如果把千阳杀了，能不能逃出这个废品处理舱呢？

但一看到千阳身边的临十一，他们最后的斗志也瓦解了。

叮叮当当，秦国士兵们纷纷扔掉了手里的武器。

千阳点点头，"你们救了自己一命。"

但随即，他又犯了难。

"这么多俘虏，怎么办呢？"他看着眼前这些瑟瑟发抖的秦国士兵，"又不像机器，可以拆了回炉重铸，再造出机器人。"

临十一点头，"既然您都想得明白，那怎么处理，有一种最经济的方式……"

"我明白你的意思，但不行。"

临十一面罩内的眼睛移动，斜眼看着他。

"他们已经投降，没有杀他们的理由。"

"他们是秦国人，这就是理由。"临十一说，"我已经将情报上传给鬼谷子，收到的回复也是立刻清理掉他们。"

"但在其他战场上，我们也有魏国子弟被俘虏，如果杀了这些人，秦国人会采取相同的措施来报复。"

临十一那深嵌在胸腔里的脑袋发出嗡嗡声响："这个顾虑大可不必，如果秦国人俘获的是机器人士兵，它们都会自爆，用最后的能量再杀几个敌人，不需要救；如果是魏国的人类士兵，也不必担心，因为战斗的细节不会传到外面去，我们哪怕把平阳星系的行星都毁掉了，秦人很长时间内也不会知晓，自然也就不会报复。"

然而，等它把一长串话说完，千阳还是摇头。

临十一的语气带着诧异，"我不懂你在坚持什么，刚才的战斗中，死亡的秦国人是这些人的几千倍，保住他们，又有什么意义呢？"

"你是机器人，怎么会懂呢？"

"是的，就像我不懂你怎么会从上校一路降职到尉官，把大好前程都葬送掉了。"说完这句，临十一就陷入了沉默，显然对千阳无可奈何。

千阳叫来十几个机器人，将秦国俘虏押送出去。一长串人走出去的时候，戈兰也带着福公公跟了上去。

"殿下，我们……"福公公低声问。

戈兰边走边侧着头，"别叫我殿下……他们还不知道。我们跟着俘虏，看有没有机会找到虫域网发射器。"

一旁的一个年轻秦兵两腿战战，哆嗦地走着，问："他们会拿我们怎么办……杀了我们吗？"

戈兰皱眉，耐心道："你放心吧，听那个人的意思，暂时不会杀我们的。"

"暂时？"士兵哭腔更浓。

正说着，一个机器人士兵走了过来，用泛着危险的金属色泽的手掌推了推年轻士兵，"不许说话！"

戈兰连忙低头跟上前面的人。

魏国的战舰跟秦式舰船不同，里面设计了许多用于运输的管道，空间逼仄，廊道幽深，走不了几步就要转弯。沿途还时不时有机器人巡逻队出现，个个似乎都装有敏锐的雷达，戈兰垂首慢走，不敢有丝毫妄动。

千阳带着这群俘虏在舱道穿梭，遇到一队蓝色的机器人巡逻队后，对领头的机器人道："这些俘虏交给你了，带到俘虏营去吧。"

"是。"

这些蓝色机器人显然专门负责俘虏事宜，押着戈兰一行人穿过不少电梯，途中又有其余俘虏会合，渐渐成了三十多人的队伍。这些俘虏排着队，有时候比一整条通道都长。戈兰有了计较，带着福公公，慢慢挪到了队伍的中部。

经过一条不太长的通道时，他看到前方带头的机器人已经拐了过去，后面压阵的机器人还没弯进来，最重要的是，这条通道没有摄像头。这是最难得的机会了，他一咬牙，跟福公公一起闪身进了通道旁的一道门。

他刚刚已经观察过了,许多通道旁都有这样的舱门,里面布置简单,有些还没有人。但重要的是,里面有电脑。

电脑能接入魏国的虫域网,只要有了网络,就能设法往雍都星发送信息。

这一次,运气站在了他这一边。

他们逃进的房间里,没有任何人,一台电脑孤零零地沐浴在冷光下。

"天佑我大秦!"福公公道,随后悄悄把门合上了——他看到有秦国士兵发现了他们的异动,但这些失魂落魄的俘虏没任何反应,继续木讷地行走着,"抓紧时间,把消息传回去。"

戈兰也不耽误,站在电脑前,躬身操作。

这台电脑的权限不高,无法访问高阶频道,但好在也就无须密码,否则戈兰虽然上网多,破译却并不擅长。他选了最底层的联络网,搜索附近五千光年的船只,随后快速输入指令,按下了发送。

这束信号会从魏军刚刚打开的虫洞里发出,钻进附近五千光年里所有的其他虫洞,被这个区域里的船只接收到。但绝大多数都无法得知消息内容,因为戈兰使用了王室专用的加密通道。但只要有一艘高等级的秦国战舰收到,就能辨认出加密通道的源头,父王就会得知平阳星系发生的事情,平阳就不会无声无息地成为魏军基地,成为秦国背后的一根毒刺。

"总算发出去了……"戈兰长长地松了口气。

福公公正要微笑,门外却骤然传来一阵脚步和呵斥声,不由脸色一变,"殿下,魏军发现了!"

"来了就来了,"戈兰却不慌张,"反正信息已经发给父王了,魏

105

国的阴谋没法得逞。"

"殿下……"

"嗯?"

"对不起……"

戈兰刚转过身,就看到了一道黑影向自己脑袋砸来。在最后的时间里,他记了起来,那是桌子上的操纵柄,而操纵柄的末端,是福公公的手。

咚!他先是听到一声闷响,响声来自自己的脑袋,然后他一声不吭地倒了下去。

在视野被黑暗完全遮蔽前,他看到了福公公的脸——在这张老朽的脸上凝固着的,是悲凉而决绝的表情。

2

戈兰睁开眼睛,看到了父王。

父王的脸比记忆中更慈祥,眼神里满是关切,父王背后,是熟悉的雍都王城,金缕香帐,宫女和奴隶站成两排。福公公也站在后面,脸上依然苍老,但也有一贯的平静从容。这是戈兰从小长到大的场景,每一处都充满了温情,让他悬着的心放了下来。

"父王……"他挣扎着起身,虚弱地喊道。

"覆亡?"一个诧异的声音响起,随即变得沮丧,"是啊,整个平阳舰队都已经覆亡了……"

又响起好几声叹息。

父王、福公公、金帐香榻，还有延绵无尽的雍都城都成了云烟，袅袅消失。戈兰伸出手，想抓住什么，但那些烟雾从他指缝间溜走，消失殆尽。他终于看清，自己并不是在王城里，而是身处一个逼仄的舱房，四五个人围着自己，脸上有关切也有嘲讽，唯一相同的是他们的衣着——

胸口有个大大的"虏"字。

戈兰这才想起，自己是被俘虏了，现在在魏军的俘虏营中，离故乡有上万光年。

"喂，兄弟，你是哪个营的啊？"一个俘虏见他醒来，问道，"以前怎么没见过你？"

戈兰心里一凛，正犹豫着怎么回答，另一个人又说："你看他头上的记号，这么多数字，说不定是哪个旮旯里的炊事兵，怎么会见过我们飞行员呢？"

记号？戈兰不明所以，摸了摸额头，只觉得手感怪异，微微凸起。他挣扎着站起来，走到舱室门口，在银白墙壁的反光里看到了自己的额头——上面紧实地贴着一张皮，皮上显示着代表奴隶的标记。

他顿时明白了：福公公打晕他，把之前那些模拟人皮的标记贴在他额头上，让他与普通秦国的奴隶士兵无异。那这么说来——他心里掠过一丝不祥，连忙转过身。

舱室里的其他奴隶还在争执，先前那人说道："大家都是一条绳上的蚂蚱，不管是飞行员，还是炊事兵，现在都成了俘虏，谁也别瞧不起谁。"

"哼……"

然后是一阵沉默。

戈兰走过去，问："对了，我是怎么被抓到这里来的？"

"你不记得了吗？"

戈兰转头看着那个热心的面孔，连忙点头："我……我昏过去了……"

"也是，发现你的时候，你就倒在角落里，幸好有一张指挥桌挡住了爆炸的冲击，运气真是好……"

"爆炸？"

"是啊，你连这个都不记得了？"那俘虏道，"具体怎么爆炸的我们也不清楚，就走着走着，身后传来一声炸响，是通信舱里传出来的，好几个魏兵被炸死了。说来也奇怪，通信舱怎么会爆炸呢？听说，炸完之后，有几个魏国军官被降职了，不知道发生了什么……"

后面的话，戈兰就完全没有听进去了。事实上，当他听到"通信舱"三个字时，就知道发生了什么——信号发出后，福公公打晕了他，然后在他额头贴上了奴隶标签，将他藏好，再拦住追来的魏兵，进行自爆——据说福公公这种掌握宫廷机密的高级人员，皮下往往安有自爆装置，以防极端情况下被敌人俘虏。因此福公公牺牲了自己，将发送信号的事揽上身，避免自己被魏军迁怒。

这个在秦宫里服侍了王室一辈子的老人，在最后时刻，用生命保护了秦王的第九个儿子——哪怕是最没用的一个儿子。

"咦，你怎么哭了？"那俘虏道，"你还算运气好的了，想想那些死了的人，他们连哭的力气都没有了。"

另一个俘虏阴阳怪气道："运气好？被魏军俘虏了，运气能好到哪里去？我们待在这里，恐怕也活不了多久……要我说，当初就应该跟他们拼个你死我活，免得在这鬼地方受窝囊气！"

"你现在要去，也来得及！"先前那俘虏冷眼看着他，对方被看着看着表情就垮了下来，闷闷地缩在角落里。

这个被俘的秦国士兵虽然话多，但有一点说对了——他们虽然活了下来，但日子并不好过。

很快，魏军就把这些俘虏召集到一起。那是在一个巨大的广场上，看舱道尽头的路线指示，像是位于驱逐舰的底部，两侧是巨大的涡轮机组，热量散出来，空气闷热异常。

俘虏们挤满了底舱广场，人头密密麻麻，看起来有好几千。但这些人没一个敢说话，都站得笔直，因为无人机不时在头顶掠过，一旦检测到不安分的举动，就会无情地予以电击。

广播里宣讲着魏国的俘虏政策，大意是只要安分守己，服从魏国的指派参加劳动，就有活下去的希望；如果暴动或偷懒，就只有死路一条。一番话连恐带吓，说完就进行登记和分配，轮到戈兰的时候，他愣愣地看着登记清单，微微颤抖。

"快写！"一个魏国士兵不耐烦道，"在哪艘舰上服役，什么军衔……你这样子，也不像有衔位的，是几等兵，在舰上什么部位？"

这一连串的问题，戈兰都不知道怎么回答。他在王宫里长大，见到的军官无一不是校官以上，对几等兵该做什么事则一概不知。他支支吾吾的，猛然想起老歪，道："我在'绛州号'，右侧二排第五观察舱，嗯嗯，对的，是当领航员助理……"

"领航员助理？"那魏国士兵诧异地抬起头，看了看他额头上的标记，又从鼻子里嗤地喷出一道汽，"领航员助理至少得是二等兵，看你这嫩鸡样儿，恐怕是刚刚入伍吧……"他一边说一边摇头，"难怪你们克隆人如此不堪一击，就是像你这种人多了，打仗的时候不想着杀敌升职，被俘虏后为了保命反倒自抬身价！"

"我……"

109

"你什么你！"那名魏国士兵抓起一支拇指粗的笔，"算了，我给你登记吧。你这么长的奴隶标记，就别装军官了。"于是，对着戈兰的额头依葫芦画瓢，在纸上写下了那串数字。但因为不小心，笔头划过了那士兵的手腕，留下一笔浓黑的痕迹，他顿时皱起眉头，"妈的，这种笔在身上的印子，几个月都洗不掉！"说着，看戈兰的目光更是嫌恶，挥手赶开他，"给我老老实实去炉子里待着吧。"

"炉子？"戈兰一惊，以为会把他直接送进焚化炉里烧死。

但很快，他就知道"炉子"的意思了。

他被分配到底舱最深处的机器人制造厂，穿上囚衣，手腕上带着电子镣铐，跟几百个俘虏一起，将清理飞船收集到的金属垃圾推进冶炼炉，再从炉子的出口把煅烧好的模具倒出来，以水降温，分发各处。

这些工作原本是由魏国机器人执行的，但魏国舰队刚刚站稳阵脚，急需兵力攻占平阳星系的各大行星，所以机器人大多都组成编队，飞到行星上空攻城略地去了。炉房必须像水蛭一样，不断吸收大大小小的废旧金属，再像奶牛一样，吐出大量的机械部件，供组装部拼接成机器人，并立刻投入战斗。反正这些俘虏总不能白耗干饭，索性全都拉到这里日夜干活。

每一天，至少有数千个机器人从这个炉房里造出来。而听俘虏们说，这样的炉房在驱逐舰里，至少有近百个。

戈兰这才明白魏军的可怕之处。

能单向打开虫洞，突然袭击平阳星系；驱逐舰所装备的武器强横无匹，且自带造兵场，哪怕士兵"战死"，只要把部件回收，也能以极低的损耗率再造士兵。

而秦国要培育一名合格的士兵，所需时间至少是三年。

这场战争的天平，正在向魏国倾斜。

但戈兰再怎么焦急也没用，现在他只能待在闷热的炉房里，亲手把一车车金属倒进炉子，再亲手造出一个个能杀害秦国士兵的机器人。

有一次，他故意把冷却后的零件调换顺序，把动作传感器放到脉冲管炮的装备履带上，想让机器士兵组装失败。但传感器刚送进去不久，整个操作室里就响起了红色警报，所有人都不知所措地停下。一个机器人士兵径直走过来，纠正了错误，然后一言不发地转身离开。随后，戈兰被机器人狠狠抽了十鞭，带电的。

这个炉房里的其他俘虏，也同样受到了电鞭的惩罚。

"喂，"当天换班之后，戈兰精疲力竭地走着，突然被几个高大的俘虏拦住了，"你这小子怎么弄的，把零件弄反，害我们大家都吃了电鞭！"

"我……"戈兰心里有愧，支吾道，"我也不是故意的……"

"不是故意就行了？"一个俘虏站在他面前，恶声道，"我们挨的鞭子，得在你身上找回来！"说着，狠狠推了一把戈兰，摩拳擦掌，准备大打出手。

这一推力气很大，戈兰身子本来就弱，顿时跌坐在地。他无助地看向周围人，但所见之人目光无比冰冷，自己的举动显然把所有人都给得罪了。

一旁有机器人看守路过，但也只看了一眼就继续走到舱道的另一头，并不打算干预。

也罢，戈兰心里想着，既然祸是自己惹出来的，也该承受他们的怒气。

但他闭着眼睛等了半天，也没等到拳头落下来。他悄悄眨开一

111

条缝，发现刚刚围着自己的几个人散开了，都畏畏缩缩地盯着戈兰后方。

戈兰转头，看到了一个机器人。

它身高两米多，浑身褐红色，两只手都装载着极具威慑力的武器。这个机器人有点眼熟，戈兰愣了愣，随即想起就是它在废物舱里发现的自己，当时它身旁还有一个聒噪的魏军军官。

果然，这个叫临十一的机器人沉默地环视着俘虏们，然后退后一步，露出背后的军官千阳。

说"军官"也不合适，因为此时的千阳并未着军官服，而是一身普通的士兵装，懒洋洋地看着自己。

"你们这些秦国人，"他嘴露讥笑，"打仗时贪生怕死，搞起内讧来倒是狠勇无畏啊。"

一个身材高大的俘虏不认识他，见他身上的士兵装品级低下，也不太畏惧，骂道："那也轮不着你来说，你不就是个三等兵！"又看向旁边的机器人，"哼，我们再怎么也是人，不像你，机器人都成了你的上司了。"

千阳却咧嘴笑了，转头对临十一道："十一啊，他居然觉得你是我的上司，可笑不可笑？"

临十一没有露出半分笑意，一板一眼地说："在严格的意义上讲，他说的是对的：你被贬为士兵，在奴隶营里打杂，而我的身份还是跟当初被分配到你身边时一样，是上校的贴身护卫，少尉级别，你降职之后，我现在军阶的确比你高……"

千阳脸上一阵红白交替，低声骂道："闭嘴！我在训他们呢，你给我留点面子好不好！"

"我只是回答你的问题，千阳中士。"

"跟你这个铁疙瘩是说不清了！"千阳呸了一声，抬起头，直视前面的秦军俘虏，"总之你们给我安分一点，要是谁闹事，我可一点情面都不给！"

那俘虏见他在机器人面前没讨得了好，心生轻视，上前一步，伸手推他，说："我就让你看看颜色怎么了？"

但他的手刚伸出来，一道红影闪过，不觉"哎哟"一声。只见临十一伸出右臂，手臂末端的粗大枪管直接将他的手给套了进去，随后微微下掰，将手掌卡住。

它俯视着俘虏，枪管施力，俘虏连声惨叫，身子也跟着下曲，直至跪下。

"行了，"千阳满意地点点头，"放开吧，吃了教训，他就会乖点儿了。"

临十一胸口那凹陷下去的头罩却闪了闪，闷声道："不，根据计算，我要是放开他，很快他就会忘了这份轻微的痛苦，反而会怨恨我们，小小的种子很快会生根发芽，造成更大的隐患……"它一边说着，枪管慢慢倾斜，那俘虏想把手抽出来，但黑洞洞的管口里仿佛有吸力，任他怎么使力都拔不出来。

枪管慢慢变红，俘虏的惨叫变成求饶，进而转化为呻吟。

血肉烧焦的味道在狭窄舱道里弥漫。

戈兰看那俘虏满脸痛苦的样子，对他的怨恨也成了同情，忍不住道："求你放了他吧，我们不会再惹麻烦了。"

临十一充耳不闻，右臂枪管加热至通红。俘虏的手掌被灼熟了，奇异的肉香味飘出，他的惨叫已经嘶哑，脸上泪涕横流。其余俘虏大气都不敢出，生怕下一个手被活活烧熟的会是自己。

时间过得格外慢，惨叫声如同锯子一样切割着所有人的耳膜。

不知过了多久，临十一才收回手臂，站到千阳身后，面罩里一片漆黑，仿佛刚刚什么都没发生过。千阳想说什么，但环视四周，最终不发一言地走开了。

打这以后，戈兰的日子就好过了些——或者说，更难过了。

跟他生活在一起的俘虏们不再针对他，但也不跟他说话，像避瘟神一样躲开他。这在他以前的生活里是很难想象的，他虽然是秦王九子里最不被看好的一个，但好歹是王子，坐着被人捧，走路被围观，身边永远响着讨好的声音。但现在，他依然在自己的同胞里，却听不到任何人和他说话。

有那么几次，他甚至很想说出自己的身份，但话到嘴边还是忍住了——他并没有那么蠢，在"难受"和"找死"之间，当然是选择前者。

总之，在这里，他感受了完全不同于少年时代的孤独。那时，他还有阿蒙可以排遣心事，哪怕被流放平阳身边也有福公公，但在这个逼仄闷热的俘虏营里，只有他自己。他又想起了阿蒙，阿蒙死的时候，他一时意气，答应阿蒙要成为秦王，废除奴隶制，但转眼世事轮换，他成了阶下囚，生死犹未可知，更别说那虚无的承诺了。

事实上，每天他连觉都睡不够。炉房里的机器是不休息的，人自然也得跟着机器跑，于是俘虏分成了两班轮换，戈兰是每天晚上到清晨的那一班。往往他还没睡够，就被叫起来去干活，而叫他起来的人则直接和衣躺在他床上——俘虏们没有自己的床，都是几人轮着睡，卫生状况可想而知。

与睡眠质量成反比的，是劳动强度。他每天在炉房里，热得浑身淌汗，把一块块废旧零件扔进去，有时候他都诧异：自己一向被人说身子骨瘦弱，怎么能流出这么多的汗？但再累再苦，也得咬牙受着，不然稍有迟滞，就会受到电鞭的酷刑。

他被电击倒地时，其余人依旧一脸麻木，绕过他，继续干活儿。

他只能蜷缩着，等电劲在身体里退潮，再爬起来。

他在这短短数月里受的苦，每一天都比此前十几年加起来更多。他日复一日地沉默着，也日复一日地成长着。或许，成长的路径便是走向沉默。

他不知道外面发生了什么，但有一次，他从履带上捡到一支破损的脉冲枪。在丢进熔炉前，他翻开看了下，发现枪柄处有秦兵的标志，还有血迹。

魏军基本都是机器人士兵，那么，这些血迹肯定来自他的同胞。标志上还有两个细小的篆文"远阳"，说明这支枪不是之前平阳舰队覆灭时被缴获的，而是来自平阳五大行星之一的远阳星——也就是说，魏国舰队现在已经开始清扫行星上的军队，全面占领平阳星系了。

这个虽偏远狭小却仍有百亿生灵的星系，已然属于魏国。

而他要亲手熔化这块金属，去制造机器人，去杀害更多的同胞。

想到这里，他看了眼不远处的无人机，见摄像头并未看向自己，遂悄悄将枪柄拆下，塞进腋下衣服里。

3

在戈兰受煎熬的日子里，秦国国都雍都星也不平静。

一个信号在虫洞的超空间空隙里穿梭，跨越数万光年，辗转来到了位于雍都星某个偏僻角落的情报室。信息被解码，以全息图影显示在空气中，令当晚负责监听的情报兵甘无疾愣住了。

"我是戈兰，现在在魏国军舰上，平阳星系已被魏军占领，请求救援……"

这行字虽短，透露出来的信息量却像炸弹一样在情报兵的脑子里爆开。

甘无疾驻守多年，收到的信息寥寥无几，因这条加密通道是王室专用，权限极高。当初他得了这个差事，又喜又忧，喜的是职位清闲薪水又高，忧的是万一看到了什么王室秘闻，那自己连怎么死的都不知道。自己虽然是世族甘家出身，但只是旁支末系，渺小得如同蝼蚁，谁也不会在乎自己。

但还好，眼下的情况虽然十分严峻，但利害分明，他只需要往上报就可以了。

甘无疾的心脏扑通扑通地跳着，将信息上报时，为了谨慎，他还特地标注了加急的红色。按下发送键后，他松了口气，瘫在椅子上——哪怕魏国真的突然进犯平阳星系，哪怕外面真的巨浪滔天，也跟自己没关系了。

但事情总是跟预计的不一样。

他迷迷糊糊地趴在信号台上睡着，天还没亮，又被叫醒了。

他不悦地睁开眼睛，看清对面的人后，一下子清醒了。

"二、二殿下！"他扑通一下跪在地上，声音颤抖。

来者正是秦国二王子塔兰。塔兰虽然跟大王子吉兰长得一模一样，但气质迥异，见过的一眼可以认出来，吉兰的背影会让人觉得莫名安心，为他卖命也值，塔兰却只让人感觉心里发毛。

"你叫甘无疾，"塔兰俯视着地上的人，"隶属情报局第七科032室？"

甘无疾不敢抬头，连声称是。

"昨晚的情报，是你报上去的？"

"是……"

塔兰点头，"你做得很好。"

"职责所在，在所不惜！"

塔兰又问："信息的可信度怎么样？"

甘无疾回想昨夜的数据，慢声道："应该是真实的……因为通道的加密系统非常安全，除了王室成员和近侍，没人知道。而且消息传来的坐标，的确是平阳星系，渠道却是魏军的虫域网数据流……一切都与传来的信息吻合。"

说完后，屋子里沉默了。

天光渐渐亮起，几丝光线从窗子里爬了进来，照到甘无疾的脖子上。光线是有温度的，他却觉得脖子有些凉，今天怎么了，一切都有些不对劲儿……

在甘无疾胡思乱想时，塔兰在静静沉思，半晌，才突然开口："这个情报还有其他人看过吗？"

117

甘无疾纵然心头疑云笼罩，嘴里却不敢怠慢，说："我收到后就直接上报给科室长了。"

塔兰眯起眼睛，神情隐在黑暗里。

"千真万确！"甘无疾隐隐觉得不祥，连忙道，"如果二殿下有虑，可以召来科室长程集，他可以作证。"

"他死了。"

甘无疾茫然地抬起头。

"真好玩儿，你们的表情都是一样的。"塔兰露出一抹嘲弄的笑容，"当程集知道罗成死的时候，也这样抬起了头，像是听错了一样。"

罗成是情报局副局长，专门负责重要情报的分类处理，也是程集的顶头上司；而程集是自己的顶头上司……甘无疾终于知道自己的不安来自何处。他向后看了看，屋门虚掩的阴影里，有许多人影晃动。这里已经被包围了。

"就当你不走运吧。"

说完，塔兰转身走出狭小的情报室。两个黑衣士兵走进来，错身而过，他点点头。

走出很远之后，塔兰才听到一声短促的惨叫，仿佛声音刚刚发出来，就被空气中无形的利刃切断了。

塔兰一路走进王宫，在嬴显的屋前站定了。见左右无人，他伸手揉了揉脸，活动了下脸上的肌肉，再推门而入，一进门就悲声叫道："父王，大事不好！"

嬴显昨夜跟将军们商议布局，很晚才休息，被塔兰叫醒后怔怔地坐起身来。

"父王，噩耗啊，魏军胆大包天，进犯我平阳星系，整个平阳舰队全军覆没，九弟……"塔兰全然不理会奔过来阻拦他的太监，膝行上前，边说边哭，"九弟不幸，当时正在'绛州号'上，被魏贼的驱逐舰击中……"

嬴显从床上滚了下来，跌倒了都不管，连滚带爬来到塔兰身前。他揪住塔兰的衣领，眼睛里的惺忪荡然无存，变成了血红色的狰狞，吼道："你说什么？！"

"平阳覆没，九弟遇难——"

啪！嬴显狠狠一耳光扇在二儿子的脸上，吼道："不可能！"

塔兰被扇得脸上浮肿，身子却丝毫不动，直视父王，说："儿臣也不愿相信，但情报来源真切。"

"平阳离魏国那么远，魏英怎么可能越过大片疆域，直接进攻平阳？"

塔兰道："据情报局第七科收到的密报，魏军掌握了新的虫洞技术，直扑我大秦后方。平阳舰队猝不及防，虽全力抵抗，怎奈兵力悬殊……"

嬴显像是失去了力气，委顿在地。这个向来强悍的君王，第一次露出了脆弱的疲态。但很快，他抬起头，问："那消息是谁传回来的？第七科专收王室加密通信，那边只有小九和老福才知道密码……"

塔兰早知道他会这样问，毫不停顿道："是龙冲将军传回来的。龙将军说，九弟告知了他密码，让他将消息传回来。龙将军的话还没说完就中断了，恐怕'绛州号'在那一刻已经毁于炮火……"

嬴显眼中最后的一丝希望也熄灭了。

看着父王格外关切的模样，塔兰眼中掠过一丝恶毒的得意，但随即被挤出来的泪水给掩盖了。他上前扶住嬴显，惶急地道："父王，那现在该怎么办？还请您示下。"

"怎么办……"嬴显喃喃念叨着这三个字，喘着粗气，语气由悲伤渐而暴虐，仿佛每一次吐息都带着火焰，"怎么办……当然是血债血偿！"

魏军奇袭平阳，秦守军八百余万全军覆没，九王子嬴戈兰与将军龙冲殉国。

秦王怒不可遏，又深恐魏军再次奇袭，紧急调动大批克隆人军队，穿越虫洞，在雍都附近集结。

新的大战一触即发。

4

与平阳覆没相比，更让诸国震惊的，是魏国掌握了能单向打开虫洞的技术。

一直以来，哪怕科技最先进的齐国，也只能双向开启虫洞，进行超空间跃迁——除了少数的上古巨型虫洞。各国默认虫洞为天险，多少战役都是围绕着虫洞开打，这大大小小的战役就像磨盘一样，将各国地盘磨得边缘清晰，磨出了如今七国对峙交错的微妙局面。

但现在，诸国互相制衡的局面，被新技术打破了。

一时间，各国人心惶惶，闻风而动。他们派出暗谍，以各种渠道进入魏国，试图打探魏国的技术从何而来，到底是能肆意打开虫洞还是需要长时间筹备，以及最重要的——魏国有无进攻本国的打算。

但所有想要进入太梁星的间谍,都如泥牛入海,再无声响。

当各国都想在太梁星挖取情报之时,楚国却一反常态,将目光瞄准了已被魏国占领的平阳星系。

这是楚国巫教内部两派,经过好几天激烈争论的结果。

新巫王芈良的意见是尽量不干预魏秦之战,但设法从中渔利;而老巫王芈离则坚持要调查清楚战争起源的真相。两派在章华台争执数日,高空冷风刮过,让这群人乱糟糟的脑子更加疼痛。

"各位忘了吗?"芈离虽然年事已高,白发苍苍,但说话时身体浮上高空,法袍飞扬,压迫感四处弥散,"六年前,云梦双星发生摩擦,代表浩劫将至。如果我们不弄清楚战争之源,如何抵御即将到来的乱世?"

在他对面,一个西装革履的年轻人站起来,正是新王芈良。他驻颜有道,生理年龄明明已经有五十多岁,但看上去只有二十多。不过比起老巫王来,他的年纪的确也还算小。

芈良仰起头,"尊敬的老师,您也说了,是六年前。当时云梦摇撼,举国震惊,我也十分重视,这才请您回来。不过转眼六年过去了,战争依然只是魏秦两国的小打小闹,与我们无关。"

"巫王是说,太一的指示有误?"芈离摆了摆袖子,身子下沉,落在芈良斜上方。

"我自然不敢怀疑太一的指示,"芈良丝毫不惧,"但我怀疑那些解读指示的人。或许,是人错了。"

对话里,锋芒毕露。

楚国虽然政教合一,但毕竟政与教不同,便分出了宗教系统的虔诚派和军政系统的世俗派。这隐秘的争斗持续了千百年,惨烈与血腥程度丝毫不亚于魏秦之战。本来虔诚派一直占上风,但十多年前,老巫王找到了神殿所属意的、充满神秘灵力的圣女，对此十分重视，甚至放弃王位带圣女前去修行。新巫王芈良虽然是他的学生，但即位之后，很快投向了世俗派，如今甚至敢当面顶撞恩师了。

章华台位于凤鸟飞船的头顶，方圆一百多米，对着天空。凤鸟是半机械半有机体，能自我思考，但它显然没有留意到自己背上正弥漫着的肃杀气氛，正悠闲地在神郢星高空飘荡着，双翼扇动，又上升了数百米。

高空风寒，灵力稍低的与会者冷得直哆嗦。

大祭司的目光更冷，似乎要在芈良身上冻结了。"巫王，你在质疑我。"他说，"或许这十几年来我的不闻不问，让你有了质疑我的勇气，以为我只是一个没用的老头子……"

芈良浑身发凉。但他想，这老头子生气了，太好了，生气就会犯错，只要犯错……真冷，太冷了。寒风打断了他的思考，他转过头，冲卫兵挥手，示意他们去议会厅角落里的操纵台，让凤鸟下沉。

但士兵刚要动身，就听到老巫王一声大喝："退下！"

声如惊雷，猎猎寒风也挡不住，在每个人耳边炸响。卫兵们停下脚步，为难地看着芈良——他们理应受现任巫王指挥，但他们也视老巫王如神明，岂敢违抗？

"去！"芈良又命令道。

卫兵们犹豫着，到底没有动。

见鬼，明明是自己手下的人，怎么还听这个老头子的？芈良心想，这几个蠢货不能留，会议一结束，就得除掉。

"芈良，你以为你坐上这个位置，就是楚国之主了吗？"芈离冷眼看他，"你错了，我们不过是东皇太一的卑微仆从，东皇太一才是楚国永远的主人。"

去他的东皇太一！芈良大步上前，干脆自己去操纵台。

但他刚刚迈步，就感觉周围的空气变得凝滞，行动困难，继而浮到空中，无法呼吸。他僵硬的身子不由自主地转过去，正对着芈离，脸逐渐憋得通红。

底下的亲信见巫王被控制，全都躁动起来，有些少壮派军官呼喝着掏出枪械，便要开战。但凤鸟一声清唳，一队白袍巫师忽然从它的羽冠下出现，念诵法咒，众人一阵晕眩，竟感觉摇摇欲坠，哪里还有发难的力气？

原来早在会议开始前，芈离就布置了这一切。芈良咬牙切齿——走眼了！原本以为这老头不理世事，软弱无能，但用起雷霆手段来，一点都不含糊。

但他也没多少工夫悔恨，因为难以呼吸，他逐渐失去意识。在芈离上乘巫术的控制下，他的脸逐渐变幻，由年轻变得衰老，色泽灰败，皱纹如蚯蚓一样在脸庞上爬动、纠结，脸皮也耷拉下来。

就在他即将窒息而亡时，周围猛然一松，他跌落下去，大口呼吸。

"现在，你还有什么质疑吗，我的学生？"芈离森然道。

芈良急促喘息，懊丧不已。这次自己一败涂地，而老师的巫术更是让他战栗。他自己也是巫术高手，对这种介于科技与魔法之间的玄妙力量很是精通——据说这是人类已经遗忘根源的上古科技，可以追溯到夏商时代——但刚刚被老师所制，竟毫无反抗余地。

有这个老东西在，楚国就永远不是自己的。他暗暗想。

但这念头只能藏在心底最深暗之处，他喘息着抬头，脸上已是一片悔恨，道："学生妄自尊大，罪该万死！自然全听老师指挥！"

如此，争执了几天的会议方才定出结论。

凤鸟向低空俯下，云层覆盖过来，所有人周围都是淡淡的水汽。

"那，"一位巫教元老小心翼翼地问，"既然要探寻战争之源，为什么不去太梁星打探情报呢？"

"去太梁星的人，都死了。"

元老道："那是别国的间谍，我大楚培养出来的暗探万里无一，潜行刺杀，打探情报，无一不精。"他正是楚国情报机构"山鬼"的负责人，声音里自信满满。

老巫王却依旧摇头，道："不知为何，现在的太梁星，就像一个黑洞，所有靠近它的人都被吸走，连光线都传不出来。别说'山鬼'，连燕国的'北溟'精锐，也同样有去无回。"

"北溟"二字一出口，元老便不敢说话了。他对自己的手下有信心，但再怎么狂妄，也知道燕国"北溟"的实力——那是一批掌握着超自然能力的精英武士，狠勇无畏，潜行如鬼魅，光是一小部分就能让诸国忌惮不已。如果"北溟"都失手了，那自己手底下那些人，确实不够看。

"况且，"芈离补充道，"平阳星系有重要线索，是圣女的感知。"

"既然圣女能看到，那便无误了。"元老连忙表态，"'山鬼'上下所有成员，全凭老圣座调度。"

芈离点点头，让他提交"山鬼"精锐的名单，从中挑选。他刚选出几名顶尖间谍，一只双头蓝色鹰隼基地斜冲而上，在空中盘旋，不停地鸣叫。

芈离见到鹰隼，眼角皱起，招了招手。

蓝鹰落在他的肩头，两张金属的尖喙快速张合，似乎在小声说着什么。

众人都疑惑地看着。

只见老巫王脸色陡变,嘴唇颤抖——这是所有人从未在他脸上见过的表情,他们印象中,哪怕楚国灭亡大祭司都不会如此失态。

"老师,怎么了?"芈良大胆地问道。

"圣女……离开云梦神殿了……下落不明……"

声音虽小,但经过章华台的扩音器,传到了所有人耳中。

全场一片哗然。圣女虽然没有世俗职司,却是巫教的灵魂人物,在云梦神殿中侍奉至高无上的东皇太一,怎能轻易离开?众人议论纷纷,有些世俗派甚至开始窃窃私语一些不太尊敬的猜想。"守不住""私奔"等恶毒词汇开始散播。

"肃静!"芈离皱眉道,"圣女留下一段语音,说在大禘中得到太一的启示,看到了银河未来的大危机,所以非走不可,这是太一的旨意!"

"这么说,圣女去了平阳?"芈良小心地问。

"无可奉告。散会吧!"

在一片喧哗中,芈离一挥白袍,充斥于天地间的力量再次会聚,托着他迅速上升,离开章华台,消失于云间。

5

戈兰自然不知道外面的世界发生了什么。他原本以为消息传出,父王会跟魏国谈判,将自己赎回。但熬了好几个月,处境依然没有改变,反倒是偶尔见到履带上传来的武器,得知战争愈发激烈。

这一点,也可以从看守俘虏营的魏国士兵脸上看出来。

他们脸上满是愤怒,看着秦国俘虏时,恨得几乎牙痒痒。

"他们怎么了?"戈兰见气氛不对,悄悄问还算忠厚的俘虏老狄,"怎么像是要吃了我们似的?"

老狄也忧虑地摇摇头。

但很快,他们就知道原因了——秦国在一些边境星系向魏国发动了报复性的进攻。这一次,秦国的攻势异常猛烈,且不留活口,打扫战场时将机器人炸得粉碎,被俘的魏军士兵则一律处决,甚至剖心挖肝,还把残酷的杀戮视频公布出来。

得知这个消息时,戈兰非常困惑——秦军的反击,似乎说明自己的消息传了出去,但父王知道自己还活着,怎么会杀魏国俘虏呢?要是激怒了魏国,那自己现在的处境岂不是越来越糟?

他的担忧没有错。

没过几天,一伙喝得酩酊大醉的魏国士兵冲进俘虏营肆意打骂,他们有不少亲人朋友都死在秦军的酷刑折磨下。那一晚,有十几个秦国俘虏被活活打死,剩下的也没好到哪里去,戈兰躲在床底下,胆战心惊地听着外面的喝骂和惨叫。

幸好一个小时后,魏国军官终于赶了过来,派机器人将这些士兵拦住了。但最后,士兵们也只以战时酗酒的名义,受了点微不足道的惩罚,而那些被打死的秦国俘虏,则被就近扔进冶炼炉里。他们的肉体焚烧成灰,灵魂也淬进了机器人的零件,化为怨鬼,最终却只能将这股怨气发泄到自己的同胞身上。

暴行不止发生一次。此后隔三岔五,都有魏国士兵冲进俘虏营,刚开始军官还管,后来也不怎么理会了,机器人也只象征性地拦一下,随后便以"不能伤害人类"为由,进入自动休眠,好像它们从没打过俘虏似的。

俘虏们人心惶惶，白天干着繁重的活计，休班后更是胆战心惊，再累也睡不踏实，生怕闭眼后再睁开，看到的会是魏国士兵的枪管。

由于休息不够，有些俘虏在干活时操作失误，被仪器轧断手臂，或干脆跌进焚烧炉里烧死了……

戈兰察觉到，一股诡秘的氛围在俘虏营里弥漫着。他嗅了嗅，闻到了恐惧、愤怒和孤注一掷。

哪怕凭直觉，他也知道有什么事情要发生了。

戈兰最怕看到的，就是魏军的看守。

那些看守个个眼含怒火，恨不得生吞了俘虏们，所以他每次远远看到魏军的影子，就立刻躬身躲起来。饶是如此，也免不了经常挨打受骂，身上满是伤痕——好在他每次被打时，都护住了头，没让额头受伤。不然，额头上的标记一旦露馅儿，自己的下场恐怕会更凄惨。

所有看守中，只有一个人不打俘虏。

那就是被贬职的千阳。

戈兰留意了许久，发现千阳真的跟其他人不一样，他一副懒洋洋的样子，当所有人都在仇恨和痛苦中煎熬时，他却每天靠在角落里，跟他的护卫机器人有一搭没一搭地聊天。

机器人临十一偶尔不咸不淡地回几句，大多数时候根本不搭理他，这时，千阳就会做一件让戈兰诧异的事情——找个舱道拐角蹲着，看书。

飞船外面，战火纷飞，平阳星系还有秦军残部进行着游击战；飞船里面，炎热难当，魏军看守和秦军俘虏们的冲突日益激烈，血腥味儿在狭窄复杂的舱道里弥漫，经久不散。在这样的环境下，千阳居然

127

能掏出一本本书——可以当文物的纸质书,也不知道他从哪儿弄来的——看得津津有味。

只有路过千阳身边时,戈兰才能不像碰到其他看守一样畏缩在一旁,正因如此,他瞥眼就能瞧见千阳在看什么书。

那些书很杂,有时候是《贵族世系渊源》《穆天子远游记》之类的史书,讲述已覆灭的古周朝往事;有时是兵法,封面写着《孙膑超空间战理论解析》等不明觉厉的标题;有时是《变化之书》《道德形而上学》等哲学著作;更有一次戈兰路过时瞥了一眼,顿时面红耳赤——千阳这次看的是一本画册,封面挺正经,但内页全是曲线毕露、不着寸缕的美女照片。戈兰看得呆了,不觉停下了脚步。

"怎么样,"千阳又翻了一页,头都没抬,"看得过瘾吗?"

"我没……"戈兰连忙说。

"真看不出来,你日子都没多久了,还这么有兴致。也是,你们克隆人从培养皿里出来就直接参战了,连女人都没见过……"千阳说着,把书一合,站起来递给戈兰,"真可怜,这本书干脆送给你吧。"

戈兰下意识地伸出手,但立刻被蜇似的收了回来,连忙摇头。

千阳笑了笑,挥手让他走开。

戈兰如释重负,转身迈步,但还没走过拐角,身后又响起了千阳的声音:"你等等。"

声音里已经没了刚才的调笑,带着凝重,以及疑惑。

戈兰心里咯噔一声,暗道不妙,但还是慢慢转身,垂着头道:"您叫我吗?"

"你抬起脸来。"

戈兰僵着表情,抬起了头。

千阳凑近了,盯着他的脸。他们离得如此之近,戈兰甚至能听到千阳的呼吸，而千阳也能听到戈兰胸膛里咚咚咚的心跳。过了许久，千阳才慢吞吞退回去，说："你长得……很不一样。"

"我……我出来就是这个样子。"戈兰说。

"秦国是克隆国家，士兵绝大多数都是同一个工厂里出来的，所以很多人长得一样。"千阳指了指不远处一个推车的高大俘虏，"像他那副模样的，在俘虏里有十七人；他右边，有点瘦的那个，一个模样的有五人；还有那边，清扫履带的几个人都是同一型号，估计服役时也是一个营里的，所以关系比较好……但是，"千阳话锋一转，眉头皱起，"长成你这副模样的，只有你一个。"

戈兰听得头皮发麻。他本来以为眼前这个贬职军官是个庸才，每天看闲书混日子，等哪天关系疏通了再升上去，没想到他看似漫不经心，实则对俘虏营的一切了如指掌。"我也不知道……"戈兰低头嗫嚅道，"可能跟我一起出厂的那些士兵，都战死了吧。"

"道理上说得通，但概率上，可信度不高。"千阳看着他脏兮兮的脸，迟疑了一下，又说，"你的轮廓倒有点眼熟，像是在哪里见过……"

这时，远处一个看守见戈兰一直站在这里，喊道："那个谁……你干吗呢？还敢偷懒！快滚过来拣零件！"

戈兰连忙应了声，一路小跑着过去，而那两道狐疑的目光始终停留在他的身后。

他有生以来第一次为克隆失败而感到庆幸，自己和父王并不很相似，否则任何人都能一眼看出。不过即便如此，自己说不定也有影像资料流传出去，如今被这个神神道道的前军官盯上，只要上网拿照片一对比，也许就会大祸临头……

"十一，给我调出秦国几个王子的照片。"回到宿舍后，千阳将书扔在一旁，径直对临十一道。

临十一站在宿舍角落，充耳不闻。说是角落，但它身子巨大，光站着就占了这个小房间的一半空间。

"喂，听到我说的话没有？"千阳不耐烦道。

临十一显然更不耐烦，头罩转了转，看到地上的画册，瞬间扫描完成，说："你刚看完裸女的照片，现在又要看男人的照片……你的口味变了啊。"

"什么跟什么？！"千阳道，"这是《图解素女经》，是人体艺术……不是，我是说，我可能发现了一个秘密，要是真的，我说不定能重新升回去！"

"什么秘密？"

"不能告诉你。你连着网，告诉你就等于告诉了军部，功劳哪儿轮得着我——快，给我调出来。"

临十一胸膛传来轻微的声响，一个全息探头伸出来，在空中散开八个人影，纤毫毕现。

"秦王的儿子果然都是克隆而生，长得一模一样，"千阳皱眉，"但怎么只有八个人，秦王不是有九个儿子吗？"

临十一说："是啊，但九子嬴戈兰深居简出，没有可查阅的公开资料——据说这家伙克隆时出了差错，长成了歪瓜裂枣，有损王家体面，所以秦人也讳莫如深——不过这几天秦国对我们疯狂报复，就是因为嬴戈兰被杀，说不定过几天，就会有他的照片流出来了——尸检照。"

"真的死了吗？……"千阳陷入沉思。

打这以后，戈兰总觉得有一双眼睛盯着自己，去哪里都甩不掉。他知道自己引起了千阳的疑心，此人看似懒散好色，实则心细如发，必须格外小心。

但他再怎么谨慎，也还是露出了马脚。俘虏营虽然气氛肃杀，但魏军还是提供了食水，大多数俘虏不顾卫生，吃饱喝足就行。戈兰是王族出生，受不了身上太久没洗，便悄悄储着饮水，攒够了半盆。趁俘虏换班的短暂空隙，他见舱内没人，悄悄从床底下端出来，开始擦拭身体。谁知他刚取下额头上的肉色贴纸，洗了把脸，门外忽然传来了脚步声。

戈兰连忙将贴纸粘在额头上，转过头，看到千阳站到了面前。

"大人好……"戈兰低声道，站直了身子，"我这就去干活儿。"说罢慌忙从千阳身边挤过，匆匆出了门。

走到门外，他扶了扶额头，暗道好险。手指刚碰到额头，又愣住了——刚刚洗过脸，额上还是湿的，贴纸根本没有粘服帖，有不少凸痕。

他转头看去，千阳的影子还在宿舍里，不知道刚才从他身边路过时，他留意到没有？这么想着，他又看向位于俘虏营的第一个舱室，在那里，有登记俘虏所用的物资……

他的担心没有错。等到轮班之时，他还没走回去休息，就被两个机器人拦住了。

"跟我们来。"机器人简短地说。

戈兰看看周围，其余俘虏都神情诡异，像躲瘟神一样离他远远的。而有几个人影，则看都不看这边，立马快步走远。他有些疑惑，但又被催促了一遍，这才跟着机器人，来到驱逐舰舰长的办公室。

越走近，戈兰心里越害怕。能越过营长、大副这些军官，直接到舰长的级别，那等着自己的，肯定是……

是千阳。

"罗叔叔，他虽然跟一般王子不像，但还是有嬴显的轮廓……"还没走进去，就听到千阳的声音，"一般克隆人哪敢和王族有半点相似，所以应该是他……"

一道威严的声音响起："应该？你把我从舰桥上的军事会议中叫出来，把其他将军晾在一边，就因为一个'应该'？"

"我有把握的！"

"这种事你可以直接让机器人上报，事有轻重缓急，我闲下来会处理。一个小俘虏又跑不了！"

千阳的声音带着疑虑，"可系统有纰漏啊，我好多次上报的事情，都没有下文。"

"胡说，那可是'鬼谷子'研发的系统，怎么会有纰漏——"

正说着，机器人卫兵敲响了门，推着戈兰走了进去。

"就是他！"千阳转头看见戈兰，得意道，"嘿嘿，你当我没发现吗？你今早的额头上，有那么明显的痕迹！"说着，他走到戈兰跟前，伸手触碰他额头上的奴隶标记，使劲搓了搓后，顿时愣住了。

额头上没有贴纸。

直到他把戈兰的皮肤都搓红了，也没搓下那层他预料中的薄膜。

身后的舰长见状，哼了一声，道："这就是你说的？果然是，'应该'。"

千阳愣了愣，连忙道："罗叔叔，我明明看见他的头上有贴膜痕迹的……"

"别叫我罗叔叔，在这里，我是舰长！"舰长道，"而且我的确很失望,看在你父亲的份儿上,我已经帮过你很多次了,可你还是一次次降低我的期待。"

"不是,我真觉得……"

"就他这张一看就是下等奴隶的脸,哪里像秦王?"罗舰长嗤之以鼻,"因为都是两个眼睛一个鼻子吗?"

"您看这眼睛……"

千阳还待再说,罗舰长蛮横打断他:"别说了!还有一群将军在等着我,他们从不会浪费我的时间——你跟我过来,看看真正做事的人是什么模样!"说完,他揪着千阳,大步流星走向舰桥。

办公室里人一下子空了,只剩下戈兰和机器人护卫。

"你回去吧。"机器人上前,声音干冷,"舰长不在,没人有权限留在这间办公室。"

戈兰连声应允,弯着身子,捏紧拳头走出办公室。

直到走得足够远,他才张开拳头,掌心汗水涔涔——

只差一点,就被发现了。

今早当他知道千阳有可能看出破绽后,瞥见了登记俘虏的船舱。趁着里面没人,他偷偷跑进去,在里面找到了当初分配人员用的记号笔,撕下纸膜,对着镜子小心翼翼地在额头上画下奴隶标记,然后便将纸膜扔掉了。

如果千阳再多搓一会儿,或者比对一下之前的照片,额上的新笔迹就会露馅儿,但好在舰长不耐烦,将他带走了。

看起来,运气似乎是站在自己这边的。

6

经历了刚才的胆战心惊,他回去躺下后,脑子里还是很兴奋的,睡意迟迟不来。就在他眼皮渐渐变得沉重时,舱里响起了窸窸窣窣的声音。

有人起床了。

不止一个人。他闭上眼睛,默默数着:上铺有人起来,右边也有,奴隶舱门口的上下铺同时传来响动……一共有十来个俘虏。

他悄悄睁开眼睛,借着昏暗光线,发现那些俘虏正是自己被机器人叫住时的鬼祟人影。当时所有人都在看热闹,只有他们悄悄远离了人群。

俘虏们聚在一起,悄悄打开舱门,往外偷看。

这个时候,另一班人已经轮换去了机器人制造舱,门外站着两个机器人。冷冷的光照下来,让它们银白色的金属皮肤也泛着冷意,像是雪夜里的雕像。

"你们要做什么?"有人轻轻地问。

俘虏们一震,齐齐回头,看到了戈兰的脸,又整齐地松了口气。

"跟你没关系,"最靠近他的俘虏说,正是和他相熟的老狄,"快回去!"

戈兰看到他们那既紧张又恐惧的神色,联想起之前的预感,脱口道:"你们要逃走!"

"别太大声!"老狄凑近了他,急道,"你是想把机器人引来吗?"

"可这里是魏军的军舰,外面到处都是机器人,你们能逃到哪里去呢?"

"这不用你管,你走开。"

老狄还算和善,眼里透着悲壮,戈兰心生不忍,道:"不要送死,父……秦王会救我们出去的。"

众俘虏像是听到一个荒谬的笑话,嘴角冷冷地上扬,道:"嬴显救我们出去?九王子被杀,那老头儿已经疯了,抓到魏国人就杀,现在魏贼恨我们入骨,过不了几天就会拿我们报复。"

"魏军不还是在给我们送吃送喝吗,怎么会?"戈兰眉角突然一跳,"什么,你说我……我们的九王子死了?"

这时,另一个俘虏不耐烦道:"你跟他说这么多干吗?等说完,逃走的时机都过了。"又看着戈兰,目露凶狠,寒声道:"喂,你不会给我们捣乱吧?"

戈兰看见他手里闪着匕刃的寒光,连忙把头摇得像拨浪鼓一样。

"要不你跟我们走?"老狄说,"设法夺条救生飞船逃走,至少也有万一的希望。"

戈兰也有点心动,但其他人却不待见他,斥道:"这小子笨手笨脚的,带上他干什么?救生飞船上没那么多位置,你要是喜欢他,就跟他一起留下!"

说完,几个俘虏便将戈兰推开,又悄悄看了眼外面,蹑手蹑脚地鱼贯而出。老狄路过他身边时,低声说了句"对不起"。

戈兰疑惑不解,走回床边。门外传来了几声闷响,随即声息全无,看来那几个人果然是有所准备的,手脚利落,迅速解决了机器人卫兵。

不知道他们最终能不能逃出去，但愿能吧……戈兰心想着，躺回床上，为这些同胞祈祷。但没过几秒钟，他又一下子坐了起来，脸色煞白。

刚刚他想漏了——不管这些俘虏能否逃出去，自己都死定了！

之前在底舱集合时，魏军曾通知过——一旦哪个俘虏舱里有人造反闹事，或试图逃跑，整舱的人都要受罚。而以现在一触即发的态势，他唯一能想到的惩罚，就是处死。

难怪老狄离开时，低声跟自己道歉。

他起身在床铺间站着，思绪如麻，不知该何去何从——唯一自救的办法，是赶紧去向机器人告密，事后问责起来，自己能免于惩罚。但这念头只是划过他的脑海，就再未出现——如果靠出卖同胞才能活下去，那以后也将活在噩梦的阴影里。

正想着，外面突然接连传来好几声巨响。

戈兰凑到门口，只见走廊里亮起火光，还有滚滚烟尘。

事情败露了！

刚刚还在戈兰脑袋里纷乱杂沓的思绪，一下子变得清晰——退路已经被堵死，除了孤注一掷，别无他法。

他拿定主意，回舱大声叫醒其余俘虏，简短几句说了刚才的事情，最后道："现在没办法了，得一起走！"却见其余人还在发愣，"我没骗你们，你们听，外面有交火声！"

外面的确有交火声，透过舱壁，传到了所有人耳边。但他们依旧坐在床上，表情麻木，道："是啊，外面有人在开枪，那我们为什么还要去外面呢？"

"因为留在这里会被牵连处决啊！"

"又不是我们逃走……外面太危险了，能逃到哪里呢？"

戈兰看着这些幽暗中的面孔，他们的眼神躲闪着，表情藏在黑暗里，像是畏光的动物。他叹了口气，不再多言，咬咬牙推门走了出去。

一出门，他就看到地上倒着两个机器人卫兵。它们都是被切断了颈下的电缆，还没反应过来就瘫倒在地，身上的武器也被卸下。四周隐隐传来的枪响，就是这些武器发出来的。

俘虏们亲手造出了机器人，包括它们身上的装备，对它们相当了解，现在终于有机会用这些武器对付魏国士兵了。

他一路向前，走廊里渐渐有了血迹，还差点踩到尸体——是俘虏营里的看守们。这些凶恶的面孔一旦成了死尸，都变得灰暗，戈兰本来被其中好几个打过，但此时也恨不起来，行进中都小心翼翼地避开了。

这几条廊道被逃走的俘虏们扫荡过，而魏兵又忙着去追赶他们，因此暂时没人出现。他越往前走，血腥味越浓，这次，他看到了俘虏的尸体。

正是刚才还和他说话的老狄。

老狄的尸体千疮百孔，血流满地，眼睛犹自睁着，手里还拿着一把抢来的激光短筒枪。戈兰拿下他的枪，帮他覆上眼睛，却仍不能瞑目，只得叹息着走开。

走了两步，他又停下了，思索着。

顺着血迹，能一路追上俘虏，然后呢？他们的计划失败了，跟魏兵一路厮杀，一路折损，注定逃不出去——又或许，他们原本的计划就是这样，拼个你死我活。那自己跟上去，也不过是多添一具尸体。

不能死在这里！

他想起了福公公曾经说过的话，希望是最有力的武器。现在，求生的希望让他快速思考，转瞬之间有了决定——不跟着逃走的俘虏，也不回舱里。

他后退两步，拐进一条狭小的走道。这条路连通了驱逐舰下侧某个通用对接舱，再往前走，就是水循环系统。他侧着身子往里挤，身后的响闹顿时变得缥缈起来，光线也停留在了后方远处，幽暗笼罩了他，仿佛走进了另一个世界。

正艰难地摸黑走着，前面突然被挡住了，他以为已经到底，无路可走，不由心生绝望。但他探出手摸了摸，发现前面有点软，不像是墙壁，倒像是……肉。

"什么人?!"黑暗里响起惊叫。

戈兰也惊到了，连忙往后挪了挪，摸出衣服里的激光短筒枪，颤巍巍地指着前面道："你是谁……"刚刚的声音有点熟悉，可他一时想不起来。

"是你小子？"对方也被卡在狭窄的壁道间，但听出了戈兰的声音，"你怎么到这里来了？"

这下戈兰想了起来——是千阳，那个想举报自己去升官的魏国上尉，不，中士。千阳不知为何从侧面的通道里挤进来，恰好挤在戈兰前面，险些被撞到。

红色光亮在狭窄的通道里出现，照亮了两张窘迫的脸，和两根黑洞洞的枪管。

千阳也掏出了枪，指着戈兰，光亮就来自他配枪底部的瞄准光束。光点落在戈兰眉心，但戈兰的枪也已经指在千阳脸侧。

这么近的距离，他俩哪怕闭着眼开枪，都不会失手。

"呃，"千阳吞了口唾沫，"你说，我们是不是应该先谈谈？"

戈兰点头，"是啊，枪眼无情，可别误伤了，还是先聊聊好。"

"既然要聊天,我们可不可以先把枪放下来?"

"可以。"

过了好一会儿,两人的枪纹丝不动。

"你不觉得这样有点尴尬吗?"千阳干咳了一声。

"嗯,"戈兰想了想,又说,"但尴尬也比被你抓住,送到魏军那里受死强。"

"送到魏军那里?"

千阳的语气有些古怪,这时,身后响起急促的脚步声,一队魏国士兵正匆匆走过。壁道狭窄,戈兰和千阳又走入幽深处,士兵们没有注意到。二人也同时屏住呼吸,等脚步声远去了,才松了口气。

"你也在躲他们?"戈兰心念一动,问。

"算是吧……"千阳有些尴尬地说。

戈兰恍然——难怪在这个狭小的空间里遇到他,原来两个穷途末路的人,都想到了一处。

千阳说:"所以我们现在把枪同时放下,大家各走各道,好吗?"

"可以。"

"那我数一二三,一……二……三!"

二人纹丝未动,两支枪依然对峙着。

"好吧,算你狠。"

"你不也一样吗?"戈兰冷笑,"敌人的敌人也不一定就是朋友,可能还是敌人。"

"再过不久,我们就是死人了。"千阳说,"现在你的朋友们正在外面搞破坏,一个个悍不畏死,倒也能撑一会儿。但过不了多久,士兵们就会回来清点搜查——你难道想等士兵们发现我们的时候,我俩还是这样战战兢兢拿枪指着对方吗?"

"但我信不过你。"戈兰想了想,说,"你为什么要躲魏军,你不也是魏国人吗?"

"我可不是魏国人,我是卫国人。"见戈兰面露疑惑,千阳解释说,"护卫的卫!虽然听起来一样,却是不同的国家,是在齐国和魏国之间一个古老的星系。"

这么一说,戈兰顿时明白——常说银河七国,是指齐、楚、燕、韩、赵、魏、秦这七个霸主国家,它们都是巨大且边缘锋利的轮盘,在银河疆域里互相倾轧剿杀,而在这些轮盘的间隙中,尚有许多小势力存活,如越国、巴国、中山国等等。这些小国不胜枚举,有些也曾飞黄腾达过,但如今要活下去,则必须依附某个霸权大国。其中,卫国就是夹在齐魏两国间的小国,其国君是姬姓,据说流传着古周朝王室的血脉,也算是古之正统;只是国土狭小,仅剩一两个主要星系,科技平庸,以号称古代正统的文化和艺术著称。卫国虽身处齐魏两国的势力笼罩下,却没向哪一国效忠,而是各自献礼,两边讨好。两大国也就姑息这个蕞尔小邦存在下去。

千阳接着说:"我父母都是卫国人,我父亲公孙流是计算机专家,在魏国受到重用,可惜早就挂了。我本来也想在魏国混出名堂,但越来越混不下去了,从上校一路降到俘房营看守,本想拿你立功,结果又走眼了……我跟魏国不对付,还不如一走了之。"

戈兰点点头。这理由似乎也说不太通,不过生死关头,他无心理会别人的闲事。既然千阳是真要逃走,那就和他没有利害关系了。

在千阳的瞄准光束照耀下,千阳的小半边脸竟格外熟悉,戈兰想了想,诧异地发现——这一刻,千阳竟莫名地跟阿蒙长得很像。他们的脸都有点瘦长,鼻翼线条凌厉,眼神里也都闪着某种微光。

"嗯,那我信你。"戈兰说,"放下枪吧,我们各走各的道。"

"行。"

再数完一二三，戈兰把枪收回，横放在自己胸口。等他再抬眼，心顿时凉了。千阳还端着枪指向自己。他的手指已经搭在扳机口——配枪识别了他的指纹，枪管有微微颤动，只要他的手指按下去，那灼热的光束就会贯穿自己的脑袋。

枪口后面一尺处，是千阳的双眼。枪口闪着微光，他的眼中也有光芒闪烁，仿佛多长了一只眼睛。他盯着戈兰，表情藏在阴影里，看不清楚，只有三只眼睛目光灼灼。

瞬息之间，戈兰想怒骂，想告饶，甚至想说出自己的身份——但嘴唇翕动，却什么也说不出来。也许一切都将在下一秒彻底埋葬。

过了一百万年，或者三秒钟，戈兰听到对面传来了一声叹息。

"算了，你只是一个秦国小兵，想办法逃吧。"

戈兰的心终于又缓缓跳动起来。

顿了顿，千阳又补充道："不过，待会儿如果你被抓住了，别把我供出来——别让我后悔刚才的决定。"

说完，他们在壁道里挤着向前。十几米后，前方宽松了些，头顶红光一闪一闪，照亮周围密布的管道。管道里传来水流声，四周潮气逼人。顺着管道往前，能看到不远处的舱道壁两侧各有一扇门。

千阳环视一周，点点头说："这里是水循环系统，离生活区很近了，我们就在这儿分开吧，我可不想……"他硬生生把"被你拖累"四个字吞回去，又指着前面的两扇舱门，"左边是去供水房的，右边是冷却间，你选一个。"

戈兰挑了冷却间。冷却间一般都有冷却液流通管道，寒气逼人，不容易被士兵发现。

"那我走供水房。"

两人在舱壁两侧分开，各走各道。听着身后的脚步声远去，戈兰竟莫名有些慌张——照理，跟这个曾想揭发他的魏军军官分开，他会安全很多；但刚才短暂的对峙，让他竟对千阳有种莫名的好感，一方面来源于千阳跟阿蒙的侧脸有些神似，另一方面则是千阳刚才明明有机会杀死自己，以免行踪暴露，却还是放下了枪，说明心中磊落。

戈兰摇摇头，把这些念头扔出脑海。现在该思考的，是怎么逃生。这里是魏军旃蒙级军舰的底部，整艘舰大如城市，遍布机器人，要逃出去难如登天，但如果藏在里面呢？……

一座在太空中飘浮的城市，藏下一个小小的人，应该问题不大吧？

这么一想，戈兰便大步向前，四周寒气弥漫，冷意像是黏在了皮肤上。就这么缩着头走了快两小时，四周除了偶尔响起的机械运转声，再无人息，他这才放下心来。

这是胆战心惊的一夜，他又饿又困，先睡了一觉，然后被腹中绞痛般的饥饿折磨得醒了过来。这一睡，他不知道现在什么时间，只觉得四周幽暗，隔着墙壁隐隐有货物运输的声音，轰隆隆的，被墙壁过滤后，像是某种海浪。

戈兰捂着肚子，这才意识到自己的天真——就算这里能藏身，但没有食物，恐怕一天也熬不过去。

他又躺了一会儿，突然坐起来，自言自语道："我不能坐以待——躺以待毙！在这里死了，恐怕腐烂了都没人知道。"

他站起来，一手捂着肚子，一边沿着来时的路往回走。这段路他走得格外小心，但因为提心吊胆，加上沿途颇多曲折，还是迷了路。他心里愈发慌乱，甚至犹豫要不要直接去自首，说出自己的身份，这样至少能受到王子的待遇——尽管是被俘虏的王子。但这样无疑会加重魏军在战场上的砝码，更加危及秦国。他咬咬牙，又走过几条狭窄的通道。

这时，他隐隐闻到了食物的味道。

"运气这么好？"他心里默念道，循着香味走过去，耳中渐渐听到了人声。

戈兰心里一紧，趴在舱道的阴影里，耳朵贴着墙，小心听着。

"做好了吗？"这人的声音明显带着魏国口音，应该是魏军士兵。

"快了，快了！"另一个人不耐烦地回道，"对了，你说炒菜这种事，为什么不交给机器人啊？每天那么多的将军，都是不同的胃口，忙死我了。"

先前一人笑道："机器人打仗还行，炒菜做饭，没有灵魂啊。"

"也是，他们还说机器人能取代人类，我看单就做饭这事儿，它们永远也赶不上。"

戈兰趴着听了会儿，终于明白：这里应该是专供军官餐饮的厨房。战舰大如城堡，供给就成了一门精密又复杂的学问，士兵们的食物当然以合成军粮为主，但中高级军官们可不能用那些半透明的蛋白质淀粉块来糊弄，于是战舰内部设有许多厨房。看来真是命不该绝，他误打误撞间，竟来到食物储藏最多的地方。

但眼下厨房里有人，他不敢进去，便继续趴在阴影里。他的鼻子闻到菜香味，肚中饥肠辘辘，让这两个小时更加难熬。

好在不久之后，厨房里没了人声，显然是炊事兵结束了烹饪，给军官们送餐去了。戈兰犹不放心，又等了一会儿，确定没有人员走动，才慢慢从阴影里探出身，想进厨房。

但进门前，他下意识地抬头看了一眼。

这一眼救了他的命。

头顶有旋转的摄像头。

高等军官的厨房是重地，需要预防敌人投毒，怎么可能没有监控？他心里想。隔着十几米，他看到了厨房里码得整整齐齐的食物、蔬菜、饮料、干粮块……但他不能进去。一进去，这里的警报就会触发，自己辛苦逃了这么久也就白费了。

难道真是绝境？

这时，他低头看见厨房门口的垃圾桶。

垃圾桶里，堆着切剩下的蔬菜、肉，还有凭肉眼分辨不出来的杂物。

而垃圾桶处于监控的死角。

接下来的日子，戈兰硬是靠着从魏军厨房的垃圾桶里找食物活了下来。

在摄像头和垃圾桶之间，他没有犹豫，选择了后者。如果是以前，他恐怕宁愿死也不肯对着那些难以辨别的食物开口，但现在，他知道自己身上肩负了多少东西。阿蒙死前看着他的眼睛，福公公死前也看着自己的眼睛——要命，他们的眼神就像是钉子，嵌入了他的视网膜，嵌入了他的心里。

到后来，他能面不改色地将垃圾桶的食物塞进肚子里，唇舌麻木，感觉不到任何味道。这时，他才在心里默默地赞叹自己一句：我真的在长大。

他在这幽暗苦涩的飞船舱道里，无声无息，茁壮地成长着。

除了吃，他基本就待在管道深处，躺着，听墙壁里传来轰隆隆的声音。这样的日子太过煎熬，他只能靠回忆来打发时间，回忆王宫生活，回忆阿蒙，回忆大哥，回忆父王。父王应该在打仗……他有些惆怅，父王身体本来就不太好，要是操劳起来，不知道会不会出什么事。

但这些只是想象，他不知外面的战局远比他想象得更加惨烈。

他藏的地方很好，完全没听到有人找过来的动静，偶尔一两次听到人声，他趴得更隐蔽，因此没被发现。

如果不是发现也有人跟他一样在偷拣垃圾桶的食物，这样的日子不知会持续多久。

他是第五天发现端倪的。

戈兰记得很清楚，他从垃圾桶里拿走食物时，里面有块煮烂的土豆，但因为拿不下了，只能眼睁睁地舍它而去。等下次去时，垃圾桶并没有被清倒，但里面的土豆不见了。

这很奇怪。

为了不被发现，他每次拿食物都很小心，不敢翻乱了垃圾桶。要是魏军不注意，就不会发现有人动过的痕迹——也没人会专门注意垃圾桶里的情况。时间一长，他就发现了垃圾桶清倒的规律，每天一倒，但前天可能是这边的士兵休息，既没有倒垃圾，也没给军官开伙。

所以当戈兰再过去时，就发现厨房休息的这一天，垃圾桶里少了一块土豆。

"难道是哪个魏国士兵馋成了这样？"他心里嘀咕着。

此后他多留了个心眼，去厨房的时候仔细观察周围，免得撞见其他人。

也就是这样的留意，他发现了一处异状——不知何时开始，厨房门口的摄像头不再旋转，反倒对着墙角，根本起不到监控作用。

陷阱！这是他的第一反应。

但他随即又想：如果魏军发现了自己的存在，直接派兵来抓才是他们的作风，用摄像头当诱饵实属多此一举。那更大的可能，是摄像头出了什么故障。

"忍住，忍住……"他心里默念着。

就算是出了故障，贸然进厨房也是危险的事情，不要被诱——他抬起头，厨房门虚掩着，缝隙里可以看到那些整齐的冒着香气的食物。

"不要不要，我警告你，不准动！"他低头看着自己的脚，恶狠狠地压低声音说，"不准往前迈，哎，你怎么回事？你不听话！"他的脚慢慢往前，跨进了厨房，他有些紧张，闭上了眼睛。

但警报声没有响起。

看来真是故障。他放下心来，走到厨架间，深吸一口气。

啊，真香！

他看到一个肉馍，咕咚一声，干吞下一大口唾沫。今天终于可以大快朵颐了，他心想着，伸手就要去拿。

这时，厨房外传来了脚步声，很轻，似乎进来的人正小心地踮着脚。

戈兰心头一紧，又看了看，咬咬牙，拉开一个冰柜门钻了进去。冷意像针一样刺在皮肤上，但他不敢动，连呼吸都放慢了，全神贯注地听着外面的动静。他在冰柜里藏不了多久，只能祈祷来人快点走。

但这一次，幸运女神不站在他身边。

脚步声越来越近，越来越清晰——来人似乎直奔冰柜而来。

柜门被拉开，戈兰两手握枪，向前递出，咬牙就要扣动扳机；外面的人也听到了动静，掏枪对准戈兰，瞄准光束落在了戈兰的额头中心，皮肤因光束而微微灼热。

两枪对峙。

戈兰突然觉得这场景有点熟悉,那支枪后面的脸也很熟悉——

"是你?"对方诧异道。

"是你!"戈兰张大了嘴。

对面的人正是千阳。这几天他没听到千阳被抓到的消息,还以为他已经成功逃走了。

"我们还要对峙下去吗?"千阳说。

"就不用了吧?"

"那我数一二三,我们同时放下,"见戈兰点头,千阳慢慢数道,"一……二……三!"

两人同时把枪垂下,收进怀里。

千阳悻悻地看他一眼,从食柜里拿出一节腌肉肠,放进微波盒里加热,回头道:"你一直躲在这边啊?"

"是啊,真没想到这么巧居然又碰到了你。"

"这是高级军官的厨房,我当然很熟悉,倒是你小子怎么找到这里的?不会是偷偷跟着我吧?"

"什么啊,我只是闻着食物的香味来的……"

"你还真长了一只狗鼻子。"千阳揶揄道,拿出肉肠,咬了一口,脏污的脸上满是满足之情。"看来那些淡出鸟来的蔬菜是你偷的了。"他又咬了一口,说,"你偷菜,我偷肉,居然一直没碰到过。"

"现在这不碰到了嘛。"戈兰从冰柜里出来,说,"行,那我走了。以后我上半夜来,你下半夜来,别再碰到了。"

千阳连吞带咽,把整节腌肉肠都塞进了肚子里,顺便还打了个嗝。戈兰皱眉退了两步。千阳说:"你还打算在这里藏着啊?"

"不然呢?"

"你知道为什么我俩都没被抓吗？"千阳说，"魏军的战斗机器人都配备了热感仪，其实很容易发现我们，但我们藏的这里，因为冷却液和其他废液的缘故，舱壁的金属板很厚，隔绝了探测射线。"

戈兰听他说完，皱眉道："那不就很安全吗？"

"但有一个机器人，它配备的热感仪，能穿过——"说着，千阳敲了敲墙面，"能穿过三层这样的墙壁。"

"是谁？"

"临十一。"

"那不是你的机器人吗？"

千阳一摆手，"我本来也以为是，当我还是校官的时候给我配个机器人护卫还能理解，但我后来一路贬到了监狱看守，这家伙还跟着我，那就很有问题了。"

"什么问题？"

千阳摇头，"我也没搞懂，这也是我要逃走的原——"话未说完，他突然将手指竖在嘴边，眼角微微皱起。

看他紧张的神色，戈兰也侧耳倾听。在厚厚的厨房墙壁外，隐隐传来了脚步声，像是轻微的砰声，隔很久才响一下。

"是它！"千阳一直满不在乎的脸上，掠过了一丝惊慌，"它终于反应过来了，知道我没有逃走，找过来了。"

戈兰紧张起来，小声道："没这么邪门吧？"

"邪门吗？"带着冰冷金属感的声音响起，"我可是临字头的战斗机器人，花了好几天才明白你们躲在军舰里，然后一间间找过来，直到现在才捉到你们——还是有点慢了吧？"

厨房门被推开了。机器人临十一走了进来，它身高两米多，要微微佝偻才能穿过门。它一进来，屋子里骤然暗了许多，仿佛四周的灯光都被它体表的涂层吸收了。它盯着千阳,目光从胸腔部位的头罩里射出来,仿佛射线一般让千阳浑身不舒服。

"十一啊,"千阳连忙哈哈几声,说,"我就是半夜出来吃点东西,你怎么就过来了?"

临十一沉默着。

"你先回去,我吃完了也回宿舍。"在它的目光下,千阳的嘴角扯了扯,"不就是开几天小差吗?我去跟罗叔叔请罪。听话,你先回。"

"很遗憾,这次,舰长也保不了你了。"

"不就是几天没在岗,至于这么严重吗?而且你跟我说话的语气注意一下,我好歹也是堂堂的——"

戈兰在一旁道:"俘虏营看守。"

"你给我闭嘴。"

临十一头罩里的目光游移了一下,又继续看向千阳,似乎已经把戈兰当成了一个死人。它说:"开小差对你来说不算什么,反正你在俘虏营里也是看黄书——但你为什么要莫名其妙地逃走?你到底发现了什么?"

千阳眼珠转了转,似乎还想砌词狡辩,但最终长出了一口气说:"那得问你了,你对我做了什么?"

"你胡说什么呢?我一直在保护你。"

"好,就从黄书说起吧。那天我在看《图解素女经》,有个老兵逼我给他看,人五人六的,甚至对我动粗。正好你不知在哪儿充着电,本少爷就亲自出手,给他一点教训,结果打……打赢了,但我胳膊上皮开肉绽,去医务室治疗,却发现皮下埋藏着一块芯片,我仔细研究,发现这并非一般的健康芯片,它能够定位我,窃听我,甚至可以随时释放强烈电流置我于死地!我可不记得安过这玩意儿。除了你,

149

还有谁能在我身上动这种手脚呢?这绝对不是保护,你到底是谁,想干什么?"

临十一说:"这我可以解释。"

"好,你说。"

临十一却沉默了几秒钟,然后摇头:"我可以想出一百种解释,不过就算解释,你也会心存怀疑,完全相信的概率不到百分之一。既然如此,按照我来时接到的命令,这种时候我只能——格杀勿论。"临十一说着,头罩里的光亮更加艳红,像是血雾弥漫而出,"好在我虽不擅长撒谎,但却很擅长杀人。"

说完,它手柄处的枪口震动起来,厨房里响起了令人不安的嗡嗡声。

"怎么办?"戈兰紧张地说,"你还是解释解释吧,我……我保证它会信的!对吧,千阳?"

千阳掏出枪来,"还他妈解释个屁,打啊!"

两人的枪都掏了出来,向临十一射出一道道光束。但这些往常能够熔金穿铁的高能光束落在临十一身上,却只如雨滴打落,连痕迹都没有留下来。趁着这个工夫,临十一手臂上的武器已经启动完毕,抬起手腕,粗如涌泉的光柱咆哮而出。

好在千阳和戈兰见势不妙,提前向左右两个方向跳去,光柱从他们中间穿过,直接洞穿厨房舱壁。他们心有余悸地回头望去,发现除了厨房舱壁,后面七八层墙壁都被打穿了。

两人对视,眼中都流露出了绝望。

"妈的!"千阳扭过头,冲临十一大喊,"我以前怎么不知道你这么厉害?"

临十一扭动手腕,说:"你不知道的事情还有很多。"

这个机器人仅凭高大厚重的身体就极具压迫感,现在,它扭动手腕,左手电锯,右手炮管,全都启动了。不祥的嗡嗡声在厨房里激荡着。

戈兰和千阳对视一眼,同时冲向临十一。

"好!"临十一左手横扫,电锯携风裹雷,向他们腰部锯去。这要是锯实了,两人恐怕得立刻断成四截,血洒厨房。

但好在他们还算灵活,一个个子高,猛地跳起;另一个就势滚倒,双双错开。但临十一的反应的确迅速,手腕一翻,电锯横着砸向倒地的戈兰。

戈兰连忙翻滚,加上千阳百忙中踢了他一脚,才勉强躲开。他身下的合金地板,被砸得火花四射,硬生生砸出了一个脑袋大小的洞。厨房下面不知道是什么库房,没开灯,破洞看起来黑黝黝的。

看到破洞,千阳似乎抓到了一丝生机,对戈兰大吼道:"弄它!"

戈兰狼狈躲避,抱怨道:"怎么弄?!"

这时,戈兰也看到了地上了破洞。两人的心意瞬间交融,双双点头,向两边退去。

"你们人类为了求生而做出的徒劳挣扎,我每次都无法理解。"临十一信手挥砍,四周的锅碗瓢盆和玻璃管道都被砍成了碎片,四处乱飞,"为什么不老老实实站着,非要浪费大家的时间呢?"

"嘿!我以前怎么没看出来,你还这么贫嘴!"千阳气喘吁吁,躲过了好几次电锯,和一道笔直向下的巨炮光束。光束是凭本能躲过去的,他的小腹离得太近,衣服被灼成灰烬,皮肤也火燎过一样疼。他知道小腹肯定是血肉焦黑的一片,但无暇查伤,因为一个不慎,整条命都要交待在这里。

好在地上的洞被多砸几下后,足足有半米口径。

"就是现在!"戈兰大喊。

听到声音,千阳一个跳起,喊道:"它的平衡螺旋仪在头上!"说着掏枪击中了临十一的脑袋。几乎同时,戈兰也做出了这个动作。两道高能光束击中临十一的头部,虽然无法完全炸毁它的护罩,但爆出的能量波还是让它脑袋里的元件震了震。它的动作变慢了。

"不要停!"

见这一招有效,千阳大喜。两人更不敢停,手中的枪不断射击,临十一仿佛被打出硬直[1],动作一再停顿。

直到两人枪管灼热,仿佛握着火炭,说明手中的枪已经到了极限,这才停了下来。

临十一晃了晃脑袋,声音从胸腔里传了出来:"这样……伤不到我的。"说着,左手一挥,逼得戈兰和千阳又退开了。

但他们都能看出,这一挥的动作,远不如之前流畅。

看来这么多次枪击还是奏效了,虽然对临十一没有实质性伤害,但起码它的平衡系统出了问题,至少需要十秒重新校准。

而这十秒,就是他们的生机。

千阳退了一步,立刻重新扑了回来,抓起被锯成两截的橱柜,向临十一的脚上砸去。临十一一个趔趄,向前摔倒,而它前方,正是此前砸出来的洞。

它的半个身子陷在洞里,左手的电锯压在身下,右手的炮筒却在同时完成了预热,又射出一击。

这一击险些击中千阳,但他来不及庆幸,合身扑上,压住了炮管,大喊:"快,把它的芯片挖出来!"

1.硬直:动作类游戏中目标被攻击后不能行动的一段时间。

戈兰虽然不太了解机器人的构造，但此时存亡攸关，连忙爬到临十一的头颅位置。他们刚才联手击中的地方已经一片焦黑，玻璃罩上出现细纹，他心里一喜，用枪柄狠狠砸下。三声脆响过后，玻璃罩终于破碎，露出了里面构造精密的处理器。

临十一的平衡系统已经校准完毕，它左手抬起，电锯自下而上击中地板，锯得火花飞舞。火星打在千阳的脸上，阵阵生疼，然而，他的眼中仿佛充血一般，再次吼道："要么现在，要么完蛋！"

戈兰不顾火花扑面，把手伸进破碎的玻璃罩内，那些锋利的玻璃边缘，将他的手腕划破，血流了出来。但他已不觉得疼，拼命伸得更深了些，终于摸到了一块芯片的边缘，用力将其拔出！

临十一的电锯在即将锯到千阳之前，停了下来。

它的身体再次发出嗡嗡声，但不再可怕，像是没有燃料的发动机，慢慢平息下来。电锯停止转动，炮管的灼热慢慢褪去，浑身的亮光也隐没于幽暗。

"看来平时多看点书还是有用的，"千阳喘着气，翻身平躺，"哪怕是《公输班机器人维修指南》这种技术书籍，关键时刻也能救我一命。"

戈兰心有余悸，深吸了好几口气，才道："那接下来怎么办？"

这场战斗闹出这么大动静，要继续隐藏下去已经不可能了。千阳对戈兰道："我要逃走，你走不走？"

戈兰迟疑了一下。

"行吧，你藏好。"千阳说，"顺着这冷却管往里走，有几条废物处理舱道，味道虽然难闻，但你可以在里面藏几天。不过别怪我没提醒你，最多三天，他们就会发现你。"

戈兰想象了一下那幅场景，头皮一紧，问："那你呢，你怎么逃走？能逃出去吗？"

"以前是不能的，"千阳指了指地上临十一的残骸，"但现在可以了。"

原来，临十一虽名义上是千阳的护卫，但在机器人中级别很高，能在军舰的绝大部分通道里自由穿行。千阳一边解释，一边从戈兰手里拿过临十一的芯片，装进一块银色铭牌里。

"那我跟你一起吧，"戈兰道，"到了安全的地方我们再分开。"

他们悄悄离开厨房，顺着隐蔽的舱道往外走。他们的打斗引起了魏军的注意，很多士兵往厨房赶，但都没留意到两个鬼祟的人影正打开一条条有着极高权限的通道，迅速远离。

"果然有用啊。"戈兰看见千阳将装有临十一头部芯片的铭牌靠近舱门通道的门锁处，嘀嘀两声后，门就无声滑开了。

"是啊，如果不是它来，我们可能真得困死在这里。"

不知转了多少条通道，还启动了高级船员才能乘坐的运输胶囊，他们才终于来到军舰外侧。"我没记错的话，这里应该是停机坪，有很多战机。"千阳指着正前方的一扇银色舱门，身子却向右转。

"那我们进去抢了战机，就可以飞走了！"戈兰欣喜道。

千阳诧异看他一眼，"有时候我真怀疑你是不是个士兵，哪怕最低等，也不会说出这种话啊——抢了战机就能飞走了？魏军是傻子吗？就看着你逃走？"

戈兰顿悟。的确，他们一旦启动战机，魏军肯定能反应过来。哪怕他们来得及驾驶战机逃出军舰，但战机的速度普遍不会很快，身后敌机一旦追过来，怎么都逃不掉的。

"那你现在怎么办？"戈兰道，"难不成又回去？"

"嘿嘿，现在就是验证我看的那些书有没有作用的时候了！"

"什么书?"戈兰一愣,"黄色画册?你现在要摸去女兵宿舍吗?"

"呸!是《虫洞系统操作指南》。"

说完,千阳启动了由芯片打开的舱壁上的全息面板,划拉几下,面板显示出了一个闪烁的红点,而不远处的另一个舱门也闪着红光。"就是它了,"千阳说,"我们要保持跟魏国联系,虫洞就不会关闭,但它开启的程度只能传输信号。要是运送人的话,就需要再操作一下……"

他的手一划,闪着红光的舱门打开,露出里面一排排复杂的仪器。

戈兰跟着千阳走进去,只见里面仪器的按钮多如繁星,各自亮着红红绿绿的光,他扫视一圈眼睛都花了。但千阳仿佛进了自家菜地,手指在开关按钮上不停地扳着,嘴里还在念叨:"嗯,是这样,洞径增益旋钮,调到千分之七,够了,穿过小型战机是可以的了;然后是……我想想,噢,然后是设置单次通行,免得屁股后面有人追过来,还有痕迹清理程序,事后他们不容易查到我们跃迁的坐标——对,最重要的是坐标。"

戈兰见千阳嘴里絮叨个没完,手上却一点不慢,想起他说过的话,不由一怔——千阳在看《虫洞系统操作指南》的时候,就想到这一天了吗?如此说来,逃出魏军军舰的计划,恐怕已经在千阳心里酝酿许久了。

随着千阳那迅速精准的操作,四周响起了嗡嗡声。大型仪器在逐一启动,舷窗外虫洞中心的光团也开始膨胀。

"坐标……"千阳沉吟着,"虫洞要两边同时开启才能确定,眼下办不到,会出现在哪里只能看运气了,没准儿会被抛到一亿光年外的河外星系,看看几光年内有没有合适的天然虫洞吧……"他输入搜索指令,空气中出现一条蓝色的进度条,由零开始爬升。

"快啊,快啊!"戈兰两手握拳,心里默念。

千阳瞥了戈兰一眼,"你的作用就是在这里祈祷吗?"他掏出枪来,递给戈兰,"你去门口守着——仪器已启动,魏军一分钟内就能反应过来,你得挡住他们一分钟。"

"你怎么不去?"戈兰一愣。

"我是个读书人!"千阳说。

戈兰正要撇嘴拒绝,突然发现千阳虽然依旧是一脸的满不在乎,但眼角微微抽搐,唇色泛白。他再往下看,发现千阳腰侧沁出了殷红,是血——是刚刚跟临十一打斗时留下的。

他点点头,抓住两支枪守在门口。

千阳的判断果然没错,没过几秒,就有一连串脚步声从舱道外传来。舱门依次打开,想必来人之中,也有高权限的军官。戈兰握紧枪,手里沁出了汗,等最后一道舱门打开,露出魏军士兵的影子,他的手指猛地扣下,高能射线几乎串成两条线向魏军射去。

"小心!"军官喊道,"敌人火力凶猛,可能有一个十人编队!"

"可能有二十人……"有士兵颤颤巍巍地补充。

"用机器人掩护。"

三个机器人越众而出,边向戈兰射击,边往前推进。戈兰且躲且还击,又向身后喊道:"还有多久?"

"快了,马上就好!"

"进度条是多少?"

"快了,3.2%!"

"那肯定来不及了!先进虫洞吧!"

"天然虫洞也不能随便钻,万一时空扭曲过大,我们出来的时候,没准儿会变成夸克级碎片。"

戈兰顶着枪林弹雨,冒头击中一个机器人的颈部,一时间火花四射。机器人仰面倒下,它身后的魏国士兵连忙躲在另外两个机器人身后。"听着,"戈兰感到枪柄发烫,伴随令人焦躁的嘀嘀声——是能源不足的标志,"如果再不走,我们会被打得半死后拖回去酷刑折磨,那时候你就会羡慕变成夸克级碎片的死法了!"

千阳一咬牙,手指在虚拟键盘上一阵乱点,然后右拳握紧,向前短击。这是"最终确认"的操作手势。一瞬间,所有的按钮灯光同时熄灭,继而疯狂闪烁。

军舰之外,虫洞光晕猛地膨胀,一个彩色光环被撑开,在冰冷的外空间旋转着。

"走!"

但魏军士兵在逼近,枪火不停,他们一出虫洞控制舱门,就会被打成筛子。

"功率调到最大,扔过去!"千阳喊道。

戈兰依言将枪柄的旋钮扭到最大值,手心顿时灼热得像握着两团火。他连忙将两支枪朝魏军投掷而去,枪还在空中旋转时,嘀嘀声就响成了一片,枪柄透出火红色,随着最后一声漫长的"嘀——",这两支不堪重负的爆能枪里,最后的能量被极度压缩,尔后爆开。

轰!轰!舱道被炸得一片焦黑,两个机器人零件四射,魏军惨叫着躲闪。

"现在是时候了!"千阳拉着戈兰,闪出舱门,朝着停机坪跑去。他用芯片开了门,爬上最近的一架黑蝠战机,迅速启动——黑蝠虽然是无人机,但设计上仍然保留了驾驶舱和手动驾驶装置,不过千阳第一时间关闭了远程操纵程序,以防被母舰控制。

在他们身后,伤痕累累的魏军冲出废墟烟雾,朝他们狂奔过来。

隔着驾驶舱的玻璃,千阳对这些昔日瞧不起自己的同僚们竖起中指,用唇语骂了句脏话。出完恶气,他转头对戈兰道:"坐好了!"

战机悬浮而起,底部的炮管朝着四周疯狂射击。其余战机被炸得冲天而起,刚跑进来的魏军士兵们纷纷惨嚎着躲闪。在浓浓黑烟中,千阳驾驶着黑蝠,从军舰侧面的运输道直冲而出。

戈兰趴在玻璃前,星光扑面而来。

"啊,群星……"这一瞬间,他眼角迸泪,模糊了星光。

被关押了好几个月,又在冰冷狭窄的冷却管道里藏了好些天,本以为再也看不到这些闪烁的星辰了。现在,整个银河在他面前舒展,星带缠绕,云尘氤氲,四下静谧无声。

正当他沉浸在银河美景中时,千阳将战机速度提至最高。黑蝠尾部曳着一条流光,像大气层中呼啸坠落的陨石,一头窜进了虫洞光环。

光环闪烁了一下,随即消散。

关于千阳劫飞船逃离军舰的报告,罗舰长斟酌了很长时间。书记员坐在电脑前,疑惑地看着他——印象中,舰长一向杀伐果决,从未如此纠结。

罗舰长想起了千阳的父亲。

与魏国其他军政世家出身的军官不同,罗舰长也来自卫国,当初跟公孙流同乘一艘飞船,来魏国奔前程。飞船上,两人引为知己,互相勉励。到太梁星后,一个进了研究院,从事计算机研发;一个在军部打拼。后来他们都很忙,偶尔在宴会上碰到了,周围也都是觥筹交错,不适合谈心,只是淡淡地对视一笑,各自应酬。但罗舰长总会想起那艘小小的飞船，窗外星海荡漾，两个来自相同地方的年轻人在窗下长谈欢言。那是他军旅生涯的起点。

但十一年前，公孙流被刺杀了。

凶案至今未破，虽然魏王把账算在秦国头上，他却总觉得哪里不对劲。但他是军人，调查凶杀案在他的职权之外，他唯一能做的，就是好好提携公孙流的儿子——千阳。

千阳是个好孩子，罗舰长一直这么认为。千阳很小的时候就展现了惊人的军事天分，模拟游戏很少会输，看书一遍就能记住。舰长对他视如己出，他一毕业就能当校官，也是舰长在背后使力。如果没有意外，千阳能接上自己的班，前途不可限量。但意外就是出现了。自从"鬼谷子"系统投入使用，所有魏国高级军官都要学习这套系统的用法，在这一点上，千阳竟然格外笨拙，发出的指令总跟不上战局变化，在实战中屡屡出错，一路贬职，现在竟然抢了飞船逃走。

要是其他士兵有类似违背军纪之举，那报告好写得很，处罚结果必然是死刑——由督军小队负责追查，可直接击毙。

可这是千阳……要是死在自己手里，九泉之下，怎么向故友交代？

舰长沉吟许久，随后挥手赶走书记员，亲自写起报告来。在他的叙述里，千阳是被秦国俘虏劫持，枪械被缴，且身受重伤，无力阻止秦国俘虏炸伤同僚……舰长处处为千阳开脱，绞尽脑汁，一份报告写了三个多小时，又仔细检查几遍，确认无误，才提交给他所属第七十九军团的司令官。

军团司令看过后，递交给了远征军总司令；总司令再呈给太梁星总军部。在复杂的"鬼谷子"处理系统中又经过了几轮上报，才最终呈到魏国国君魏英手里。

而这时,这份报告已经经过了几轮简化,只有寥寥数语:

原海军统战部第七指挥所中校、现第七十九军团'太仓号'军舰右侧五营看守人员公孙千阳,与秦军俘虏合谋哗变,盗取军政机密,残杀同僚,劫持战机出逃。

魏王震怒!

远征军督军追逃部闻风而动,向魏王请命,要派出精锐追杀千阳。但这个提议遭到了魏王的否决。

"这次不用出动追逃部,"魏王脸上杀气升腾,"魔甲队会处理这件事!"

所有人都愣住了。

王宫的原禁卫军不久前已经解散了,最近新组建的禁军号称"魔甲队",里面的人全都是刚出生不久就被丢进竞技场的,他们要杀掉场上所有人类和机器人,才能活着拿到候选资格。他们在血中锤炼意志,人性中所有的软弱都被洗掉,唯一的信念就是完成任务;他们身上凝聚着机密改造所的精尖科技,半人半机器,机能被大幅强化。

首相苏河上前,犹豫道:"大王,真的要出动……那些精锐吗?大材小用了吧?"

"此子实在可恶,不重惩无以平寡人之怒!"

"但禁卫军有保卫魏宫之责,关系重大;追杀逃兵,有督军所部足矣。"

"这也是'鬼谷子'分析后的建议。"

"鬼谷子"三字一出口,苏河顿时垂首无语,往后退去。

第四章 红发女郎

1

雾气弥漫,云蒸霞蔚。

一只蓝翅长喙的巨鸟划破云雾,落在了枝头。这是一片古老的丛林,树木参天,枝叶勾连,古蔓缠绕。蓝鸟眯着眼睛,在林间扫视。没多久,它突然振翅,利箭般射入一丛密叶间,再钻出来时,嘴上已经叼了一条半透明的双头怪蛇。

蓝鸟重新落回枝头,打算享受一下捕来的美味。但它还没来得及张嘴,头顶的浓厚雾气里突然传来尖锐的呼啸。

有什么东西破空而来。

蓝鸟头顶的翎羽登时根根竖起,身体十几处部位弹出骨刺,一下子变成了刺猬。它保持着如临大敌的模样,头顶的呼啸声却轰隆隆远去,它飞起来,视线穿过浓雾,落在那个不速之客身上。

那是一艘战机,形似黑蝠——破烂不堪的黑蝠。

战机行进的路线歪歪扭扭,显然有人在努力控制着方向,但并不成功。因为不久之后，战机就撞断了一棵大树，翻滚几圈，压断树木，又被蔓藤缠绕，最后在一道山坡前停了下来。

舱门打开，爬出两个满身狼藉的年轻人。

"你怎么开的？"戈兰爬出几米，脑袋还是晕乎乎的，"要是没有安全带和缓冲液，我恐怕要散成几十截了！"

"得了吧！"千阳爬到他旁边，觉得心中一阵恶心，想干呕又呕不出来，"我……我……"一句话没说完，终于哇哇呕吐出来。

"刚才这情况，离死也就差那么几步了！"

"胡说，我开得很稳，这不是平安着陆了吗？"

戈兰伸手指向树林里被战机撞出来的数百米痕迹——简直像是铁犁在地上犁过，说："你管这叫平安着陆？"

"至少战机还是好的！"

话音刚落，黑蝠战机突然发出一阵剧烈的嗡嗡震动。两人对视一眼，眼中一片惊恐，脑海里都只有一个字：跑！他们连滚带爬才逃了十几米，身后就传来巨响，战机爆炸产生的气浪将两人高高掀起，撞到树上。

戈兰眼前发黑，浑身散架似的，缓了好久才睁开眼睛。千阳也好不到哪里去，衣服烂成了布条，脸上一片焦黑，遮住了他有点不好意思的表情。他看了眼戈兰，刚要说点什么缓解一下尴尬，戈兰连忙制止。

"求求你别说话了，"戈兰心有余悸，"我还想活下去。"

两人休息一会儿，恢复了些力气，这才环顾四周。

这片原始丛林极为茂密，枝叶郁郁，蔓藤无处不在，很多花和树都长得形态迥异，难以辨识。一些奇特的生物在林间倏忽闪过，有的色彩斑斓，有的晦暗如翳……但看不清细节。总之，这是一个充满生机又带着死亡危险的未知星球。

"这是哪里?"戈兰问。

千阳摇头,说:"不知道……单向进入虫洞后,目的地全然随机,也许在某个河外星系里。战机要是没炸,我还可以从数据库里查一查,现在只能听天由命了。"

戈兰想了想说:"我可不能在这里听天由命,我得赶紧回雍都。"

"没想到你一个低等克隆士兵,竟然这么忠诚。"千阳伸出手,挥了挥,"那就在这里分开吧,我们道不同,还是不相为谋的好。"

戈兰也忌惮他发现自己的真实身份,点头说:"那就分头走吧。"又补充道,"最好是相反的方向,可别跟上次一样又在什么地方会合了。"

"这次怎么都不会了!"

两人各找了一个方向,互相转身,背道而行。

戈兰加快步子,但没走多远,就听头顶传来一阵锐利的呼啸声。一只蓝色巨鸟俯冲而来,浑身骨刺利刃闪着寒光,一路上的密枝繁叶都被割断。

他心里咯噔一声,连忙抱着头,往回逃窜。

巧的是,他刚一转身,就看到千阳也哇哇大叫着往自己的方向跑过来——在他身后,跟着一头三米多高的熊形生物,嘴巴大张,伸出十几根长长的剑齿,任何一根都能将二人刺成肉串。

两人差点撞到一起,又连忙左右分开。

蓝鸟和剑齿熊却没刹住身子,狠狠撞在了一起,接着便尖叫着厮打起来,地动山摇。不一会儿后,鸟的骨刺尽数扎进熊的身体,熊的獠牙将鸟刺了个对穿。

两位不可一世的丛林霸主就这么冤死在一起。

"这是什么动物啊?"戈兰心头狂跳,问。

"不知道,但看起来很危险!"

"这可不只是看起来危险而已。"戈兰再次环视四周,树林似乎更加茂密了,各种怪声充斥于耳,仿佛无数凶禽猛兽正躲在密叶后面窥视他们。

他打了个寒战,犹豫道:"要不我们……"

"我有一个提议……"千阳也同时说。

两人对视一眼,后面的话也就不用再说了。

他们结伴在树林里跋涉,小心听着周围的声音,一有风吹草动就躲起来,因而走得很慢;加上这颗星球的自转较快,到晚上时,他们还在树木间转悠。

"糟了,"千阳面露忧色,"野兽的夜视能力一般都很好,白天我们还能躲躲,天一黑就惨了。"

果然,天色变暗后,四周的嗥叫骤然密集起来。两人背靠背,战战兢兢地警惕着周围,但视野昏暗,哪个方向都可能冲出一头怪兽来。

"怎么办……"戈兰只觉得眼前的场景比魏军的俘虏营还危险,禁不住手心冒汗。

"怎么办?"千阳索性一咬牙,恶狠狠道,"谁要是冲过来,我们跟它干了!"

"干得过吗?"

"我学过丛林求生,面对野兽第一条就是不能怂!它一出来,我们就要紧紧盯着它,做出凶狠的样子来,龇着牙,喉咙里要有吼声……你快练一练。"

戈兰像抓住了救命稻草般,照着他的话做,不停地龇牙低吼。

这时,一旁的树林里传来窸窣声响,有什么东西正穿过树叶靠近他们。两人扭头看去,但夜晚来得迅速,黑暗已经笼罩了整个树林,什么都看不清。

窸窣声在距离他们几米处停下来了。

"要扑过来了要扑过来了……"戈兰紧张地念着,"我听说野兽扑食前,都要这么观察一阵,择人而噬……"

"不怕——我刚教你的,学会了吗?"

戈兰连忙在喉咙里呜呜吼着,但因为恐惧,这声音与其说是低吼,不如说是呜咽。他吼了好一会儿,问:"这样的话,野兽就会怕了吗?"

千阳在他背后道:"当然不会啊,但你可以死得有尊严一点。"

"……"

戈兰一阵语塞。对面依然悄无声息,连呼吸声都听不到。黑暗凝重如铁。

"等等,"戈兰突然说,"为什么是我死得有尊严一点?你呢?"

"你这么吓野兽,它肯定先吃你……"千阳喃喃说,"我可以去找人救援……"

"你这个王八蛋,果然不是好人!"戈兰的怒火油然而生,"野兽大哥,你先吃他!放心吃,我不跑!"

"谁要吃你们?"

千阳被他推到前面,心头大骇,骂道:"你忘恩负义,刚刚还是我带着你逃——咦,"他突然停下来,呆呆地望着前方,"我刚刚好像听到有人说话了。"

戈兰也放开手，说："我也听到了……"

两人一起看向前方的黑暗。

有光亮起。

光亮来自一架老旧的无人机，悬在空中三米处，莹莹光辉洒下来，落到了一头火红的短发上。头发的主人好像是个年轻女孩，但因灯下黑的缘故，看不清面目，只隐隐看见一双眼睛很明亮。

"你们是谁？"女孩警惕地问。

两个少年反问："你又是谁？"她穿着某种银色的军装，但上面沾了不少泥巴树叶，已经更接近灰土色。

女孩往前走一步。千阳本以为她会走到灯光下，但无人机也随之移动，她的脸始终隐藏在光的后面。"是我先问的你们。"她悠然说。

千阳和戈兰对视一眼，同时笑了，说："可是我们有两个人，所以你先回答。"

"可是我有枪。"女孩从腰间掏出一支银色的枪，在两人的脸上来回移动，"所以还是你们先回答吧。"

"我叫戈兰。"戈兰认怂。

千阳也连忙道："我叫千阳。"想了想，又连忙补充，"我是个好人。"

"我问的不是名字，"女孩冷哼一声，"是身份！你们是秦国士兵吗？"

千阳连忙摇头，"我是正经的卫国人！郑卫之音的那个卫国！"

戈兰刚想说自己是秦国人，但察觉到这少女提起"秦国士兵"时，语气里似乎带着杀气，犹豫一下，道："我也是卫国人，郑卫之音的那个卫国。"

"胡说！"女孩呵斥道，"你们一个穿着魏军军装，一个穿着魏军俘虏的衣服，头上还有奴隶标记，怎么可能都是卫国人？！"

戈兰听了这话，心想女孩的眼力不俗，索性道："我是秦军的奴兵，他是看守我的魏国军官——哦，现在是逃兵。我在平阳星系被俘，后来魏国要杀我们，所以一起逃了。"

听到"平阳星系"几个字，女孩脸上的警惕收敛了些，转为疑惑，问："平阳离这里很远，你们怎么会出现？"等戈兰解释完他逃走的过程后，女孩才点头，"原来这样，倒是虚惊一场。"

"那你又是谁？"千阳开口道，"现在可以说了吧？"

"你们可以叫我星狐。"女孩说。

"星……狐……"戈兰将这个奇怪的名字在脑海中咀嚼了一番：莽荒的异星，满天的星光，神秘的少女，倒是十分合适。

正当他努力想要看清楚少女的模样时，女孩忽然招了招手，无人机识别到了手势，移到她的头顶，但他们刚要看清楚女孩的脸，无人机嗡嗡一阵怪响，落在地上，灯光又熄灭了。

"这家伙修了好几次，还是坏了。"星狐有些懊丧地说，接着解释了她来的原因。

原来，星狐在下午就听到了黑蝠战机爆炸的声音，于是赶过来调查，但他们又漫无目地地逃窜，因此直到现在才遇到。

"但你还是没说你是谁啊？"千阳听完后问。

星狐犹豫了一下，道："我是秦国的。"

戈兰大喜——如果星狐是秦国人，那这里很可能是秦国领土，只要找到能说得上话的军官，那自己就能被送回雍都！

但他还没来得及开口，星狐又道："我们的游击队驻扎在附近，听到战机爆炸的时候，还以为秦军打过来了呢。"

这句话里包含的信息，让戈兰止住了嘴——哪怕他不知道"游击

167

队"是干什么的,但也听得出来,星狐和秦军不是一路。想了想,他谨慎地问:"那这里是什么地方?"

"这颗星球叫上庸星,位于秦楚边境,但还在秦国一边。"黑暗里,星狐答道。

"原来是上庸!"千阳一喜,"太好了,我们可以去楚国了。"

"如果你们有合法身份的话,可以用庸城的港口。"星狐顿了顿,又说,"那我先带你们出这个林子吧。"

戈兰迟疑道:"可是这么黑,你知道路吗?"

"没事,马上就要起风了。"

起风?

戈兰和千阳都不明白起风跟天黑有什么关系,但还没开口问,耳边果然传来了风声。不是微风,也不是呼啸,倒像是海潮在缓缓涨落,一呼一吸,树叶也随着这个韵律簌簌抖动,发出间断的哗啦啦的声响。

就在一瞬间,丛林里因野兽环伺而弥漫的危险诡异氛围全部消失了,变得格外宁静。戈兰甚至闭上了眼睛,聆听着这美妙的乐曲。

但宁静没有持续多久,因为随着海潮般的风声在丛林里越来越响,光亮出现了。

不是无人机的灯光,而是来自四周。

在戈兰和千阳惊异的目光里,周围所有的树叶、蔓藤、荆棘……还有地上的杂草和蘑菇,都开始散出莹莹的光亮。尤其是树叶,先是叶脉亮起,继而整个叶子通透明亮,仿佛玉雕。

戈兰有一种错觉——地底下埋着一台巨大的发电机,只要潮风掠过,电流就开始窜动,让一切都开始发光。而随着风声起落,周围的光亮也在变化,风大则明,风止则暗。

"哇！"戈兰惊叹着。他仰起头，看向荧光通明的树干——他甚至能看到树干里的鸟儿，正蜷缩着，睡在光晕里。他的视线移动，看过了发光的树和花，最后，落在了一张脸上。

红发少女的脸，终于在整个树林的荧光之下，被照亮了。

"哇……"戈兰喃喃地说。

2

有了荧光照耀，路就好走多了。他们在星狐的带领下，穿过丛林，午夜时终于看到了林外的山坡。但即使有光照着，戈兰还是走得跌跌撞撞，摔了好几次。

"喂，"千阳在他身边小声说，"你的眼睛看着点路，别老偷瞄人家姑娘——以前怎么没看出你这么好色啊？"

戈兰想反驳，但自己确实是因为不自觉地盯着星狐才摔倒的，脸一红，什么都没说。

千阳又说："不过你动什么歪脑筋之前，可得想清楚啊——她身上有枪，还不止一把。这姑娘不简单。"

戈兰点点头。他也看出来了，星狐身上的衣服虽然有些破旧，但她穿的是秦军将领们才会配备的战衣，显然是扒下来的，有些地方还改过，贴合皮肤，勾勒出玲珑身材。她的腰间和脚踝处都微鼓出来，加上手里的袖珍爆能枪，看起来至少装备了五六把枪械。

"还有刀和粒子手雷……所以你管好自己的眼睛。"

戈兰收敛目光，老老实实跟在后面走，心头也在思索：为什么星狐要带这么多武器呢？

好在答案很快就揭晓了。

他们离开树林，又往前走了一阵，翻过山坡，便看到一大片隐藏在坡后的营地，漫山遍野，规模着实不小。但说是营地，也只是在稀疏的树林间扯了些幕布拉成的帐篷。

此处的树木也在发光，只是微弱许多。亮光照不进帐篷，里面的人都在安睡。

几个年轻人打着哈欠巡逻，看到他们三人，欢喜地迎了上来。

"头儿！"一个巡逻队员高兴地说，"你终于回来了！"

领头的那个年轻人却警惕地看着戈兰和千阳，低声问星狐："这两人是谁？"

"爆炸声就是他们弄出来的，不过没有危险。"星狐简单地回答，又问，"这半天没出什么岔子吧？"

"没有，这里很隐蔽，他们找不到的。"

"那就好。"星狐在丛林里奔波了大半天，也有点累，打了个哈欠，"那辛苦你们安置一下他们，我找个地方休息。"

"我带你去吧。"

年轻人说是"带"，但星狐扭头就走，他亦步亦趋地跟在她后面，还在低声说着什么。两人很快就走远了。

这时，千阳捅了捅戈兰的腰，低声说："看来你的情敌登场了。"

"别瞎说……"戈兰看着星狐消失在帐篷间，有些怅然地低下头。

千阳笑了笑，便没再说话。

巡逻队员们又盘问了二人半天，才把他们安置在一个破帐篷里睡觉。不过睡的时候，来了一个姓马的巡逻队员，说是给他们送点吃的，但手里始终抓着枪。他们都明白这是对自己不放心，千阳和他攀谈了几句，倒也问出了不少缘由。

原来，他们是上庸一个起义奴隶反抗组织，总部在一个叫天城寨的地方，有一万多人，不过这次，星狐只带了几百人出来执行解救奴隶计划，却被秦军截击，只好先转移到这里。

游击队员说到秦军，不免咬牙切齿，眼睛通红，说自己哪个兄弟被他们虐杀，哪个姊妹被他们奸污……戈兰听着也不由恻然，想起阿蒙等人的命运，他明白，奴隶们对于秦军和秦国朝廷的仇恨，是有充分理由的。

他以前看父王处理朝政时，隐约听到过"叛奴""边地反贼"等字眼。由于秦国是以克隆技术建国，奉行奴隶制度，许多贵族对克隆奴隶都很残忍，完全不当人看。大多数克隆奴隶因为培育时间较短，心智未开，浑浑噩噩，只能任其凌辱，但也有少数奴隶在漫长的被欺压过程中忍无可忍，开始造反。在秦国中央区域，这样的反叛很容易镇压，但在一些边缘星系，兵力不够，这些人便壮大起来，形成反抗组织，不易荡平，给朝廷找了不少麻烦。

但他又该怎么办呢？……

戈兰怎么想也想不清楚，再说这阵子躲藏逃亡，也实在过于疲累，合上眼睛很快就进入梦乡了。

第二天一大早，他们被吵醒了。

是被炮火吵醒的。

"魏国督军队追过来了吗？"这是他们脑中首先冒出的想法，但从帐篷探出头，看到外面蜂拥而来的士兵，又愣住了。

戈兰很熟悉这些士兵的军装——是秦军。

"难道来救自己了?"他心里想。

但这个猜想也错了。

一个额头上刻着一连串奴隶标记的士兵冲过来,看见这两颗畏畏缩缩的脑袋,大喜,端枪就向他们射击。几道光束几乎是擦着戈兰的脸划过去,连空气都被烧得灼热,让他脸皮发烫,心下发凉。

"快走!"昨天陪同他们的队员也出来了,拉起他们就跑,他们跟着跑了两步,躲进了相对安全的树林里,可那人却中了一枪,倒下了。

"老马!"戈兰和千阳抱住他,虽然只认识了一晚上,但已经算是半个朋友了。

"保护……星狐……"老马才吐出几个字,便断了气。

"快躲起来!"星狐冲过来向他们大喊,随即转身开枪,迅捷地击倒了几名迫近的秦军。

两人如梦初醒,惊惶躲避,在枪林弹雨中爬滚,躲到了一处山坳下。他们小心地回头看,发现进攻的秦军并不是很多,且军种单一,几乎都是步兵。

也幸好只是为数不多的散兵游勇,星狐很快带着营地的人反应过来,组织起有效反击。

营地的人不过数百,还有不少刚被解救的妇孺,吓得瑟瑟发抖。但星狐带着一百多持枪的游击队员,四下轰击,秦军的势头立刻被遏止;趁着秦军被打懵的一瞬间,星狐突然一声大吼:"包围他们!"

她吼完就带着一百多人,去"包围"那四五百秦军了。

秦军一看这阵势,下意识以为大军来袭,互相看看。有一个胆子小的——也可能是克隆出来没多久,发育未全,本能感到害怕,往后退了两步。他一退,犹如破堤决口,洪水倾流,秦军士兵纷纷逃窜。

"追！"星狐大喊。

这时，千阳才放心地探出头来，观望了一阵道："看样子是一小队秦军偶然发现了这里，所以不能放他们走，否则大部队很快就会来——你女朋友的判断和反应都很快嘛。"

"什么女朋友？"

千阳笑而不语。

他们看着星狐带人冲过去，边跑边打，气势汹汹。秦军拼命跑着，后背破绽大开，被他们挨个击杀；但也有人慌不择路跑进树林，星狐追过去后，发现四周无人，再一环视，树林里走出十几个秦国士兵，个个武装到牙齿，不怀好意地看着她。

"不好，是陷阱，星狐有危险！"戈兰急道。

身边传来千阳的声音："来，帮我架着。"

戈兰回头一看，却见千阳从溃兵逃亡的路上捡了一杆长管狙击枪，俯身趴着，右手在枪柄侧面调整爆能量级，同时道："你还不来？"

"怎么来？"

"趴在这里，屁股撅起来，我来架枪。"

"你开玩笑吗？"

千阳抬头看了一眼战场，点点头，"也行。你女朋友现在被围攻，其他人都救不了，我们只能眼睁睁看她……像老马说的那样……"

话未说完，只听一个坚毅的声音传来："来吧，架上！"

千阳把狙击枪架在他身上，移动准星，屏住呼吸。

"你行不行啊？"戈兰忍着被狙击枪的架子顶着腰部的不适，着急地问。

千阳眯着眼睛，准星里的红色十字移动到了两个秦军头上，但他想了想,又移开了,继续寻找弹道,同时轻声说:"我毕业的时候,可是军校比武大赛千米外狙击项目的第一名。"

"吹牛谁都会……那你倒是开枪啊。"

"别急,还没到时候。"说完,千阳竟闭上了眼睛,"让风再吹一会儿。"

"对了,"戈兰又对行将毙命的秦军士兵感到不忍,毕竟他们理论上也是他一边的,"最好手下留情,不要打死人,把他们吓走就好了——"

"闭嘴!"

戈兰大气也不敢出,但还是感到担忧,抬头看向远处的战场。星狐进入陷阱后,并没有束手待毙,而是用枪火打开了一个缺口,带着几个人逃进了树林里,但秦军士兵有备而来,包围圈一溃即合,谨慎地持枪合围。

星狐躲在树叶间艰难地反击着。她带进树林的手下被挨个击中,在叶间呻吟,她的眼睛充了血,把枪的功率调到最大,眼见着就要冲出去跟秦兵拼了。

这时,一阵呼啸瞬间由远及近。

戈兰也听到了呼啸声。事实上,这阵声音正是在他耳边爆起,连空气都被加热,耳尖一阵灼烧,吓得他不敢乱动。

那是千阳在开枪。

长筒狙击枪将能量压缩,再汇聚射出。几乎凝成实体的能量无衰减地行进着。它穿过空气穿过树叶穿过蔓藤穿过树干进而穿过一个个脑袋,最后又射向远处,在四千米外的大石上爆炸,消弭殆尽。

四个秦兵同时倒下。

戈兰心中一阵愧疚。

所有人都惊呆了,向这边看过来。

"低头。"千阳说。

戈兰来不及有更多感伤,连忙把头低下去,近乎要埋进土里了。

千阳连续不停地开枪,每一声枪响,都有几名埋伏的秦军击中倒地。与此同时,狙击枪射出的能量束太过强劲,只要中枪,秦军的身体都会撕扯出一道巨大的创口。血雾像花一样在尸体上绽开,格外鲜艳妖冶。这个景象太过有冲击力,秦军们刚开始都傻站着不动,等缓过神来,便纷纷逃窜。

但千阳没有放下枪,他的眼睛只留着一条细细的缝隙,在微弱光线和满原风声中辨别敌人的位置,又开了几枪。

这次他没办法一枪击中数人,但手指有条不紊地扳动着,秦军一个个倒地,最后也没有放过一个人。

所有秦军倒地后,他才睁开眼睛,额头上已经沁出了汗珠。

"好了,收起你的屁股吧。"他踢了下戈兰。

戈兰爬起来,怔怔地看着他,一时无语。

"是不是觉得我很厉害?"千阳抹了把汗,"我跟你说过的嘛,你又不信!"

"只是普通士兵,没必要都杀了吧……"戈兰心中仍然不忍。

"难道老马有必要死吗?难道星狐有必要被他们凌辱吗?"

戈兰无言以对,的确,他已经亲自领教了秦军的凶狠残酷。虽然才认识一天,但他的情感天平,已经不再一边倒地向着自己的军队。这令他感到一股恼火的负罪感。

这时,营地里的俘虏们都围了过来,好奇地看着他俩,却不敢靠近。没多久,星狐带着剩下的人回来了。她挤开人群,走到戈兰面前,说:"刚刚是你开的枪吗?"

戈兰见她眼中带着寒意,连忙摇头,指着千阳说:"是他开的枪!"

星狐点点头,转而对千阳道:"谢谢你。"

戈兰连忙说:"我……我在帮他瞄准。"

"那也谢谢你。"星狐说,"但你们跟我不是一路人,还是各走各的道比较好。"

说完,她就招呼营地里的人开始收捡帐篷衣物,看样子是准备全部离开。

"你们要去哪里?"戈兰忍不住问。

星狐直起身子,腰肢被晨光勾勒得格外动人。她说:"这些是我新救出来的克隆人奴隶,我要带他们去大本营。刚才只是一小波秦军,再不走,就走不了了。"

戈兰默默点头。

他对反抗军的感情很复杂。他见识过贵族的残忍,他最好的朋友阿蒙也是奴隶出身,所以他可怜奴隶,也理解他们的诉求;但另一方面,他又是秦国的九王子,虽然没有实权,但也位于统治最上层。他记得父王每每提到"反贼""边地叛奴"等字眼时都是咬牙切齿,自然也感染了父王的情绪。

现在,他看着近在咫尺的星狐,却感觉有一道裂隙在他们脚下无声地延展开。

"嗯,那我们要去最近的港口。"他低声说。

千阳的目光在他们脸上移动,也"嗯"了一声,说:"我要去楚国,他要回秦国平阳星系老家,确实不是一路的。"

"最近的空港在西边,出了这个山坡,你们沿着树林边缘走,会找到的。"星狐说完,不再看他们,转身去组织妇孺们撤离。

3

　　戈兰和千阳按照星狐指引的方向走了半日，果然远远看见星狐所说的庸城，屹立在原野尽头。

　　严格讲，也不能说是原野。因为上庸星遍布森林，古木参天，这座城市只是将附近的所有树木砍掉，造出了巨大的空地。空地上还能看到一块块圆形木桩，大的直径数十米，可想而知在还是树木时是何等巨大，而现在只留下遍地的"尸骨"。

　　他们踩着木桩靠近了城市。

　　这是一座与周围森林格格不入的钢铁之城，复杂的交通轨道在地面和空中缠绕，泛着金属冷色的建筑整齐地排列着，空中有许多悬浮车辆来回穿梭，一派繁忙的景象。这有点令戈兰想起雍都。

　　千阳仰视良久，笑着说："终于看到现代化的城市了，好想来瓶韩国的灵汁甘露啊！"说完，他看了眼身边的戈兰，见他依然郁郁寡欢，不肯言语，又说："你别这副样子了，要是喜欢这姑娘就留下来，不喜欢就回平阳去。其实我觉得你应该留下来，你想啊，你回去之后，也只能当个低等奴隶，很大概率要战死，还不如留在这里，虽然没什么用，但好歹是在美人身边嘛。"

　　戈兰横了他一眼，刚要反诘，三辆银色悬浮车开到了他们身旁，几个身穿秦军制服的士兵跳下来，警惕地围住他们。

　　"你们是谁？"一个士兵质问道。

千阳连忙道："别开枪，我们不是游击队！"

这话一出，几个士兵都掏出了枪，指着他们俩。

千阳举起手，暗骂自己此地无银三百两，但眼前这几个是秦军士兵，不能让他们知道自己魏国军官的身份，想了想，朝戈兰撇撇嘴，道："他是秦国人，你们看，他额头上还有奴隶的标——"

但他的话还没说完，戈兰便打断说："我不是奴隶。"

"你……"千阳一愣。

戈兰没看他，对士兵们道："我是大秦九王子——嬴戈兰。"

"你……你真的是……"千阳惊住了。认识之初的怀疑忽然全都浮现在脑海之中。

几个士兵也面面相觑，其中一个嘴角咧开，似乎是要嘲笑。但没等他说话，戈兰就拔下一根自己的头发，淡淡地说："你可以拿这个去找城里的最高执行官申请匹配认证。我知道你们不信，但这对你们来说，是一辈子都碰不到的机会，如果我说谎，你们大可以杀了我。但如果我是九王子，你们就立下了天大的功劳，可以把额头上的标记全部抹掉，不再是奴隶。"

这番话说得沉静有力，透出长期贵族教养浸染出的气质，顿时让士兵们不知所措。他们后退几步，低声商量着什么，没多久，其中一个走上来，拿走了戈兰的头发，匆匆驾车返城。其余士兵则警惕地看着他们。

"你真的是……秦国的九王子？"千阳缓过劲儿来，低声道。

戈兰点头，说："你不是早就发现了吗？"

"我……你这个死骗子！"千阳几乎是咬着牙说道。想到自己本来已经猜中，却还是被骗过，恨不得敲碎脑壳，把里面的水倒出来。

戈兰闭上眼，不再理会千阳的懊恼。他知道千阳此时肯定恨透了自己——千阳千里迢迢去楚国,无非为了功名战绩,可当初要是抓到自己,立下的功劳肯定远远超过在战场上拼死拼活。不过,他自然也不会愧疚,只要待会儿进了庸城,就能借用里面的飞船港口,他自己回雍都星,顺便送千阳去楚国,两不相欠,终生不见。

没过多久,那个秦兵就乘车而返了。但这次他不是一个人回来,后面还跟着一排外观豪华的飞行车,打头的一辆车上下来了一个肥胖中年人,对戈兰毕恭毕敬道:"庸城何其有幸,能让九王子大驾光临——请王子回城,让下官有款待赎罪的机会。"

听这语气,此人应该就是这里的负责官员了。戈兰对地方官员的品级不太熟悉,一询问才知道竟然是这颗星球的最高长官——上庸令。

在他的谄媚邀请下,两人被接往庸城市中心的千层高楼。

这下,千阳可算是被"秦国九王子"的派头给震慑了——全城市民迎接,帝王套房入住,饮食都精致得如同艺术品。第一次吃晚餐时,脸庞大的菜盘中间,只盛着指甲盖一样小的菜蔬,让他甚至不舍得吃。

"吃吧,"一旁的戈兰小声提醒他,"你不吃,他们不敢上剩下来的菜。"

千阳用银匙将那一小块菜挖出来,放进嘴里,舌头还没尝到味儿,食物就从舌尖消失了。一旁的侍女利落地撤下菜盘,换上一盘新菜,依然只有一小片经过细心烹煮的肉片。

千阳歪着身子,凑近戈兰问:"你们平常就这么吃饭的?那一顿饭岂不得吃一个小时?"

"你错了。"戈兰摇摇头,"是两个小时。"

果然,流水席一样的晚餐持续了两个多小时才结束,尽管一次只吃一小片，千阳也吃撑了，摸着肚子说："我也算是在魏国见过世面的，但没想到，秦国一个边缘星系的小城，就能有这种排场。"

"我对这种宴席没兴趣，但祖制是这样规定的。"

"那你要是回雍都星了，岂不是更豪华？但你还这么瘦，真是奇怪。"千阳说，"对了，你什么时候回去？"

这也是戈兰着急的事情。他向上庸令提出回雍都星的打算后，得到的答复却是："虽然上庸附近的确有一个天然虫洞出口，但并不能直通雍都，要回雍都还得另行请示打开一个虫洞，但依照常规惯例，我们边远星系向雍都星申请打开虫洞通道的流程，都格外长……"

看他脸上为难的神色，戈兰也明白了点什么——银河诸国跨越十万光年，虫洞却能任意穿梭，因此各国对虫洞的传输都十分谨慎。尤其是边远星系向国都的跃迁，因安全上的考虑，要经过层层审核，才能得到批准，允许两个虫洞联通。

"那要多久？"

上庸令犹豫了一下，说："可能需要三天左右。"

"你有提我的身份吗？"

"提了，所以才只要三天，平常向雍都星的跃迁请求，至少需要一个月，而且绝大多数情况会被拒绝……"

因此，戈兰只能在庸城里等着。但他奇怪的是，自己从战场上死里逃生，就算不能立刻回雍都星，父王至少也要跟自己视频联系，确认消息属实。然而，他待在这里的几天，一切风平浪静。

不过他也没想太多，既然只有几天就能回去了，到时再给父王一个惊喜也行。

接下来，他们安心留在城里，好好享受了几天锦衣玉食的生活。平时闲得无聊，就出门转转，自然有大批随从侍卫跟着，排场颇大。

通常他们出门，街上都打扫得一尘不染，街铺繁华，光鲜的人们在路边仰视。但这幅场景戈兰再熟悉不过了，他知道衣着光鲜的人群背后，在整洁街道的角落里，正蜷缩着大量克隆奴隶，惨遭虐待，用自己的血清洗着这座城市。

这么想的时候，星狐的模样突然浮现在他的脑海里。

他想起星狐的额头也有奴隶编号，其实以现在的技术，抹掉编号很容易，但她一直刻意保留着——多半是为了完成解放奴隶的事业，留着记号，以此明志。这太符合她做事的风格了。

如果她知道她极力拯救的奴隶都是为自己服务的，那……他不敢想象星狐那时候的表情。

一旁沉浸在万众瞩目中的千阳瞧见他的神色，悄悄杵了杵他的腰下，说："又在想她呢？"

"没有没有。"戈兰连忙摇头。

"我说是谁了吗？"

戈兰一时语塞。

千阳叹了口气，"我们马上就要走了，银河这么大，要再遇见一个人，几乎没可能的。"

戈兰点头。这样也好，那星狐永远不会知道自己的身份，他担心的那一幕便不会发生。

在围观的民众背后，除了悲惨的克隆奴隶，他们还看到了不少军队。军人其实也都是克隆人，但表情单一，机械地跟在高阶军官身后，呈队列出城。

除了步兵，庸城上空还有迷彩色的战车群掠过，速度极快，戈兰偶尔抬头看去，一眨眼就只能看到战车群冲进丛林树冠的背影了。

一丝不祥在戈兰心头掠过。

4

纸醉金迷的三天很快便度过了,第四天天一亮,他们就被叫了起来。

"怎么了?"戈兰睡眼惺忪。

上庸令笑道:"审核通过了,九王子,今天就可以送您回雍都。"

戈兰顿时睡意全消,兴奋地爬起来。他到隔壁房间把千阳叫醒,告诉了他这个好消息,千阳犹疑道:"但我不去雍都……"

"我知道,"戈兰说,"我跟他们说了。他们联系了商用飞船,是去往楚国边境的,你可以跟过去。"

"太好了!"

那么,今天就是道别的日子了。

就像千阳说的,银河的疆域太过宽广,有人类的繁星不可计数,而人类的一生实在太短,一旦在星海间分别,几乎再也遇不见。

两人对视一眼。

"咦!"两人同时道,都是一副解脱了的模样。

港口在雍城正上方的外层空间,他们在收拾和旅途中煎熬地度过了上午,来到港口。

不止庸城,整个上庸星的飞船都要在这里登记,因此港口的吞吐量很大。巨型飞船不必提,即使大星球也没几艘,但各类军用、民用、商用的小型飞船多得如同深秋的叶子,大风吹拂,在港口上起起落落。看港口前的指示板，今日进出港口的飞船，在数量上已经达到了五万。

戈兰暗暗咋舌。

他们的飞船停在港口前，一排军人迎上来，谄媚一番后，带着他们走向港口最大的起降台。"那是'破浪号'，"上庸令指着起降台上那艘造型夸张的飞船，"会送您回雍都星。"

"多谢你了！"戈兰高兴地道。

上庸令连忙说："分内之事，分内之事……"

两人寒暄着，一旁的千阳插嘴道："那我呢？"

上庸令又指向不远处的民用飞行平台，一艘又小又破的飞船停在上面。"那艘船要去丹阳星系，"他不耐烦地说，"你跟过去就行了。"

"好嘞！"千阳不理会他话中的厌恶，也不嫌弃飞船小，只要能去楚国就行。

"那就告别吧。"戈兰闻言，转身看着千阳。

他们四周起落着无数飞船，呼啸声层层卷来，但他们耳边却似乎是寂静的。千阳与戈兰对视，摆摆手道："还是多谢了。我原本以为你是个累赘，最后却是靠你才能去楚国。"

"你不……不考虑一下我们秦国吗？也可以出人头地的。"

千阳摇头："魏国有'鬼谷子'帮助，一心灭秦，魏秦大战还将继续升级，你们很危险……你小心点儿吧。"

两人言尽于此，不再多说。

千阳走向那艘破小的民用飞船，他要穿过狭窄的廊道，走到民用飞船区。那里一片忙碌，无数飞船起落，人流和物资迅速交换着。很快他也会在其中流动，但他要去往楚国，这条廊道就是走向远大前程的路。

戈兰扭头，带着一行人走向不远处的豪华飞船。如果没有意外，飞船会带着他们起飞，稳当地钻进虫洞，等再出来时，他就到了雍都星上空。那是他的家乡，他的亲人都在等他，他熟悉的生活会立刻拥抱他。这些天的流离和艰险再也不会出现。

但意外就在这时出现了。

就在他们正准备离开时，三个士兵快步跑了上来，在上庸令耳边低声说着什么。

戈兰只隐约听见"抓到了"三个字。

他心里咯噔一声，放慢了步子。

身后传来了上庸令的声音，说："九王子稍等。"

戈兰问："怎么了？"

上庸令脸上有着遮不住的喜悦，连肥肉都抖动起来，道："不瞒九王子，我治下的这个上庸星球颇有些不太平，有几个狡猾的叛变奴隶一直没抓住——不过今天总算逮着他们的首领了！正好也一并带回雍都星，向大王报告。"

说着，上庸令往港口看去，只见一队军人押着几个衣衫褴褛、神情委顿的人走了过来。戈兰顺着他的目光看过去，只看了一眼，心就怦怦跳了起来——

被军人押在前头的，正是星狐。

她看起来受了伤，低垂着头，刘海落下遮住了她的表情，但能看到她脸色惨白，手臂和其他裸露出来的皮肤上还有伤痕。她斜后方被押着，是那个曾经敌视戈兰的年轻巡逻队长，身上更是伤痕累累，几乎是被拖着走的。

"殿下你别看她一副弱女子的模样，啧啧，那可是一肚子坏水啊，多少年来一直煽动贱奴，偷窃武器，杀戮地方官，没少让我头疼……

咳咳,当然我也不是吃素的,她从城里带走多少奴隶,我就杀多少其他奴隶,嘿嘿,她不是自称义军吗?我就让义举变成暴行……"

他絮絮叨叨的声音并没有进入戈兰的耳朵。因为他说话的时候,星狐抬起了头。她看到了戈兰。

那正是戈兰最害怕的场景。

他在星狐的目光里看到了不解、困惑、愤怒和悲伤,这么多情绪杂糅在一起,在她明亮的眼睛里汇聚成淡淡的阴影。然而,出乎戈兰意料的是,星狐只看了他一眼,就又垂下了头,仿佛不认识他们。

倒是年轻的巡逻队长看到了他,先是一愣,继而破口大骂道:"你小子怎么在这里——我早知道你靠不住!你这狗奸细……"骂声不绝。

上庸令疑惑地看着戈兰,问:"咦,殿下认识他们吗?"

戈兰只得承认:"落难的时候……被他们抓过……后来逃出来了……"

上庸令见他吞吞吐吐,心知九王子多半在这些叛军手上吃过苦头,也不好多问,更不疑天潢贵胄的九王子会和这些人有什么勾结,说,"原来如此,殿下何等身份?这些贱奴真是罪该万死!那就带到飞船上吧,等到了雍都星,再好好惩治,给殿下出气……"

他心中如意算盘打得响:等到了雍都星,面见秦王,凭着护送九王子归来,再加献上扰乱边疆的叛党首领,凭这两份功绩,就可以升迁到繁华百倍的首都去,不用再驻守在这边鄙之地了。

士兵把星狐等人押上飞船,戈兰则跟着上庸令一起,也进了飞船。

港口的中心,虫洞微微扩张,显然已经联络了雍都星,即将进行远距跃迁。

戈兰坐在主舱。侍女们奉上美酒佳肴，舒缓的音乐响起，一众舞女们围着钢管扭动。上庸令笑呵呵地欣赏这淫靡的场景，戈兰却心乱如麻，他尖起耳朵，听着隔壁舱的动静。他知道星狐就关在一墙之后，但他听不到那边的任何声音。

"殿下，您怎么了？"上庸令问道，"要回去了，您不是应该开心起来吗？"

"啊……是啊，哈哈，终于要回去了。"戈兰敷衍道，顿了顿，又说，"对了，你抓到的叛军，送到雍都星后会怎么样啊？"

上庸令端起酒杯，抿了一口，红色的液体在他嘴边勾勒出残忍的弧度。"她会为她的所作所为付出代价，"他用舌头舔掉嘴角的酒液，缓慢道，"非常惨重的代价。我听说雍都星有专门负责逼供的部门，里面挂满了刑具，从远古时代的指甲针，到最新的痛觉神经敏化剂，整整一千米长的廊道，都是这样的刑具。一件不行就换下一件。据说最高纪录是一个燕国的'北溟'武士，忍到了三百米，用了七百多件刑具，招的时候身上没有一块好肉。嘿嘿，这个匪首虽是女子，可据说很是悍勇，那我就等着看她能熬到多少米？说不定能破了纪录！"

戈兰听得浑身一寒。

他想起第一次看清星狐的脸时，是在上庸星的夜晚，树林在风中放光，但所有的光都不及她的脸庞。这样的面孔，马上就会凋零吗？

千阳走进民用飞行平台，一边哼着歌，一边等着飞船进行起飞检查。

他仰起头，看到了穹顶之上的群星。不知为何，尽管他参军的日子不算短了，经常穿梭于星辰大海间，但每次仰头看到这漫天倒悬的发光宝石，还是难免心潮起伏。要是自己死了，恐怕也要死在……

"喂喂，让开！"

身后不耐烦的叫嚷，打断了他的胡思乱想。

千阳转身，发现是港口的地勤员工，正在清理起降台。"你往旁边挪挪，"一个员工说，"马上有船要下来了——当然，你要是想成为肉饼，就当我没说。"

千阳连忙小跑几步，绕到起降台的另一边。他要搭乘的那艘飞船还没检查完，一时起飞不了，他扭头看去，只见一个黑点从虫洞边缘脱离而出，绕过一道弧线，向他这边飞来。

黑点离得越近，体型越大，赫然是一艘飞鱼造型的中型民用飞船。

这就应该是要下来的飞船了吧。

果然，飞船落到千阳刚才所站之地，引擎渐灭，停稳后舱门开启，一大串人鱼贯而出。这些人路过千阳身边，聊天的声音灌入他耳中，话音绵软，一听就知道是楚国口音。他再扫视飞船，发现船身除了银白色的金属，在各个关节处还有细密的鱼鳞覆盖，隐隐起伏，宛如活体。

原来是从楚国来的生物飞船。千阳不禁感慨，自己历经千辛万苦要赶赴的地方，也是别人谈笑着离开的地方。

"这里就是上庸星，大家马上就能看到巨树参天、遇风发光的奇景了。"有人用通用标准语说道，"大家不要拥挤，好好排队，我们还要乘船下到星球表面去。"

千阳笑了笑——居然还是艘旅游飞船。

都说楚国人崇尚巫术，喜好自然，专爱往银河各个偏远星球观光，但眼下战火即将蔓延，他们居然还有闲心来旅游。

导游又喊道："排好队，来这边交钱。接下来我们要乘坐的是本地旅游团的豪华观光船,要额外支付七百楚币——当然,是自愿的,不想交钱的就乘坐旁边那一艘,也能享受到全方位的游玩观光乐趣。"顺着他手指的方向,千阳看到了一艘破得几乎只剩下船壳的飞船,哦不,连外壳都千疮百孔,坐在里面,的确可以享受到"全方位观光"。

他不由失笑,但笑容马上僵硬了——对啊,自己身上没有钱。

他是将官出身,从不缺钱,跟着戈兰来到上庸星后,也不用操心衣食,但马上要到楚国,就算是去为他们效力,赶到神郢也有不少花费。没有钱,恐怕到了楚国港口都出不了关……他转头看向专用通道,那艘金碧辉煌的飞船已经完成检验,缓缓悬浮,准备穿过虫洞。

戈兰是指望不上了。他收回目光,这时,一个大胖子走过他身边,腰侧的钱袋一晃一晃。

"对不住了,谁叫你长得这么胖。"千阳稍微前倾,两根修长的手指一夹,从钱袋里夹出一块透明的晶片。那胖子兀自往前走,并未发觉。

千阳低头一瞧,是一张面值五十的楚国币。运气还不坏。他再往前,又朝着另一个钱袋悄悄伸出手指。

但这一次,手指离钱袋还有两厘米时,指尖传来一阵剧痛。他连忙缩回,发现指肚已然被扎出一个细微伤口,冒出了一丝血。

"谁?"他惊诧道。

"哼!"

千阳循着这娇柔的声音望去,看到了他要偷的钱袋的主人——一位绾着墨绿色长发的少女。他的脸像被蜇了一样,比手指还疼,不由自主后退了一大步。

"原来秦国到处是小偷。"绿发少女直视着他,不屑道。

"噢,对的,秦国到处都是……"千阳讷讷地说,又偷瞧了下少女。这位少女的眼睛像是奇异的旋涡,初看是绿色,再看又变成了冰蓝色,他怀疑是自己看错了,又看了一眼,发现她的瞳孔微微又变成了红色,像是两团寒夜里的火。难道是某种基因变异?他想着,上下打量,发现少女的装扮也迥异于其他楚人——上身是白色的吊带衫,露出了好看的锁骨和藕臂;吊带衫飘逸清透,隐隐可见白皙皮肤,但又似乎是衣服本身的材质,看不真切。它的长度只到腰际,露出了一抹雪白的腰肢。下身是浅绿色的及膝短裙,走动间裙裾微微摆动,衣褶如春风下的草原般忽隐忽现。

她仿佛是星光下的精灵,从人群中走出。

千阳只觉得脸上烧红,又退了一步,"对……对不起。"

"既然下了手,还道歉干什么?"绿发女孩小声说。

千阳一愣,随即明白她说的是自己偷钱包的事情,脸上更红,支支吾吾道:"我这……我跟老王很熟的,我只是借钱,以后会还给他的……"理由之拙劣,让他说完了只想抽自己二十个耳光。

"他不姓王,他姓若敖。"

"这个……名字只是一个代号……其实……"他说不下去,厚起脸皮问,"你呢,你叫什么名字?"

"小偷不配知道我的名字。"绿发女孩哼了声,扭过头,走向楚国游客群的身后。

女孩越走越远,千阳见女孩没有去告发自己,松了一口气,却又有些怅惘,咂咂嘴,不舍地收回了目光。这时,他身侧的民用飞船也完成了检查,开始广播,进行起飞倒计时。

别了,魏国!他昂扬地想。

别了,少女。他感慨地想。

两种情愫纠缠下,他摇了摇头,迈开步子,打算走上飞船。忽然，身后传来了呼啸声，仿佛大风骤刮。他惊诧地发现，戈兰乘坐的那艘豪华飞船在空中打着旋儿，竟向他这边掠来。

"妈的！"他大骂一声，拔腿就跑。

一声巨响，豪华飞船坠在起降台上，铁犁一样犁出了一道又深又长的轨迹。千阳堪堪避过，透过舷窗，看到里面一片慌乱，侍女和上庸令抱头乱窜，但有个人站在驾驶台前，正死死把住操作手柄。

竟是戈兰。

戈兰怎么把飞船开下来了？一念未毕，飞船已经缓缓停下，舱门打开，戈兰扶着星狐和巡逻队长跳了下来，慌忙向港口的出口跑去。过了半分钟，上庸令也跳了下来，一边捂着流血的头一边气急败坏地大喊："抓住他们！"

港口格外拥挤，主通道上人来人往，像爬满了蚂蚁的树枝，连接到出口处。主干道两侧有飞船上下巡逻，也有悬浮平台载着不愿意走路的客人往来穿梭，一派繁忙，井然有序。戈兰三人则像是滚进沸锅里的油滴，所到之处，行人被撞开，一片喧哗，隔得老远都能看到他们行进的路线。

"逃都不知道怎么逃！"千阳远远看着，不禁皱眉，喃喃道，"怎么尽朝大路跑呢？这不是当活靶子吗？"

千阳身后，民用飞船的船员朝他喊道："喂，那个谁……就是你，你还上不上飞船？现在出了乱子，一会儿航空管制就走不了了！"

他心里一凛，想到此行的目的。他是靠戈兰才有权限登上楚国的飞船，现在虽然不知道发生了什么，但显而易见的是，戈兰跟上庸令有了冲突。如果自己不走，恐怕很快就会被牵连。

"上，上的！"他连忙应道，低头走向舱门。

"别磨磨蹭蹭！"

他走上台阶，来到了舱门口，只见简陋的舱室里堆满了货物，货物的间隙里都挤着面无表情的人。船舱最角落还有个空隙，只要坐过去，穿过虫洞，这一路艰险就到头了。他这么想着，转过身，又看了一眼奔逃的戈兰。

那个傻子，正带着两个疲软的人在人群里冲挤，而港口的巡逻飞船已经反应过来，在空中排成列队，向他们俯冲而去。看样子，他们很快就会被抓住了吧。

但跟自己没有关系。千阳摸了摸口袋里的芯片，像是对自己说，也像是对芯片里的临十一说，别惹麻烦，别惹麻烦……

戈兰也不想惹麻烦。

但他坐在主舱，眼前的美酒和艳舞都像是隔了一层雾，看不真切。脑海里唯一清晰的，就是那晚树林发光，星狐被照亮的脸。

见鬼！

"咳咳，"他凑近上庸令，犹豫道，"对了，这个叛贼首领，大人能不能交给我处理啊？"

上庸令酒意上头，笑着说："嘿嘿，我明白殿下的意思。这贼丫头虽然可恶，也的确算是个美人儿。殿下要是有意，现在可以交给殿下去……去审问一下。我来支开其他人。"

戈兰连忙摆手，顿了顿又点头道："我是说，到雍都后，让我带回去。"

"那可能有点麻烦……我已经汇报过了，飞船一到雍都星，大王就会亲自来接殿下。安全部的人也会到，当场把她带走。要及时行……及时审讯，我建议殿下还是趁现在吧，我可以让飞船慢一点……"

"好,那你让飞船慢一点。"

飞船本来要进入虫洞了,但在上庸令的命令下,又缓慢爬升起来。戈兰起身来到隔壁舱室,对看守星狐和义军巡逻队长的士兵说:"你们出去吧。"

士兵们显然也接到了命令,齐齐起身离开。临出门前,一个士兵突然转身,指了指角落里缩着的巡逻队长,说:"殿下,这人要不要我们带出去?"

戈兰摇头道:"留着他……"见士兵露出不解神色,又说:"我要让他看着。"

"原来殿下还好这口……"士兵们顿时露出诡秘笑容,出舱关门。

这间舱室本来不做关押之用,只是货舱,所以星狐被关得并不严实。但她的状态也好不到哪里去,神情委顿,脸上蒙尘。好在士兵临走时解开了她的体感镣铐——为了让戈兰能更舒服。她总算可以抬起手,撩开眼前一缕红发,盯着戈兰。

她没有说话。话全在眼神里。

戈兰无视她眼中的怒火,走近她,死死盯着她。

两个人对视着。倒是一旁的巡逻队长看怒了,道:"王八蛋,你要是敢碰她,我杀了你!"

戈兰没理会这种毫无分量的威胁。

巡逻队长又虚张声势地喊道:"星狐你别害怕,我死也会保护你的!"

星狐瞪大眼睛,看着戈兰。

戈兰说:"这是我第一次看清你的样子。"

星狐咬着贝齿,恨恨地说:"你可以再凑近一点看——但看完后,我会把你的眼睛咬下来。"

队长抢着说:"那个谁,你来看我!我把你整个脸咬烂。"

戈兰说:"你放心,我只是看看值不值。"

星狐说:"什么值不值?"

戈兰说:"我接下来要做的事情值不值得。"

星狐说:"你可以试试!"

队长绝望地喊道:"你别动她,你——有什么你冲我来!"

戈兰说:"你笑一下吧。"

星狐目中喷火,发出凄厉的哀鸣:"你们这些贵族,奴役我们的身体还不够,还想凌辱我们的精神!你……你快杀了我。"

戈兰不说话了,还是盯着她看。他们离得如此之近,都能听到彼此的呼吸,但不同的是,星狐呼吸虚弱,又很急促,近乎喘息;戈兰刚开始呼吸也很快,但当他看清眼前红发掩映的脸庞,气息又慢慢平稳下来了。

"值了。"他说。

他身子前倾,两手环过星狐。星狐眼角一缩,从背后摸到了一根尖锐木屑,虽然没多少力气,但把木屑捅进戈兰的眼睛还是能办到的。可她刚要使劲,却发现戈兰并没有动手动脚,而且将自己扶了起来。她愣了一下,但身体乏力,后退靠在墙上,问:"你干什么?"

戈兰却没理她,又转身把巡逻队长拉起来,问:"你还有力气吗?"

巡逻队长也愣住了,点点头。

"那站起来,我们一起走。"

"去哪里?"

"我送你们回去。"说完,戈兰抬起头,直视星狐,"我们的出身不一样,但并不代表我们的立场就是相反的。"

接下来的事就很简单了，趁上庸令和士兵在主舱享受美酒热舞，他们三人悄悄来到了驾驶舱。四个驾驶员正在埋头校准，准备跃迁，见他进来都起身问好，但还没坐下，就被戈兰拿起了墙壁上的枪，胁迫着他们将飞船往回开。驾驶员们面面相觑，但还是听从了戈兰的命令，就在戈兰转头去找工具给巡逻队长解除体感镣铐时，驾驶员们趁他不备，其中两个扑过来，另两个重新将飞船开往虫洞。幸好星狐恢复了点力气，接过戈兰抛过来的枪，精准地击毙了两名驾驶员。

在接下来的一场混战中，飞船失控了，打着旋儿俯冲下来。戈兰想挽救，但扑到驾驶台上操作一通后，干脆放弃了，紧紧拉着星狐和巡逻队长，抱住固定座椅，免得在最后的撞击到来时受伤。

现在，他们奔逃在拥挤的主道上，一路撞开了许多人。乱糟糟的声音如同炒豆子一般响起。戈兰边逃边往回望，看到小型飞船在身后的半空形成编队，朝自己俯冲，随后又拉高，继而在头顶盘旋。

5

上庸令已经从飞船里跑出来了，也回过神来，他虽然不太明白发生了什么，但知道眼前的事情意味着什么——他要带着九王子和叛贼首领回雍都星，这是两件功劳，现在，这两件功劳要一起逃走了。

"抓住他们！"他揪住一个港口的士兵，大声道，"叛贼首领劫持了殿下，不能让他们走出港口！"

士兵一愣，说："看起来不像是劫持……"

上庸令一个耳光扇过去，吼道："反正不能让他们跑了——王子要活的，其他人生死不管！"

于是，港口广播发出尖锐的警报，主道上行人纷纷退散。出口处，聚集了十几个飞行平台，上下错落，每个平台上都站满了士兵，严阵以待。

星狐一直勉力支撑，看到前面的阵仗，摇了摇头说："你这样是逃不出去的。"看见戈兰慌乱的神色，凄然一笑，"虽然我不知道你是为了什么要救我，但很感谢你。到这里就可以了，只是连累了你——但你是秦国王子，应该不会有事的。"

说着，她拿出一直攥在手里的枪，抵住了自己的下巴，说："至少，我不会受到凌辱了。我所做的一切，都是为了不被凌辱。"

戈兰看她的神情凄然又决绝，心知不妙，连忙说："等下，我——我有办法的！"但他说这句话的时候，声音颤抖，额头冒汗，一听就知道是在逞强。

星狐笑了，说："到这种局面了，难道你还有后备计划吗？"

"有的！你别开枪，肯定——"他急切地说，然而四周一片嘈杂惊乱，飞船呼啸声包围了他们，安保士兵的枪械对准了他们。前后无路，他们身陷绝境。

然而，一道划破嘈杂的尖锐之音响起，由远及近，阴影将他们覆盖。戈兰抬起头，只见那艘本应该将千阳送往楚国的民用飞船悬停于头顶，一根缆绳迅速降下。"还愣着干吗？"飞船广播里传来一阵不耐烦的声音，"等着被干掉啊？快上来！"

是千阳！

戈兰鼻头一阵酸楚，心里掠过狂喜。两种感情交织之下，让他声音都有点发颤，大声对星狐道："看，这就是我的后备计划！"

三人一起抓住缆绳末端，飞船上的绞盘迅速开动，将三人拉上去。秦军士兵此时可以开枪，但三人身体却相互交叠，又知道九王子在其中，谁敢稍有造次？众人清楚，就算将整个上庸星用反物质湮灭，也不会比害死九王子罪大。

千阳小心操纵飞船，一边躲着巡逻飞船的靠近，一边让绳梯上的三人不至于被甩下去。他是魏国军校出身，飞船驾驶课的成绩名列前茅，水平远超这些秦国士兵，躲避时从容不迫，不一会儿，就听到戈兰他们爬进货舱的声音。

戈兰让星狐和巡逻队长在货物间休息，自己奔进驾驶舱，看到的是千阳忙碌的背影。

"你……"他迟疑道。

千阳没转身，但声音暴躁，说："你他妈别说话！我也不知道我怎么想的，我肯定是脑子坏掉了！"

"噢……"

"我怎么会干这么愚蠢的事情？！我应该登上这艘飞船，去楚国，而不是拿着枪把所有船员和乘客赶下去，然后回头找死。我的老师要是知道了，肯定得一口血吐出来……"千阳一边骂骂咧咧，一边将飞船的速度调到最大，然后说："抓紧！"

这艘又老又破的民用飞船，在短时间内猛然加速，犹如一枚愤怒的炮弹，直冲港口主道。

飞行平台上的士兵本来严阵以待，但他们没料到要面对的是一艘飞船，连忙大呼小叫着躲避。眼看躲不开，不少士兵甚至直接跳下平台，低的还好，从高处跳下去的几乎直接摔昏过去。

飞船将聚集起来的平台撞翻，势头不减，一路冲到了港口出口。

"关门，关门！"有人喊道。

港口是穹顶形，材质特殊，牢不可破，在设计之初就考虑到了抵御内外冲撞。千阳驾驶的飞船只是民用级别，要是撞到穹顶，只怕立刻船毁人亡。因此他唯一的机会，是此时还开着的港口出口。

控制室就在出口旁，外面人潮汹涌，里面的士兵也严阵以待。见飞船冲过来，士兵并不清楚九王子尚在其中，立刻伸手去按关门键。还来得及，只要一按下去，与穹顶同样材质的大门就会从四个方向关闭，迅速合上，飞船只能一头撞毁。

但他的手刚伸出，眼角一撇，看到了控制室窗外的一双眼睛。

那是混乱人群里唯一的静止。

这一刻，士兵的视野变得模糊，纷乱人影像是抽离的光线，缠绕着，拉扯着……只有窗外这一双眼睛是清晰的，眼眸慢慢变色，像是无底的沼泽。

"喂！你怎么了？"身后有同僚见状赶紧推了他一把。他醒悟过来，连忙去按按钮，但已经迟了——在他愣神的十几秒里，民用飞船已经冲出了大门。

士兵又转头看向窗外，但那双眼睛已经消失，他只来得及看到一个精灵一样的女孩，融入人群里，再也不见。

上庸令见戈兰他们逃了出去，连忙大喊："追，追上去！"又接着喊了几声，他身后一名侍从突然递来通信模块，同时提醒道："大人，是雍都星来的消息。"他将信将疑地接过来，听了第一句话，表情就郑重起来了，随后不停地点头称是。

等挂了通话，他抬起头，脸上的表情已经变了。

"别用巡逻飞船了！"他远远瞧见民用飞船冲出港口跃入繁星里，皱眉命令道，"出动战机，随意开火，生死不论。"

"战机?"侍从问,"可是九王子……"

"殿下并不在飞船里面。"上庸令转头看着侍从,寒声道,"殿下怎么可能跟叛贼一起——你明白吗?"

侍从立刻点头,在作战频道里发布了他的命令。很快,港口两侧的战机群如晨鸟离枝,蜂拥着扑向千阳的民用飞船。

尽管千阳奋力躲避,但被数百战机围堵,几分钟内还是中了一炮,飞船尾部炸开,整个船身摇晃起来。

"只能去地面了!"他咬紧牙关,"希望这艘破船能顶住。"

飞船划过弧形轨迹,一头扎进上庸星的大气里。战机们紧随其后,射出雨点般的炮火,纵使千阳集中精神,也难免左支右绌,不时被击中。飞船的操控越来越难,像被一头垂死老牛拉着的破车,颠簸行进着。

戈兰在一旁干着急,"怎么尽是你被打啊?"

"要是战机,我转身干掉他们两架,死了也不亏——但这是民用飞船!连个最小规格的等离子炮都没有!"千阳恶狠狠说。

飞船急速下坠,大气将船身摩擦得通红。这不是飞船的常规环境,隔热层都有点失效,热力透进来,他们都冒了汗——只是分不清是热出来的汗,还是吓出来的冷汗。

为了避免飞船在高温下解体,千阳减慢了速度。他们穿过云层,向大地落去,但身后的战机又追了上来。

戈兰见自己帮不上忙,转身去看星狐和巡逻队长。星狐走过来,调出导航图,指着最近的一块蓝色区域道:"去这里,这里是海——设置自动导航,停在水面,我们可以从水里逃走。"

飞船连忙往下,云层在背后远去,大地扑面而来。

战机也没有犹豫,群聚着追逐而至,一道爆能炮划过笔直的线条,击中了飞船侧翼。

"糟了,"千阳试着操纵了下,脸上变色,"自动导航失效,只能手动!"顿了顿,又说,"现在咬得这么紧,我们根本没时间悬停在水面。"

"有的。"

这两个字是从他们三人身后传来的。戈兰回过头,只见巡逻队长捂着肚子走了过来,脸色苍白,说:"我刚刚看了一下货舱,运送的木箱里都是古董刀具和贵重器材,你们钻进去。我来操控飞船,到了水面就把你们扔下去。"

千阳问:"可你会驾驶飞船吗?"

队长脸上一笑,转头看着星狐说:"你还记得吗?当初你把我救出来的时候,我就是民用飞船的驾驶员?当时我被他们打得半死,是你帮我报了仇,带我走,让我知道什么是自由和……"后面两个字,他没有说出口。

说话间,飞船已经靠近了水面。千阳勉力操控,让它划过一道弧线,再次扬起。飞船掠过的气压,让水面破开了一道口子,水花四射。飞船摇摇晃晃,果然如队长所说,停不稳。

"没时间了!"队长急道。

"不行,"星狐说,"我们一起走!我需要你,我们的战斗还远没结束!"

"你们先走,我驾驶飞船,甩掉他们会回去找你们的……"队长说着,笑了笑,语气变得轻松起来,"身为一个配角,能有这样出风头的机会,真的很不错!"

飞船里的人都是经历过战场的,便也不再矫情,千阳和戈兰扶着星狐到了货舱,把贵重器材扔出来,各自钻进一个箱子——里面的

199

缓冲泡沫，正好包覆他们。

　　队长接手了操作平台，让飞船再次压低，逼近水面。身后战机频频射击，炸开水面，一路追着飞船。队长猛地一按卸货键，同时倾斜船身，货舱的木箱从船底掉出，落入海中。

　　战机只以为是轰炸有效，不疑有他，更加奋勇追击。

　　"哈哈哈，兔崽子们，"队长大笑，"来吧！都来吧！"

　　说着，他拉高飞船，再次冲入云霄。

　　几分钟后，云层里传来一声爆炸，火光将整片云层染成了胭脂色。

第五章　天城秘境

1

夜深了，两轮明月升上天顶，一个皎皎如银盘，一个带着诡异的深红色。两轮明月都将光亮洒向这片海域，混合在一起，变成了一片可怖的血红色。海风掠起，时大时小，微风时海面泛起粼粼波光，大风时便波浪起伏。

三只木箱在海浪间载沉载浮，每只箱子里都探出一个脑袋，仰面看着月亮。

戈兰把缓冲泡沫挤到背部，靠着箱壁，整张脸都沐浴在月光下。从这个角度看，两轮月亮似乎很近，就垂在头顶，伸手便能摸到。

他真的伸出了手，但手指只感觉到一阵凉意。

是海风。

他再扭头，看到了近在咫尺的脸，比明月更皎洁，比海风更宜人。这是星狐的脸，虽然有些苍白，但眉眼里依然透露着那份动人的倔强。

他几乎看痴了。此情此景，只在梦中出现过——如果不是旁边还多了千阳的话。

"喂，"戈兰见千阳仰面躺着，眼睛微闭，一副舒服得直哼哼的样子，不禁皱眉道，"我们现在困在海上，叫天天不应，叫地——叫海海不灵，你怎么一点也不着急啊？"

千阳深吸口气，用手枕着后脑勺，说："我们现在能呼吸的每一口气，都是那个年轻人用命换来的，怎么能不好好享受呢？"

戈兰微微一叹，心中涌起酸楚。白天的时候，他们躲在木箱里，但悄悄探出头，也看到了那场云层里的爆炸。民用飞船升上天空后不久就被击中，炸成一片烟火，无数碎片散落下来，熊熊燃烧，像火雨一样落在海面上。这样的爆炸不可能有生还者，因此战机盘旋一阵后，便向港口返航而去。他们浮在海面，火光映着星狐的脸，戈兰看到她脸上露出少见的哀伤。

那一刻，戈兰甚至还有些羡慕那个至今不知名字的年轻人。如果自己为她死了，她会露出这样的神色吗？

确认安全后，他们以木箱作船，漂在海面。但此处海域广阔，四周都是茫茫烟波，又没有导航，他们徒然划了半天，也没有看见任何有陆地的标志，只得放弃。为避免分散，他们用绳子将三只木箱系在一起，各躺一只，任凭水流推着自己。

从白天漂到深夜，陆地依然遥不可及。

"不过可能也享受不了多久了，"千阳悠然说，"没水没吃的，顶多撑到明天，我们就得死在海上。"

星狐看了眼千阳，又转头对戈兰道："除了他这个备用计划，你还有别的吗？"

戈兰脸上一惭，摇了摇头，对星狐说："对不起……"

星狐也摇了摇头，突然笑了一下，"死在故乡的海上，比在雍都星受尽凌辱而死好上千倍，没什么对不起我的，是我连累了你们。"

戈兰连忙摇头。

千阳点了点头。

"不管怎么样，谢谢你们。"

戈兰沉默，过了几秒钟，忽然笑了。

"你笑什么？"千阳说。

"我想了想，还是很不可思议啊，"戈兰说，"星狐是上庸本地人，我来自雍都星，而你，是卫国人。"

千阳问："那又怎么样？"

星狐也看向戈兰。

"三个来自相隔千万光年不同星球的人，被困在这片海上，拴在一起，仿佛冥冥中是注定的。命运啊，是何等奇妙！"

千阳露出一副戈兰不可救药的表情，摇头道："如果是一起旅游，还算浪漫；但我们是一起等死，只能算倒霉好吗？"

"既然都要死了，"星狐突然说，边说还边抬头看月，声音仿佛被月光浸染，变得空灵起来，"跟我讲讲故事吧，你们自己的故事。"

戈兰本能地想到了阿蒙。不久之前，他还是在深宫里长大的王子，对世界的了解全来自网络，无忧无虑。唯一要操心的，是深夜在王宫墙顶奔跑时，不要被卫兵们发现——即使发现了，也不过挨顿父王的骂而已。但短短数月，他所历的惊险已经超过生命前十八年的总和，要是以前，他会迫不及待地将这些事分享给阿蒙——他唯一的朋友。然而阿蒙早已经冰冷，按照秦国对奴隶死后的一贯处理方式，他的尸体肯定早就被丢进克隆池，分解成最基本的蛋白质和脂肪，然后成为其他克隆士兵的养料了。

"也就是说，"戈兰讲了阿蒙的故事，千阳听完后，若有所思，"你唯一的朋友最后都尸骨无存？"

"是啊……"戈兰低声叹息。

千阳说："你们秦国的制度真是残忍，简直不把克隆人当人。"顿了顿，又说，"不过这也说明，还是不要跟你当朋友比较好……"

戈兰说："那你呢？你是卫国人，怎么在魏国当军官？"

"这都怪我那死鬼老爹！"千阳说着，下意识去摸自己脖子下的吊坠，"他是一个电脑天才，被魏国礼聘，一路坐到了研究院院长的位置，所以我才在魏国长大。可惜他太忙了，一直在研究'鬼谷子'，没多少时间陪我。"

"鬼谷子？"戈兰好几次听说这个词，一直没弄清楚，"那不是几百年前的一个奇人吗？"

"其实是指一种超级计算机，全称是量子比特计算机枢纽，不过具体牛在哪里……老爹对计算机的天赋可一点也没遗传给我。现在秦国对外的战争，全是由鬼谷子来制订战略，据说它可以兼顾所有战场，无论大小，每个机器人士兵收集到的数据，都可以直接上传给它。"

"一台计算机这么厉害吗？"戈兰想起在雍都星王宫时，大哥那沮丧的表情——连身怀杰出军事天赋的大哥，都吃了败仗。

千阳点头，"当然厉害了，听说是我老爹融合了上古科技才研发出来的。唉，可惜刚研制出来，他就死啦。"

"怎么死的？"

"据说是你们秦国派出的刺客干的。"

戈兰一怔，随后摇头道："我不信，父王不会做这种偷鸡摸狗的事。"

千阳盯着他，看了许久又耸耸肩，说："其实我也不信，不知道为什么，我感觉秦国根本没这本事，所以我才下来救你。"说着，他眯起眼睛，像是回忆起久远的记忆，"我记得鬼谷子快研发出来的那阵子，老爹一直忧心忡忡，我问他，他说自己可能犯了错。他让我小心，我问哪里有危险，他说魏国的每一片国土都藏着危险，还说但愿是自己错了。所以尽管后来魏王说是秦国派人刺杀的，但我一直怀疑，可我要去查，又总感觉有什么挡着我。"

戈兰和星狐听着他的讲述，虽然语气漫不经心，但都能听出声音背后隐忍的憾恨和愤怒。尤其是戈兰，一直以为千阳只是一个游手好闲的公子哥，凭关系进了军队，现在才知道他嬉皮笑脸的背后，还藏着这样的悲辛往事。

"你……别难过了。"戈兰一时也不知道说什么好。

千阳笑笑道："我没有难过。我那死鬼老爹，平时就不怎么陪我，所有的心思都在鬼谷子上，估计他有时候都忘了有我这个儿子吧。但他出事那天，突然送给我这玩意儿，"他拉出吊坠，银色金属的六芒星在月光下熠熠生辉，仿佛落下的星辰，"他说，'这是整个世界'。"

"什么意思？"

"我也不知道——可能是预感到自己要死了，文艺一下吧。"千阳说完，换了个姿势，又扭头看向星狐，"喂，小妞儿，你听了这么久，我们都说完了，也该讲讲你的故事了吧？"

之前他们说话时，星狐一直默默听着，脸上蒙着月光——此时血红的月亮已经渐渐落下，只剩下一轮银月高悬天际，月光也温柔了许多。听到千阳问自己，她抬起脑袋，眉头微微皱起。她的五官本来英气勃勃，线条硬朗，好看中又带着几分令人止步的严厉，但现在仿佛被水一样的月光软化，整个人看起来柔和了不少。她蹙眉闭目，是因为在回忆往昔,但往昔显然并不美好,她脸上甚至划过一丝不易察觉的痛苦。

所以戈兰和千阳并没有催促,安静地等她讲述自己的故事。

四周的潮水声也小了不少,月光静谧,仿佛整个世界都在等星狐开口。

但等了很久,星狐才睁开眼,只说了一句话——

"我曾经是个奴隶,现在是一个自由人。"

或许是这句话里包含了太多辛酸,说完后,没人再开口。连海风都变得沉默了起来。

星狐有些累,闭上了眼睛,躺在泡沫里。见她睡着,戈兰这才敢盯着她看,只觉得月色柔美,伊人迷醉,不由得痴了。

一旁的千阳看他这副模样,想了想,在木箱里一阵摸索,找出了一柄古铜匕首,匕首离鞘,寒冷泛光。"嗯,不错……"他点点头,对戈兰小声道,"你往旁边挪挪。"

"你干吗?"

"别伤着你。"千阳说着,将匕首放进水里,猛地向前一捅,扎破了戈兰乘坐的木箱。

冰冷的海水立刻涌了进去,冻得戈兰一哆嗦。他正要发火,千阳把手指竖在嘴边,又指了指睡着的星狐。"我只能帮你到这里了。"他悄声道。

戈兰先是一愣,随后明白过来,脸一下红了,"那个……你也太乱来了……不过谢谢……"

然后,戈兰提高声音,惊慌地喊道:"啊,我的箱子漏水了!"

"怎么会呢!"千阳也大声说,"一直不都是好好的吗?"

星狐睁开眼,看着这两个大呼小叫的年轻人。

戈兰不敢看她，兀自叫道："我也不知道啊！可能泡在水里太久了。"

"严重吗？"

"在漏水，估计快沉了。"

千阳又说："那这个箱子你不能待了，快，你到我的木箱里来。"停了一秒钟，又用遗憾和着急的语气说，"哦不行，我个子太大，我们两个男的挤不下。"

说完后，两人同时看向星狐。

星狐也看着他们。

"冷……"戈兰声音发颤，不知道是因为水冷，还是因为紧张。

星狐说："那你过来吧。"

戈兰从木箱里站起来，拉近星狐的箱子，小心地爬了进去。箱子本来不大，两人挤在一起，当真是近在眼前，呼吸可闻。戈兰脸上更是一片烧红，嗫嚅地说着谢谢。

星狐转过头，与他的视线错开，突然轻声说："你们捅的洞太小了，水进来得慢，下次可以多捅几个。"

戈兰一愣，脸上红得快要滴血，说："你怎么……我……"

"我没有睡着。"

气氛顿时尴尬起来，戈兰垂头丧气，叹息道："那我还是回去吧……"说着就要往原来的箱子爬。

"在这儿吧，你那箱子都快沉了。"

果真，因为进水的缘故，木箱正缓缓下沉。千阳倒是没脸没皮，笑嘻嘻地把拴在上面的绳子解了，免得被一起拖下去。

"你虽然沉了，但也立了功，可谓虽死犹荣。"千阳小声说，看着木箱完全被海水浸没。但就在它消失前一瞬，水面突然掠起一阵波

207

纹,三人感觉身子一震,木箱突水破浪,向前冲去。

"水里有东西!"千阳最先明白过来,随即大喊。

水面以下,果然有一块比海水更深层的黑暗,像是凝固的墨团,急速往前。

"是六翅丹鲨!"星狐脸色发白,"我忘了提醒你们了,这片海域很危险!"

"谢谢你,现在提醒得很及时!"千阳没好气道,"那它会吃了我们吗?"

"六翅丹鲨是深海巨兽,比鲸都大,一般不吃人——"

戈兰和千阳稍稍舒了口气。

"它通常是把整艘船一口吞下。"

两人还剩半口气,又吞回了肚子里。

但好在这头巨兽并没有要吞掉三人的想法,只是闷头在海面浮游,露出海面的部分托起了木箱,带着他们一起前行。他们不敢乱动,扶住箱子边缘,戈兰和星狐紧紧挨着,但两人因为紧张,都没有留意到这一点。

慢慢地,四周海面又出现了许多水纹,借着双月合照的光芒,还能看到水纹下若隐若现的鱼脊,不时还有鱼跳出水面,又啪一声落回去,继续跟着这头巨鲨前行。有些鱼还在水里发光,游动时光线拉成一条,璀璨如星雨。整个海面像是沸腾了一样。

"这么多鱼,"戈兰惊呆了,"恐怕有几千条吧……"

"几万都不止!这片海域所有的鱼都来了才会是这样子!"千阳也有点兴奋,转头问星狐,"你是本地人,这是怎么回事?是鱼群洄游吗?"

星狐也是一脸诧异之色,摇头说:"我没有见过,不,我都没有听说过这种景象。但这不像是洄游,洄游是一种鱼的种群迁徙,这里有太多种鱼了……你看,那里还有水象,六翅丹鲨可是它的天敌!还有紫牙蛇群和鬼章鱼,这是我第一次见到这两种鱼类混在一起而没有厮杀。"

他们疑惑不解,鱼群自然也不会向他们解释。月光下,万鱼同游,犹如整齐的军队,向着某个方向疾驰而去。戈兰只觉得脸上被风吹得生疼,这说明六翅丹鲨的速度很快。

这样的奇景持续了很久,等他们感觉速度慢下来时,长夜将尽。两轮月亮沉进海中,黑暗终于可以在天地间肆虐,水面的发光鱼群也似乎累了,光亮次第隐没,海面彻底成了一团墨汁。

"我们这是到哪里了?"戈兰问。

"不知道。"星狐环顾四周,"太黑了,看不清楚。"

千阳却不着急,撇撇嘴说:"反正在海上,是哪里有差别吗?"

说话间,他们再次感觉到木箱移动,却是缓缓下降,重新沉到了海水里。四周也不再有飞鱼跃起,游水声渐隐,水下的巨兽无声无息地潜入深海。

三人又回到之前的状态,仿佛万鱼同游的喧闹奇景从未发生,他们在黑暗中面面相觑,都不知道说什么好。

"咳咳,刚才……是幻觉吗?"千阳说。

戈兰摇头,又想到黑暗里他们彼此看不到,开口道:"应该不是吧。"

"那这有什么意义呢?我们只不过是从一个地方的海面上,等着渴死,又到另一个地方的海面,还是等着渴死。"

星狐思索片刻,迟疑道:"应该是巧合吧,鱼群迁徙,碰巧把我们载上了。现在它们又回到了海底。"

戈兰说："嗯，你说得有道理。银河那么大，每个宜居星球上都有本土生物，各自有不同的习性，人类怎么可能全部搞清楚呢？"

黎明前最浓重的黑暗慢慢过去，天地间出现了一丝光亮。千阳突然颤声道："那个，你刚刚说的六翅丹鲨，是不是这片海域里最大的生物……"

"不是，比它大的还有很多，只是很罕见，比如噬龙鱿，还有一种搬山巨蟹，比山还要大，每次移动都会造成地震……你问这个干什么？"

千阳伸出手，指着前方，颤声说："你看，那个黑影像不像你说的巨蟹？"

东方天际孕育出了黎明，破开了浓重的黑暗，他们能模糊地看到一个巨大的黑影正蹲伏在不远处。这庞然巨物与黑暗几乎融为一体，看不真切，但就轮廓来说，已经远超刚才的六翅丹鲨，而且的确有五分像是蟹形……

"有点像……"星狐喃喃道。

"还愣着干啥？快跑啊！"千阳说完就用手划水，扑腾扑腾，努力让箱子往后移。

戈兰也害怕得浑身发抖，但在星狐面前强自镇定道："这个，别害怕……我可以保护……"

"快划！"星狐说。

"好！"

三人使劲划水，但方向不一样，划了半天也只在原地打转。

朝阳喷吐，阳光突破云层，在海面上铺散成一片瑰红。一群海鸟从云间飞出，翅膀扑棱，像是朝阳里移动的黑点。

"鸟？"看到海鸟，千阳突然停下了划水的手，迟疑道：

即使是海鸟，也需要落地栖息。所以有海鸟出现的地方，肯定……

这么想着，他转过去看那个他们躲之不及的庞然大物。天光已经大亮，他终于看清了那个在黑暗里显得狰狞的物体。"停下来。"他说，"你们停下来……"

"停着等死啊！"戈兰没理会他，闷头划水，一边嘟囔着，"虽然逃出去了也是死，但饿死总比被吃掉好……"正说着，他发现星狐也停止划水了，诧异地一回头——

他也看清了前方的物体。

那是一座突起的高山，山峰后，是高耸入云的城市轮廓。

他们终于看见了陆地。

2

"真死了？"上庸令听完简报，问道，"尸体呢？"

士兵回答说："尸体被炸成飞灰了。当时我们共有十七架战斗机追着那艘民用飞船，它从海面拔高高度，在高空被击中。可能是储能舱被引爆了，整艘船直接在空中炸毁，只有碎片落在海上。"

除了他，其余参与追击的士兵也都是如此汇报的，再加上看了战机的机载视频，的确看到了飞船从海面飞起后被击中的画面。

"记住，飞船里只有两个人：叛贼和魏国间谍。"上庸令惴惴不安地吩咐道。

士兵们连连点头,"对对,没有九王子!"

"九王子是谁?"上庸令眉头一挑,喝道。

"噢,我们没见过九——没见过别的人。"

上庸令挥挥手,"确保其他人也这么说——有异议的,都处理掉。"

他又想起,戈兰在的这几天,在城里巡视过,见过他的人不计其数。那就有点头疼了……他盘算着,怎么杀掉知情多的奴隶,糊弄一般人,说通那些地位高的世族,即使他是上庸星的最高长官,也有点麻烦……

但很快,他的麻烦就不足为虑了。

因为一艘魏军飞船从虫洞里传了过来。

与秦军巨舰在平阳星系里凭空出现时一模一样。

上庸令看到飞船从虫洞露出一角时,吓得牙齿打战——他听戈兰说过平阳星系的事,知道魏军巨舰一出,横扫整个平阳舰队。而上庸星地处边缘,物产贫瘠,是秦国边境最不起眼的小星球,历史上就没被入侵过。万一比运输港还大的飞船从虫洞里脱身而出,巨炮对峙,自己这边完全没有抵抗之力。

看着魏军飞船缓慢探出,上庸令的心揪了起来,但渐渐地,他又松了口气——因为这艘魏军飞船从虫洞完全出来后,竟只是一艘中型战舰,孤零零地悬在星空下。

"给我打下来!"上庸令惊喜地道。

港口配备的飞船无一保留,全部向魏军飞船飞去,还未靠近就火力全开。这些毫无保留的攻击全落到了飞船上,极少落空,这令飞船在爆发的强光中不断被炸成碎片,向四周散落。

"就这样?"

上庸令一边在心里嘀咕着,一边让战机在虫洞旁巡游,确定没有别的飞船再出来。他心里总有一丝不祥之念,但又说不上来,只唤来卫兵叮嘱道:"小心一些。"

卫兵有些不以为然,刚要说话,身后却传来了一阵惊呼。

转头看去,原来是飞船爆炸的碎块飞来,在真空中犹如子弹,击中了港口的穹顶。穹顶材质坚硬,炮弹都能防住,碎块自然只能再次爆成更小的碎片。

然而,这些崩裂出的碎片却都是整齐的方块,半人大小,通体银色,在穹顶上撞了几下后,边缘弹出细小的吸盘,牢牢吸附在穹顶上,足足有数百个,远远看去像是一群拥出的蚂蚁。

"那是什么?"有人喃喃道。

其他人也仰着头看,但都不明所以。在他们的目光中,那些吸盘逐渐收紧,中心透出一缕细光,像陀螺一样在穹顶罩上旋转着。很快,令人牙酸的咔嚓声响了起来。上庸令眯起眼睛,尽管隔得远,他还是听出来了——这是穹顶罩破裂的声音。

"干掉那些——那些东西!"他大叫。

刚落下的战机又飞了起来,悬停在穹顶下,严阵以待。

细细的纹路在穹顶罩上蔓延,刚开始如同蛛网,伴随着破碎声,纹路逐渐扩大。咔嚓声连成一片,整个穹顶都在颤抖,眼力好的人已经开始到处找隐蔽的地方躲着了。但还没等他们藏好,穹顶罩就随着一阵轰响,大大小小的碎片如乱雨般落下,在下落中获得了重力发生器给予的重力势能,越来越快,最后变成了武器。

大部分港口里的人都被玻璃片击中,大块的,可以直接将人拦腰斩断;小块的,也能从脑袋切进身体,爆出一团团血雾。悬空的战机也遭了殃,引擎被击毁,整个机身冒着黑烟乱窜,有的撞到其他战

213

机，爆炸后增添了更多碎片，有些则摇摇摆摆地坠毁。

偌大的港口，转瞬间就变成了地狱。

上庸令还算机警，瞧见不对就往身后的指挥室里躲，碎片砸下来时，他只听到头顶一片叮叮咚咚的乱响。尽管墙顶厚实，还是被砸出了凹痕。

而穹顶破裂之后，那些原本吸附在上的方块儿却并未落下，而是悬浮在空中，表面剥落，人影从中射出。原来每个方块儿里，都藏着一个人——不，不可能是人，人类不可能在空中像弹球一样射来射去。

上庸令大骇，"那些是什么？"

但他的卫兵要么被砸死，要么躲得远远的，没有人能回答他的问题。

穹顶碎片造成的轰击是巨大的，整个港口接近瘫痪，重力发生器失效，大量尸体飘了起来，空气逸出，警报声都变得缥缈起来。

上庸令叫了两声，见没人理，便爬了起来。继续留在这里要么被冻死，要么窒息而亡，得找艘飞船逃回地面。但他刚爬出指挥室，身后一声巨响，一个人影落在了他身后。

"快，带我回——"上庸令下意识命令，但回过头时，话就噎住了。

站他身后的，不是能被他呼来喝去的秦国奴隶，而是周身布满褐色机甲的高大男人。说他高大，并不是相对普通人类而言，千阳已经算是高大，但也才一米八出头，而眼前这个一半是机械一半是血肉的男人，足足有三米多高。他的头骨似乎是透明的，里面看得见跳动的大脑，一些奇怪的电线直接连在灰色的大脑上，肩上却停了一只结构精巧的机械乌鸦。他站在上庸令面前，宽大的阴影覆盖下来，笼罩了上庸令。

上庸令吓得魂不附体，仰着头，也只能看到来人的胸口——这个男人胸口位置布满了致密的鳞片，微微张合，而这些鳞片间有一些颜色较深，组成了一个清晰的篆文"魏"字。

是魏军！

上庸令心更往下沉，但他也算对魏军有所了解，现在秦魏战场上参战的几个兵种里，从没见过这种军装……等等，他记忆角落里的某些画面开始苏醒。他记得在一些八卦网站上见过的图片，上面说，只有魏王最隐秘最强大的禁卫军，才是这身装束……那叫魔什么队来着……

男人上前一步，俯视着他。

由于重力失效，整个指挥室都慢慢飘浮起来，上庸令不得不紧紧抓住扶手。指挥室在零重力下翻转，他的身子也飘了起来，但他惊骇地发现，对面的男人还稳稳地"站"着。

他的脚稳稳地踩在地板——现在可以叫天花板了——上，身子倒悬，甚至还走动起来。

"你是这里的地方官，"男人闲庭信步地围着上庸令走动，"那我向你打听一个人。"

"啊？"上庸令只觉得空气变得稀薄，说出的声音都飘零微弱。

"这个人，你见过吗？"男子凑近了上庸令，他的瞳孔微微收缩，继而凸起，凸到了眼眶外，几缕光线从他眼中射出，在空中勾勒出一个年轻男子的全息影像。

这绝非人类能做到的。上庸令确认了自己的猜测——传说魏王最精锐的魔甲队，都经过机械改造，半人不鬼，才能从眼睛里放出全息影像。他细看虚拟的人影，觉得眼熟，立刻想起——这不是跟着九王子戈兰一起来的年轻人吗？叫什么来着？哦对，千阳！

"他在思考，"男人肩上的乌鸦也盯着上庸令，突然道，"思考怎么撒谎。"

"我见过他！"上庸令连忙说，"他跟着九——跟着奴隶叛军一起。"

"那他，"男子眉毛一挑，"现在在哪里？"

上庸令看着男子，心里万般念头闪过。他不知道眼前这个男子跟千阳是什么关系，是仇家还好；万一是一伙的，那自己……他仔细盯着男子的脸，但男子的五官没有任何变化，看不出表情来。他犹豫一下，道："我不知道……"

男子笑了。

乌鸦也呱呱叫了两声，听起来满含嘲讽。

"对了，我忘了自我介绍。"男子的声音在上庸令耳边响起，低沉如呢喃，"我叫魏西弃，很好记。你可能没听过我的名字，但在魏国，还是有些人知道我的——那些人如果在这里，他们就会建议你，不要——敷——衍——我。"最后三个字说得极慢，吐出的气息极冷，上庸令的耳朵都快冻上了。

"我真的不知——啊！"上庸令还没说完，就觉得身侧一凉，扭过头，发现自己整个左臂齐肩而断。冰凉过后，才是剧痛。

但名叫魏西弃的怪物并没有给他翻滚哭嚎的机会，一脚踩着他，身子再次凑近。"我再问一遍。"他低声说。

指挥室依旧在零重力下反转，魏西弃却仿佛吸在墙壁上，怎么转都身子挺立，稳稳当当地踩着上庸令。

上庸令脸色惨白，肩头的血像殷红的珠玉一样在空中散开。或许是缺氧和恐惧的协同作用，让他都感觉不到太大的疼痛，他只是扭过头,想去找自己的手臂。但他没看到。

"嗯?"魏西弃靠近了上庸令的另一只手臂。

上庸令连忙叫道:"我知道我知道——他死了!"然后,竹筒倒豆子般说出了战机把千阳那艘民用飞船击毁的事情。

魏西弃听完,皱起了眉头,又问清楚是哪一架战机击毁的飞船,然后他垂头低语,像是发出命令。很快,几个跟他同样装扮的人影在空中反复弹跳,扑到了焚毁的战机上,徒手撕开外壳,取出了还冒着电弧的黑匣子。

"队长。"其他近卫队员落到魏西弃身后,把黑匣子递给他。

也不见他怎么操作,只是手握着黑匣子,瞳孔里射出了战机追逐民用飞船的机载视频。全息影像里,民用飞船摇摇晃晃地从海面拔起,随即上升进入云层,被击中后炸成灰烬。

"看吧,我没骗你……"上庸令只感觉呼吸困难,身子寒冷彻骨,哀求道,"放我走吧……"

魏西弃却摇了摇头,眼皮一跳,空气中的全息画面顿时倒放,随后定格——是民用飞船悬在海上的画面。随后,画面被放大,飞船丢出的木箱也变得清晰起来。

"看到了吗?"魏西弃的声音依旧听不出情绪来,"你们没有击中货舱,但货物却摔了出来,只有一个可能——他们逃了。"

说完,他悲悯地看着上庸令,弯下腰,手指靠近了上庸令的喉咙。

那不是手指,是冰冷的刀锋。上庸令只觉得浑身血液都发凉了,颤不成声道:"别杀我……上庸星那么大,没有我,你找不到他的……"

"那倒不劳你操心。"魏西弃手指捏紧,血从上庸令的喉间迸出,在零重力下凝结成一粒一粒的血珠,缓缓上升。

上庸令头一歪,软绵绵地浮在空中。

魏西弃站起来,"集合。"

破碎的港口里,银光弹跳,转眼之间,近二十人会聚在了魏西弃身边。他们同样的装束,同样的身形,连冰冷的表情都一模一样。四周碎片乱飞,尸体和血液翻滚在一起,港口解体,一片混乱,但他们就这么默然站立,垂首不语,与这幅图卷格格不入。

"九。"魏西弃说。

一名近卫队员走出来,站在魏西弃斜后方。

"给我。"

九挺直身子,上身的银色戎装向两旁卷曲,露出金属的胸膛。胸口本来是复杂的钢板组合,此时一块块移开,犹如开启了最机密的保险箱,让深藏在里面的试管露了出来。

试管在力场的作用下飘移出来。九将其接过,递给魏西弃。

试管很小,里面装的东西更小——是个小指甲盖一样的红色物体,很细,一团红沙的样子,又像是活的,在不断涌动。试管里显然也内置了特殊力场,尽管红沙在翻涌,却始终没有碰到试管壁。

这种程度的保护,表明了那团红沙的珍贵,以及危险。

魏西弃接过来,嘴角扬起没有温度的弧线,随手一扔。

试管翻转着,碰到了一块钢板,咔嚓,管壁破碎,红色的沙子洒出来。它们没有像别的液体那样凝聚成圆珠,而是均匀地覆盖住了钢板。随后,钢板像被无数虫蚁啃噬一样解体,而红沙越来越多,一旦跌落遇到别的物体,就继续腐蚀,渐渐变成了鼓荡卷涌的红色浪潮,在港口里肆虐。

"他们就在这里,这颗小小的星球,"狂暴的红潮里,魏西弃的

218

声音依旧冰冷,"虫子吃掉港口后,会封锁星球的对外通信;而我们,去找他们。"

3

这座小城沿海而建,规模不大,以渔业为生。绕过这个凸起的山崖,就能看到一大片渔船码头。海面上陆续出现归航的渔船,除了海面上的,还有些潜水的渔船从水底破浪而出,尾部拖着从深海捕捞来的怪鱼。

往常都是潜水渔船的收获最大,毕竟水深鱼多,但今晨比较反常,海面渔船每一艘都满载而归,潜水渔船却仅有几艘捞到了鱼。船上的奴隶们一边解开网绳,把鱼插进冷冻柜里,一边窃窃私语:"昨晚怎么回事?鱼怎么都跑到海面上了?"

"不知道啊——真邪门了!"

"听说隔壁码头的船,潜到海底连一条鱼都没有看见,反而是我们,一把网射出去,直接捞满。他们说,随便往水里射一枪,都能打中鱼。"

"虽然不明白为什么,但这总是好事,至少主人今天不会打我们了。"

"是啊,哈哈。"

他们小声议论着,一旁监督的高等奴隶听到了,一鞭子抽过来,喝道:"说什么呢?干活儿!"

惨叫和求饶声骤然响起，打破了这个惨淡的清晨。

在一片嘈杂中，戈兰、千阳和星狐悄悄潜到了码头区。他们找了一个偏僻破旧的港口，等来一艘更加破败的渔船，然后千阳打听得知，渔船主人是个世族的破落子弟，只有两个奴隶帮其捕鱼。听船主人的语气，要是捕鱼还不景气，就得卖掉奴隶换钱，成为彻底的平民了。

这正是千阳要找的人。

他拿出木箱里的贵重工艺品，跟船主人换下了这艘船。

"这……"船主人仔细察看那些古朴的匕首和器皿，看样子也是识货的人，"这些是要送到楚国的吧，来路正不正啊？"

"您放心好了，"千阳胸脯拍得山响，"绝对不正！"

一旁的戈兰见他说了实话，不由着急，刚要帮腔，又听千阳道："但绝对安全，查不到来路。正货也不是这个价钱，我要不是急于找船离开，也不会跟你换。"

船主人狐疑地看着这三个年轻人——戈兰一副清秀的模样，虽然狼狈，但举止都透着贵气，不是自己这种没落贵族可比的；千阳则高大英武，一脸机灵，眼珠子一转便不知在打什么歪主意。这两人应该都出自优渥之家，只有他们身后的女孩，虽然漂亮英气，额头却有一串奴隶标志。

那么他们的身份应该很明白——两个公子哥儿，带着漂亮女奴偷偷跑出来，这三人的关系，说不定……船主人想着，暗暗咋舌。不过这跟自己无关，他略一迟疑，便爽快答应了。

千阳把手里的工艺品全给了船主人。船主人鱼也不要了，让两个奴隶捧着工艺品下船，但其中一个奴隶捕了一夜鱼，累得头昏眼花，一个踉跄，手里的精致陶瓷蓦地摔了个粉碎。

"你！"船主人大怒，抄起甲板上的鱼叉，狠狠砸在奴隶的后脑勺上。

奴隶一声不吭地倒了下去，血流了出来。

另一个奴隶年纪大些，头发都泛白了，见到这副场景，浑身一颤，扭过头去。

"笨手笨脚！我沦落到现在这个地步，就是沾了你们的晦气！还有你，愣着干吗？走啊！"船主人骂骂咧咧，又看了下手里的工艺品，表情顿时变成了得意，"等我换成钱，买一批好奴隶——至少是十岁以下就出了培养基的，不然像你这种一出舱就成年的，只能是弱智！"

老奴隶唯唯诺诺，更佝偻了。他在船主人的催促下走下甲板，临走前，扭头看了一眼那个倒在地上的年轻奴隶，这一眼里，闪着细细碎碎的光。

"等一下。"

一道清脆的声音响起。

船主人一愣，回头去看发出这道声音的人——星狐。他抱着满怀的财富，舔了舔舌头，对千阳道："这位公子啊，你家这个奴隶可有点放肆啊——算了，说不定你们就喜欢这调调。"说完转身就要走。

"我说了，站住。"星狐再次说道，声音比这个清晨的海风还要凛冽。戈兰和千阳也听出她话里的杀意，对视一眼，眼神里交换了彼此的意思。

戈兰垂下眼睑：她生气了。

千阳挑挑眉：是啊，她很漂亮。

戈兰皱眉：我们要保护她。

千阳眯起眼睛：好的，我们按兵不动。

就在他们眉飞色舞地会错意时，星狐已经走到了甲板中间。她本来受了上庸令的折磨,身心皆疲,又在海里泡了一夜,脸色白得跟纸一样。但她走到船主人面前,直视着他,散发着逼人的压迫力。

"你……"船主人后退一步,"你想干什么?"

星狐抬起头,额头上的标志在朝阳下闪闪发光,"看到了吗?"她说,"这是什么?"

"这……是奴隶的记号……"

"这也是你最后见到的东西。"星狐说完,从怀里掏出爆能枪,对准了船主人。

船主人顿时吓得脸色煞白,撒丫子往甲板边缘跑去。这里是码头区,人声鼎沸,虽然此处偏僻没人留意,但他只要逃到隔壁码头,就能带着其他渔船的人过来围剿他们了。

但他跑得再快,也逃不过星狐的射程,星狐正要开枪,老奴隶突然抡起手里的玉质雕塑,砸在了主人头上,他顿时倒了下去。而他身后,星狐正举着枪口,犹豫一下,又放下了。

"你在救他?"星狐说。

老奴隶点点头,"这些年他过得不太好,原本有十几个奴隶,到现在,只有我和阿翟跟着他。"

"但他杀了你的阿翟,"星狐指着甲板另一边年轻奴隶的尸体,"你把他当家人,但他只想当主人。我们虽然是克隆出来的,但我们也是自由的,我们不需要主人。"

老奴隶听得一愣,犹豫道:"这话很熟悉,我听说——"他看着星狐的脸,凝视着,突然激动起来,"你、你难道就是……那个……女……女魔头……不不……"

"是我。"星狐点头。

"但你不是……"老奴隶脸上的皱纹抖动着,"你不是被抓住了吗？他们说你死了……"

"我没死，也永不会死，我回来了，带领你们离开。"

"去，去那里吗？"

"是的，我带你们去天城寨。"

这一天，他们没有离开。三人待在船上，默默等着太阳划过天空，天际逐渐变暗，夜晚再一次降临，他们才走出破渔船的船舱。

两轮月亮高悬海面，月华在浪尖上散成粼粼碎光。整个码头都没有亮灯，船只也静悄悄的，只有夜风掠过，在桅杆间刮出呼呼声响。

"他们会来吗？"戈兰问。

星狐没有回答。

戈兰担忧地看了一眼千阳，千阳耸耸肩，一副事不关己的样子。

白天时，星狐告诉了老奴隶，要带他去天城寨。老奴隶激动得浊泪纵横，跪下磕头不止，星狐连忙拦住了他，问："还有别人愿意走吗？"老奴隶犹豫一下，说去问问，便转身走了。

于是他们等了一天。

这一天里，星狐安静地等待着，一口口咬着之前船主人给奴隶们配给的干粮，没有说话。干粮又硬又冷，咬到嘴里，像是嚼着一口煤渣，但她面无表情地咽下去。戈兰一直忧心忡忡，倒不是因为干粮，而是担心老奴隶会去通风报信。

他们刚逃出来，危险仍然笼罩，要是暴露了身份，肯定会引来秦军围捕。虽说戈兰是九王子，但看上庸令的架势，显然不再忌惮这个身份——这事透着古怪，虽说此处天高秦王远，但上庸令已经上报了他被找到的消息，要是自己出了事，父王肯定震怒。然而上庸令竟然命令战机追杀，这种举动不像是那个老滑头能做出来的……那就只有一个可能了：自己被找到的消息，在上呈父王前就让人拦下了。

二哥阴冷的面庞出现在他的脑海。

戈兰叹息一声，不再往深处想，转念思考眼前的处境。他记得星狐对老奴隶说起天城寨，而这三个字，他在此前的森林里也听被营救的奴隶们说过。

"天城寨……到底是什么地方？"他问道。

星狐咽下一口干粮，"很快你就会知道了。"

戈兰点点头。他救出星狐，是因为一时血涌上头，后不后悔他不敢深思，但救出星狐之后怎么办，他还是认真思考过的。

自己毕竟是秦国王子，现在魏军压境，国家逢难，自己怎么也不能抽身事外。所以他决定，当把星狐送到安全的地方后，就想办法回雍都星。当他问起安全的地方是哪里时，星狐也只说了三个字——天城寨。

天城寨到底是在哪里呢？戈兰正一头雾水地想着，耳朵捕捉到了脚步声，不是一个人的，而是从四面八方响起。是军队！他紧张起来，跟千阳对视一眼，迅速做好了跳海逃走的打算。

但星狐却前进了几步，走到甲板边缘。风一下子大了起来，月光勾勒出她的身影。

"你们来了。"她说。

低低的呼应响起来，和在风声里。戈兰也走过去，一看就愣住了——破旧的港口外，密密麻麻满是人头，都静默地与星狐对视。他们大多衣衫褴褛，有些长相酷似，脸上的表情却各异，有的胆怯，有的决绝。戈兰留意到，一些人的身上还有血迹。

片刻后，众人七嘴八舌地说了起来：

"您就是……星狐女侠？"

"想不到我们能见到传说中的女战神！"

"星狐大人，救救我们……"

"她的号召力很强啊，"千阳拍了拍他的肩膀，语气半惊半叹，"一句话，就叫来了这么多奴隶。你看，有些还是冲破重围过来的，他们身上的血，要么是他们自己的，要么是他们原主人的——不管是谁的，他们都回不去了。"

戈兰往城里看去，隐隐见到火光掠起，还有惊惶的呼喊声。这么大规模的奴隶出逃，不可能不引起官兵注意。

"走吧，"星狐眺望了一眼出城口，"今天不是战斗的时候，我带你们去天城寨。"

奴隶们分散在港口各处，将所有的潜水渔船都抛了锚，钻进去。星狐三人找到一艘中型的潜水船，由一名有经验的奴隶操控，在星狐的指引下，向着海底行进。其余船只则跟在这艘船后。

跟随星狐的奴隶近千人，分散在八艘潜水船里。这些船本是用作深海捕鱼的，设计载员也就十余人，好在货舱是为巨鱼怪蟹所设计，空间极大，百来人挤在一起，勉强能装下。

戈兰和千阳挤在过道口，坐也坐不下，站着又累，面面相觑，只好靠斗嘴消磨时间。

"你挤在这里，跟旁边的人可是格格不入啊，"千阳撇嘴道，"这么娇嫩，小心被挤破了皮。"

戈兰想还嘴，但左边是一个老头的后脑勺，右边贴着一位大汉的腋下，既不能张口，也不敢呼吸，只能任由千阳嘲讽。千阳见他不还嘴，讨了个没趣，又转身去问旁边的克隆人："对了，你们怎么听她一句话，就都跑来了？"

他说的"她"，自然是指正在引导方向的星狐了。

被他问到的克隆人五官朴实，但脸上沾着血，看起来有些吓人。他看着千阳，露出诧异神色："你不知道她是谁？"

千阳赶忙说："我知道啊，她是叛——是义军的首领啊。"

克隆人摇头，"她不只是我们的首领，还是所有人的希望。前几天大家都说她被抓了，要送到雍都星处死，我们都不相信，果然，她又出现了。"看着星狐的背影，眼神幽远，"在这颗星球，所有的奴隶都知道她的名字——星狐。哪里有奴隶被欺负得惨了，她就会出现，通常是在夜里，踏着星光，挥出激光剑，宰了凶残的贵族，把克隆奴隶们带走。"

"带到哪里去？"

克隆人一脸神往，"天城寨。"顿了顿，似乎在消化这三个字背后的含义，"这颗星球上所有的克隆人都想去的地方。那是她一手建立的国度，哦不，是天堂！那里没有贵族，没有奴隶，也没有压迫，所有人都是平等的，都靠自己的双手来生活。克隆人可以享受自由，甚至爱情，听说，在那里克隆人可以生下自己的孩子！"

说到最后几个字的时候，他的声音都颤抖了。周围的人也转过头来，目光里无一不闪动着细碎的光，他们的激动清晰可见。

生育权，对这些从克隆舱里出生的人来说，珍贵得如同暗夜里的星辰。

千阳叹息一声，转头看着戈兰，"你们秦国的制度真是……"一副一言难尽的样子，又说，"这种制度注定不可能长久，现在魏军在各个阵线上压着秦军打，就是制度的恶果。克隆士兵虽然人多，但是智能不高，又没有动力，发挥不了能动性。其实，要是魏国人聪明点，用解放奴隶来号召而不是一味屠杀，说不定早就打赢了。秦国如果不改弦更张，早晚要灭亡。"

戈兰想为国家声辩，但又无从说起。阿蒙的身份就是奴隶，杀死他的正是贵族。他对世家贵族们也没有好感，但这是开国元勋们定下来的制度，连父王都要遵守，没人想过从根本上改变。

"我……"戈兰挤在人堆里，好半天才憋出一句话，"我也没有办法。"

千阳点点头，也知道不能怪他，语气软了些，"是啊，你只是发配边疆的小王子，不过你心地仁慈，要是能继承秦王之位，或许会不一样。"

戈兰摇头，"王位应该是大哥的，等大哥继位了，也许我可以劝劝他。"但转念一想，大哥虽然对自己不错，但对奴隶却没有多少怜悯之心，恐怕到时候劝了也没用。

这时，潜水渔船转了个弯，里面的人都被甩了个趔趄。千阳暗骂了一声，撑着一个克隆奴隶的身体站直，又问："还要开多久啊？"

"只有她知道。"克隆人说，"耐心等着吧。"

戈兰能耐心等，千阳却觉得甚是无聊。他跟近旁的克隆人闲聊，兴致勃勃，但克隆人都是偷跑出来的奴隶，原本心惊胆战，现在长途潜航，早已身心俱疲，聊不了几句都互相枕着睡着了。千阳也不气馁，左边睡了跟右边聊，不一会儿，赫然发现周围一圈人都睡着了。

千阳毫不气馁，又挤开人群，挪到了别处，开始闲聊。他像是货舱里的移动催眠剂，走到哪里，哪里的人就都呼呼大睡。到最后，他挪到角落里，发现这里比其他地方要宽松许多，刚要开口，又愣住了，因为他看见了一张熟悉的脸。

"咦，是你？你……怎么在这里？"

"我怎么就不能在这里？"一个清脆的声音回答。

"可你又不是奴隶——你不是楚国人吗？"

被他问到的人,的确与这里格格不入。周围的克隆奴隶即便不是衣衫褴褛,至少也是破烂的,面容大都苦闷,脸上凝满了多年操劳留下的风霜。但在这悲苦破败的人群里,却有一个明媚的少女,墨绿色的头发披在肩上,个子不高,但五官精致,身形纤瘦,充满了精灵般的气质。她斜倚着舱壁,即使不说话,也有如明珠般皎洁。

她正是千阳在庸城港口见到的绿发少女。

但她不是从楚国来旅游的吗?怎么又出现在这深海、跟秦国最底层的奴隶们混在一起?

他与少女只是萍水相逢,惊鸿一瞥,但她留下的印象很是惊艳,此时再遇到,更像是一个梦。少女此前穿着清凉的背心和浅绿色短裙,此时身上多了一件薄衫,遮住纤腰和肩膀上的皮肤,但看起来依旧明艳出尘,站在一群克隆人中间,像是灰暗荒原里孑然独立的娇艳玫瑰。

也许正是因为她身上这种看不见的光,照得周围人自惭形秽,这才下意识地远离她。所以货舱里虽然拥挤,但她站立之处还算宽松。

"我去哪里,"绿发少女瞥了一眼千阳,"要你管吗?再说了,你不是个小偷吗?怎么也混上来了?难道来偷他们的钱?"说着,眉头皱起,露出"你怎么也下得了手"的鄙夷表情。

千阳坚挺了一整晚的脸皮终于红了起来,解释道:"我上次是……事急从权!我现在可是星狐大人的朋友,在这里合情合理,你……"他上下打量少女,"你不会是卧底吧?"

少女皱皱鼻子,不理他。

这时,戈兰见千阳不见了,也找了过来。他见到千阳面红耳赤的样子,倍感新奇,笑着说:"我说你怎么不见了,原来在这里调戏——咦?"当他看到少女后,也被惊艳到,"你好……"

少女见到戈兰，微微垂首。在这短短一瞬里，她的表情几度变化，她个子不高，因而没人看到她的瞳孔迅速变幻着颜色，由纯黑渐至冰蓝，最后成了璀璨的金瞳。她深深呼吸，再抬头时已经一切如常，冲戈兰展颜一笑，说："你好。"

"哇！"一旁的千阳看到她的笑容，也深吸了口气，胸中空落落的。

"噢噢，"戈兰看到千阳的模样，明白了大概，又想起千阳之前帮了自己不少忙，说，"我叫戈兰，他叫千阳，你叫什么名字啊？"

"我叫芈莎，楚国人。"

"难怪你看着不像是秦国人。"戈兰又看了她一眼，"克隆一般都有模板，如果有你这么漂亮的克隆人，我肯定见过。"

"嗯，谢谢。"芈莎低头。

"喂喂喂！"千阳在一旁察觉到不对，连忙打岔，"怎么我跟你说话，你就一副凶巴巴的样子，他说话你就这么……"他想了想，把"温柔"两个字吞回肚子里。

芈莎抬头看他，又是一幅不耐烦的模样，说："因为你是小偷，而他是——"她也欲言又止。

千阳疑惑道："咦，你也知道他是王子？"说完不满地看着戈兰，小声道，"是不是趁我不在到处宣扬你的身份？我得提醒你啊，这里的克隆人可都是被秦国压榨过的，要是他们合起来找你报仇，我可帮不了你。"

戈兰连忙摇头，低声道："我怎么会说出自己的身份？"转而去看芈莎，"你知道我的身份吗？"

芈莎摇头说："不知道，但如果你是秦国王子，那就说得通了……"

229

她明明是一副小女孩儿的模样，说话却老成持重，不禁让戈兰诧异。按说秦国边境广阔，奴隶无数，就算他宣称自己是秦国九王子，别人也不一定信——芈莎那俨然认真思索的表情，一会儿像不谙世事，一会儿却仿佛世事洞明，令人难以捉摸。

"你到底是什么人，怎么在这里？"戈兰问，忽然想到一点，"芈？难道是楚国的国姓，你莫非……"

芈莎笑了，说："楚国姓芈的没有十亿也有八亿，我只是来这颗星球旅游，晚上走着走着，看到好多人去海边，我就一块儿过来了，然后就在这里了。"她的语气一派烂漫，仿佛说着一件再正常不过的事情。

"正常吗？"千阳拉着戈兰走到另一边，小声说，"她简直是睁眼说瞎话啊！"

戈兰点头，"是啊，我十岁以后就没撒过这么拙劣的谎了。"

"我五岁以后就没了。"

"那你打算怎么办？告诉星狐，让她把芈莎抓起来审问？"

千阳用手摸摸下巴，抚着并不存在的胡须，沉吟说："那倒也不必，我看她长得这么漂亮，应该不是坏人。"

戈兰像看傻子一样看他，"你知道自己在说什么吗？"

"相由心生嘛，我说得很有逻辑，哪里不对？"

戈兰无奈地点头，原来不管千阳平时怎么足智多谋，碰到喜欢的女孩子都会变成这副样子。他正感慨着，突觉脚下一紧，差点站不稳。是潜水渔船在上升。他连忙走到驾驶台，见星狐脸上满是一夜未睡的困顿，眉眼却终于放松了下来，不再像之前一样忧虑。

"怎么了？"他问。

"进入海面行驶，"星狐说，"我们快到天城寨了。"

4

他们已经在海底航行了一天一夜,浮出海面时正值黄昏。海水变得暗沉沉的,波光也很淡,风一起,便能看到斜晖反照,风一息,整个海面就像是墨色的琥珀。

渔船就是在这样的海面上浮了起来,排水减压后,启用了尾部的涡轮引擎,缓慢前行。一条条浪脊在渔船背后荡开。

戈兰凑到星狐身边,"咦,这个导航怎么回事?"他见导航屏幕上没有地图,问道,"怎么失灵了?"

"不是失灵,是受到干扰。"

果然,导航仪右上角的信号标识闪着红光,表明信号微弱,又往前行了一阵,彻底没有信号了。戈兰有点紧张地说:"怎么会有干扰——是不是他们追过来了?"

星狐摇头,"是天然磁暴。一进入这片海域,所有的信号就会被屏蔽。"

"那没有信号,怎么认路呢?"

"靠记忆。"

戈兰一愣,没再说什么,就看着星狐操控渔船,在海面上缓缓行进。天色渐晚,海上愈发暗沉下来,风也止息了,夜雾趁机从四面八方弥漫而上,笼罩了四野。

船舱里的克隆奴隶都是长年在海上讨生活的,知道这样的天气最不适合出海,不由纷纷紧张起来,围在星狐身边。不过尽管他们表情忧虑,眼神却坚定若石,并不言语。

"不用担心。"星狐背对他们,却似乎看得一清二楚,说,"没有信号是因为有电磁暴环绕,电磁暴和这片浓雾并不意味着危险,而是一种保护。没有它们,天城寨早就被秦军发现了。"

她的安慰让奴隶们安心不少,角落里的芈莎却眉头紧皱,似乎在思考着什么。

船继续朝前,驶离了深海区域,周围海面隐隐可见露出的礁石,大多尖锐如犬牙,不怀好意地与渔船对峙着。十余艘渔船排成一列,由最前方的星狐带队,放缓速度,谨慎地在礁石阵列中穿行。戈兰原本以为有礁石说明已靠近岸边,但出了礁石区后,渔船转了个弯儿,继续向浓雾深处行进,似乎离开海域,又到了一片宽广的沼泽。

戈兰有点困,坐在门边,倚着门打起盹儿来。等他醒来,渔船才刚出沼泽,星狐停了船,对所有人道:"要下去了。"

人们走出船舱,踏上了沼泽的岸边。因为在海里行驶得久了,有些人还没习惯,一站到地面就软倒了。但星狐并没有让大家修整,继续带路前行。克隆人也毫无怨言,因为谁都看得出来,这里最累的人,是她。

雾太浓重,戈兰走几步头发就全湿了,视野更是黯淡得什么都看不清。人们只能紧紧挨着,跟在星狐身后。

"这天城寨难怪一直没被发现,"千阳边走边打哈欠,"又有磁暴又有雾,还这么难走,我要是秦军,我都不愿意跟过来。"

"那你来干吗?"戈兰说,"对了,你不是要去楚国吗?接下来打算怎么办?"

千阳一叹,"唉,我干吗一时冲动,自毁前程?!这两天发生的事情太多了,我还没考虑,不过我现在对这个天城寨很好奇,先去看看吧——你呢,不回雍都了?"

戈兰看了眼前面,浓雾遮蔽,看不清前方的星狐,说:"先送她回天城寨吧,等她安全了,我再想办法回去。"

"你这就有点自欺欺人了,从我们到港口开始,她就很安全了。再说你一个手无缚鸡之力的公子哥儿,在这里能帮她什么?"

"胡说!之前我不是救了她——"

千阳毫不留情地打断他,"之前你那么莽撞,要不是我出手,你们早就死了。"

戈兰想反驳,又讷讷地闭上了嘴。千阳说得没错,他不顾一切地救出星狐,却没有想过怎么逃出去,不是千阳的话,说不定还会害得星狐提前被杀。而且那时候他还是九王子,能用这个身份谋得便利,现在身处反叛奴隶中间,没人认这个,他可能真的帮不上什么忙了。

但他又不想这样就离开,只得甩甩头,不去想这个恼人的问题。

好在千阳也不再纠缠,打个哈欠说:"别想了,走一步看——啊!"

他的话没说完,哈欠也没打完,因为,他们走到了一道悬崖边上。但让他惊讶的,不是悬崖的高峻,而是崖底的城市。

崖上风大,雾气到这里陡然变淡,仰起头,能看到天边斜斜地挂着两轮月亮。月光也很斜,被烟雾侵染着,铺在崖底的城市上空。

城市在发光,光不仅来自月亮,还来自纵横交错的蔓藤。这座城市不似秦国建城的通用风格,它坐落在四面环崖的中央,整座城市都笼罩在一个巨大的灰壳下。千阳粗略估计,这灰壳面积恐怕不下数百平方千米,整个都被蔓藤覆盖了,看不出材质。它斜插在地面,又像是从地里长出来的。壳片并不完整,遍布大小破洞——大的足有两三个球场大。透过洞口,能看到里面错落的低矮房屋,房壁也有蔓藤,还在隐隐发光。城市看起来像是建在巨型蚌壳里,年代久远,蚌已经死亡,壳也千疮百孔,但里面的珍珠熠熠生辉,照得城市晶莹剔透。

"下去吧。"星狐轻车熟路地找到一条向下的台阶。虽然修了石阶,但路还是很陡,她小心地探着步子,其余人排在她身后。

岩石缝隙里钻出了不少蔓藤,微微透明,也发着光,像山体的血管。虽然看着美丽,但要是绊倒了,可不是闹着玩儿的。

千阳一边小心下爬,一边看着周围的蔓藤,惊讶道:"这颗星球真好,原生植物都能发光,出门都不用带手电!"

跟在他后面的芈莎,闻言皱眉道:"这不像是原生的植物……"

"你怎么——"千阳刚想问,又想起这位少女是楚国人,而楚国注重人与自然的关系,连飞船都是半机械半生物质,所以每个楚国人几乎都是优秀的动植物学家,"不是原生,那难道是变异?"

少女点点头,"磁暴,浓雾,发光的植物……有什么东西在影响这里。"但具体是什么,她说不上来。

他们沿小道向下,半小时后下到了崖底,拂开蔓藤枝叶,走向那座城市。

几个持枪的人迎了上来。看到星狐,他们的眼眶一下就红了,扔了枪,立刻跑过来抱住她,又哭又笑。星狐任他们抱着,抬起手想拍拍他们的背,又放下了。

"他们都说你被抓了,"一个壮实的男人说,声音都有些哽咽,"俺还以为你回不来了。"

"你们放心,即使死,我也会死在这里。"说完,星狐身子一晃,往后跌倒。戈兰连忙往前一步,抱住她。

"别担心。"千阳上来看了一眼,"是太累了。"

戈兰一想也是，他还在潜水渔船里睡了一会儿，星狐却是一直紧绷着神经，连续几天没有休息，现在终于到了天城寨，一松懈下来便撑不住了。他抱着星狐，有些心疼。几个汉子狐疑地看了几眼戈兰，似乎想让他放下首领，但最终没有开口。

接下来便由那几名汉子带领着，一路走向城市。距离越近，那隆起的壳状外壁便越巨大，缠满了蔓藤，抬起头，只能看到一道弧光延伸至夜幕深处。

"这个工程量不小啊，"千阳边走边仰头看，头都仰酸了，赞叹道，"不过这个壳顶不符合建筑学啊，在悬崖底，又不需要遮阳挡风，说防雨的话，又有那么多窟窿……你们修它是做什么用的？"

一旁的汉子笑了笑，说："这可不是我们修的。我们从四面八方逃难过来的，怎么修得出这么庞大的东西？"

另一人也接嘴道："我们来的时候，这个外壳就有了。"

他们走到巨壳脚下，再仰头，壳顶已看不出弧线，只见光墙拔地而起，延伸至视野尽头。但前面的汉子们显然早已习惯，带千阳他们找到一条壳顶墙壁的缝隙，钻进去就看到壳壁的内侧了。

从外面看，壳壁光滑巨大，里面却布满了纵横交错的管道和墙壁，但大多已经破损。好在蔓藤四处攀爬，将破洞堵住了，有些房间住进了人，大多数则是空置的。

"这……"戈兰环视一圈，疑惑道，"这像是基于某座城市废墟改造的？"

的确，四周的建筑架构虽然看起来精巧复杂，但显然年代久远，透过发光墙壁，能看到斑斑锈迹。不料千阳却摇了摇头，说："你错了，这里是废墟不错，但不是城市的废墟——是飞船的。"

戈兰诧异，又细看了一遍，才发觉千阳说的更有道理——四周的墙壁和管道太多,他的头顶就有一条斜向上方的粗大铁管,直径足有十几米,很像他此前躲在魏军飞船里时看到的主运输管;而其他错落的房间,看格局很像飞船里的各个功能舱,只是破损得太严重,又覆满蔓藤,他一时没看出来。

一旁的汉子闻言,赞许地看了千阳一眼,点头说:"小伙子好眼力,这里的确是一艘飞船的残骸。"

"啧啧,"戈兰感慨说,"那这艘飞船很大啊,主体居然能改造成一座城市。"

千阳说:"你见识太少了,赵国以飞船建造闻名,最大的飞船足足有一颗星球那么大。不过这里是秦国,光城市级别的飞船,也很少见了。"

刚才还赞许的汉子却摇头道:"这艘飞船不是城市级别的。"

"那是多大?"

汉子眯眼想了想,却迷惘地道:"我在这里两年了,也还没摸清楚。"

当夜,戈兰和千阳就在这里住下。汉子带着他们来到天城寨的西边区域,"这里还很少有人住,你们自己选个地方吧。"顿了顿又说,"原本接下来这番话应该是星狐来说的,但她太累了,所以我越俎代庖了——欢迎大家,这里是天城寨,不再属于秦国,各位也不再是奴隶。不管以前你是谁,做了什么,到这里后,一切就都不重要了,你们有新的身份,有新的人生。但这里也不是乌托邦,这里没有等级,但有秩序,想要活下去也需要付出劳动,我们现在需要这些人手……"

跋涉而来的奴隶们认真听着,好些人都湿了眼眶。等汉子说完,众人散开,各自寻找空屋子。戈兰和千阳找了间角落里的破屋子,没有被子和床，但好在气温合适，便席地而睡。他们都累极了，一夜无话，沉沉入眠。

这个夜里，上庸星的最高军官之一李庶长也睡得很晚。

他总有一种不祥的预感。

自打他把跟他长得一模一样的七个兄长都害死，逼得父亲不得不把继承人的位置留给自己，并当上族长之后，这种预感就再没有出现过了。这些年来，他顺风顺水，把李家从一个世家的没落支系经营成上庸大族，已经习惯了一切都顺着他的意思。

当然了，这么顺利的发家史，并不是因为他有多聪明，而是因为，他跟对了人。

很早开始，他就看出了上庸令的潜力。

那时，上庸令还没有爬到星球权力的顶端，跟他一起竞争的，还有掌管绝大部分兵力的石左尉。但李庶长从上庸令的眼睛里看到了野心——尽管很多年后，这份野心全部腐化成了贪婪。李庶长深夜跑到上庸令家表示衷心，献上了自己的情人，一个漂亮得不可方物的女奴。李庶长本来是想当上族长后，光明正大娶女奴为妻的，但人总会在追逐权力的路上走得太远，而忘了初心。他站在窗外，听着屋里传来的喘息和略带痛楚的呻吟，身体里像有一条冰冷的蛇在游走。

这么大的付出，他终于得到了上庸令的信任。

之后，上庸令派人帮助他除掉了有威胁的哥哥们，帮助他震慑了蠢蠢欲动的弟弟们，并最终帮助他一步步登上了家主的位置。

而上庸令的要求，只是每年向他进贡一百个不一样的克隆女孩儿——李家擅长的，正是对女性的审美，以及在容面方面的基因修饰技术。

这几年，他们绞尽脑汁调整下一代克隆女孩儿的面孔和身材，但上庸令越来越难满足。李庶长知道，当上庸令不再需要自己的时候，也就是自己好运到头的时候。

今年，他杀了好几个设计师，才勉强生产出一批颜值过关的女孩儿，给上庸令送过去后，却一直没有得到回应。他忧心如焚，悄悄打听，得到的消息是，上庸令陪同一个神秘的年轻人去了雍都星。

那之后，上庸令就没有动静了。

李庶长等得着急，再打听，却听说整个上庸星的网络都瘫痪了。维修部派飞船前往港口，但好几天过去，居然没有找到那个巨大的港口。好像它一夕之间消失得干干净净。这不寻常。不过他也没办法，港口维系虫洞的开启，控制着运输。在这个星际年代，一旦虫洞断开，飞船就无法再往来，信息也就完全闭塞了。

但这样也好，上庸令晚回来一点，自己就多一点时间再逼设计师们调试几个千娇百媚的女孩儿出来。

但今晚，他眼皮一直在跳。

他隐隐有种预感，上面有人要来了。他前半夜一直睁着眼睛，后半夜困得实在熬不住了，便迷迷糊糊睡着了。

哐啷！屋顶传来一声巨响，他本能地吓得坐了起来，只见头顶精美的房梁纷纷断裂，木屑纷乱。他还没回过神来，就听砰的一声，有什么重物落在了房间里。

这个夜晚，正如他所料，不速之客如约而至。只不过，来的并不是上庸令，而是一个陌生、高大的男人。

男人的身体一半是金属，一边是血肉，足有三米高，从李庶长仰望的视角里，能看到来人的脑袋：头盖骨是玻璃罩子，里面还蠕动着苍灰色的脑结构。他的肩上停着一只乌鸦，爪子抓着肩，摇头晃脑的。

"这么晚了，打扰你睡觉了。"这个男人踩着满地的废渣，环视一圈，似乎在审视李庶长卧室的装潢，好半天才点点头，仿佛是认可了他的审美。

李庶长愣了好几秒才反应过来，指着男人，手指乱颤，"你、你、你是谁?!"

"我叫魏西弃，很好记。"

"卫兵，卫兵!"李庶长大喊。

他财大势大，奴隶众多，许多身强体壮的都被训练成了士兵，在李府周围日夜不停地巡逻。不过也用不着他喊，这么大的动静，卫兵们也都听见了。外面传来人群跑动的脚步声，显然是卫兵朝着这里冲了过来。听到这些声音，李庶长心里顿时安定，站起来，对这个闯入的男人道："虽然我不知道你是谁派来的，但魏西弃很好记，你马上就要——"

"他不叫魏西弃很好记。"乌鸦呱呱叫着，发出人声。

魏西弃也皱起眉头，"蠢货，我是说，我的名字叫魏西弃，这个名字很好记。"

"不管你是谁，你现在都要为你的冒失付出代价!"

魏西弃一点也不着急的样子，点点头，站在原地。

李庶长狐疑地打量他。他的装束很可怕，浑身都是棱角锋利的机械构件，但就算再吓人，自己的卫兵——等等，卫兵呢，怎么还不进来?

在他的耳中，那些纷乱的脚步声一点点消失，像是有人在抹除他们的痕迹。这不可能，李庶长心想，肯定是自己听错了。

他没有听错。

那些脚步声全部消失后，魏西弃才又点了点头，道："现在，我们可以聊聊吗?"

血腥味儿从门外飘了进来,显然对方的人已经控制了整座宅子。

李庶长两股战战,扑通一声跪下,连声道:"你要什么东西,我都可以……"

乌鸦说:"我们不要什么东西。"

"我要找一个人。"

第六章　星狐之谜

1

"我发现了一个问题，"千阳对戈兰说，"你要做好准备。"

戈兰一头雾水，"什么问题？"

"你知道星狐的年纪吗？"

戈兰一愣，抬起头，看向不远处。现在已经是傍晚了，斜晖洒下来，将那排铁架照得熠熠生辉。更熠熠生辉的是铁架旁的星狐——铁架上挂着一排大小鱼类，她正拿着刀，割下半截鱼肉。这条鱼有半人高，长了鳞片，其中几块沾到了星狐的红发上，反射斜阳，又照回戈兰的眼睛里。

"喂喂，"千阳见戈兰盯得目不转睛，推了他一把，"跟你说正事呢，你把眼睛收回来，你都快吞口水了……"说着，只见星狐弯腰把鱼肉提起，身体曲线被最后一缕斜晖勾勒得异常清晰。

戈兰和千阳同时看呆了。

戈兰听到身旁的吞口水声，推了把千阳，说："你把眼睛收回来，不准看！"

"凭什么你能看我不能？你跟她表白了吗？她答应了？"

这直击灵魂的三问让戈兰顿时语塞，愣了愣，梗着脖子说："反正你不能……你刚刚问我什么？"

千阳立刻压低声音，"你不觉得奇怪吗？天城寨这么大，一万多人，是星狐一手建立起来的，但我打听过了，很多被星狐带来这里的人，已经在这里生活了十几年——但她看起来跟我们差不多大，不到二十！就是再厉害也不可能十岁就带领奴隶们起义吧？"

"唔……"戈兰又看了星狐一眼，星狐似有感应地回过头，他连忙移开目光。

"喂，她不会其实已经七老八十了吧……心疼你，喜欢上了可以当你奶奶的人。"

戈兰被这个揶揄弄得面红耳赤，争辩道："胡说八道，七八十岁能这么年轻吗？"

"你也太小看现在的科技水平了。各国擅长的科技不一样，齐国尤其擅长医术，齐国人的平均年龄高达一百五十岁——据说在临淄，还有一些元老是上千岁的不老人呢！"

这事戈兰倒是听说过。齐国自从奉行君主立宪制以来，国力极为强盛，科技领先诸国，但崇尚人道主义，反对用武力解决问题。在齐国诸多的黑科技中，以医术最为匪夷所思，只差生死人肉白骨了。齐国的人均寿命已经远超别国，而稷下科学院还传出寿命延长到千岁的惊天突破。但是，这个消息传出不久，就被齐国政府"辟谣"了，官方声明洋洋洒洒，不过各国国君都不大相信，认为齐国只是想要独占这个成果。自古想长寿甚至永生者不计其数，所以国君们纷纷致密函给齐国，欲以高昂代价求得这项技术，却无一成功。

要是真利用了这项技术,星狐多大年纪都有可能,只是……要让戈兰相信星狐比自己大几十岁,感情上还是难以接受。

然而,他知道千阳的这个疑虑并不是空穴来风。

他们来这里已经半个月了。

这并不是很长的时间,但要让他们大致了解天城寨,也足够了。这座城寨是星狐无意间发现的,因地方隐秘,有磁暴与浓雾守护,一直没被秦国军队找到。这里的居民之前都是克隆奴隶,饱受压迫,被星狐拯救后,跟着她来此避世安居,总数在一万左右。人们朴实勤劳,知足常乐,把活着的每一天当作恩赐,生活大体和谐。

至于生活物资,主要由渔夫们去近海打鱼,带回鱼肉分给大家。星狐刚才割的鱼肉,就是她带着人们去海里捕捞回来的。没有打鱼能力的人则负责探索城市——由于天城寨是依附一艘远古飞船的遗迹而建,而这艘飞船大得异乎寻常,还有许多尚未发掘的地方,深入废墟可以发现许多有用的物资。

唯一经常出去的是星狐及其最忠心的战士。每次修整完,他们就会背上行囊离开。但长则数月半年,短则十来天,就会回来,带着被解救的奴隶们。天城寨就是这样一点点壮大起来的。

这里对戈兰来说,一切都是新鲜的。他刚开始有点不适应,白天无所事事,等到了饭点,跟千阳一起坐在角落里看别人大口嚼着喷香的烤鱼,肚子里咕噜噜作响。星狐就坐在不远处,显然也听到了,却依旧面无表情地掰开鱼块,扔进嘴里。他们觍着脸上前,星狐才抬起头,说:"你们白天什么都没做,不配吃这些食物。"

二人大窘,又退了回去。但千阳听到扑哧一声轻笑,循声望去,发现那个来历不明的少女芈莎正慢条斯理地撕着鱼片,边吃边笑,显然是在嘲笑他和戈兰的窘态。千阳立刻指着芈莎，问道："她也什么都没做，为什么能吃——这里不是一切平等吗？难道还女尊男卑？"

星狐淡淡道："今天陈大娘她们挖出一台飞行器，却不知道怎么使用，多亏了芈莎姑娘才启动了它。有了飞行器，运送东西方便很多，这抵得上很大的劳动量。"

芈莎也说："我虽然没有你们的肌肉，但你们也没有我的这个……"说着，她用手点了点自己的太阳穴，讥讽地一笑。

最后还是几个大妈心善，悄悄留了点带肉的骨头，等众人散去后递给他们。夜晚，他们嚼着干冷的鱼骨头，恨得牙痒痒。

"你是秦国的王子，我是魏国的……高级知识分子，"千阳愤愤不平地说，"这种侮辱我们能——喂，你别闷头吃，给我留点儿——这种侮辱我们能忍吗？！"

"唔能愣！"戈兰猛地摇头，但因为满嘴鱼肉，赞同声都含糊了，气势大减。

"要搁以前，这种破玩意儿我们能吃吗？！而且我们救了她，她一点都不感激，虽然你喜欢她，但这种人不给她点颜色看，她是不会正眼瞧你的！"

"好！你说怎么办？！"

"我跟你说，你要得到她，就得击垮她！明天我们一早就悄悄离开，去找秦军，把这里给一锅端了，让她知道我们的厉害！"

"好！"

二人商量定了，各自倒头睡觉。翌日天刚泛白，夜里覆盖全城的蔓藤收敛了光亮，随后收缩，全部收进了地底的某个深处。这是天城寨清晨到来的标志。二人精神抖擞地起来，拍胸脯说分头离开，然后在庸城会合，便左右出门而去。

戈兰一路走到城北，看到星狐带着人去捕鱼；而千阳走到城南，发现芈莎正在研究城民们从远古飞船里挖出来的器具。

于是，等到晚上时，戈兰一身鱼腥味儿地回来，凭着一天捕鱼的辛苦，得到了喷香的鱼肉；千阳则满头大汗地从地底爬出来，因为挖到了一些铁器，也能吃到食物。两人各自拿了烤鱼，坐在一起，打了声招呼便默默啃鱼，彼此都没有提早上的事情。

打这以后，他们就适应多了。千阳性子活跃，很快就跟城民们打成一片，在闲聊中，有意无意地探听星狐的来历。

于是，他听到了许多关于星狐的故事。有人说，自己在即将被贵族主人凌虐至死前，星狐突然出现在贵族府邸，踏破天窗，在月光中从天而降，手刃贵族，将克隆奴隶救出；有人说，星狐直接带着几个战士冲到克隆工厂里，带走了刚出培养舱的克隆人；也有人是在战场上遇到的，垂垂将死，星狐把他们背回来，悉心救治。虽然故事不同，但所有人谈起星狐，都是满腔感激与倾慕。

千阳也就是从这些故事里听出来不对的。星狐在上庸星的各大陆做了那么多事，一手建立了上万人规模的天城寨，至少需要十多年。那她的年纪就成了谜。他也旁敲侧击问过，但城民却都迷惘起来，有说自己来了不到半年的，也有说自己来了一二十年的，最久的答案，是一个老妇人——她竟然是三十一年前被星狐带来的，如今女儿都已经生儿育女了。那时候，星狐就是现在的模样，而且天城寨也已经初见规模。

不过千阳对星狐也只是好奇，但他看得出戈兰是一颗心都扑在了星狐身上，犹豫一番，还是告诉了他。

"不过呀，哪怕她真的是驻颜有术，已经一百多岁了，也无所谓。"千阳想了想，还是安慰道，"真正的爱情，是不分年龄的！越是

245

有差距，越是值得歌颂，你大胆去吧！"

"你去死！"戈兰推开他，走到一边。

说者本无心，听者却开始认真思考起来了。他是王室出身，虽然周围侍女成群，感情上却是空白的文件夹。他初见星狐时，只见她英姿飒爽，行事干练，一贯的强大坚韧背后，又有隐隐的哀伤，与此前见到的所有女孩儿都不同，便心生爱慕。他从未见星狐刻意化妆，皮肤却保持着柔嫩，眼睛大而有神，所以他自然认为她是自己的同龄人。但现在听了千阳的话，心里不禁犯起了嘀咕。

这以后，他专门注意起星狐来——其实以前他也刻意靠近她，但都是以仰慕之心，现在留了个心眼，想知道她的秘密。

他发现，星狐在这里虽颇受爱戴，却总是独来独往。克隆奴隶们来的第二天，就会用专门的药水洗掉额头上的奴隶标志，不少人看着镜子里通红的额头，都会泪流满面，但只有星狐保留了标记。

"等到整个秦国再也没有克隆奴隶的时候，我才会洗掉它。"她是这么解释的。

但即使是敬她如神明的天城寨居民，听到这句话，也会暗自叹息一声。他们都饱受贵族迫害，对其深恶痛绝，但要说推翻秦国延续近千年的奴隶制，无疑是痴人说梦。星狐几十年来的努力，连这颗小星球都没有解放，还险些遇害。而秦国的疆域横跨数万光年，治下星球无数，在这庞然大物面前，星狐就像大象面前的一只蚂蚁——不，一个细菌……

但她是如此坚决，说这话时眼睛里闪着细细的光，让人无法说出反驳的话。

星狐每天身体力行出海捕鱼，其余时间就在天城寨里处理内部事务。这里虽然是奴隶们口中的乌托邦，但任何地方，人一多矛盾总会凸显。由于大家只服星狐，积累下来的争议都会等她回来解决，她也会逐一处理，因此很少休息。有时候忙到深夜，她又会独自离开天城寨，不知去做了什么，凌晨才回。

戈兰观察了好几天，发现星狐越来越像个谜团，看得见，却永远解不开，不禁有些沮丧。一天夜里，他辗转反侧，很晚才睡着。在迷乱的梦中，他又回到了雍都，但眼前一片焚烧的烈火，火焰中有狰狞的机器人掠过，顿时惊醒。他额头冒汗，坐起来喘着气，这才意识到，自己已经离开父王大半年了。

他远在边陲，不知战火如何了。据千阳说，此次魏国进犯，来势汹汹，想来父兄都很头疼。这种紧要时刻，自己却为一个谜一样的女孩儿——说不定是百八十岁的老太太——牵肠挂肚，简直是不孝之极。

这么想着，他再也睡不着了，爬起来，走到门外。蔓藤爬满了整座城市，莹莹光亮荡漾开去，宛若浮动着波光的海面。这光并不强烈，相反还有安眠的作用，整个城市都沉睡着。他转身又朝门里看了眼，千阳睡得正酣，还咂摸着嘴，不知梦见了些什么。

"也好，"戈兰轻声说，"就不用道别了。"

他踩着光亮，一步步走向天城寨的边缘。他在这里生活了二十天，已经熟悉了道路，很快就来到了进城时穿过的壳壁缝隙。

夜幕高远，巨大的壳壁像是刀背一样切割着大地与天空。他穿过缝隙，远离了身后的光墙，像蚂蚁一样慢慢爬进夜幕真正笼罩的地方。直到沿着小路走到崖顶，他才敢回头看一眼，这一回头，不禁吓了一跳。

他看到了一张绿发半遮的脸。

最初的惊骇过后，他看清了这个精灵一样的女孩。是芈莎，三更

247

半夜的，她无声无息地一路跟随着戈兰。

"你、你……"他惊讶地道，"你怎么在这里？"

芈莎凑前了一步。她的脸太过精致，在幽暗中有种惊心动魄的美，即使戈兰心里装满了英姿飒爽的星狐，也无法将其忽视。戈兰往后退一步，又问了一遍。

"你要走了吗？"芈莎却不回答，盯着他的眼睛，问。

戈兰摸不清她的用意——从她一出现，就笼罩着神秘气息。但他没有隐瞒，点头说："是啊，我要回家了。"

"回雍都？"

"嗯。"

"去帮你的父王和兄长，对抗魏国？"

"你怎么知道？"

芈莎退了退，眼眸里色彩变幻，过了一会儿，她的瞳孔恢复了黑色，但带着一丝迷惘。"即使你回去，未来依旧隐藏在迷雾中……"她喃喃自语，顿了顿，点头道，"但你回去总比待在这里好。"

"啊？"

"走吧！"芈莎伸手指向崖顶的浓雾，"从那里你就能回到秦国的城市，想办法回雍都星应该不难。要记住，你身上肩负着拯救银河的重任！"说完，她慢慢后退，身子很快被浓雾吞没。

戈兰听得一头雾水，想再问点什么，喊了几声，浓雾里却没有回应。跟她的出现一样，芈莎又无声无息地消失了。"怎么回事……"他回想刚才听到的话，只觉得烂俗无比，但从芈莎这精灵一样的女孩儿嘴里说出来，不禁惋惜地自语，"长得这么漂亮，可惜是个傻子……"

他继续往前，雾气越来越重，头发都湿了。走着走着，正当他以为迷了路时,身侧传来了脚步声。一个身影一晃而过。"你怎么又跟过来了?"他叫道,"别藏着了,我都看到你了!"

那个身影停了下来。

他走过去,雾气里的影子变得清晰,红发飘动,但却不是他以为的芈莎,而是他朝思暮念的星狐。

"呃……"他顿时窘迫起来,"你怎么在这里?"

"这是我的寨子,我出现在哪里都正常,倒是你怎么……"星狐顿了顿,突然明白过来,"你要走了?"

戈兰有些失语,愣愣地看着对面的她。真是奇怪,这个出走的夜晚,他连续见到两个美丽的女孩儿。不同的是,前一个的美有如山中精灵,精致高远;后一个却如火焰玫瑰,更有活力和英气。此刻,雾气又让星狐的美多了一种隐约的意味,他发现星狐眼中还有一些哀伤。

是因为自己要走吗?她要是挽留自己,该怎么拒绝呢?……他心里想着。

"那你走吧,"戈兰一念未毕,就听到星狐说,"这里的确不适合你。"

"噢……"

雾气似乎淡了些,月光照下来。月光与雾,这两种夜晚的瑰宝混在一起,形成了奇诡的视觉效果,星狐的脸像是被雾气隐没,又被月光照亮,美得惊心动魄。但戈兰不敢多看,低下头,与她擦身而过。

交错的那一瞬间,戈兰深深呼吸。

"等一下。"

戈兰连忙站住,转头看她。

"你这两天不是一直在观察我吗?"

"我没……"戈兰下意识否认,想想又住了嘴。

星狐说:"就这么走了,不想知道答案吗?"

"那你到底是多少岁?……"戈兰一出口就觉得后悔。

"跟我来。"星狐转身离去,"我告诉你答案。"

戈兰跟着星狐,穿过雾气,走向了崖边。原来在隐秘处还有另一条通道,一直向下,越来越逼仄,深入地底。但四周并不幽暗,一些蔓藤也爬到了这里,荧光驱散了黑暗。戈兰摸了一下墙壁,发现并不是土石,又冷又坚硬,倒像是金属。

"哦,这是飞船的一部分。"星狐在前面带路,头也不回。

"这飞船到底有多大?"

"不知道。这么多年,我们探索过的,仍旧只是它的一小部分。"星狐说,"我刚开始以为天城寨上的壳顶是飞船的主翼,后来才发现,它只是飞船三级侧舱的挡板。"

戈兰边走边在心里盘算着。他对飞船的建造不太了解,但仅凭印象也知道,通常情况下,三级侧舱跟整个船身的比例大概是一比二十,而那么庞大的壳顶,还只是挡板——整艘船有多大,已经超过了他的想象。

他听说过,七国中以赵国的造船技术最为精良,大部分国民都生活在一支支太空舰队中,只有当需要获取资源时才下到行星表面。赵国国都便是一艘巨型飞船,名为"邯郸号",听说有小型气态行星那么大,是全银河最宏伟的人造建筑之一。听星狐的意思,他们脚下这艘远古飞船的规模也颇为可观——但如果真有这么大的飞船,肯定在银河战舰列表上有记载,不可能无声无息地在这里腐烂,成为克隆奴隶们的避难所。

"能造这么大的飞船,"戈兰试探地说,"是赵国的工艺吧?"

星狐不置可否。

随着越来越深入，周围的通道变得亮堂起来，而拐角也更多了，每个拐角都有许多岔路延伸出去，像迷宫一样。星狐熟练地转弯穿行，最后来到一间密室门口。

她把手贴在门上，一根细小的探针伸出，扎入指肚。一秒后，门锁咔咔打开。

门里面，是一台嗡嗡运转的盒形机器，繁杂的线缆从机器里往外延伸，隐隐反光。戈兰仔细端详，发现机器已经很旧了，外壳锈蚀，能看到里面复杂的线圈和转动的电路结构。

"这是……"他眯起眼睛。

"发电机。"

"这艘飞船上的？"

"是啊，很早以前就在这里了。"

"这么久了，居然还能用，这艘飞船真是神奇。"戈兰叹道，"那是给什么发电的呢？"

"我马上会带你——"星狐的话说到一半，突然停下了，警惕地看向头顶舱道的破口处。戈兰也疑惑地看过去。在他们的目光里，一点电光在破口那里出现，闪烁着，带着雷雨之夜才会有的蓝色光亮。

星狐的脸色变了。

蓝色电光并不粗，滋滋爆响着，缓慢伸了进来。在电光的后面，是一张毛茸茸的——虎口。

"电鳗虎！"戈兰低呼。

他来这里已经有一阵了，听居民们说过，天城寨之外，除了无处不在的浓雾和沼泽，还有各种凶禽猛兽。许多九死一生逃往天城寨的奴隶，以为到了这里再无危险，但向外探索时，一不小心就会葬身兽口。而在威胁众人的野兽中，电鳗虎是最奇怪的——平常它们很虚弱，躲在幽深的洞穴里，小孩挖到它们，都能轻易拎起来，就像一只小猫；可一旦到了雷雨夜，它们瘦弱的身躯就会变得饱满，皮毛上附着电流，行动起来快如奔雷闪电，人一经碰触即刻麻痹，七八个手持武器的成年人也对付不了一只。

眼前这只，正是天城寨居民口耳相传的凶兽电鳗虎。

但今夜没有雷雨……

戈兰疑惑着，发现星狐面色惨白，看向自己。他很快反应过来——星狐看的不是自己，而是自己身后的门，以及门里的发电机。

他顿时明白了：电鳗虎以电为食，想必早就嗅到了这台古老发电机所发电流的动静，但之前舱门关闭，它无法触碰。现在，舱门打开，它趁机从破口里探了下来。

它两眼泛着红光，盯向发电室，口水都快流下来了。

"我们快躲……"戈兰除了看到它身上那危险的电光，还有嘴角满满伸出的獠牙，只觉这种凶兽压根就不该存在，小声说，"它应该是饿了，想吸收电，我们不是第一目标。"

但他没想到，星狐直接拒绝了，"不，不能走。"

说话间，电鳗虎的庞大身躯已经落在地上，离他们一丈之距。它没有再往前，而是警惕地盯着发电室门口的两个人，准确地说，是盯着星狐——它察觉到了星狐的敌意。

它微微躬身，喉间发出低吼，像是酝酿着一场雷暴。

星狐离门仅仅两步，只要转身，就能抓住门的把手。舱门开启需要基因识别，但关上就不必了，她只需要用力一扯，就能关上门。但她微微一动，电鳗虎的低吼声变得更凶猛了，周身的电流也滋滋炸响。

它很聪明。

"算了,别管发电机了,我们从这边逃……"戈兰不敢乱动,声音急切。

"不!"星狐断然拒绝,"就是死,也不能让它毁了发电机!"

戈兰诧异地看向星狐。这是她少有的不通情理的时刻,她紧紧盯着电鳐虎,脚在移动,腰也紧绷起来,仿佛是为接下来的动作蓄力。而她的举动,无疑是要关上舱门。

但以电鳐虎的速度,她最多刚关上门,就会被电鳐虎撞到。

戈兰见过那些被电鳐虎袭击的人,很惨,像是被雷劈了一样,浑身焦黑。

"别,不要轻举妄动……"他连忙叮嘱。

但星狐没有听他的,突然转身,伸手抓住了门把手。

也就是同一瞬间,电鳐虎四肢用力,身体如同一团电光,向星狐撞了过来。它的速度太快,戈兰只看见空中划过了一道蓝光。

这一刻,戈兰脑子转得飞快——星狐能把舱门关上,但必然躲不开电鳐虎的撞击。他想起了那些焦黑的尸体,没有丝毫犹豫,一把抱住星狐,向右边滚过去。

"不!"星狐发出了惊人的喊声。

戈兰救人心切,抱着星狐滚了几圈后,只见电鳐虎已经冲进了发电室,正在贪婪地撕咬电缆。他连忙爬起来,抓住门把手,将门用力合上。

咔嚓。

合金锁严丝合缝地扣上。厚重的舱门将他们与危险的野兽隔开了。

戈兰松了口气。

253

星狐却如遭重击，一把推开戈兰，拼命冲向发电室的门。她拍了拍门锁待探头伸出，然后就颤抖着抬起手，要把手指凑过去。

戈兰大骇，从后面一把抱住她，"你疯了！放它出来我们都得死！"

"我们都死了也不能让发电机出事！"

一个要开门，一个拼死不让，两人就这样纠缠僵持着。戈兰胜在身为男性，肌肉多，力量强，但星狐常年出生入死，身体素质也极为强韧。几番对抗后，她突然挺膝，正中戈兰裆部，趁戈兰捂着下体惨呼时爬起来，将探针扎进手指指肚。

探针嗡地颤动了一下。

星狐大喜，以为门即将打开。但探针只是抖了一下，随后便沉寂下来，四周亮起的灯也次第熄灭，而发电机运转时的嗡嗡声也消失了。四周安静如死，但并不黑，因为蔓藤爬了过来，发出莹莹光亮。

这种情形，只有一个解释——发电机被电鳗虎咬坏了。

果然，几秒之后，舱门开始震动起来。那是无电可食的电鳗虎在撞门。但这个门尽管古老，却依然结实，只要门锁合上，它在里面怎么撞都纹丝不动。

星狐也明白了这意味着什么。她像是被抽走了力气，贴着门滑倒在地。

戈兰知道此地不宜久留，连忙抱起星狐，往来路走去。

2

这一夜过后，星狐就跟换了个人似的。

她身上的灵魂仿佛被抽走了，躺在她那间简陋的舱室里，一直睁着眼睛，直到天亮。戈兰早上过来在她身边守了很久，以为她是被电鳐虎吓得不轻——尽管这很不正常，星狐领导奴隶和秦人作战多年，刀口舔血，不知多少次死里逃生，照理说不应该吓成这样。

下午，戈兰心里放不下又来看她，发现她还躺在床上，有气无力的样子。

"咦，是生病了吗？"他不放心地摸了摸星狐的额头，觉得还算正常，但再看她的脸色——面如死灰。

戈兰不明所以，连问好几遍她怎么了。星狐的眼睛明明是睁着的，没有睡着，但她对戈兰的询问置若罔闻，像没听见一样。

千阳也听说了这个情况，和芈莎一起来探望。见星狐这副模样，叫了几声都没理，他将戈兰拉到一边，小声问："你昨晚对她干什么了……"

戈兰顿时满面羞红，连连摇头，"想什么呢！"便把昨晚的事情都说了。

千阳听得一脸专注，说到电鳐虎出现时，他脸上也露出惊讶的神情。但他俩一个回忆讲述，一个认真聆听，谁都没有留意到身旁芈莎的神色——她对戈兰的讲述没有任何反应，仿佛早已知晓，但偶尔看向星狐时，会露出不易察觉的愧疚。到后来，她已经刻意避开了星狐的方向。

"对啊，"千阳听完，摸摸后脑勺，疑惑道，"不就是一只电鬣虎吗？我听说那个流鼻涕的小孩，叫什么来着，小五？他当年发现了一窝这种野兽，把它们拽出来都摔死了，一个八岁小孩！"

"可能不是电鬣虎的事情……会不会跟发电机有关？"戈兰问。

"怎么会？"千阳摇头，"她没这么小气，不就是一台发电机吗？而且寨里需要用电的设备不多啊，即使有，也都内置了核能发电，有几台还配备了反物质电池，一块反物质电池就够寨子里用几十年的。"

两人百思不解，就又离开了。

到了晚上，戈兰和千阳放心不下，带着几块烤好的鱼肉来看星狐。

星狐见两人进屋，努力坐起身来。

戈兰大喜，心想果然是美食管用，便道："你起来啦！快吃，趁热！我加了不少调料呢！咦，你别起来，我喂给你。"

星狐挣扎着下床，向戈兰走去。她脚步虚浮，走两步就像要跌倒的样子，戈兰连忙上来扶她。

"别急，鱼肉还热着的……"他说。

却不料，星狐一把打掉他手里的肉，又将他推开。

"喂！"戈兰跌坐在地，心疼地看了一眼沾了泥灰的鱼肉，"你不吃的话——"

他后面的话，顿在了嘴里。

他看到了星狐的眼神。她的眼睛像头发一样一片红，透着野兽一般的凶悍。

"都是你！"星狐附身过来，两人离得很近，四只眼睛对视着，

"你知道你做了什么吗？"

"我……怎么了啊？"

"昨晚！"

一旁的千阳本来一头雾水，听到这两个字，顿时露出心领神会的笑容。

戈兰对星狐道："昨晚，我救了你啊！"

星狐恨恨地看着戈兰，眼中血光一涌，一拳砸在戈兰脸上。

虽然她整天水米未进，力气大不如前，但这么一拳击中鼻子，戈兰也觉得鼻头一热，两行血蜿蜒流下。

"喂！"戈兰捂着鼻子，只觉满脑子都是嗡嗡嗡的声音，"你这人不识好歹啊！"

"我不知道什么是好歹，我只知道，你害了我们！你害了她们所有人……"

戈兰听不懂她在说什么，怒气冲冲道："什么我们他们，我要是不救你，你昨晚就死了！"

"我宁愿死！"说完这句，星狐踉跄后退了两步，又坐回床上。

"不可理喻！就算想赶我走，也不要这么无理！"

戈兰气愤地说完后，爬起来扭头出了门。

千阳犹豫地看着星狐，又看向戈兰的背影，几分钟后，还是追了出去。

"妈的，我这就走！"戈兰难得地爆了粗口，走得大步流星，"我留在这里是为了什么？受辱吗？"

"是为了她……"千阳跟在他身侧，轻声说。

"就算是，她这么把我不当人，我也不伺候了！"

"她哭了。"

戈兰兀自骂骂咧咧走了几步，突然停下，问："什么？"

"我说，她哭了。"

"这……她欺负人，她哭什么……"戈兰的声音变小了。

"我也不知道，我走的时候，看她低着头，在抹眼泪。"千阳耸耸肩，又补充道，"我从没见过她这样。我想其他人也没见过。"

戈兰皱着眉，想了快半分钟，又使劲摇头，道："跟我有什么关系?！我为她出生入死，换来的是什么？又打又骂！"

千阳跟他并肩行走，点头道："是啊，女人，呵！"

"我全心全意，她当我什么？我好歹还是大秦王子呢！"

"对，她真不识好歹。女人，呵！"

"可能就是因为我对她太好了，所以她拿我不当一回事。"

"有道理，古话说得好，白拿的馒头——甜嫌不甜。太容易得到了，就会不珍惜。女人，呵！"

"我这就离开，让她后悔去吧！"

千阳低着头走，依旧像之前那样随口应着："男人嘛，就应该果断决绝一点！"但这句话说完之后，好半天没有回应，身旁的脚步声也消失了。他嘴角扬起，露出微笑，就算不回头，他也知道戈兰转身去找星狐了。

星狐坐在床边，低头垂泪。

眼泪顺着她姣好的脸颊流到嘴边，咸咸的。这是她第一次尝到眼泪的滋味，跟血有点像，但淡一些；跟汗也有点像，又浓一些。咸味刺激了她的味觉，继而引发了腹中饥饿。她已经一整天没吃东西了，胃里面开始绞痛，而掉在地上的那团鱼肉还散发着香味。

她抽抽噎噎地站起来，捡起鱼肉，拍掉上面的灰尘，撕下一块最嫩的，放进嘴里。

这时，戈兰推门而入。

星狐见戈兰进来，差点噎着。

戈兰转过身，背对着她。

星狐本能地想把鱼肉放下，但看了看香气四溢的嫩肉，又看了眼戈兰消瘦沉默的背影，最终还是低着头，慢慢把鱼肉吃完。

戈兰耐心地等到身后的咀嚼声消失了，才转回身对她道："可能我有什么地方做错了，但你不告诉我，我没办法知道。就算真要赶我走，至少该把原因讲清楚。"

星狐沉默。她脸上的泪痕已干，眼睛里的血色也褪了下去，取而代之的是疲倦和……茫然。

这比她哭泣更加少见。

戈兰没有追问，安静地等着。

"你跟我来。"不知过了多久，星狐道。

戈兰跟着她，出了城市聚集区，再次来到了飞船的底部。这一路走了很久，但两人都没有说话。直到他们再次站在那间发电室的门前，星狐掏出枪，对着门把手连射好几道光束。

高能光束划过金属时爆发出可怕的热量，门把手连同基因密码锁都一起融化了。

门向一旁滑开。

戈兰想起发电室里还有一头电鬣虎，顿时紧张起来，刚想出言提醒，门已经开了。

他看到了那只给他惹了大麻烦的电鬣虎，但此时的它，已经没了昨夜的威风。它浑身的电流已经消失，獠牙也缩回了嘴里，身上绒毛萎靡，蜷缩在角落，看起来虚弱不堪。见门口出现了两个人，它也

259

没有站起来，只是呜咽了两声，缩得更紧了。

而在电鳗虎旁边，之前那台嗡嗡运转的发电机已经彻底报废了。它的线缆被完全扯断，里面的元件也七零八落，缺口凌乱，显然是被兴奋状态下的电鳗虎撕咬所致。

星狐看着报废的发电机，眼角抽动，举起还在发热的枪，对准了电鳗虎。

轰轰轰……

枪响持续了两分多钟，直到枪柄的能源块耗尽，发电室里弥漫着浓重的白烟，电鳗虎则已经被融化成了一摊肉泥，她才停下来。

"你……"戈兰小心翼翼地说。

星狐微微喘气，扭身往旁边走去。戈兰连忙跟上。当他们走过几个通道后，终于来到一扇漆黑的舱门前。

"这就是我要带你看的地方，"星狐说，"进去吧。没电了，直接推就行。"

戈兰走进去，顿时惊住了。

房间很大，四周的墙壁上立着一个又一个玻璃柜，每个柜子里都站着一个人。因为室内昏暗，只有荧光从门外射进来，戈兰需要凑近了才能看清柜子里的人，似乎都是红头发的裸女……他走近后，把眼睛贴在玻璃上，立刻吓得后退了几步。

"你你你……"他回头看着星狐。

"你现在明白了吧。"

戈兰看着门口那活生生的星狐，又看向柜子里——没错，玻璃的对面，也是星狐。不同的是，柜子里的星狐都是软倒的，面色灰暗，没有生气。他再看向其他柜子，每个里面的"星狐"都是如此。

这么巨大的房间，玻璃柜密密麻麻地放置着，恐不下数百个。

数百个死去的"星狐"。

一切诡异得难以置信。

"这些……是你的克隆体?"他犹犹豫豫地说。

星狐却摇了摇头,"我们,都是星狐的克隆体。"她走过去,抚摸着第一个玻璃柜,里面的"星狐"睁着无神的双眼,瘫倒不动。"这是星狐078,如果我死了,就该是她从冷冻舱里出来,继续领导克隆人。"

她突然转过头,盯着戈兰。戈兰被盯得心里发毛,后退了一步。

"但就因为你,现在所有的备份都毁了!"

"备份?"戈兰突然明白过来,此前的一切疑惑都在他心里变得明晰起来。

天城寨建了这么久,星狐却还是这般模样;星狐经常会晚上出城,深夜才回,回来的时候她都带着一丝悲伤……答案就在这间克隆室里。"你也是其中一员吗?"他问。

"是的,我是星狐077。"星狐说,"七十年前,星狐第一次发现这艘飞船。那时候,她刚刚叛离她的主人,在她的主人将她和其他女童凌辱并准备杀害的时候,她逃到这里来,受了重伤,幸好在飞船里找到了治疗装置。"

3

那时,天城寨还只是一片废墟。

古老飞船的残骸从地底伸出，发光蔓藤四处爬伸，有些在脚下蠕动，有冰凉的触感。逃亡的红发少女赤脚走在这有如泛光海洋般的地面上，逐渐深入。

她的血滴在蔓藤上，蔓藤微微卷曲，将之吸收。

她走到了飞船深处。四周如同荒废的宫殿，宏大空荡，渺无人迹，或者说人迹已经被蔓藤吸收了。她愈发眩晕，在将死之时，推开了一个转角的白色舱门。她走了进去，蔓藤却往后收缩。只见，舱室里有一个金属箱子，在寒气中敞开着，像是棺材。也好，她想，身为奴隶，死后能有容身之地，也很幸运了。

只可惜那些惨死的女孩儿……她们的仇还没报。

她缩进金属箱子里，闭上眼睛。

但死亡并未如约而至。她晕厥的几个小时里，箱子里伸出数十个金属探头，贴在她的伤口上。探头忽闪忽闪，等光亮完全隐没时，那些伤痕都愈合了。

她醒了过来。

她将这一契机视为第二次生命。既然生命有了第二次，那就不能辜负濒死时的使命。她拿出一路陪她逃亡的粒子短刃，沿着额头上的标记刻了下去，加深了印记。

如果不能解放奴隶，这个标记永远不会抹去。

她返身回去报仇，但低估了对手的实力，再次带着一身伤痛回来。治疗恢复之后，她不再莽撞，深知自己一人的实力是推翻不了庞大的奴隶制的。她是在跟整个王国对抗。直觉告诉她，这个废弃的不为人知的飞船，才是她的真正优势。

因为飞船中遗留的科技，远超当代。

她留在了这里，所有的时间都用来探索飞船。几年过去，她长成了英姿飒爽的少女，不仅身手矫健，意志也更加坚定。在生理和心理上都达到最佳状态时，她找到了飞船上的克隆系统。

她看到了希望之光。

秦国赖以立足的克隆技术，是选取具有优质基因的胚胎，在工厂里进行大规模培育，由半生物质脐带提供营养，诞生出一个个具有相同基因的婴儿。为了尽快获得劳动力，大部分贵族会选择催生，加速营养舱里的婴儿生长，到十八岁才出来。但这样一来，新生的克隆奴隶虽然生理上已经成年，智商却停留在婴儿状态。这也是贵族们所需要的——蒙昧，就意味着驯服。

但飞船里这套克隆技术，能绕开胚胎培育阶段，直接用脂质、蛋白质和其他必要成分直接组建人体，并通过与神经接驳，汲取记忆，转移给克隆体——也就是说，能直接复制出完全相同的星狐。

一个星狐无法推翻秦国，但无数个星狐，足以对抗整个银河！

她心里升起希望，开始琢磨这套技术。很快，她发现了两个限制，一个是，出于某种伦理上的制约，这套装置只允许一个本体出现，不管星狐复制了多少自己，只有当系统监测到本体出现了不可逆的生命损伤时（可能是通过内置的生命信号装置），下一个复制体才会从睡眠舱里苏醒；另一个是，因为年代久远，系统只能再重启一次，一旦停电，即便时间很短，系统也会彻底报废。

这就意味着，她无法同时复制多个自己，永远只能单兵作战。以及，要一直维持这套系统的运行，一旦断电，克隆生命就无法延续。

她很快接受了这两个制约。为了保证足够多的克隆原料，她花了整整一年时间，在海边捕鱼，在丛林里狩猎，将动物尸体尽数丢进原料池。

而启动克隆系统的那一天，正好是她十八岁生日。

这样的日子，贵族家的小姐会被众人簇拥着，在欢声笑语中度过。而她，在完成扫描之后，独自待在克隆舱的角落里，直到一个个克隆舱被点亮，里面的物质在某种古老科技的引导下，聚合成赤裸的星狐，蜷缩着，等待苏醒。

她终于放下心，带上武器，再次去找那个伤害过她的本地贵族。

但这一次，她还是失败了，而且没能逃脱。她被关进了牢狱。那个有着蛇一样笑容的老头子慢慢走了进来，挥手赶走其他人，上来就扯开她的衣服。她苦苦等的，就是这一刻，张嘴去咬老家伙的脖子，但老头子机警地躲开了。她凄然一笑，说了一句："我会回来找你的。"便咬断了自己的舌头，痛苦地死去。死后，她的头颅被悬挂在城堡的旗杆上。

但这一刻，千里之外的飞船遗迹里，系统通过她体内的体征监控器检测到了她的死亡。于是，休眠柜里的第一个星狐睁开了双眼。

所有克隆体的记忆都保留在十八岁那一天，星狐002并不知道本体的遭遇，但她清楚，她醒过来，就意味着本体已经死了。

星狐002没有犹豫，拿起枪，再次前往贵族的府邸。

星狐002在杀了十五名护卫后，寡不敌众，举枪自杀。

星狐003从深山中提枪而出。

……

杀掉第五个星狐时，老头子都快崩溃了。他怀疑是手下那些跟星狐同一批出厂的奴隶在逐一反叛，索性全杀了，可他还不放心，遂将此事报告给上庸令。上庸令大章一盖，整个星球上有星狐基因的奴隶全部处决。克隆工厂将这条基因从优质基因库里直接抹除。

从此以后，星狐不再为奴。

但她的复仇并未停止，只是变得更加有策略。

终于，星狐008完成了任务，在一个月夜狙杀了老头子。老贵族倒地的那一刻，受压迫的奴隶顿时都被唤醒了斗志，争先恐后追随星狐008。她无法弃他们于不顾，干脆带着他们来到飞船废墟中避难，并将此地取名为"天城寨"。

看着那些获得自由的奴隶喜极而泣的模样，星狐008明白了自己的使命——只要一息尚存，就尽可能解放多的奴隶，直到完全推翻吃人不眨眼的奴隶制。

尽管这个任务看起来无比艰难，但她知道，自己并非一个人。她死后，她的后继者们会苏醒过来，前仆后继，如愚公移山，山有尽时，而人无穷。

星狐008死于三年后的一场海难，星狐009出山后领导了多次奴隶反抗，直到五年后被秦国士兵围剿，星狐010则在苏醒后的第十天就中了埋伏……但每一代星狐都会尽量写下笔记，放在下一个星狐休眠柜之畔，这样每个人一醒过来，就可以了解当下的情况。

"我是第77号星狐，遇见你的那一晚，离我苏醒还不到一个月。"星狐说，"我们苏醒的意义，就是继承解放克隆人的使命。我知道每次我说要推翻奴隶制，你们都想劝我，但我并没有疯狂，我不是孤身一人，这些姐妹就是我的后援。但现在，因为你，她们都死了，我是唯一的星狐了，我再没有退路了……"

说着，她委顿在地，低声呜咽。

这是她从未显露过的姿态，掩面而泣，如同这世上任何一个伤心欲绝的女孩儿。

戈兰满心的委屈和愤懑都消失了，心里只有怜惜。他走过去，蹲在她身边，轻轻拍着她的肩膀。

他想说"别怕至少你还活着",但想了想,没有说出口。他又回忆了一遍当时的场景,如果再来一回,他还是会选择救星狐——对他来说,那些躺在休眠舱里的,不过是还没有灵魂的生物质,而他面前的,是实实在在的星狐,是曾与他遭遇、结下深缘的少女。

哪怕一模一样的星狐苏醒过来,站在他面前,也跟眼前的少女不一样。他们不会有深夜丛林的邂逅,不会有港口的搏命逃亡,也不会有海面上互相讲述过往然后被鱼群载到岸边的奇幻一夜。

但这终究是自己的私欲,对星狐而言,她最重要的依凭,还是毁掉了。为了星狐,他自然没有选择,但对星狐本身,终究是不公平的。

"对不起……"他的心思百转千回,最后只轻轻吐出这三个字。

星狐依旧在低低抽泣,不知听到没有。后来她哭累了,枕着戈兰的肩膀沉沉睡去。戈兰保持着僵硬的姿势,不敢乱动,甚至连千阳担心地寻过来,在密室门口张望,他还竖起食指,让千阳的动静小一些。

千阳不明所以,见这暧昧的姿势,朝他挤挤眼,然后踮脚离开。

星狐醒来时,已经在天城寨里了。

这是戈兰和千阳的房间,但显然精心收拾过,一尘不染,身上还盖着一条柔软的被子。她疑惑地起床,走到门外,走进温和的阳光下。

这是天城寨最普通的上午,阳光射破云层,晕染在城里的低矮建筑上。一切都显露着艳丽的瑰红色。人们聚集在街上,就连他们一片黑压压的头顶,也有胭脂色的光晕。

人群的中心,是戈兰。

星狐上前两步，站在阴影里。

"大家都看到所属区域的序号了吧，从今往后，大家都按这个确定自己的权利范围。要搬家的话，需要填写申请。再就是劳动划分，稍后我们会进行登记，青壮年男子每天的额定任务是十个劳动点，妇孺是五个，孩子们就不用去海边了，我来组织学习……"戈兰站在半人高的木台上，大声喊着，声音从众人头顶掠过。

这是她认识戈兰以来，他最认真的时刻。他不卑不亢，说话条理清晰。他在给天城寨制定新的规则，这是吃力不讨好的活儿，尤其他还是一名新来者。每每碰到不服气的，戈兰先是谆谆教导，继而据理力争，总能说服对方。许多安排看似随口一说，却合情合理，是最佳的选择。

这样的场景差不多持续了整个上午，戈兰额头上冒着细汗，声音也愈发沙哑。

星狐斜倚在墙壁的角落里，仰头看着戈兰将一盘散沙似的天城寨，慢慢凝聚成在规则和秩序的齿轮上稳定运行的机器。直到日头过午，他才抹了把汗，让众人解散，告诉大家下午他再继续细化管理条文。

等人群散去后，戈兰从木台上跳下来，这才看到了阴影里的星狐。

"你……你醒了？"

他在众人面前那么镇定自若，怎么一见到自己，就是这样一副局促的模样，连寒暄都是这么刻意和明显？星狐忍住笑，点了点头："你刚刚，在干什么？"

"我在帮你推广天城寨的管理体系呀！"戈兰连忙说，"你是天生的女战神，但这方面可能没留心。我跟你说，你也不能只靠自己，这里很多的青壮年好好培养,就是可观的军队——这是千阳帮我拟定的章程,不过为了让他们听我的,我跟他们说是经过了你的授意。本来想等你睡醒了再跟你说的,现在……"

他絮絮叨叨地说着,星狐轻轻抬手,止住了他。

"谢谢你。"她说。

戈兰抓着头发,摆摆手,"没啥没啥。"

"但天城寨是我的宿命,你不必掺和进来。"

"当我做出把你推开的决定时,就已经掺和进来了。"戈兰直视着她,阳光与他的视线缠绕在一起,落在星狐眼里,"我会帮你。"

"到什么时候?"

"到你头上的标记消失的时候。"

不知是阳光刺眼,还是别的什么原因,星狐眼睛里亮闪闪的。

第七章　古船惊魂

1

千阳觉得芈莎的神秘，丝毫不亚于星狐。

他为了挣取劳动点，跟随挖掘队一次次深入飞船遗迹。而芈莎也对这艘飞船的兴趣很大，经常一个人蹲在角落，研究某个不起眼的小物件。

"这是什么？"有一次，他发现芈莎盯着一个拳头大小的透明晶体看了好半天，不禁好奇，走过去问。

芈莎说了一长串优美而古怪的音节。

"啥？"千阳努力跟上，但最终放弃了。

"这是周朝的雅言，翻译一下，就是现在的聚能块。"

"非也非也，"千阳精神一振，改用雅言说，"雅言的聚能块应该是这么说的……"

"子所言，姜齐之俗语，非雅言之正音也。"芈莎也用发音柔美的雅言说。

"这……真的假的？我可是跟齐国稷下学园的古典语言学教授学的！"

"那是齐桓王时代的中古语，和周朝的正统古语还是很不同的……"

千阳一向自认为学识渊博，却被芈莎几句话驳得无言以对，只好讷讷闭嘴，转身跟着其他人下到一条锈迹满满的舱道。这条舱道得通过斜向下的破口子进去，比较险峻，克隆人都是小心地往下爬，千阳身手矫健，探身跃下，颇为潇洒。

他站定后，得意地看着其他人，想看到敬佩的目光。

其余人的确露着敬佩的目光，却不是朝向他的，而是看着那抹绿色的身影。是芈莎，她身子娇小，一跃而入，脚尖点在墙壁上，飘飘若仙地落下来。她的动作虽不如千阳敏捷，但飘逸出尘，观赏性强得多。

"嘚瑟。"他撇撇嘴，扭过头，走向舱道深处。

城民们已经发掘飞船多年，但进度一直很慢。因为天城寨太过偏远，要翻山过海，渡沼泽，穿丛林，而路径只有星狐知道，外面的装备没法带进来，只能靠徒手发掘。而且飞船材质特殊，有些地方看似很薄，锈迹斑斑，但怎么也砸不破，只能找通道或裂口。直到现在，他们也才找到进入第七层的口子。

千阳走在甬道里，四周一片幽暗。

他有意避开了人群，专往荒僻无人处，七弯八拐，就跟大部分人完全隔开了。这时候外面是白天，蔓藤早已缩回地底，照理说这地下七十米的地方应该漆黑闭塞，但空中有雾一样的光晕在游动，不浓，勉强可以视物。空气也异常清新，仔细听，还能听到风声。

难道第七层跟地面有连通，或者通风系统还在工作？他暗暗想着，循着风声往前走。

光雾掠过他的脸，凉凉的，他伸手拂了拂，赶开光雾，但它们又很快合拢。

千阳走到甬道的尽头，没有路了。他在墙壁上四处摸索，只感觉手掌冰凉，又把脸贴在墙壁上，想听对面的声音。

但脸一贴上去，墙壁突然传来咔咔声响，十几个球形探头从墙面弹出。他吓了一跳，赶忙后退几步。

"别紧张，"身后传来芈莎的声音，"没有危险——这是一种确认方式。"

"就算有危险我也不怕……"

探头在墙壁上嘀嘀转了几圈，突然射出一道道光柱，在空气中布成星空的全息影像。芈莎皱眉上前，手指捏住一颗星星的光点，仔细端详。

"嘿，这是全息图，又不是真的，你捏住——"千阳嘲笑的话还没说完，就看到芈莎手指轻轻横移，星空图也随之变幻，顿时闭上嘴巴。

芈莎眉头紧锁，嘴里念叨着什么，像是口诀一样，不时捏住哪个虚拟的星点移动；有时候移错了，还会返回重走。随着她的动作，四周氤氲的光雾也会聚过来。

"嗯，是这样。"芈莎咬了下嘴唇，将最后一个星点移动到右下侧。

千阳好奇道："是怎样啊？"

"这是周天子的星图，"芈莎说，"最强盛的时候，周朝几乎统治着全部的银河，其中镐京星域有十七个专门运输香料的小型虫洞，供给周天子。刚才的全息影像，就是这些虫洞的位置，但有点偏差，我改过来了。"

"你怎么会记得这种冷门知识？"千阳真正吃惊了。

"冷门吗？这可是我学过的第二门课。"

千阳看了她一眼——她说出这句话时，表情都没变，仿佛全银河所有人都该熟悉那早已覆灭数千年的王朝星图。但谁都知道，周王朝在短时间内灭亡后，原因至今未知，许多王侯都是一觉睡醒，就发现联系不到银河的中枢了。在此后史无前例的大混乱中，无数史料遗失了，周朝的版图大体还传了下来，但这种"运输香料的小型虫洞"位置图，恐怕史学专家都不一定了解。

"看什么看？"芈莎嘟了嘟嘴，伸手指向墙壁，"进去吧！"

千阳扭头，原来在他愣神的工夫，会聚过来的光雾已经在墙壁前凝聚成了一道光之门，淡淡地闪烁着。

光虽然不强，但视线依然穿不透，不知道门的里面是什么。

"这……不能贸然进入吧？"千阳犹豫道，"我们还是汇报给星狐，让她派人进去——喂，你停下，喂……"

在叫嚷声中，芈莎已经踏进了光之门，娇小的身子一晃而没。他连忙跟着穿了过去。

千阳明明是迈步往前，但下一秒却开始笔直下坠。他大叫一声，手脚胡乱挥舞，却只能抓到冰冷的空气。

"别大惊小怪，"熟悉的声音自斜下方响起，"你没发现我们下坠得很慢吗？"

"啊？"千阳停止手舞足蹈，果然感觉身体是在缓慢下落。四周像是井道，很是幽暗，但他们身下却有光柱自下而上射出，托着他们。

"这是一种力场，应该是起保护作用的。"芈莎的声音里透着惊奇，"这倒不足为奇，大型飞船里都在用这种技术制造引力——但刚才我们穿过墙壁进来,似乎是超短距虫洞,这是各国都无法企及的技术。"

千阳还沉浸在奇异力场包裹下的新鲜感中,一会儿抱着头,一会儿又像游泳一样手脚挥舞。"这艘船虽然报废了,却到处是惊喜啊。"他玩得相当尽兴。

下落的速度虽然慢,但不久也触了底。芈莎翩然踩在地面,千阳一时没调整过来,竟以泳姿落地,赶紧狼狈地爬起来。

他正觉得尴尬,想要说什么掩盖一下,却"咦"了一声。

眼前是一排排武器。

一排排半人高的筒式粒子炮抵在墙角,延伸到视野尽头,千阳上前摸了一把,发现筒身上的合成塑封都还在,看样子保存完好;顺着炮筒阵列往前,他看到了许多堆叠的集装箱,打开一个,走进去,他看到了整齐摆布的单兵磁能枪,黑洞洞的枪口对着他。虽然明知道这些枪已经摆放了数千年,这场景还是让他有点胆寒,连忙退出来。

"这边还有轨道炮!"他越走越惊奇,叫道。

的确,这里有各种各样的武器,小到手持爆能枪,大到能装备飞船的巨炮,应有尽有,且每种武器都为数不少。还有很多千阳没见过的武器,造型奇特,杀气腾腾。甚至在这个巨大空间的角落里,还停着几排大气层内外两用战斗机,只是都蒙了尘,不知道能不能再启动。

芈莎点头道:"这里是飞船的军火库。"

千阳回忆起他在魏国服役的经历,待过的最大型飞船,上面配备的武器也没有这里多,不禁咋舌道:"这飞船到底有多大,难道是旃蒙级的?"

芈莎摇头,"这是周朝的飞船,那时候对飞船量级的划分跟现在完全不一样，旒蒙级……"她皱眉思索了一下，"现在的旒蒙级飞船，在那时候，也就是普通运输飞船大小吧。"

"你说这是周朝的飞船？"

"难道你半天都没看出来吗？"芈莎白了他一眼，"看来我要重新评估一下你的知识结构……"

"我当然早就知道啊，这么明显！嗯，你看上面的大篆，我看不懂的那些，一看就知道是周朝的籀文嘛……"

"你都看不懂，怎么知道？"

"呃……"

芈莎说："别狡辩了，回去汇报吧。这里发现了这么多武器，对星狐肯定有帮助，今天晚上你想吃多少鱼都可以。"

千阳一听，乐滋滋道："是啊，这可是我辛辛苦苦发现的！"他又看了眼芈莎，补充说："不过你的功劳也不少，我算你一份吧！"

"不用。"芈莎摇头。

"为什么？"千阳突然想起，平常芈莎虽然在飞船里巡弋，经常帮助城民们辨认各种器具，功劳很大，但回到地面论功行赏时，她总是淡然地藏在人群里，只要最少的那一部分。而每晚大家聚在一起吃饭时，她也总是坐在角落里，默默地看着自己……

不对，她不是看自己，而是看着戈兰。

这个联想让他痛心疾首——没道理啊，戈兰又瘦又弱，各种事情都是一知半解，自己高大威武、博学多闻，怎么就输了呢？

"因为我饭量小。"芈莎头也不回地说道。

进这个军火库可以用力场通道，但出去就不行了。他们在力场控制器里折腾了半天，还是无法反转力场，只得放弃，在军备库里寻找出去的路。

这里的空间实在太大,集装箱和巨炮高耸在幽暗中,像是城市里的大厦。他们走在这些庞然巨物中,不自觉地屏住呼吸,仿佛生怕唤醒这些来自遥远时代的杀人兵器。他们转过好几个大型仓库区,周围还是武器,都走累了,还是没见到出口的影子。

"完了,我们该不会困在这里了吧?"千阳沮丧道。

芈莎一指左边,说:"去那里看看。"

千阳顺着她的手指看去,发现左边有一个小门,但幽暗无光,看不清门内。"怎么?"他问。

"你去看看嘛。"

千阳走进去,只觉得里面更黑,边走边问:"怎么了?这里没光啊。"

芈莎在后面说:"那有什么?"

千阳摸索了一下,只觉得这个内里的空间也不小,但走几步就感觉地上有东西绊着,险些摔倒。他用脚踩了踩,发现地上全是倒地的柜子,都腐朽了,一踩就塌了下去。

"这鬼地方……"他抱怨道。

"等下,"芈莎说,"我们需要光。"

两秒钟后,莹莹的光亮从芈莎身上散发出来。这情形难以言喻,仿佛在此之前,她是没有通电的灯管,沉寂在黑暗里;而这一刻,她获得了能量,皮肤和头发都与黑暗格格不入,光尘飞散,照亮了这个空间。

"你还真有很多惊喜……"千阳感慨,突然眼角一跳,凝重道,"这里不对劲儿!"

芈莎显然也察觉到了,放慢了步子。这里跟刚才那井井有条的军火库不同,满地凌乱,地板上有一道道凹痕,千阳用手摸了一下,发现这些痕迹都是爆能枪击中后留下的，四周墙壁更是布满弹孔。

这里原本应该是资料室，有许多金属柜子，但现在柜子东倒西歪，有些已经腐朽成灰，一碰就碎；有些则跟新的似的，抹掉灰尘就露出了锃亮的外壳。

两人小心翼翼地踮脚走动，贴着墙角绕了一圈，发现这里没有动静，胆子稍微大了些。千阳弯腰扒开一个柜子，看到里面放满了存储盘，但一拿起来，就化成灰从指缝中漏下了。他甩了甩手上的灰，又发现这个柜子虽然不知为何保存如新，但侧面有一个大洞，旁边的柜子也有洞。这几个洞形成了一条通道，直到在墙壁上留下一个大凹陷。

千阳久经战阵，一眼就看出眼前的情况，"啧啧，这道聚光束的威力不小啊，穿过了这么多金属柜，还能在墙上留下这么深的痕迹。"

"看起来，这里发生过战斗。"

"是啊，还很惨烈，整个屋子都被毁了。"

"是军队战斗吗？"

千阳左右看看，摇头道："不像是大规模的作战……要是军队战斗，这些柜子应该不会这么完整。"他弯腰看着脚下柜子的洞口，顺着聚光束留下的痕迹反向走去，"看起来，像是几个人在打架，也许是两个。"

芈莎显然不信，"两个人怎么可能打成这样？"

千阳走到聚光束通道的起始处，看到有一个大箱子倒下斜翘着，像是压着什么。他用手探了下，摸到一只类似穿在脚上的鞋子，心里有底了，便道："不信吗？那我们打个赌。"

"赌什么？"

"如果是军队打架，那我就任你处置；可如果是两个人类打的，那你……"

芈莎睁大眼睛看着他。

这样的眼神对视,让千阳心里莫名有一丝胆怯。见鬼,这是他身上罕见的情绪,在军校他以厚脸皮闻名,在战场上,他拿枪以前就豁出了命,从未有过现在这种心里发颤的感觉。但那双眼睛真是水灵,仿佛空气中氤氲的光雾都流了进去。

千阳后退一步,差点摔在柜子上,后面的话自然说不出口了。他扭过头,避开芈莎的眼睛,说:"算了,跟你打赌也没意思,还是让你直接认识到自己的错误吧。"说完,他一把掀开柜子,说:"你看,我们转了一整圈,只有这里有一个——"他的话音停住了,因为柜子下露出来的,却不是人,也非骷髅。

是一个机器人。

看到机器人的一瞬间,千阳便心头一凛——难道是魏国的督军追过来了?但他立刻意识到这里是与世隔绝的天城寨,又在地底近百米深处,魏国就算手眼通天,也不可能埋伏在这里。

在看清机器人后,他完全放心下来。这个机器人虽然硕大,但看起来圆滚滚的,身体是一个大球,手脚各由三四个小球组成,只有头部像是蚂蚁的头颅,两个突起的白色眼睛也又大又圆,看起来一副人畜无害的样子,实在很难想象这里的狼藉是它造成的。

"小心。"芈莎见千阳在拨弄机器人,提醒道,"这里情况不明。"

"有什么不明的?都过了多少年了!"千阳漫不经心地把机器人的头抬了起来,敲了敲,又贴近了听回音,"难道它还会再启动吗?"

话音未落,机器人身体里传来急促的咔咔声,是齿轮在转动,也是电流在整个身体里流窜。千阳敲过的脑袋开始亮起细光,光沿着线路蔓延,涌到眼睛旁。它那两个由硅晶体制成的眼睛也亮了,一道红线横在眼中,像个迷你的心跳显示仪。

千阳吓了一跳,护着芈莎连连后退。

机器人眼中的红线开始抖动,声音也同时从它胸腔里冒了出来:"我是谁?我在哪里?我要做什么?"

千阳警惕地看着它,应付道:"这三个哲学问题,没人能回答。"

"哦……"机器人说。

能量流满全身后,它的四肢活泛起来,因为身体都是圆滚滚的,圆球之间以磁吸连接,可以滑动。现在,它全身的球向前滚动,依次并叠,脚都没动就直接从地上"站"了起来。

"好舒服啊。"它继续说,身上的球都扭动了起来,像在伸懒腰。

但机器人伸懒腰?

千阳愈发觉得此地诡异,悄悄对芈莎道:"我们快走。"

"咦,你们要走了吗?"机器人的脑袋上没有耳朵的造型,却准确捕捉到了空气中的微小声音,"但你们把我从休眠中唤醒,我还没感谢你们呢。"

"客气客气,举手之劳。"千阳摆摆手,"你在这里慢慢研究哲学,我们先走了。"

机器人说:"不用研究啦,我都想起来了。我的记忆藏在芯片里,只要与系统接驳,我就能想起一切。现在,记忆正在恢复,噢,这神奇的感觉你们人类永远也无法理解……我叫昭阳亥,是'烛龙号'的领航员,我休眠了四千四百九十五万又八千二百一十八个小时,合五千一百三十二年……"

芈莎本来正要溜走,闻言停下了脚步,说:"五千多年?你没记错吧?"

机器人眼中的红线一下子疯狂跳动,语气也随之急促起来:"女士，你怎么能这么侮辱我？我能担任这艘庞大飞船的领航员，负责航向，足以说明我机能的优秀！我的战斗力也很强，出厂的时候，天雷滚滚，异象频生！"

千阳皱眉道："天雷滚滚？你明明是圆滚滚，看样子不像是战斗机器人啊。"

"你！"机器人气愤道，"你怎么能这么侮辱我？我能担任这艘庞大飞船的领航员，负责……"

芈莎打断它，说："那你肯定知道这艘飞船——你叫它'烛龙号'，你知道'烛龙号'的来历吧？"

"那当然，'烛龙号'由镐京建造司督造，以大周朝最高科技为标准，配备的人员全是从各星域调来的精英。建成之日，天子亲自观摩，并题字'烛龙翔天，瞬息光年'。银河之祸初始，镐京被袭……'烛龙号'受命封印龙嫠，中途生变……在洛邑……黑洞……"机器人的声音刚开始还十分流畅，可说到后来，变得愈发迟缓，还断断续续的。

"你怎么了？"

"我……"机器人抬起头，脑袋左右转转，有点彷徨的样子，"我的芯片损坏了，记忆多有缺失……我记得它们来抢龙嫠，我们挡不住，死了很多人，到处是尸体和机器人残骸……大司马殉难……太子重伤……洛邑毁灭……偷袭……死了很多人，到处都是尸体和机器人残骸……"

它的呓语无法停止，音调里夹杂着完全不像是机器人该有的复杂情绪，有失落，有迷惘，有恐惧，还有一丝悲壮。到后来，它的声音已经不成句子，呜呜咽咽，听起来像是哭泣。

千阳和芈莎对望一眼，前者的意思是赶紧走，后者却摇了摇头，反而上前拍了拍机器人的头。"那些都已经过去了，过去了五千多年，战斗早就结束了，你安全了。"她轻声安慰，又想起机器人刚才的话，问道，"你刚才提到了龙漦，那是什么？"

哭泣停止，机器人抬起头，眼中的红线迅速扩张，充满了整个眼睛。

"你说什么？"它紧张道，"你怎么知道龙漦……你们是它的人吗？"随着体内响起的咔嚓声，它身体开始发热，圆球之间摩擦着，发出令人牙酸的吱吱声。

"是你自己告诉我们的啊。"千阳见势不妙，连忙说。

"噢，我自己说的……我怎么不记得了……"机器人再次颓然地坐倒，眼睛恢复白底红线的样子，用宽大的金属手掌抚摸着膝盖。

"龙漦到底是什么？"芈莎又问道。

千阳奇怪地看了她一眼。芈莎虽然来历奇怪，行事不按常理，但很少这么咄咄逼人地追问。芈莎的眼神也不同往常。

"龙漦……是银河之祸源。"

2

芈莎凑近了机器人，急促地问："你记得这个龙漦的样子吗？"

机器人认真回忆，摇摇头，"我没见过……哦，我见过，它装在盒子里，盒子在跳，像装进了一颗不死的心脏……刚开始，它是宝贝，被献给天子，周朝随即迎来了最强盛的年代。我身上的科技，有一部分也来自它。但不知怎么，腐朽从内部滋生，阴影笼罩镐京……天子急召，让我们带着龙黎离开，把它封印起来……"

芈莎的脸色越来越凝重，问："那后来呢？"

"后来我们被龙黎的傀儡追到了。所有人都在抵抗它们，但它们有龙黎的力量，电和钢铁都向它们臣服。它们长驱直入，舱门为它们打开，武器以它们的意志转向，如果不是我的智能系统被改造过，我也会倒戈……两个傀儡夺走了龙黎，剩下一个来拦住我……"它越说越快，似乎在破碎的芯片里找到了久远的记忆，"是的，它无法控制我的系统，只能与我战斗。它很强，即使只靠自己，也很强。但我也很强，我能担任这艘庞大飞船的领航员，负责……"

千阳连忙打住，"行了行了，我们知道你厉害，你继续说后面的。"

机器人边回忆边站直，脚底圆球滚了起来，在他们面前划动。地上杂物很多，它虽然在沉思，但脚丝毫没有碰到任何柜子或战斗痕迹，又稳又快地移动着。过了好一会儿，它才说："我受了伤。"

"这个我们都能看出来。"芈莎说，"但你还是赢了，不然现在站起来的，不会是你。"

机器人点点头，说："那是当然，能活到最后的，才是赢——不对，我没赢。"

"啊？"千阳和芈莎同时道。

"我没赢。我们在对射中消耗了全身的武器，我击中了它的胸膛，它把我的芯片都快拔出来了……我还落了下风，但智商帮我挽回了劣势！说时迟那时快，我一把抓住它，让它跟我进行镜像连接。在它挣脱前，我启动了强制休眠，同归于尽。我真厉害！"刚开始它的声音还带着迷惘和沮丧，讲到后来，已是一片沾沾自喜。

281

千阳努力理解它的话，点点头，"虽然我没福分见识你们的战斗，但你这个套路真是很牛，佩服！"

"等等，"芈莎皱紧眉头，"你是说，由于你们之间是镜像连接，所以你休眠，那个龙嫠的傀儡也休眠了？"

"是啊。"

"它也是机器人，对不对？"

"是，但它太过邪恶，跟我不可同日而语。我能担任这艘庞大飞船的领航员——"

芈莎打断它，说："那如果你醒过来，那……"

"那你们就有这个福分了。"一阵压抑的声音从资料室的角落里传来，明明隔得很远，却如同鬼魂在耳边低语，"不只有幸目睹我们的战斗，还能被我亲手杀死。"

千阳心里咯噔一下，循声望去，只见幽暗的角落里，一个高瘦的身影慢慢站起来。身影裹在黑暗里，看不清，但它的头部亮起两团火焰，像燃烧的狼眼，直欲择人而噬。

中断了五千年的噩梦，再度袭来。

机器人昭阳亥惊恐地看着角落里站起来的阴影。火焰渐亮，照亮了角落。这个此前一直隐藏在黑暗里的物体，也是机器人——按照昭阳亥的话，它是龙嫠的傀儡。它浑身细长，但比昭阳亥残破许多，一个拳头大小的破洞贯穿它整个胸膛。

但它只是这么站着，强大的压迫感就散发出来，浸透了房间里剩下的两人一机。

"噢，"傀儡迟滞地转动脑袋，"原来已经过了这么久，我感受不到女主人的律动，她真的被封印了吗……不对，我听到了什么?……"它胸膛里断开的电线开始冒火花,发出令人牙酸的吱吱声,过了一分钟,它才猛地抬起头,看着头顶,眼中烛光疯狂跳动,"我感受到了!她苏醒了,她已经苏醒!我必须回到她身边!"

昭阳亥摇摇头,"不,你不能去……"

"当然,去之前还是浪费一点时间,先杀掉你们吧。"

话音刚落,它的身影就从站立之地消失,两道焰光在空气中连成一条线,急速向千阳撞过来。

千阳身手本来不错,但听到风声呼啸的同时首先把芈莎拉在了身侧,下一瞬间,他就被傀儡撞到了。巨大的力量让他在空中翻滚,摔倒在墙上,又跌回地面。

五脏六腑似乎都被撞得移了位,他捂着胸膛,浑身聚不起力气。

"人类依旧脆弱。"傀儡冷笑,抬起脚,正要以钢铁脚掌碾碎千阳的头颅,却听后面传来了破空声。

它回过头去,只见十余个大大小小的圆球向自己滚了过来,速度极快。

那是昭阳亥。它及时解开了身上圆球之间的磁吸连接,身体分散,所有的圆球都成了武器。有些球贴地滚动,有些在空中飞行,无迹可寻。

傀儡却没有闪避。

啪啪啪啪……

一连串的声音响起。每一声,都是傀儡的拳脚击打在圆球上发出来的。它的速度太快,哪怕身边围绕着十几个圆球,同时攻击,它也能逐一挡开。

"你这样没用的。"在迅捷的动作间隙,傀儡还能从容不迫地说话,"我们的热兵器在上一轮战斗中——也就是五千年前消耗完了,现在只能用这些原始的伎俩,我劝你停下来,让我直接杀了你吧。"

昭阳亥的头绕过一道弧线,从地面跳到舱顶,再反弹射向傀儡的胸膛——显然那里是它唯一的缺陷。

但傀儡轻笑一声,头微微一低,用头顶撞上了圆球。

两种金属碰撞,火光迸开。

昭阳亥的头弹到地面,溜溜滚了一圈,又再次浮到空中,向傀儡射去,但速度已经慢了很多。

傀儡只是晃了晃头,丝毫没有受到影响,"动用你少得可怜的运算力思考一下,我速度的上限,比你进攻的上限要高。我占有微弱的优势。但你继续这样徒劳的进攻,时间就会扩大我的优势,当优势足够大时,我就会杀了你。"

昭阳亥没回答,十几个圆球猛攻呼啸。

千阳也看出来不对,拉着芈莎往外退。"它们五千年前的恩怨,跟我们无关,"他悄悄说,"我们赶紧走。"

刚走两步,脚下咕噜噜滚过来一个黑乎乎的圆球,正是昭阳亥"小腿"位置的球。千阳吓了一跳,以为昭阳亥不敌傀儡,报废了一块部件,但那球并没有停住,而是在他脚边急促转了几圈,然后哧溜一声往斜前方滚去,出了舱室,来到军备库。

"怎么?这贫嘴机器人快要被杀了,它身上的零件都害怕得要逃走?"千阳一愣。

"不对,它是让我们跟过去。"

两人连忙跟在圆球小腿身后,在军备库穿行,很快来到一排武器架前。圆球腿在地上一个弹跳,撞倒最右边的武器架,一支漆黑的双手长枪掉落下来。

千阳捡了起来,只觉这柄枪格外冰凉,握在手里沉甸甸的。枪的造型很别致，握柄粗大，需要两手持握，枪管呈喇叭形，不知射出的是什么子弹。

"高能爆磁吸枪……"芈莎辨认出了枪身一侧的字样。

"噢，我明白了！"千阳看着在地上滴溜儿乱转的圆球腿，脑中灵光一闪，"它让我们帮它！"

他拿着枪，快步跑回资料室。此时昭阳亥已经落入下风，圆球进攻的速度已经慢了许多，有几个甚至被击落到了地上，连飞起来都难。

"看来这场持续了五千年的战斗，会在接下来的五秒钟内结束。"傀儡说着，两手猛地合拢，夹住一个圆球，用力拧动，"再见了，我的朋友。"

圆球掉在地上，无法移动，看来被傀儡击中了关键零件。

傀儡毫不耽搁，手脚快得在空中出现了残影。砰砰砰砰……一连串响声过后，昭阳亥身上分离出的圆球滚落一地，只剩最后一个圆鼓鼓的脑袋——脑袋还没落地，就被傀儡的双手夹住了。

"记住你看到的画面，"傀儡抬起昭阳亥的脑袋，凑得很近，两双眼睛几乎都要碰到了，"这是你最后的缓存。"

昭阳亥的眼睛突然睁开，眸中红线跳跃，声音却从地上的其他圆球中传出：

"就是现在！"

这四个字不是对傀儡说的。

千阳提着枪，枪口对准傀儡，扣下扳机。宽阔的枪口射出一个黑黝黝的圆盘，在空中划着弧线，击向傀儡的头部。傀儡冷笑一声，放开昭阳亥的脑袋，一拳击出，正中圆盘。

"如果你以为这种程度的武器能——"它的声音从讥讽变得愤怒，

285

"这是什么?!"

却见圆盘在空中粉碎,变成一团黑色短丝,纷纷扬扬洒落下来。傀儡身手再快也躲不过细雨一样的黑丝,而黑丝一落到它身上,就吱吱冒电,仿佛无数细小的虫子在蠕动。

这些电光似乎立刻钻进了傀儡体内。它的动作慢了下来,连说话都变得迟钝,它努力想抬起手,但电光连缀在一起,像网一样拖住了它的动作。

"这样……杀不了……我的……"它缓慢地朝门口前进,声音如同瓷片刮过墙壁。

"我知道,这样可以!"昭阳亥的脑袋调转方向,冲千阳喊道,"按下枪侧的按钮!"

千阳摸了摸,在枪身右侧摸到了一个坚硬的按键,用力按下。

满地的黑丝震颤起来,空气中爆出了令人不安的嘶嘶声。下一秒,地上的圆球在强大磁力作用下,一个个跳起来,紧紧吸在傀儡外壳上。

"你……"傀儡扭动身体,但被圆球箍住,姿势怪异。

磁力越来越强,圆球收拢,能听得到傀儡外壳破裂的声音。很快,随着一连串清脆的咔嚓声,圆球紧紧吸附成一团,再无空隙——而之前阻碍它们的傀儡外壳,则被完全挤碎。

傀儡直挺挺地倒下,外壳震碎,继而风化成灰。

"这枪的磁力好强啊。"千阳感慨道,又踢了踢地上吸成一团的圆球,"喂,它彻底报销了,你可以组装回来了。"

但昭阳亥毫无变化,依然是紧凑的一团金属。

千阳想了想,又按下枪身一侧的按钮,磁力立刻解除,十几个圆球散落一地。其中,胸膛部位的大球滚到了千阳腿边,千阳一脚踹开，球撞到一个资料柜，又滚回来，静静地躺着。

见危险解除，芈莎也走了过来，蹲下研究昭阳亥的胸膛，摇头道："它也死了。"

果然，昭阳亥的胸膛圆球已经破损，千阳用手一抠，一小块壳片剥落，露出里面复杂的电路板。千阳认不出电路分布，但看得到上面镶嵌的芯片，应该是控制昭阳亥所有行为的主芯片，但已经彻底破损了。他轻轻撬了下来，觉得芯片有点眼熟，但一时想不起来，又放下了。

芈莎弯下腰，把满地的圆球捡到一起，重新拼成昭阳亥的模样，然后轻轻点头。

"谢谢你。"她说。

千阳看着她，她的眼角泛着泪光。

"可惜不知道它说的那些龙鏊、天子的到底是怎么回事，"千阳岔开话题，"应该是一段周代秘史吧，但以后怕是无人知晓了。"

"走吧。"

他们走出资料室，在一个狭窄通道里找到了反向重力场，辗转回到地面。天色尚早，还是下午时分，但芈莎回到地面后有些恍惚，摆了摆手就往她的小房间走去了。千阳问了两句，没有回应，也就悻悻回屋了。

他躺了半天，直到肚子饿了，才去蹭了点烤鱼肉。吃完后他想跟戈兰一起回来休息，顺便把飞船里遭遇的事情告诉他，但戈兰刚吃完就跟几个老城民一起去商议天城寨的制度改革了。这些天，戈兰一颗心全扑在那上面，连深夜里都常常会突然坐起来，在墙角写写画画，规划城里的居民分布。

千阳只得一个人闷闷不乐地回到屋子里，辗转反侧，好不容易睡着,梦里又回到了废弃飞船的幽深底部。而芈莎在梦境里更加漂亮,也更朦胧了,像是倒映在波光里的花儿。他走近,波光溃散,芈莎的容颜也消失了。

千阳从梦中醒来,两手枕着后脑勺,咂摸着梦里的情形,竟分外恍惚。他颇为感慨地叹息一声,翻身继续睡。

刚一翻身,口袋里掉出一个小东西,在地上叮地撞出了声。

千阳捡起来一看,却是临十一残存的芯片。当初他们为了逃出魏军飞船,从临十一的残骸里拿出了这块芯片,利用它的权限来逃生。现在,他两指夹着芯片,放在眼前,回想起跟临十一一起厮混的日子。

虽然临十一是奉"鬼谷子"之命来监视自己的,但除了最后那场殊死搏杀,其余时候还算相处愉快。尤其是自己一路被贬,它还一直跟在身边,某种程度上,它也算自己的……朋友?

"唉,十一啊,我们俩都混得有点惨啊,"他感慨地自言自语,"我流落到这个破星球,你也只剩一个小芯——咦?"

他突然坐起来,盯着这块小小的半透明芯片。

他终于明白为什么看到昭阳亥的电路板会有点熟悉了——昭阳亥的芯片,跟临十一的芯片制式是一样的。

3

"不会吧……"

他记得临十一是按照鬼谷子提出的新机器人技术制造的，从外壳材料到动力系统到芯片，都是全新的，超越了魏国当前的水平——正因如此，才能被冠以"临"字开头的编号。

但最新的芯片，为什么跟五千年前的周朝芯片是一样的呢？技术绕了一圈，又回到了古老时代？记得老爸研发鬼谷子，曾受到过偶然发现的周朝技术的启发，但真能相似到如此程度？

千阳左思右想，甚至怀疑自己是不是记错了。这觉是睡不了了，他干脆起床，借着蔓藤的光又回到了飞船内部，找到了昭阳亥的躯体。他把临十一的芯片对着昭阳亥的电路板比了比，确实连卡槽的凹陷都与电板严丝合缝，犹豫之后，他直接将芯片插进了电板，又把电板放回昭阳亥的胸膛里。

昭阳亥依然躺在地上，纹丝不动。

"唉，果然是我想错了。"他咂咂嘴，有些遗憾。

不过既然临十一的芯片能卡进去，就当作安身之地也好。他向胸膛的圆球摆了摆手，"再见了，老朋友。"又朝着其他圆球说："永别了，新朋友。"说完转身离开。

等他出了飞船，这一夜已过去大半，蔓藤的光仿若风中烛火，随时都会熄灭。每当朝阳出现，蔓藤就会缩进地底，所以此时地面满是蔓藤摩挲的沙沙声。

千阳向自己的屋子走去，忽觉身后声音有异，转头一看，却又一切如常。又走了两步，耳中的确捕捉到了沙沙声中有异常，遂立刻掏出枪，转身喝道："是谁?!"

满地缓缓蠕动的蔓藤中，滚出了十几个圆球。

"咦，昭阳亥？"千阳收回枪，疑惑道，"你恢复了吗？"

从蔓藤里滚出来的，的确是昭阳亥的残骸。圆球在地上滑动，慢慢拼成昭阳亥的人形躯体，站起来。但它盯着千阳，眼中的红线颤抖不止，似乎在思考。

"你是说，我叫昭阳亥？"它说。

千阳一愣，"你不记得自己的名字啦？"

"我……不知道……我的数据很混乱……"

"那你知道自己的身份吗？你是'烛龙号'的领航员！"

"但我的记忆模块里没有显示这一点。"

千阳一拍脑门，"我把临十一的芯片放进你体内了，相当于你的脑子换成了临十一——你是魏国战斗机器人临十一！"说完，又谨慎地后退一步，提防临十一恢复后继续执行杀死自己的最终任务。

但面前的机器人仍是迷茫地摇头，"我也没有与此相关的缓存。"

"噢……"千阳略微放心了。他走近机器人，耳朵贴在它的胸膛上，听到里面传来细微的吱吱声。它正流畅有力地运行着。应该是芯片的制式虽然吻合，技术和编码手法还是不同，芯片和机械本体在一番磨合后达成了某种妥协，但代价是很多数据都无法读取了……他边琢磨边打量机器人，又点了点头——对机器人来说，数据就是一切，一旦混乱，机器人的脑子里就一片空白。

也难怪它会悄悄跟着自己。

就像鸭鹅破壳而出后，会跟着见到的第一个移动物，模仿它的行为。没有记忆没有使命的机器人，也跟婴孩一样，自发地进行了这种印随行为。

"好吧，"千阳低声道，"既然你把我当妈妈……"转念一想自己占的是个机器人的便宜，也没什么成就感，呸了声说，"想不起来就不要想了！从现在起，你就是一个自由的机器人了，想干什么干什么去，走吧！"

说完，他只觉困意来袭，打了个哈欠，就往屋子走去。

他一动，机器人也动了。

"喂，你别跟着我啊，我又不是你妈妈。"

"可你刚才说是……"

"我跟你说，我们人类的话，不能当真的。"

"难道你们人类的话，不是经过深思熟虑才说出来的吗？"

千阳大手一挥，说："当然不是，我们更多时候只是随口一说。我跟你没有关系，你之前还想杀我呢。"

"可要是你跟我没有任何关系，我为什么要杀你呢？"

"呃……"

机器人低头沉思，"或许我应该把你杀了，以此跟你的语言达成契合。"

"别别别……我说错了，你跟我没有关系，你不认识我。你走吧，去别的任何地方，做任何别的事情！"千阳匆匆说完，扭身就走。

机器人却不依不饶，"等等，刚才我醒过来的时候，你跟我打招呼，说'再见了老朋友'，又说'永别了新朋友'，那我们到底是新朋友，还是老朋友？"

"反正不是我女朋友，就别跟着我……"

千阳快步往前，左绕右绕，甩开了机器人。临到一个拐角时，他回头看了一眼，机器人依旧站在原地，似乎在思考自己的最后一句话。"真是个人工智障。"他想。

这一夜尽来回奔波了，都没怎么休息，千阳回屋后只觉疲顿不堪，缩在角落里就睡了过去。

他睡了个好觉，从朝阳升起睡到日落西山。城民们劳作归来的喧哗声都没把他吵醒,倒是后来开始烤鱼,鱼香味满城飘荡,钻进了他的鼻子,惹得肚子一阵咕咕乱叫,才把他弄醒。

他咂摸咂摸嘴,悠悠转醒,刚睁眼却又被吓得够呛。

一个硕大的机器人脑袋近在咫尺地盯着他。

两双眼睛对视着。

"啊!"千阳大叫一声,看清后怒骂道,"你个阴魂不散的铁皮罐头,怎么偷窥我睡觉!机器人也有这种癖好吗?!"

面前这个,正是有着昭阳亥身躯、临十一芯片的机器人。它全身散开,圆球脑袋贴近千阳,此时也往后缩了缩,疑惑地问:"什么那种癖好?"

"就是我以前经常……唉算了,说了你也不明白。"千阳骂骂咧咧着,想翻身继续睡,但肚子饿得厉害,干脆坐起来遥望远处。

人们围成了一堆,篝火燃起,架着一排排串着鱼肉的钢架。海鱼肉质鲜美,烤到火候处,香气四溢。不少人正在大口嚼食。

千阳吞了口唾沫。他今天睡了一天,没有劳动,凑过去也得不到食物。"妈的,"他愤愤地看了一眼机器人,"都怪你!"

"为什么?"机器人说,"我做错了什么吗?"

"我昨晚把你组装好,白天没有干活,现在分不到鱼吃!"

"噢,原来你是缺乏食物——稍等。"

话音未落,机器人一下子散开成十几个圆球,从各个方向滚出去。千阳"哎"了一声,回过神来,机器人已经没了踪影。他疑惑地坐在原地,肚子愈发饥饿,就在他犹豫要不要厚着脸皮去找戈兰要点吃的东西时,圆球们又滚了回来。

其中几个圆球上探出钢针,针上分别插着鱼、飞鸟和一种他叫不出名字的小肉兽。

"这是……"

"这是给你补充身体机能所需的食材,我还采了两把蔬菜。"机器人说着,胸腔圆球弹开一个隔板,露出里面的绿色植物。

千阳长大嘴巴,说:"就这么一会儿,你……你把天上飞的、地上走的、海里游的全抓来了?"

"听你的语气,似乎这对人类来说是一件很困难的事情?"

"听你的语气,有点欠揍。"千阳不理会它话里的炫耀,兴高采烈把食材取下,又犯了难,"可我不会做饭啊,难道生吃?"

"我来我来,你在旁边看着。"

说话间,圆球滚动,在空地上组成一个圆圈,只见每个球都伸出金属细杆,搭成烤架。代表两手的小球则咔一声弹出各式刀叉,将地上的食材精准切割,瞬间就成了标准的肉片。肉片送到烤架上,很快,肉香味就冒了出来。

"哇,好啊,好啊!"千阳拍着手,站在烤架前,口水都快流到胸口上了。

"再等下,我加点佐料。"机器人的脑袋在烤架边划着圆圈,满意地说,"要在色香味上,都达到你们人类对于美食的标准。"

"你怎么还会做菜啊?"

"不知道啊,反正我的数据里有好多菜谱。"

临十一是战斗机器人,肯定不会储存菜谱的,那多半是昭阳亥残留下来的数据。这是跟战斗背道而驰的技能,难怪两种数据搅在一起,整个数据库都混乱了。

"吃吧!"思考间,机器人已经烤完了三种不同的肉。

千阳取过细杆,香味几乎把鼻子淹没了。他本来还有些顾虑,不知道这些叫不出名字来的肉能不能吃,但轻轻咬了口,肉汁和调料的美味沁入味蕾,像炸弹一样在他脑袋里爆开。

"这样的美味,死了也值!"只尝了一口,主宰他思考能力的部位就从大脑换到了舌头。舌头命令他吃完,他只能吃完。

吃完后,他的肚子已经撑得鼓鼓的了。

"幸好我计算过你食量的极限,不然即使你没有被毒死,也要撑死。"机器人感慨道。

"什么……有毒吗?……"千阳拍着肚皮,用舌头舔着嘴边的油,语气倒是一点也不担心。

"是啊,银鳜鱼和炎鸟都有毒,但它们跟七目兽混在一起,就没有毒性了。味道还会格外鲜美——这一点,你刚才也有所体会吧?"

经过这一出,千阳对机器人的戒心彻底消除了。他盯着这个呆呆的机器人脑袋,心想,留在身边也不错,至少自己偷懒之后也不会挨饿了。"那我给你取个名字吧!"他琢磨了下,喃喃道,"昭阳亥是天干加地支的命名,临十一是魏国的新编号,所以你就叫——阿厨!"

机器人愣了下,"'所以'?我怎么听不出你这句话里面包含的逻辑关系?"

千阳丝毫不为自己的信口胡诌感到惭愧,手一摆,说:"你就说你喜不喜欢吧!"

机器人的脑袋在地上轻轻旋转,其余部位组合成形,再把脑袋端回身上。"这个名字……"它眼眸里的红线轻轻跳跃,过了许久,突然往上一折,组成两个心形图案,"我的算法很喜欢!"

千阳饭饱肚撑,又睡了一个舒服觉,只觉得浑身有力。他想起阿厨是他跟芈莎一起发现的,那也应该让芈莎看看,说不定她会感兴趣呢。

"走!"

阿厨问:"去哪儿?"

"正所谓酒足饭饱思——呸,反正你跟过来就行了。"

他带着阿厨,穿过小半个天城寨,来到了芈莎选择的房屋。这是一间悬在半空中的房子,此前应该是飞船的某个物资运输枢纽,废弃后被蔓藤侵蚀,出现了一个半人高的破洞,也就成了房子的门口。千阳仰头望着,想象芈莎每晚沿着蔓藤爬进去,然后独自待在逼仄的空间里,应该不会幽暗,毕竟蔓藤会发光——那么,那些光就会在她精致的脸上流动。

想到这一幕,千阳心里微微一动。

"你心跳变了,身体的各项激素分泌也不正常,"一旁的阿厨突然开口,"你恋爱了!"又疑惑地望着面前像瀑布一样垂下来的蔓藤,自语道:"为什么看着蔓藤都会恋爱呢?难道你有恋物癖……"

"你才有!"千阳小声啐道,清清嗓子,大声喊:"芈莎,芈莎!你出来!"

但喊了半天,小房里没有丝毫动静。

倒是住在邻近的人被惊醒了,一个大妈揉着眼睛走出来,骂道:"大晚上的喊魂啊!我刚刚还以为秦兵们追过来了呢,吓得半死!"

千阳连忙点头哈腰道歉,又问芈莎去哪里了。

大妈手指北边,说:"前半夜的时候,我看她往那边去了。"

"谢谢您!您赶紧睡,放心,这里这么隐蔽,秦军没办法追过来的!"千阳安慰大妈后,带着阿厨往北边走,穿过复杂错落的台阶和巷道,一路来到城市边缘。他没看到芈莎的身影,又继续往北走,沿着小路爬到了一道山坡下。

圆润的银色月亮悬在天边,这颗卫星的轨道偏心率很高,今天正好接近近地点,比往日大好几倍,银辉如水泻下,将雾气都洗掉了。

这个夜晚的空气格外清凉，甚至能看出月光斜斜的轮廓，坡上细草如毯，走在上面，发出轻微的咔嚓声，仿佛草叶在低语着什么。千阳心情大好，步子也轻快不少，迎着月光走到坡顶。

一头墨绿的长发撞进了他的视线。

芈莎坐在山坡的另一边，蔓藤的光似乎穿透了她的薄衫，照得她身影纤细，又有些透明，仿佛随时会融化在这个静谧美好的夜晚里。这正是千阳想象中的芈莎，他嘴角扬起，正要走过去，又停下了脚步。

因为芈莎身旁，还坐着一个人。

一个男人，很熟悉，从背影就能认出来——是戈兰。

千阳站在坡顶，凝视良久，突然转过身，默默走了回去。

第八章　巫女之叛

1

月光似乎也是冷冷的，落在肌肤上，凉意慢慢沁入。戈兰坐了会儿，缩起身子，看向旁边的芈莎，说："你冷吗？"

芈莎摇摇头。

"但你穿得比我少多了……"戈兰看着她的侧脸，视线下滑，看到了芈莎下巴的弧线，以及……他及时收回视线，仰望头顶大得惊人的明月。

"在楚国时，我们经常在很高的地方飞。很高，就会很冷，我都习惯了。"

"我也听说楚国有生物飞船，很神奇。"

"是啊，鲸会飞到月下，鹰隼可以在海底潜行，星球之间的阵线则由飞鱼群守护。"芈莎也看向夜幕，声音空灵，"小时候，我和……爷爷会在楚国游历，去很多地方，都是乘坐巨鲸飞行。那时候楚国各地都很安宁，没有人担心战争。但自从秦魏发动战争后，楚国也变了，人人担心战火波及，现在楚国边境上都是战龟飞船，国都里也一直都是争吵声……"

戈兰沉默了一会儿，说："战争不是我们挑起的。"

"但无论如何，这场战争都会将银河拉入毁灭的深渊。"

戈兰咋舌，"没那么严重吧？无论谁赢，都只是国家间的战争，胜者会接管败者的星域。这样的战争，历史上已经发生过无数次，规模更大的也数不胜数，银河却依然存在。"

"但这场战争，不会有胜者。"

"嗯？"

芈莎说："我也不清楚详情，但目前历史的走向，银河必然陨落。如果我们不做点什么，这个结局就注定了。"

"等等，什么叫我们不做点什么？我只是一个秦国……我只是一个普通人。"戈兰想起自己已经离开雍都星，没有父王的庇护，的确只是一个普通人，"你半夜把我拉过来，就是为了跟我说这个？"

芈莎摇摇头，"你并不普通。虽然我不知道为什么，但命运选定了你，你是拯救银河浩劫之人。"

戈兰打了个哈欠，站起来，敷衍道："你这个说法好无聊啊，如今三流网络小说都不这么写了。"

"我没有骗你——但你似乎不愿意承担这个使命，这些天你把精力全花在这座城市里，天上的世界到底什么样了，你都不关心？"

这番话落在戈兰耳朵里，让他一怔。自从知道星狐的秘密后，他就决心帮助星狐建设天城寨。这一阵子他专心勘探地址，定制规章，的确没时间去想外面怎么样了。

天上的世界，自然在打仗。秦魏之战应该已经更紧迫了吧，说不定克隆人军队和机器人军队已经在各大星域开战……他想。

但自己关心有什么用呢？

"不是我不关心，"他摇了摇头，"但那都是我父王和大哥的事情。他们更懂战争，保卫国土也是他们的责任，我出现的话，只会给他们添乱。相比起来，我更喜欢这里。"

芈莎皱了皱眉。

戈兰笑了笑，走上坡顶，指着远处沉睡的天城寨，说："我从小都是被人伺候着长大的，一切都是别人做主，但在这里，我能按照自己的想法规划这座城市，我能一点点把它变得更好——而且你不要笑话，虽然许多方案是千阳帮我拟定的，但我发现自己在治理城寨上，还是有点天分的。"说到这里，他摸了摸鼻子，有些不好意思的样子。

的确，这些日子他致力于整改天城寨的秩序，也渐渐有了威信。城民间的争吵变少了，劳动分配更合理，城市运转得更加高效了。星狐皱眉的时候也少了许多。有些争执不下的纠纷，在他的调解下，也能轻易解决。

"我承认你在这方面的确有过人之处，"芈莎说，"但你这份才能不应该用在更广阔的地方吗？治理雍都，治理秦国，治理——整个银河！"

"银河太大了，别说人，连星球也只是一粒尘埃。我没有接管银河的野心——何况，就算把别的地方治理好了，也不如在这里。"

"因为这里有星狐吗？"

"不不不，当然不——你怎么知道？"

芈莎冷冷地看着他，"这里恐怕没人不知道。"

"咦，这么明显的吗？……"戈兰低头沉吟。

他回想这阵子自己的表现，看有没有不妥之处，如果太刻意了，可以收敛一点……他想得太认真，没有留意到芈莎的眼神愈发寒冷，

299

仿佛有冰块在她美丽的眼眸中凝结。

芈莎转过身,踏着月光离开了这座山坡。

戈兰伸出手,叫了她一声,但芈莎仿佛没听到,一步步走进夜色里。他挠了挠头,有点莫名其妙,夜里被叫出来还以为芈莎有什么重要的事情,结果只发生了一段奇怪的对话。

他打了个哈欠,也循路回到自己的屋子。回到家,看到千阳蜷缩在角落里,不知道睡着没有。他身边躺着十几个圆球,黑黝黝的,可能是千阳从废弃飞船里捡回来的吧。

"千阳?"他轻轻叫了声,千阳没动,整个身子都藏在墙角的阴影里。

应该是睡着了。戈兰想着,在另一个角落躺了下来。

他累了一天,临睡前又被芈莎叫走,本已困倦,躺下后却睡意全无。天城寨外的海潮起起伏伏,海浪声在城中回荡,但他耳边响起的,却是芈莎的话。是啊,自己来了之后,就完全忘了雍都的事情,不知父王兄长如何了……思乡之情在他胸中充盈,眼角也微微湿润。他翻了个身,又想起了星狐——父王和大哥有整个秦国作为依靠,但能帮星狐的,只有自己。

这么想着,思乡之情被一股柔情冲淡了。他想起星狐的脸,嘴角甚至露出了一丝微笑。

就在戈兰与千阳各怀心事、难以入睡的时候,天城寨外,一个身影正面朝悬月,孑孑独立。

起风了。

风掠过她的身体,衣衫猎猎,仿佛随时会乘风而起。细细的草叶被吹动,柔软的叶条划过她光洁的小腿,想来有些痒,但她纹丝不动,仿佛入定。

月亮升到最高处时,她才收回目光,缓步走到山坡边,俯视身下的天城寨。

这座依托废旧飞船而建的城寨正在熟睡,里面躺着从星球各地逃难而来的克隆人。在这里,他们不再是奴隶,不再受到虐待,额头上那屈辱的标记也得以抹去。这里虽然破旧,生活方式堪称古老,但安宁平和,是他们的天堂。

"对不起……"芈莎叹息一声,轻声说。

然后,她霍然转身,直面圆月。

月光升到高处,清辉大盛,光亮超过了地上的蔓藤。芈莎两手平抬,衣袖震荡,眼眸中的颜色也迅速变幻。这一刻,空气中的光似乎有了实质,会聚起来,在芈莎身边流动。

光越来越亮,她成了第三轮月亮。

她脚下的蔓藤抖动起来,蜷缩着,以肉眼可见的速度远离她。她周身出现了一处十丈方圆的空地。草叶也以她为圆心,向外倒伏着。

奇异的力场从她身体里扩散而出,光流动着,钻进她左手指尖。光全部没入后,四周暗了下来,像是莹莹夜色中一团突兀的黑雾。一切声息都消失了。这诡异的场景持续了一分多钟,随后,星星点点的光粒又从她右手指尖涌出,丝带一样缠绕着,在荒野里远去。

芈莎睁开眼睛,额角沁汗,微微喘气。

似乎刚才的一系列举动,耗尽了她的力气。但她还是抬起头,眼中色泽变幻,目光在游离的颜色中穿梭,穿过遥远的距离,穿过无尽的时间,看到了某种景象。

待看清后,她的眼神不再是忧虑,而是变成了迷惘。

"未来是混沌的……"她犹疑地呢喃,话一出口就被夜风吹散,

"好吧，未知代表一切皆有可能，总好过……毁灭。"

由光粒组成的丝带在草丛里滑行，迅若疾蛇。它游过的地方，所有的动物都被惊动了，在光带后面追逐着。

它越走越远，追逐的动物越来越多，渐渐组成千军万马的姿态。大小走兽，蛇虫鼠蚁，都在用最快的速度跟随着。光带掠过沼泽，水里的鱼怪也闻风而动，水面搅得犹如沸腾。

但没有一只走兽追到光带。

它穿过深山，游过沼泽，最后没入海水。在海底蜿蜒曲行，又引起了一大波海怪的追随。这诡异的景象，无人得见，但如果戈兰或千阳看到的话，便会惊奇地发现——光带行走的路线，正是星狐带着他们从海边辗转来到天城寨的路。

2

"我要走了。"千阳说。

戈兰正准备出门去找星狐商议对废旧飞船的开发，看能不能利用地下空间，安置一批人住进去，听到这句话，脚步停下了。

千阳说这四个字时的语气不对。

"哈哈，又要去探索飞船吗？"戈兰说，"祝你今天好运！"

"不，我是要离开这里了。"

果然……戈兰心里微颤，想了想，又点头道："也是，你的志向是建功立业,这里提供不了那么大的舞台。你什么时候走?"

"现在。"

"怎么走?"

"我问过星狐了,她也休整得差不多了,要继续去解放奴隶。我跟她一起离开。当然,就不回来了。"

戈兰"嗯"了一声。星狐跟他大略说过这个计划,她这次一个人走,去和外面某支游击队会合。在星狐离开期间,他要把天城寨的整体规划制订好,等她回来后再执行下去——如果星狐回得来的话。当然,他不敢想最后的那个可能性,只能让自己更忙碌,以此分散注意力。

"呃,我可能送不了你了,你知道,我手头还有……"

千阳点点头,"不用送了。"

两人默默站了会儿,最后,千阳忍不住叮嘱道:"以后,你对她们好点儿。"

"你放心,我会保护他们的……"戈兰应允着,为千阳如此关心天城寨的人民而感动。

谐音造成的误解成了他们最后的道别。戈兰扭过头,走向逐渐苏醒的城市,那里,有上万人民正在等待他的帮助。千阳转身走向城外,那个方向的尽头,星狐已经在等着了。他一走,一直在角落里静静躺着的圆球也随之移动,跟在他身后。

"你想好了?"星狐等他走近,问道。

千阳没说话,脸上也看不出什么表情来。

星狐注意到他身后跟着的十几个圆球,皱眉问道:"这些是什么?"

"一个机器人——可以组合的。"

"看来你并不孤单。"见千阳没什么说话的兴致,星狐也不再多说,想了想,补充道,"按规矩,天城寨只能进不能出,以免泄露这里的位置,但你救过我,我不会强留你……"

千阳明白她的潜台词,"我明白——我以先父公孙流之名发誓,我不会跟别人说起这里。"

两人闷头往前走,离开了山谷,进入一大片迷雾中。阿厨组合成人形,不安地看着周围浓厚的雾气,说:"这里好奇怪,能见度极低,我的探测功能似乎也被屏蔽了。"

然而,星狐轻车熟路,仿佛身体里有一个比机器人还灵敏的雷达,在雾中左转右拐,连草下覆盖的石头都能预知,想来不知走过多少次了。

走了大半天,脚下的路开始变软,踩上去就发出唧唧声。走了几步,脚下就是齐膝深的水洼。马上就要到沼泽区了。千阳回想起上次走沼泽的困难,稍有不慎脚就被泥水吞掉,连忙紧跟星狐。

但他刚靠近,就发现星狐停住了脚步。

"你也不记得路了吗?"他问。

星狐伏低身子,"别说话。"

千阳见她神情有异,也蹲下来,支起耳朵。空气中有嗡嗡嗡的声音。他抬头四望,但四周都是浓雾,白茫茫的,什么也看不清。

"是蚊……"

话没说完,她就被星狐拉住衣服,往洼坑里倒下。水迅速漫上了他的身体。水里泡着枯枝烂叶,污泥遍布,因此很浊,他下意识地想爬起来,但星狐凑到他耳边道:"小心,有人过来了。"

千阳便老老实实躺在坑里,任污水覆盖。

身后的阿厨也感应到了危险,身子一下散开,完全藏进污泥里。

嗡嗡声靠近了。

那不是沼泽巨蚊，而是一架架低悬飞行的无人机。它们的旋翼搅动着雾气，行过之处，出现了直径两米左右的通道，又很快重新被雾气填满。机身下的摄像头左右转动，记录着周围的画面，但雾气甚浓，看到的范围有限。

两架无人机划过星狐和千阳的上方。他们屏住呼吸，将脸完全沉入水里，身上一根毫毛都不敢动。无人机没有停留，又飞向前方。

除了嗡嗡声，身侧还响起脚步声。

"喂，我说，搜了这么久，什么都没搜出来，还要不要继续啊？万一那条消息是假的，我们岂不是白跑一趟？"

"你问我干啥，我们不都是出来卖命的吗？有本事你跟各位大人说去。"

沉默了一会儿，前一个声音说道："不过我倒真希望搜不到，那些去了天城寨的人，真是……羡慕他们……"

"嘘，你想死啊。"

又是一阵沉默。一声"哎呀"突然响起。

"怎么了？"另一个人问道。

"我刚刚好像踩到了一个圆球，摔了一下。"那人骂骂咧咧，"咦，怎么不见了？刚才还在这里啊……"

人声逐渐靠近，一只脚迈过来，正踏进星狐和千阳的脑袋中间，水花四溅。星狐沉住气，千阳差点惊得跳起来，幸好手被星狐捏住，到底还是忍住了。那只脚抬起，继续往前，脚的主人一晃而过，又埋进雾中。

看来不但有无人机编队，还有克隆人士兵在搜寻。这里磁暴肆虐，雾气弥漫，无法用飞船扫描地形，只能靠无人机扇开浓雾，再辅

305

以人眼侦查。也亏得是这样原始的搜寻方式，星狐和千阳才躲了过去。

他们在水里憋着，偶尔将嘴伸出水面吸口气，待无人机远去，人声也渐渐隐没了，才抬起头。

千阳脸上污水横流，一把抹掉，说："怎么回事？"

星狐却连水都来不及抹，望着人声远去的方向，眉头紧皱。过了好一会儿，她才回头看着千阳，一字一句道："是秦军——有人告密，天城寨被发现了！"

千阳一凛，明白她眼神里的意思，摇头道："不是我。"

星狐面无表情，"当然不是你，你一直跟着我。"

"那现在怎么办？"

星狐思忖几秒，道："你回到城里，让戈兰他们注意。我跟着他们，看看来了多少人。"

两人当即分开。

星狐弯腰疾行，步法灵活，但又落水无声，倏忽消失于雾气里。千阳则循着来时的路往回走，这条路崎岖诡秘，他只走了两遍，记不太清，但好在阿厨及时发挥了一个机器人应有的功能——整条路线都存储在它的记忆中，它带着千阳一路走了回去。

千阳找到戈兰，将秦军搜寻的事情说了。戈兰一听就急了，"星狐呢？你怎么能把星狐一个人丢下呢？！"

说着，他拔腿就往城外跑，却被千阳拉住了。

"你冷静点儿！出城的路，她比你熟悉，你这样跑出去，只怕还没找到她自己就迷路了。"千阳沉声道，"你要做的，是照顾好这里的人。"

"噢……对……也对，这里的人……"戈兰回过神来，左右转了一圈，慢慢镇定下来。

　　除了星狐，谁也不知道城外的悬崖斜坡怎么走，戈兰一拍脑袋，道："那就躲到飞船里去！"

　　好在他不久前已经完成了城寨的分区规划，每个区都设有区长。他找到区长，区长再将消息层层传达，很快，所有人都知道秦军追过来的消息了。在戈兰的安排下，一万多人从各个入口进入废弃的"烛龙号"飞船，藏在地下第四层。这个过程井然有序，从消息下达到人员撤离，竟只用了两个小时。

　　看着城市迅速变空，戈兰担忧的心里生出了一丝欣慰——这些天的工夫，没白费。

　　他又让人把各个入口布置得隐蔽一些，设了看守。一切妥当之后，他和千阳才来到空荡荡的城里，留意着城外的动静，机器人阿厨自然也跟了过来。

　　城外毫无动静。

　　"不会出什么事了吧？"已经是下午了，戈兰望着城外有些变淡的迷雾，以及雾气中隐约露出来的天光，忧虑地说，"应该你去查探，让她回来报信啊！"

　　"你……"

　　"你是男人啊。"

　　"我要去了，就是死人了。"千阳说着话，只见戈兰脸上的忧虑都快凝成实体，眼里还泛着光，不由又气上心头，"你既然这么担心她，还花心去泡别的女孩儿，活该！"

　　"都什么时候了，你还胡说！"

　　"呵，你昨晚和芈莎——"千阳想起昨晚看到他们并肩坐在月下，心头大痛,"我要是早看出来你这么花心,在你还是魏国俘虏时,就不会放过你!"

戈兰恍然大悟——难怪千阳今天的表现这么奇怪,原来是误会了自己和芈莎的关系。他连忙说了昨晚的对话,末了,补充道:"虽然她说话奇奇怪怪的,像是看了很多网络小说,但肯定对我没那个意思。而且你放心,我心里只有星狐。"

"你……没骗我?"

"爱信不信。"

这下轮到千阳不好意思了。他坐在旁边,又好几次转头看着戈兰,想说些什么,但都没有开口。两人沉默着,日头渐渐西斜,雾气消散开去。地下传来沙沙声响,发光蔓藤准备从飞船里爬出来,覆盖这块地方了。

天越暗,戈兰愈发坐立难安。他愤愤地看着千阳,又重复了一遍:"就应该让星狐回来,你留在沼泽的!"

"喂,你也太小家子气了。你这样,配不上星狐的啊。"

"配不上就配不上,我压根没想要得到她,只希望她不会……"过了许久,戈兰才吐出后面那个字:死。

死,是戈兰最担心在星狐身上发生的事情。这阵子,他劳心劳力地参与天城寨的管理,除了赎罪,其实还有一个想法——等城里走上正轨,可以真正安居乐业的时候,他就求星狐留下来,不要再出去了。

这个决定,他思考了很久。

他出生于王室,自小衣食无忧,侍者成群,却从没有真正快乐过。雍都星与其说是王宫,不如说更像一个超大型的监狱,哪怕他夜里能在房顶奔跑,也不过是从一个牢房逃到了另一个牢房。他的一生已被规划好,等大哥继位,自己就去边远星系,空有头衔,实则被囚禁一生。而且,为了防止血统外扩,没有继承王位的王子,不允许克隆后代——这一点上,他跟那些真正的克隆奴隶没有区别。这不是他想要的人生,但他陷在这个轨道里,一步步滑向既定的结局。

然而现在,结局已经更改,他有了以前完全不敢想象的冒险经历,还遇到了星狐。啊,星狐,每一次他想起这个女孩,他心里都会更潮湿一点。明明星狐表现出是矫健,是坚硬,但在他眼里总像是一场刚落的雨。来这里后,他知道了星狐的秘密,明白她为何始终不展笑颜——只因她那刻在基因里的使命,太过沉重。他很心疼,也担心哪一天星狐出去后,再也回不来,就像她之前那么多的克隆体一样。

要解放全秦国的克隆人,凭她一人,绝无可能,甚至光上庸星都难。她每一次出门解救奴隶,都是拿命在冒险。

综合这种种情愫,他决定留下来,也想劝星狐留下来。星狐救的人已经够多,也应该放下执念。他可以帮她管理这座城市,长久地生活,说不定还能生一个孩子……或者生好多个。

"咦,你在等什么?"千阳的声音打断了他的思考。

戈兰醒悟过来,连忙恢复一脸正色,"不,我没有。"

"明明有,你刚才还一副凝重的样子,没多久就变得贼兮兮的了——你在想什么?"

"你看错了……"

"两位!"一旁的阿厨说,"有人来了。"

戈兰和千阳的争执顿时停止,果然,淡淡的暮色中,有脚步声传来。他们都紧张地屏住呼吸。

他们躲在一面锈蚀的墙壁后,探目往脚步声传来的方向看去。那是进城的必经小道,像蜿蜒的蛇一样曲折,他们只能看到最近的拐角。戈兰心里默想着：如果来的人是星狐，自己就扑过去抱住她；如果来的是秦军，自己也要扑过去——跟他们拼了。

然而，出乎戈兰意料的是，拐角一闪，出现了两个人。

星狐，拖着一个委顿的秦国克隆士兵。

戈兰刚站起来要扑过去，看清他们后连忙止住，险些摔倒。千阳也走了出来，问："这……"

星狐微微喘气，把秦国士兵往地上一扔，自己则后退几步，靠在墙上。千阳提起士兵的衣领，发现他闭目昏睡，显然是被击晕了。

"我追过去后，发现只是一个小队，七个人，十二架无人机。"星狐深吸口气，嘴唇翕动，"他们都是克隆人士兵，所以我表明了身份，但没有任何人愿意跟我来天城寨……除了一个，在其他人都向我扑过来，想抓我回去邀功时，那个人也红了眼睛。"

千阳点点头——他躲在水洼里时，听到过秦军士兵的交谈，其中一个对天城寨颇有恻隐之心。但在巨大的诱惑面前，这点善良显然被冲得干干净净。

"然后呢？"戈兰着急地问。

"然后我就杀了他们。"星狐闭上眼睛，"只留了一个，带回来问话。"

她说得轻描淡写，但要在浓雾之中、沼泽之上，以女子之身，独自对抗七个训练有素的士兵，其中艰险可想而知。戈兰的目光往下滑动，发现星狐的手捂着小腹，手腕颤抖，指尖隐隐沁出一抹殷红。

"你受伤了！"戈兰连忙扶着星狐。

"皮外伤而已。"

但戈兰扶着她，能感到她身上的颤抖都快传染到自己身上，不禁焦急起来，扶她进了飞船的入口。千阳则揪着秦军士兵，跟在后面。

一进入口,城民们都围了过来,担心地问发生了什么。戈兰来不及回答,找来一个有经验的老妇人,给星狐看了看伤口。

"好险,差点就伤到内脏了,只要包扎一下,注意休息应该没大问题。"老妇人检查过后,站起来,挥手赶开周围的人,"大家散开些!她有伤在身,不要被你们弄窒息了。"

人群散出一个大圆圈,纷纷的议论声从圆圈外渗进来,有的在担忧星狐的伤势,有的则疑虑重重地看着地上的秦军士兵。

老妇人扶着星狐去一旁包扎,刚包好伤口,星狐就站起身来,捂着腹部走到秦兵面前。

千阳一桶水泼了下去,将他浇醒,再由星狐审问。这个秦兵早已见识过星狐的手段,吓破了胆,还没等星狐动手,他就如实招了。

原来他隶属于一个两千公里外的秦军营地,称为上庸左营,是这颗星球上最大的军事基地,原本是负责防御魏军来袭,随时支援太空战。但不久前上庸令突然失联,就在负责基地的尉官急得焦头烂额时,突然做了个梦。说到这里,秦兵也目露迷茫之色,犹豫道:"反正石左尉是这么说的。他说他梦见一道光溜进他的房间,飘啊飘的,像蛇一样,最后钻进了他的电脑,电脑屏幕就亮了⋯⋯然后他醒来一看,电脑果真开机了,弹出一个全息地图,上面标明的,就是这里的坐标⋯⋯"

星狐越听眉头皱得越紧,像是小小的山峦爬上了她的额头。"然后呢?"她问。

秦兵吞了口唾沫,结结巴巴道:"坐标旁边还标了三个字,就是⋯⋯就是'天城寨'⋯⋯"

"继续说!"

"然后将军就派了我们过来查探。但这里有天然磁暴,雾气又重,我们的飞船没办法扫描,只能又分散成小队……然后就碰到了你……"

这番话实在有些匪夷所思,星狐等人自然不信,又问了几遍,千阳还用上了拳头,但秦兵哪怕被打得头破血流,求饶不已,这番说辞也没变。

星狐挥挥手,让手下把他关在一个小房间里,手脚捆住,屋门锁好。见她的眉头一直没有舒展开,旁边的戈兰问道:"你这么担心,是觉得他在骗你吗?"

"没有,我觉得他没有骗我。"星狐说,"编故事不会编得这么拙劣的。"

千阳也点点头,"这正是要担心的地方。"

星狐缓缓四顾,目光扫过圆圈外围的人群,每一张脸都是她熟悉的,每一双看着自己的眼睛都饱含关切……良久,她收回目光,说:"但好在磁暴、浓雾和这里的地形给了天城寨庇护,他们不容易找到。"

接下来,星狐和戈兰商议对策,很快制订了方案——所有人依旧躲在地下,尽量减少活动;同时派出由精干年轻人组成的小队,在四周埋伏,一旦发现有秦军巡逻队靠近,就迅速剿灭。

这一招很快就见效了。紧接着的三天里,一共有七支秦军巡逻队偶然靠近,但他们还没看到山谷里的天城寨,就被星狐等人扑杀送命。秦军为了增强巡逻效果,每个小队的人都不多,几个到十几个不等,加上设备无法远程联系,所以直到剿杀殆尽,依然是无声无息的。

星狐仍不放心,借着雾气遮蔽外出查看,直到确认周围都没有了巡逻队,才疲倦地回到城里,松了口气。

3

弥漫在天城寨民心头的阴霾逐渐散开，所有人都以为可以躲过一劫，心头舒展。唯一胆战心惊的，是那个被关在囚牢里的秦兵。

一连好几天，他都被绑住手脚，只有饭食送来才松手，吃完后又立刻捆上。他根本没有机会逃走。从门外看守的谈话中，他听到星狐剿杀巡逻小队的消息，更加沮丧——这次带领巡逻队的长官是个底层贵族，只会喝酒赌钱，肯定想早点回基地，所以才会为了扩大搜索范围，让士兵分得太开。小队无声无息消灭了，长官多半以为是陷入沼泽或逃跑，不会再来搜索。而他们一旦离开，就再也不会回来了，那自己……

正在思量的时候，门外突然传来了两声闷响，像是有人倒地。

秦兵顿时屏住呼吸，抬头向门口看去。

几秒钟后，囚牢的门被推开，莹莹的光透进来。一个女孩仿佛从光中孕育，眼一花，就走到了他面前。一头墨绿的秀发，掩映着清丽的面庞。

"你……"

"想活，就别说话。"女孩儿冷冷道。

秦兵顿时闭嘴。

女孩儿掏出匕首去割他手脚上的绳索。她的动作很麻利，割绳子的时候，离他很近。秦兵下意识地吞了口唾沫——女孩儿太美了，身影玲珑,薄纱下露出若有若无的线条,加上精致得如同雕琢过的五官,简直不像凡间之人,倒像是传说中的精灵。

很快,绳子割断了。秦兵站起来,活动了下手脚,眼角撇着女孩儿——和她手上的匕首。

"别看了,"女孩儿说,"你不知道这里的路,要想杀了我一个人逃出去,绝不可能。"

秦兵被说破心思,连忙否认。

女孩儿也不纠缠于此,说:"跟着我,不要发出声音。"说完,转身出了囚牢。

秦兵一头雾水,不知她什么来历,但目前来看,她是自己逃出去的唯一希望。他连忙跟在后面,踮脚出了囚牢。

附近都是天城寨的人,隔着墙都能听到呼噜声,秦兵听得心惊胆战。但女孩儿一副轻车熟路的样子,走到一个裂缝前,弯腰爬下去,下到飞船的第四层。他们在城民们的下方行走,绕开居住区,走到了飞船边缘,再从一条狭窄的甬道往上爬。

头顶有光亮透出,是月光与蔓藤的光混在一起产生的奇特效果。两人一爬到外面,夜风吹过,四周的空气顿时清新了许多。

这里已经是天城寨的边缘,绕着壳顶走一会儿,就能找到出城小道,然后一路走出山谷。四周静谧,人影声息皆无,看样子已经算是逃出来了。

秦兵抹了把额头上的汗,欣喜道:"多谢姑娘!不过我们就别耽搁了,走吧!"

"接下来,要你一个人回去。"

"啊?我们不是一起走吗?"秦军疑惑地看着她,"这里地形太复杂,我不认识路……"

女孩儿点点头,"也是。"说完,她蹲在地上,手指在发光蔓藤前轻轻拂过,一点荧光似乎被捏了下来,在她指尖微微闪烁。

秦兵以为她揪下了一片叶子,但定睛一看,她指尖只有空气。那点荧光是凭空产生的。他脑袋一嗡,突然想起石左尉的那个梦……

"姑娘,"他试探着问,"你是……你是隶属哪支部队的?"

女孩儿却并不答话,手指一松,荧光在空中幽幽晃动。她点点头,说:"你跟着它,它会带你出去的。"

秦兵看着这萤火虫一样浮动的光亮,只觉得一切都像是在梦中。他暗暗咬了下嘴唇,疼痛让他意识到这一切都是真实的,也让他突然想起了一个关于楚国的传闻。

巫术。

银河七国中,每个人都知道,楚国最有名的是生物技术。他们能将钢铁与生物的身体完美融合,取前者的刚硬而保留后者的灵动;他们还精通生物改造,楚国各星球到处都是奇珍异兽,而在边境虫洞上巡游的生物飞船,都是吞天食地的远古巨兽,再配以机械化改造,使得任何想要进犯的人都得好好掂量。然而,真正让楚国备受忌惮的,还是他们秘传千年的神奇巫术。

绝大多数楚国人都信奉巫教,议会有什么重大决策,都必须征得巫教祭司团的同意,甚至所谓楚王,也是巫教的大祭司。

巫教信奉的神灵众多,据说主神是一个叫"太一"或者"东皇太一"的大神,其神通外人不明堂奥。它的教义明面上并不复杂,用"致中和"三字就可以概括,但又无比深奥。小到人与人的纷争,中至国家之间的战斗,大到整个宇宙的力量平衡,都在"致中和"的定义里。随着对"中和"领悟的加深,信教者会获得一种无法用现有科学解释的能力,即对各种微妙的"力"的控制,修到精深者,能隔空取物,控人心神。三千年前,曾有多国联军进攻楚国,一路势如破竹,但进攻到神郢星时,却被巫王拦住了。

一个人,拦住了一支军队。

当时的巫王羋旅,是楚国数千年来最杰出的巫术天才,被推选为大祭司后,却不管教中事务,只顾游历银河。三十年间,有超过一千颗星球宣称出现过他的身影。其后十年,却再也没人见过他。联军正是趁着巫王不在,试图吞并楚国,但联军的指挥飞船降临神郢星时,那个玩忽职守四十年的男人突然在飞船舷窗外出现了。

接下来发生的事情有诸多传闻,但每个都太过离奇,并未列入史册。流传最广的,是说羋旅在没有空气没有气压的宇宙空间中飘浮,却丝毫不受影响,甚至还露出了笑容,然后凌空踏步,缓缓穿过飞船的厚重外壳,来到了舰桥。联军的司令们目瞪口呆地看着这些违背基本宇宙规律的行为,甚至直到羋旅把手指按在他们的脑门上,取走了他们的性命,也没反应过来。

司令们一死,联军群龙无首,加上国君们都害怕同样的命运降临到自己身上,便撤回了军队。经此一役,楚国巫术名声大噪,但依然保持着神秘。有人说,楚国人人都会使用巫术,神通广大;也有人说,即使是巫教子弟,也只是懂得皮毛而已,真正的奥义,只有巫教的高层才能领悟,但秘而不宣,外人无从知晓。

而眼前这个女孩儿的举动,恐怕也只有巫术能解释⋯⋯但一个楚国人,怎么会救自己呢?

不过疑惑归疑惑,自己能逃出去才是最重要的。

"那就多谢姑娘了。"思考完之后,秦兵说。

女孩儿点点头,又补充道:"你知道回去之后,该怎么做吧?"

秦兵看了她一眼,试探道:"如实向石左尉禀报?"

"嗯,所以你跟着光点回去时,也要留个心眼,记住这条路,再来的时候就不用花那么多冤枉功夫了。"

原来是让自己回去通风报信……秦兵终于弄明白了女孩儿的意图,放下心来,说:"这份功劳我不会独吞的,回去之后,我会好好跟左尉大人提到……"

女孩却对功劳毫不在意的样子,摆摆手,道:"好了,别耽误时间了,快走吧。"

这时,身后传来一阵冰冷的声音:"恐怕,你们走不了。"

听到声音,秦兵和女孩都浑身一震。尤其是女孩儿,她的脸色瞬间白了,眉头皱起,缓缓转过身,向身后看去。

天城寨边缘的破败墙壁后,依次走出几个人影,为首的是星狐,后面跟着戈兰、千阳,还有好些天城寨的青壮守卫。星狐沉着脸,眼睛里像是含着冰块,走到女孩儿面前。

两人对视良久,不发一言。

千阳也走了过来,脸上满是难以置信和惋惜,叹了口气,说:"芈莎,你为什么要这么做?"

这个和秦兵一起被众人围在中间的女孩,正是芈莎。

"你们跟在后面很久了……"对视了许久,芈莎垂下眼睑,"所以,你早就怀疑我了?"

星狐的目光依旧冰冷,"为什么?你是楚国人,为什么要给秦国朝廷当奸细?"

"我不是,你们秦人间的纷争,我无意介入。"

"那你为什么要放走他?"星狐指着正在哆嗦的秦兵,"还让他带军队过来……这么说起来,天城寨的坐标,也是你泄露出去的吧?"

芈莎避开她的目光,看向夜幕深处,"我为我所做的事情感到抱歉，但我没有做错，也不会后悔。"

"即使害得天城寨被秦军围攻，所有人都重新当奴隶甚至被杀，你也没错？"

芈莎点头。

"呵……"星狐怒极反笑，从腰间抽出一把枪来，指着芈莎的额头，"那我真的很好奇，我们是做了什么，让你这么深恶痛绝？"

芈莎摇摇头，"跟你们无关……我是为了银河，为了整个人类文明。在它面前，一座城市，不，一颗星球甚至是一个国家，都可以牺牲。"

一旁的戈兰摇了摇头，叹道："又来了……"

果然，芈莎越说语气越激动，上前一步，额头都抵着枪口了，"银河的厄运已经到来，血与火正在滋生，迟早会蔓延，焚烧每一颗星球。我看得到，我看得到人类灭绝之后的景象，到处都是废墟，每一片土地上都没有生气。拯救银河的关键，是他——"她伸手指向戈兰，后者捂着脸，一副颇为尴尬的样子，"但他为了你，甘愿留下，甚至想跟你在这里度过余生！这不仅仅是浪费，更是犯罪！"

星狐顺着她的手指，瞥了一眼戈兰。她脸上有一丝变色，但稍纵即逝，看不出是什么表情。

"我、我……"戈兰万万没想到自己的心思被她当众说出来，热血上涌，脸一下子通红，"我没有……你别听她瞎说！她是玄幻小说看多了，把脑子看坏了……"

星狐似乎没听见他的话，直视芈莎，说："我不管他怎么想，但你引秦兵进城，就能……就能像你说的一样，拯救银河？"

芈莎"嗯"了一声，又说："我知道你不会相信，但我的确能够看到——太一给了我预知未来的能力。银河的未来，并不遥远的未来，是被血与火笼罩，是被行星废墟和飞船残骸覆盖，是被死亡的流沙淹没……这个未来发生的概率，已经越来越大，笼罩在万物之上！唯一一个变数就是……就是我做一些事情，改变它的命运，如果它的命运回到正轨，银河将迎来一个完全不同的、光明许多的未来。"

星狐嗤笑一声，反诘道："如果你真的能预见未来，那你就应该料得到现在，你怎么不提早预防？"

芈莎的表情一下子变得有些沮丧，低下头，说："我看不到短时间内的事情，也看不清细节，只能预见遥远模糊的终点。就像……就像一副牌，荷官开始发的第一张和中间所有的牌，我都看不清，但我能透过重叠的牌面，直接看到最后一张，不管它是王，还是鬼。"

星狐又嗤笑一声，道："有一点你还是说错了——你说毁了天城寨，最后的结果就变了，就像从鬼牌变成了空白牌。但你现在被我们抓住了，天城寨不会被毁，那最终的结果就没有受到影响。银河还是会毁灭，跟你看到的不一样。"

芈莎摇摇头，看着星狐的眼神里露出了一丝怜悯，说："不，已经变了。你改变不了什么。"

星狐脸色一变，像是想到了什么，手中枪口横移，指向秦兵。但芈莎的手指乍开乍合，指尖划出一缕缕细光，四周的蔓藤瞬间被赋予了生命，光芒陡亮，疯狂向众人蠕动过来。有几名年轻的守卫还没反应过来，就被蔓藤层层缠住。

星狐在此地多年，从没见过蔓藤这种异状；又看了一眼芈莎，她墨绿色的头发已经奇异地飞扬起来，手上还缠绕着光亮，知道蔓藤的异动跟她有关——看来她并不是完全的中二少女，还有点名堂。但要任她摧毁天城寨，却是万万不能的。

"刀！"星狐一跃而起，躲过蔓藤，同时高声喊道。

319

一个离她最近的守卫听到后,手脚已经被蔓藤缚住,勉力抽出腰侧的银白色金属刀柄扔了过去。星狐反手接住,推开刀柄底部的按键,滋的一声,一道由高温粒子束组成的一米长弧形锋刃弹射而出;她手腕一翻,刀刃划出一个扇面,将扑过来的蔓藤迎面斩断。

分开的枝叶间,星狐扑向那秦兵。

秦兵见状,连忙往后退。但退得急了,脚下没留神竟被绊住向后摔倒,眼看光刃在近前劈来,吓得大叫一声,险些迸出尿来。"我命休矣!"他心里暗道。但这时,他身下的蔓藤向上拱起,托住他的臀背,将他往后拉去。

光刃劈到他的两腿间,在灰色地面上留下一道焦痕。要是蔓藤迟一点点,那秦兵恐怕会从头顶到股间被一劈两半。

星狐冷哼一声,继续前进,手中的光刃在清冷夜色中划出一道道轨迹,劈藤斩叶,直扑秦兵,而秦兵被蔓藤拖着,迅速往外移动。

"那、那我们怎么办?"千阳从一个守卫身上拔出光刃,乱砍一番,将自己和戈兰身边的蔓藤都砍完了,但脸上还是一片焦急。

戈兰奇怪地看了千阳一眼——从认识千阳起,从来都是自己问怎么办,而他总能想出主意,现在他居然来问自己。戈兰又看向芈莎,她在光晕笼罩下,更加美丽,也更加神秘。

果然是关心则乱,戈兰想。

"先别想太多,总之不能让那个秦兵走——他一走,我们就死定了。"戈兰说,一手指着芈莎,"她在操纵蔓藤,你去阻止她。"

千阳举着刀上前一步,看见芈莎在光芒中的专注模样,又停下了。

戈兰见千阳犹豫,骂一声,说:"算了,你去追,我来!"说着,向芈莎扑过去,一把将她抱住。

蔓藤顿时停滞。

"别拦着我！"芈莎看见是他，脸上掠过一丝决然，"我都是为了你啊！"

戈兰叫苦不迭，喊道："姑奶奶啊，你别害我了！"

芈莎摇摇头，似乎发出了微不可闻的叹息。她的绿发飞扬得更高，眼睛里瞳色变幻，蔓藤再次拥簇过来，草叶间还窜出了几条冰蓝色的蛇，将戈兰拉开。她得了自由，转身向星狐奔去，一边跑，手指还一边划动，四周顿时响起一片簌簌声。

草叶里有动物，它们在蔓藤上快速奔跑。

星狐眼看就要追到秦兵了，忽觉身后有异，一返身，躲过一条扑来的蓝蛇。她一抖光刃，蓝蛇还未落地就断成了几截。但身后的响动越来越大，她回头一看，顿时惊住了——

大大小小的野兽都从崖上奔来，咆哮着，堆叠着，大野兽踩着小动物，小动物又在缝隙里穿行，势如洪水，席卷而下。

当初建设天城寨时，这个飞船废墟布满各种野兽，前几任"星狐"花了很大力气才驱逐了它们。接下来的数十年里，由于防卫得当，一旦野兽入侵，也都是有来无回，以至于附近的兽类都形成了条件反射，尽量不靠近。

但今夜，它们似乎都疯了，哪怕悬崖高险，也直接扑下来，团团把秦兵围住。

秦兵今夜经历了好几次大起大落，早就心神震荡，一回头，看见一头狮子张着血盆大口扑过来，只叫了一声就晕过去了。

野兽们把秦兵淹没，星狐也有所忌惮，持刀站住。

她本以为接下来会是血腥的一幕，但秦兵沉入兽海之后，立刻又浮起来了——一只蜘蛛猿抱起他，其余野兽分开一条通道，让蜘蛛猿

321

快速奔行。星狐刚想靠近,两匹鹿狼从兽群里跳了出来。她猛力砍死一只,另一只则将她扑倒,在地上滚了几圈后,星狐收回光刃,推开被刺穿头颅的狼尸,爬了起来。

但这一耽搁,蜘蛛猿已经跑远。其余野兽分为两队,一队紧随在长腿蜘蛛猿身后,跟着跑远;另一队则拦在星狐面前,严阵以待,犹如军队。

星狐扑了上去。

"危险!"戈兰见状大叫。

星狐将光刃调到最高功率,粒子弧刃暴涨至一丈长,温度也急剧升高。她的手纵横挥舞,热浪阵阵,四周遍布残损的动物肢体。血伴随着刀光,如雨淋下。这一刻,星狐浑身被血淋透,衬着红发,上下一片血红,犹如杀神。

但她杀得再凶猛,也无法阻止秦兵远去,倏忽间没了身影。

而那意味着,秦兵能安然回到基地,带来大军,带来战火,带来毁灭。

这么多年来,一代一代"星狐"的心血,所有克隆奴隶的庇护所,将不复存在。

星狐两眼血红,两手连挥,状若疯狂,连野兽都被吓到了,呜呜叫着,向后退去。加上芈莎连续操控大量动植物,精力疲乏,无法再继续精准控制,动物们开始争相溃散。

星狐追砍几步,又转过身,用血色的眼睛盯着芈莎。

芈莎喘着气,额头上布满细细密密的汗珠,委顿在地。

"你!"星狐咬碎牙齿,眼睛里几乎滴下血泪,"我跟你有什么深仇大恨,你要毁掉天城寨?!"她走过去,光刃在地面拖行,火光迸射。

芈莎脸色苍白，想往后退，但脚下一软，摔倒在地。

她想爬起来，但胸口被星狐一脚踩住。

"既然你要我们死，那你就先去死吧！"星狐哑着喉咙，举起刀刃，朝着芈莎的头砍下去。

千阳见状，大喊道："不要啊！可能有误会！"

"误会？"星狐冷笑，"你泄露这里的坐标，引来秦军，还放走俘虏，把天城寨推向万劫不复之境地，这样还有误会？还有，你能操纵野兽！我之前一直奇怪，平时电鳐虎根本没有威胁，那夜怎么会突然袭击我们——也是你指使的吧？"

光刃下斩，热浪翻涌，芈莎的墨绿刘海吹了起来，露出光洁的额头，额上的汗珠被蒸发，袅袅消散。

千阳扑过来，被星狐一脚踹开，还在空中的他大声喊道："阿厨，给我上！"

四周蔓藤里迅即弹射出几个圆球，呼啸飞来，但星狐持刃极速旋转，一时间火光缭乱，圆球被纷纷击落。"谁也救不了你！"星狐怒吼，但这时，她手中的刀把咔一声响，冒出黑烟，即将斩下的光刃瞬间缩小，就在杀死芈莎前，刀刃完全消散，一股热浪爆开，芈莎的绿发向后飘起。

光刃因为长时间的高功率运行，已经过热崩溃了。

星狐握着刀柄，泪流满面。

千阳趁机爬起来，将星狐抱住，大声说："现在杀了她也解决不了问题，你冷静一下！"说着，他向戈兰使了个眼色，后者心领神会，也过来拦着，说："先回去想办法吧，要杀回头问清楚也不迟。"

星狐在刚才的厮杀中累得精疲力竭，挣了挣，没挣开两个大男人的怀抱。她怀着极大的愤怒，环顾四周，似乎熟悉的景象背后总有火光隐隐。她似乎看到了血火焚烧整个天城寨的景象。几十代"星狐"的努力经营，所有克隆奴隶的希望，全在自己手里瓦解了。她陷入了恐惧。

"噗……"

一口鲜血从星狐嘴里喷了出来，洒了戈兰半张脸。戈兰愣住了。他怀里的星狐停止挣扎，昏了过去。

4

星狐做了个很长的梦。

梦的开头，是第一任"星狐"的经历。她看到了这个开创天城寨女孩儿的悲惨遭遇，那些鞭痕，那些血迹，那些在逼仄房间里的痛苦呻吟。她在梦里流下了眼泪。随后，她隔着迷雾看到一代代"星狐"的悲剧人生，她们前赴后继地复制出来，去完成几乎不可能完成的使命，又逐一死去。

到最后，她看到了自己。

她试图穿过迷雾，但那雾气一下子变成了黏稠的液体，裹挟着她，让她无法前进。她像是隔着巨大的裂隙在看一幕舞台剧，舞台上的自己从一个小房间里醒来，迷惘地四望，但这是一幕独角戏，只有她一人。场景变换，舞台背景变成了天城寨，却空空荡荡的，自己在里面走了许久，也没有看到一个人……

所有人都离开了她，天城寨也成了废墟。

星狐醒过来，微微喘气。她摸了摸眼角，还有湿痕。她叫了一声，声音在昏暗的房间里回荡，许久没有回应。这让她想起梦中所见，浑身像被泼了冰碴，哆嗦了一下。她捂着隐隐作痛的腹部，从床上爬起来，打开门。

门外是复杂幽深的舱道，她一皱眉，记起这里是废弃飞船的地下四层。之前为了安全，城民们都从地表躲到了这里，但现在……太安静了。

安静得如同坟墓。

跟梦里的场景一样。

她焦急起来，在身上摸索，腰侧的枪还在。枪柄上有一小块显示屏，除了能识别指纹，还能显示弹药量和时间。她看了眼时间，发现自己已经昏迷了三天。

三天……

秦兵三天前逃走，一旦去基地汇报天城寨的坐标，势必会带来大批秦军。而这些从各地被带过来的克隆奴隶，一旦被抓到，绝无生还可能。

那么，现在的景象只说明一种情况——他们都逃了。

大批秦军要过来，至少也得花四天，在这当口上，如果是自己也早就逃走了。尽管不知道逃往哪里，但别处尚有逃生的机会，留在天城寨只有死亡。

原来那不是梦。所有人都离开了她。

星狐踉踉跄跄走向出口，爬了出去。第三层也没有人声，再上一层，依然是一片寂静。从地下一层往上爬时，她就失却了力气。这里已经是一片空城，还出去干吗呢？逃走吗？

那是不可能的。她诞生于这里，使命在这里，现在这里要毁灭了,她也将成为这座废墟的一部分。

在即将爬到出口时,在清冷月光照到她眼里时,她的手从栏杆上松开,浑身一轻,向下摔落。

再见了,一切。

一只手从出口伸出,抓住了星狐。

星狐抬起头,看见那只手仿佛是月光凝结而出的,白皙消瘦,骨骼支棱,牢牢地抓住了自己的胳膊。她有些愣神,任自己被拉上去。

"嗨,你醒了怎么也不说一声?"拉她的人喘着气,语气里带着埋怨,也有一丝欣慰。

是戈兰。

她仰头看着戈兰那因为憋足了劲儿而显得通红的脸,有些失神——他没走吗?她被拉到地面上,又看到了千阳,还有跟他形影不离的阿厨——他们也没走。

刚到地面,月光盛如白昼,她的眼睛一下子没适应过来,情不自禁眯了眯。"谢谢你们,但……"她一边揉着眼睛,一边低声说。

"但什么?"戈兰问。

等星狐的眼睛完全睁开,月光也不再刺眼,她看到戈兰身后密密麻麻的人群。那些都是她熟悉的人,有些被她救过,有些是前任"星狐"带回来的,每个人的额头上都有激光消除标记后留下的白印。现在,尽管他们衣衫褴褛,但每张脸上都是决然,每双眼睛都被月光照亮。星狐留意到,他们手里都提着各种奇形怪状的武器。

"这……"她被眼前的景象弄糊涂了。

戈兰扶住她,说:"他们都是你的伙伴啊,不认识了?"

"但你们,不是走了吗?"

"走？"戈兰疑惑道，"走去哪里？"

"为什么还留在这里，这里要毁灭了啊。"星狐的语气突然急了起来，"秦军马上就要来了，你们还在这里干什么，快走啊！现在撤退还来得及！"

戈兰扶正她，两双眼睛对视着。"我们不走。"他说，"你昏睡的这几天，我们一直在商量，结果是——我们不走。"

星狐环视人群，脑袋挤得密密麻麻的，像是黑压压的海面，海面下仿佛有上万双眼睛盯着她。她心里涌起了一种莫名的感情，无法描述，但无比强大，甚至让她险些站不稳。她有些失神，重复道："为什么，为什么不走？"

"因为，我们要保护这里。"戈兰说。

旁边一个年轻人接口道："这里是我们的家园。"

"离开了家，我们去哪里都是流浪。"另一个人说，"但我们已经厌倦流浪了。"

一个脸上有道疤的男人上前一步，说："这些年，一直是你在保护我们，现在你受伤了，你累了，轮到我们来出力了。"

……

不同的声音在星狐耳边响起，她感到鼻子一酸，低下了头。"有沙子……"她低低地说。其他人也默契地点头，纷纷说风沙太大迷了眼睛，戈兰还使劲揉揉眼眶，说进了好几粒沙子，让千阳帮着吹一吹。

一旁的阿厨有点摸不着头脑，看了看四周清朗的月色，说："空气质量这么好，怎么会有沙子？这里突然变成大型撒谎现场了？人类真是难以理解……"

"对了，这些武器从哪儿来的？"星狐接过一个守卫背上的武器，只觉得入手颇沉，触感冰凉。它跟秦国著名的高价武器轻裂炮有点像，但比轻裂炮多出两个小枪管，且没有扳机，是靠枪柄下方的握力感应区来启动的。星狐稍微用力握住，整个枪身一震，外壳上的线形呼吸灯从枪头亮到尾部，十分炫酷。

戈兰说："噢，这些武器是在飞船里找到的。"

"谁找到的？"

"是千阳，"戈兰犹豫一下，说，"前一阵千阳和芈莎一起发现的。"

星狐这才想起芈莎，眼里掠过一丝愤怒，道："她在哪里？"

戈兰和千阳对视一眼，千阳道："她被我们关起来了。"

"我要杀了她！"

"你放过她吧……"千阳苦苦求道，"她也是无心的——"

戈兰却打断了他，"如果你真要杀她，我不会拦着你。"

"我当然要杀了她！"

"你是天城寨的寨主，你自然有权力。"戈兰缓缓道，"但你也看得出来，她只是一个疯疯癫癫、脑袋里充斥着幻想的女孩，可能还没成年。她的确犯下了大错，也被关押惩罚。但杀了她也于事无补。我们还是打退了敌人之后，再商量处理办法吧？"

戈兰一番柔声细语，星狐不知怎么，气也消了几分。但仍道："我先去审问一下，再做决定！"拔腿要走，忽然腰腹一阵剧痛，脑袋也晕乎乎的，不由得捂住了头。

前几天她截杀秦军巡逻队，就受了不轻的伤，与兽群搏斗时也被咬中和撞到，再加上情绪大起大落，多年紧绷的心弦终于断裂，因此昏睡了三天之久。现在刚醒过来，身体还没恢复，站一会儿都不行，更别说指挥大家战斗了。

"多休息几天再说吧，啊？"戈兰扶着她劝道，"这楚国小丫头的事先放一放，当务之急，还是应对来犯的秦军。我和千阳这几天都在忙这事儿。"

星狐叹了口气，暂时放弃了追究芈莎的打算，问道："来犯秦军到底有多少人？"

"具体数字还不知道，不过这偏僻行星上一个小小军事基地，能有多少人马？有两三万就不错了，来一个，我们杀一个！"戈兰拍胸脯道。

千阳却伸出了一只手掌，"五万，至少五万。"

但他也错了。

石左尉带了十万人的大军，倾巢而出。

他有他的顾虑。很早以前，他也是这颗星球上极有权势的贵族，本有机会晋升为上庸令。由于秦国疆域广大，雍都方面难以一一管控，所以边缘星球几乎都是自治，雍都的任命只是走个形式。石左尉得到了大多数贵族的支持，上位本是十拿九稳，不料星狐却在那关口杀了出来，带走了自己部曲的一千多奴隶。这个笑话很快在贵族圈里传开，让他颜面扫地；而现任上庸令当年是上庸右尉，恰巧抓住了那一任"星狐"，将之斩决，因此赢得了贵族们的欢心，顺利升任。

所以，石左尉对星狐和天城寨的恨意，可谓由来已久。之前派出的斥候逃回来后，向他禀报了天城寨的具体位置和人员组成。原来那些逃亡的奴隶全都算上，也不过万人，而能战斗的，更不足半数；就算勉强聚起来，也不过是一群懦弱的奴隶。

这让石左尉有必胜的信心，也有一雪前耻的快意。

按流程，他应该向上庸令汇报。不过星港发生了原因不明的大爆炸——极可能是星狐一党的恐怖袭击——上庸令大概已经殒命。目前，他和上庸右尉并列这颗星球的最高长官。因为和雍都暂时中断了联系，这颗星球更是暂时由自己为所欲为。

是时候证明自己了。只要剿灭天城寨，将那个罪魁祸首的星狐彻底除掉，下一任上庸令就是自己的了。不，何止上庸令，说不定自己还会被调去主掌一个富裕千百倍的星系，甚至直升雍都……

带着这样的想法，石左尉集结了基地所有兵力，动用全部战机，向云雾缭绕的天城寨飞去。

他不担心那些奴隶们反抗，他担心的恰恰是奴隶们不反抗。斥候从天城寨逃回来要三天时间，自己的军队过去要一天——四天足以让奴隶们像虫子一样从那片广阔荒芜的泽野上消失。

那里信号隔绝，一旦他们分散各处，要抓就不容易了。

但好在，他派出的第一批千人先遣队在到达后不久，就失去了音讯。这说明他们遇到了危险，且全军覆没。也说明，天城寨并非空城。

石左尉坐在指挥舰里，看着空荡荡的显示屏，露出了微笑。

第九章　天魔降临

1

　　如果这片大地会记事，那从古老洪荒到如今的绝大部分记忆，都是寂静。日升月落，雾起云散，这片土地被隔在尘世之外，人迹罕至。

　　如果没有那两件事发生，它的寂静或许会持续到宇宙毁灭。

　　第一件是五千多年前，一艘飞船突然坠毁在此。当时这颗星球还没有人类踏足，它只在自己的轨道上安静地旋转，飞船的坠毁是它亿万年来的最大扰动，并带来了持续千年的地质改变和气候变化。这里被强大的磁暴笼罩，浓雾弥漫，变异出的发光蔓藤每晚从飞船遗迹里爬出来，占领大地的每个角落，又在黎明喷薄时缩回地底。蔓藤如此反复吞吐，带动了土石，将飞船逐渐掩埋，千年光阴流逝，飞船成了地下遗迹，只有少部分露在地面。一千五百年前，秦国的开拓者发现了这颗星球，进行改造和移民，建立城市，却始终没有人靠近这里。寂静似乎是这里永远的主旋律。

第二次，就是现在。

这片土地上的安静彻底消失，密集的爆炸声持续了整整三天。整齐编队的战机从低空掠过，扔下炸弹，由于有浓雾，每次爆炸都只能看到白雾中的一次闪光，随后轰然炸响，黑烟弥漫。战机来回轰炸，爆炸声此起彼伏，黑烟混在雾里，没多久，整个天城寨和周围数千公里的旷野、沼泽和海岸就全被浓厚的烟雾笼罩。

烟雾之浓密，别说能见度低，光呼吸一口喉咙都会痒上好半天。

曾经遍地攀爬的蔓藤被战火焚烧，枝叶破碎，就算没被炸到，也迅速枯萎卷曲。照亮天城寨的荧光消失了，取而代之的是轰炸过后的火堆，间或将红光洒向附近的一小片区域。

到处都是烧焦的树干，以及动物的尸体。

这片土地已经破碎。这是它最热闹的记忆，也是最后的记忆。

石左尉看着大地变为废土，黑烟滚滚，颇为满意地点点头。

"怎么样？"他问身侧的副官，"他们出来了吗？"

副官凑近了道："目前只发现了十几具叛军的尸体，应该都是被炸出来的。"

"我们炸了三天，只炸出来十几个人？"

见石左尉面露不悦，副官连忙道："他们估计藏在了地下，这里的磁暴指数太高，很多电子设备都不能用，没法精准定位。战机轰炸的时候，还有几架因为没有视野，对撞坠机了。"

石左尉脸色更差，声音比夜晚的空气更冷，"也就是说，我们还没怎么杀叛军，自己就损失了几架战机？"

"这里的地形……"

石左尉一挥手，打断副官的辩解，"既然已经完成了地毯式轰炸，那么，开始进攻吧。"

这时的他们，是站在离地五百米高空的指挥舰上。指挥舰斜下方，悬浮着几百个像巨型集装箱一样的飞行舱，依次排开。飞行舱前的隔板打开，露出了里面站得密密麻麻的克隆士兵。

随着石左尉一声令下，飞行舱底部四个角的引擎矩阵开始调整方向，载着士兵依次下降，没入烟雾中。与此同时，战机围绕着飞行舱，小心戒备。

每个飞行舱都配置了五百名士兵，人体自重加上配备的机械外骨骼和武器，每个飞行舱的载重都达到了百吨，因此速度并不快，在烟雾中缓缓下落。士兵们都有些紧张，握住武器，扭头看着窗外的景色。窗外一片漆黑，偶尔有护卫战机掠过，卷起烟雾。

"紧张什么？"一个老兵见身旁的年轻克隆士兵的额头上都冒出了汗，不屑地哼了声，"对方不过是乌合之众，我们是正规军，怕个鸟！"

"我是第一次……"

"那我给你个建议，第一次打仗，只记住一点——"

年轻士兵竖起耳朵。

"别尿裤子！"老兵哈哈大笑，"因为回去后他们会取笑你很长一段时间的。"

士兵没理他，从裤袋里摸出一张照片，上面是一个女孩。他凝视着女孩，过了好一会儿，又把照片放回裤袋里。

老兵见了，继续调笑道："这是谁啊，挺漂亮的？"

年轻士兵没回答。

"是哪个女奴吧？哈哈这事儿我有经验，你别看我现在老了，年轻那会儿，嘿嘿，贵族大爷家里哪个类型的女奴没跟我好过……"老

333

兵说着,吐出锈红色的舌头,舔舔嘴唇,"不过我跟你说,也别当真,男女克隆人都不允许生孩子,说不定你前脚刚上战场,她立马转头找了个跟你一模一样的克隆人,现在正在床上快活呢!"

年轻士兵的脸顿时充了血,抬起头冲老兵恶狠狠道:"别瞎说!阿玫只爱我一个,就像我只爱她一样!等我立下军功,就给她赎身,我们会永远在一起!"

老兵刚要反驳,但看着年轻士兵那清澈的眼眸和稚气未脱的脸庞,似乎看到了久远以前的自己。他将讥讽吞回喉咙里,点点头,"嗯,你一定会成功的!"

说话间,飞行舱已经离地面很近了,引擎矩阵喷射的粒子流减弱,眼看将要落地。士兵们精神一振,纷纷握紧武器。

骤然间,外面传来了一阵纷乱的响声,有吼声,有爆炸,还有密集的枪响。飞行舱的外壁被打得叮叮当当,内壁则出现了密集的凸起,很快,凸起处被打穿,各种实体子弹和能量束射了进来,穿过士兵们的身体。

鲜血和惨呼顿时充斥着整个飞行舱。

老兵到底见多识广,猜到是被偷袭了,连忙压低身子。飞行舱开始倾斜,站都站不稳,他知道引擎矩阵也被击中,飞行舱马上就要坠毁,高声喊道:"遇袭!遇袭!快降落!"说完就向出口跑去,撞开舱门,一个箭步跳到了空中。

飞行舱离地尚有十几米,要是人体落下,肯定摔得七荤八素,但他身上的机械外骨骼在跑动时就已被激活,关节处的元件感应到失重状态,纷纷弹出了缓冲簧。他携着巨大的重力势能落到地面,缓冲簧被压缩,抵消冲击,让他稳稳站住。

其他士兵也跟着冲了出来,落到地面。但也有来不及的,或是早已被击中的，随着冒烟的飞行舱一起坠毁。

老兵躲开了身后坠毁的飞行舱，爬起来一看，四周都是散乱的机械碎片和残肢。他看到了刚刚跟他聊过天的年轻士兵——这个眼神清澈的年轻人，如今只剩半边身体，下肢不知炸到哪里去了，士兵的眼睛永久闭上，手垂下来，紧紧攥着。老兵扫了一眼，发现他拳头里露出了照片的一角，只看得到一个女孩的头发——临死前，他从裤袋里掏出了那张照片，攥在手心。

老兵心中暗叹一声。这就是战争，任你有多少凌云壮志、儿女柔情，只要被卷进战争的绞盘，就会碎成齑粉。一切都毫无意义。

"兔崽子们，死吧！"老兵怒吼着，朝浓雾里钻出的敌人冲了过去。

2

袭击的策略是千阳定下的。

当得知来犯的秦军有十万之众时，他吃了一惊。"显然，我们低估了上庸军团想灭掉我们的决心。"他说，"但他们也低估了这里的地势。"

天城寨能潜藏数十年，全靠地形上的优势。秦军来了这里，携带的尖端科技多半不起作用，不能热源扫描，无法精准定位，只能先用原始的地毯式轰炸，再以人数优势在地面清扫。

这些全被千阳预料到了。"如果我是他，我也会这么做。人数和装备上,他有优势,只需要稳扎稳打,不断扩大优势,胜利的天平就会一直向他靠近。"他分析完之后,便定制了躲避战略——上万天城寨义军全部躲进地下。

这个称呼也是千阳取的,他觉得既然要开战了,就一定得取个名字,有鼓舞士气的作用。一开始戈兰提议叫"星狐军",被星狐本人否决,而是采纳了千阳提出的、更简洁的"义军"。得益于之前对废弃飞船的探索,义军熟悉内部构造,全部藏在了地下深处。

头顶是不绝于耳的轰炸声,仿佛大地被踩躏。整整三天,义军都在隆隆的炸响下藏着,很多人都被吵得睡不着,但戈兰传下命令:"很快战斗就会打响,养精蓄锐至关重要!"他让士兵分成两拨,一拨人的耳朵里塞上耳塞,强制休息;另一拨人则在旁边守夜。

与此同时,他还派出了斥候,爬到地面出口观察敌情。这无异于是送死的任务——但又很有必要,以防秦军提前派出士兵。刚开始他担心没人愿意,出乎意料的是,他的话刚一出口,在短暂犹豫后,就有很多只手举了起来。

最后,有十多个人被选了出来,在地面各个入口小心观察。

这十多个人中只活下来一个,其余都被炸弹波及,成了飞灰。

但好消息是,秦军果然采取了最保守的战法,轰炸完毕后,就开始派步兵下来近战。

"飞行舱很沉,速度快不了,就像渡船一样。"千阳说,"孙武子兵法有云:'客凌空而来,勿迎之于地。半降而击之,利。'"

于是,在飞行舱将要落地时,义军倾巢而出。

这是他们唯一的机会。如果不在第一时间给予秦军重创,后续肯定会遭遇秦军的疯狂进攻,人数和训练上的优势很快会克服地势上的不利。

这一点，千阳明白，戈兰也明白。这是戈兰第一次组织和参与战斗，以后，当他经历的战争足够多了，会越来越体会到——很多战斗，甚至整场战争的胜败，都只取决于极短的时机。

抓住了，就能赢；否则，自己连同那些站在身后的人，就都会成为倒在泥土里默默腐烂的尸体。

这个时机，他们抓住了。

天城寨里的奴隶大部分都不是职业士兵，但在过去的几天里，已经对手中武器的操作烂熟于心。他们像蚂蚁一样从废弃飞船的各个隐蔽出口冒出来，瞄准空中的飞行舱，将炮火尽数轰出。

聚能束、激光、铝热弹、单兵高能轨道炮……甚至还有老式铁制子弹，各种各样的武器自下而上划破空气，划破浓雾，对悬停的飞行舱造成了致命威胁。

许多秦军尚在天上就死于炮火，飞行舱摇晃着坠落，没逃出来的秦兵绝望地在爆炸中化为飞灰——许多在地上红着眼射击的义军也被压到，同样死于爆炸。而飞行舱周围的战机也反应过来了，开始掠地飞行，弹药倾泻，疯狂地收割人命。

这是死亡式的进攻，用少数人的死，换大多数人的死。

双方绝大多数人员的死伤都只发生在短短的一分钟里。一分钟后，大多数飞行舱都掉了下来，少数还有飞行能力的，都拼命加大动力，往天上飞去。

"撤！"千阳见已经重创石左尉的第一批步兵，而头顶的战机还在不停扫射——它们在雾中看不清目标，几乎是闭着眼射击，这种情况下，还是躲着好一些。

义军迅速撤向最近的入口。由于已经提前传达过，整个过程有条不紊,非常迅速。

那些及时从飞行舱跳下来的秦兵还没反应过来,原本围着自己的义军,就一下子全不见了。

空中还有不断来回射击的战机。

浓雾加信号屏蔽,让他们成了己方战机的肉靶子。

石左尉俯视着身下的浓雾。浓雾吞噬了他的视线,但他可以猜到,黑色烟雾里,躺着士兵们的尸体。

刚刚还踌躇满志要建功立业的男人们,全成了肢体破碎的死人。

他对那些奴兵并没有什么感情,一将功成万骨枯,要是能踏上高位,十万奴隶尽成枯骨都没关系——前提是能踏上高位。但他只下了一步棋,派下去的两万人就被黑雾吞没了。在他最乐观的估计里,这两万人最好一次就尽全功,将那些叛军像挖蚯蚓一样挖出来,像踩蚂蚁一样碾碎,但……

"将军……"副官的脸色也很难看,犹豫地开了口,"要继续派人下去吗?"

石左尉没回答,沉吟了一会儿,"我们还剩多少飞行舱?"

"加上逃回来的,一共一百八十七个,约八万士兵。"说着,副官调出战场全息图,他们所处的位置是一个黄色的圆点,四周依此排开代表飞行舱的绿点。这是他的全部军力,都在空中,而巡逻机在整个沼泽外围盘旋——那是磁暴的边缘,扫描装备勉强能用,一旦发现叛军打算逃走,附近的战机会迅速集结,以空对地的优势将其轰杀。

这本来是完全的包围,但他没想到,叛军死死缩在地下——该死!地下有那么大吗?现在,他感觉这不是一块好吞下的肉,肉里藏着刺,一不小心,刺就会扎进喉咙。

"扫描系统还是不能用吗?"他问。

副官摇摇头,"磁暴太强,不止信号被遮蔽了,很多设备都不能用。我们带来的无人机只能放在指挥舰里。"

"你是副官,你有什么建议?"

"我们仍然占有兵力上的优势,只要稳扎稳打,就可以一点点耗死他们;为保险起见,我们还应该同时向其他基地求助,只要兵力源源不断地往这里投入,不出一个月,叛军肯定全部剿灭。"

石左尉却摇摇头,"我们耗不了那么久,更不能向其他基地求助。"

副官不解地看着他。

此战的目的,在于向其他贵族证明自己的实力,要让他们认为自己超过了当今上庸令。如果久攻不下,消息很快就会传出去,而一旦向其他贵族求援,自己就会成为笑柄,最后的战果归属于谁,也不好说了。但这些原因他不便跟副官细说,只摆摆手,道:"传令下去,准备再攻。"

副官道:"可是士气已经……"

"同时告知他们,凡在这次战斗中获得战功的,奖励翻倍——杀一名叛军,去除奴隶编号上的两个数字;如有超过,则每杀一人,赏赐一名奴隶。"

副官心头一震,点头退下。

命令发出后,原本在飞行舱里还有些担忧和害怕的士兵都振奋起来——这次的奖励可谓前所未有,一般奴隶头上的标记也就十几个数字,这意味着,只要杀掉七八个叛军,就能解除奴隶身份;而再多杀几个人,拥有赏赐的奴隶也就翻身成了贵族。

以前挨了多少鞭子,以后就可以在别人身上鞭笞回来;以前受了

339

多少辱骂，以后就能享受多少奢华。

飞行舱里一阵骚动，人人都握紧了手中的武器。

敌人再次反扑的时间比预料中更短，势头也比预料中更猛。

秦军吸取了由血凝结成的教训，不再大规模投入军队，而是先用战机护送两个飞行舱下降。快降落时，十几个被之前的胜利冲昏了头脑的年轻义军冲出去，想要再次击毁飞行舱。但浓雾里立刻冒出十几架战机，炮火如雨，年轻的义军们瞬间成为飞灰。

千阳立刻收束军队，让义军全部退入地下。

"做好巷战的准备。"千阳凝重地说。

这句话，为残酷而漫长的战斗拉开了序幕。

秦军安全降落后，没有立刻进攻，而是组成防护圈，让其他飞行舱依次降落。他们很快在地面站稳脚跟，组成小型营地，再以此为突破口，开始向地下进攻。

曾经因惨烈战斗而坠毁的古老飞船，再度沦为战场。

这场会聚了近十万人的战斗，在幽深逼仄又十分复杂的隧道里开打，近乎巷战。反抗军对地势很熟悉，秦军则胜在人多，双方在战争的天平上各有优劣，第一天打下来，都吃了亏。

秦军留下了大量尸体，血腥味经久不散，但他们抢下了飞船第一层的大部分区域，将反抗军逼到了下方。

到了第二天，天平开始向秦军倾斜。

原因出在两军士兵的素质上。

反抗军毕竟有不少是老弱病残，即使年轻力壮的，也没有经过太多的军事训练。在其他方面都勉强持平的情况下，经过鏖战，士兵素质的重要性，就被放大了。结束了一天的战斗，秦军迅速收拢，吃军粮的吃军粮，休息的休息，高效率地完成了体力补充。在此过程中，千阳带着一批人来进攻，想打乱他们的补给，但秦军早有预料，提前部署了防范。

千阳只得留下几百具尸体，无奈退去。

而反抗军这边，一整天惊心动魄地战斗下来，他们的身体都累到了极致，大脑却兴奋不已，愤怒与恐惧交织着。这种情况下，多数人晚上休息不够，第二天精神萎靡，而敌军又扑了过来。

战争的天平一旦倾斜，就再也停不下来。

第三天是反抗军损失最严重的一天。秦军已经找好了节奏，进退有据，逐步占领每一条舱道。反抗军还想抵抗，但人困马乏，被逼得节节败退。尽管千阳绞尽脑汁，设定战略，也无法阻止颓势。

"我，"千阳一边组织撤退，一边对戈兰道，"我只能帮到这里了。"

"已经比我们预料中要久了。"戈兰说。

"那接下来……"

戈兰没有回答，看向星狐。星狐也很疲倦，几天下来，彻夜未眠，加上原本有伤在身，看起来更是面无血色。

"我们已经为自由和生存做出过努力了，但世界上的事情就是这样，努力也改变不了命运。"星狐看着周围那些焦黑的、困倦的、布满惊惶的脸，叹息一声，"从某种程度上，是我害了你们。我为了我的理想——过往星狐们的理想，把你们聚集在这里，却还是让你们受到了战火的焚烧。我会留在这里，但你们不该陪葬，不要再做无谓的牺牲了，你们走吧。"

周围的人纷纷摇头，要与她共进退。

但这次星狐是认真的，不顾其他人反对，强令戈兰和千阳商量逃走的办法，千阳想起和芈莎一起探索飞船时，发现的那条通往军火库的隧道。而阿厨告诉他，军火库底下，还有一条供士兵逃生的消防通道。从那条路，可以一路蜿蜒，走到飞船的另一侧。

另一侧不在天城寨，是一处幽深的旷野，或许能躲过头顶上秦军的侦查。

这条路线说出来后，星狐不假思索就同意了。她叮嘱完各自的职责，便道："你们走吧，抓紧时间。"

"那你呢？"戈兰问。

星狐深吸口气，"我的使命已经无法完成，克隆设备也坏了，现在我要回到克隆室，跟我的……跟我的那些姐妹，一起守着天城寨。"

戈兰鼓起勇气，握住她的手。她的手冰凉，像是一块冷玉，冰凉中又带着一丝丝的温热，需要很用心才能感觉出来。而戈兰感受到了。他直视星狐的眼睛，说："你的使命没有结束。这些跟你来的人，都把希望放在了你身上，哪怕他们只有一个人，哪怕你再也无法克隆，也都要走下去。"

旁边一个在战斗中失去右臂的年轻人点点头，他咬着牙，显然正在忍受巨大的痛楚。但他还是看着星狐，道："没有你，我们就算逃走了，又能去哪里呢？"

星狐的脸一片苍白，但在这么多期盼的目光中，她的脸颊上又涌上了一丝血色。她的眼睛有点酸，揉了揉，手背上出现了湿痕。这是怎么回事，她对自己说，这几天流的眼泪比一辈子都多？

"好吧，"她低下头，抽了下鼻子，再抬起头时，已经恢复如初，"那我带你们走。我死了，你们自己要接着努力，我只要不死，就会一直带领你们。"

说完，她部署了一些留下来防御的士兵，便带着剩下的不到一万人，向逃生通道走去。

那些留下的士兵知道这是必死的任务，但眼中满是坚毅，挺直身板，目送着那些熟悉的身影慢慢没入舱道的幽暗里。

"别看了……"率领这几百个士兵的，是一个中年男人。在戈兰对天城寨的改造中，他因为擅长捕鱼，专门负责一片区域的食物供给，在战斗中，也被赋予了领导士兵的职责——尽管这不是他所长。他抹了把眼睛，大声说："我们要完成任务，不然他们不会安全的。"

其余人纷纷点头，但还是有年轻的士兵哭泣起来。

"我知道你们很累、很困，也很害怕。"中年男人说，"我也是。"

"那……"

"所以我们更要坚持在这里。拖久一点，再久一点。多一秒钟，就多一个同胞可以活下去。"

其他士兵还想再问，但头顶已经响起了脚步声。

是秦军。他们没有给反抗军太多时间，或许只是出于直觉，他们提前开始进攻了。这些脚步声整齐又响亮，越来越近，从头顶的每一个方向拥来。这是死神的步伐。

从脚步声来判断，秦军这次进攻，可谓倾巢而出。这些殿后的数百反抗军，根本没有胜利的可能性。

所有人都明白这一点。

"我们可以赢，"中年男人笑了笑，"今晚把这些兔崽子都赶走，明早我给你们烤黄金脂鱼。"

士兵们没说话，但其中一个不过二十来岁的小伙子下意识吞了口唾沫。吞咽声传到每个人的耳朵里。

所有人都笑了。

"那说好了,明天吃鱼。"另一个士兵说。

"我要最嫩的那一块鱼肚子。"士兵旁边的同伴也附和道。

"你想得美,那是我的!"这群人中最老的士兵呸了声,"懂不懂尊老爱幼啊!"

……

他们就这么调笑着,直到秦军终于发现了他们。看到第一个秦军出现在通道尽头时,所有人都停止说话,一齐冲了上去。

3

当其他人开始往逃生通道里撤退时,千阳却故意放慢步子,落在了大部队后面。他没有立刻跟上去,而是悄悄来到一处隐蔽的小舱室门口——这里面,关押着芈莎。

他走了进去,解开芈莎的镣铐,小声道:"我带你走。"

芈莎被关了好几天,神情委顿,听到他的话,点点头。

千阳搀扶着她,跟着前面的反抗军,在悠长的通道里走着。"现在是什么时间?"芈莎半靠着千阳,感觉到了少年身上结实的肌肉,以及一些支棱的骨骼,还有淡淡的汗味。要是以前,她一定觉得难以忍受,但现在,她不自觉深深吸了口气。

千阳没有察觉到她细微的心思,回忆了一下,说:"外面还是夜晚。"

"嗯。"

"但我们还是小心一点。星狐还是恨着你,我们别跟太紧。"

芈莎没说话。

"不过你也不要害怕,有我在,她不会把你怎么样的。"千阳以为她担心安全,赶紧道。

芈莎依旧没说话,像是累极了,整个头都靠在千阳怀里。

如果不是外面战火纷飞,身后尸堆如山,千阳希望这条通道可以无限长,长到宇宙最终湮灭,一切归于虚无,也走不完。

在他这种心思中,漫长的逃生通道走到了尽头。

最后一段路是斜向上的小坡,尽头的隐蔽门早已被前面的反抗军推开,走出去,便是夜色。

这里与天城寨隔着一道悬崖绝壁,喧嚣的战火似乎也被悬崖隔开了,听得隐隐约约的。浓雾也没有笼罩此处,因此,他们抬起头可以看到漫天闪烁的星辰,还有上庸星的两颗卫星,静静旋转着。而旷野周围长满了茂密的树木,夜风起了,树木摇曳着,枝叶婆娑,散发着微光。风大的时候,光像海面的涟漪一样,阵阵荡漾。

"原来还有这么美的地方,"芈莎抬起头,喃喃道,"我以前怎么没发现?"

"我也不知道。大概所有地方都有美的一面吧。"

在他们前面不远处,幸存的反抗军也被这难得的美景震慑住了。但星狐显然来过此处,并不惊异,四下观望后,憔悴的脸上终于露出一抹笑容,"这里很干净,空中没有秦军。"

的确,仰头看得到星月齐辉,但看不到丝毫秦军的影子。

"我们快走吧,"戈兰也松了口气,"趁他们还没发现!"

幸存者们聚集起来,在旷野上形成了一片阴影,由星狐带领着,往旷野西边的密林走去。他们脚下仍然是飞船,但年代久远,宽广的外壳上落满了厚厚的土，又长出茂密的草丛，成了旷野。旷野外密林丛生，树木从土地里挣扎而出，直刺夜幕。丛林间除了风声和枝叶的摩挲声，还夹杂着不少兽吼鸟鸣，不知道藏着多少凶禽猛兽。

但野兽并不可怕，真正危险的，是人类。

只要走进密林，他们就能躲开秦军，再小心地走一阵，把行军的痕迹消除——这个千阳很拿手——就能逃离此地，再谋生路。

戈兰终于松了口气，走在队伍的前方。他看了一眼身旁的星狐。她脸色依旧憔悴苍白，低着头，眉宇间仍是她那惯常见到的坚毅。她虽然是最后一任星狐，推翻秦国的奴隶制难如登天，但她对这些跟随自己的克隆人负有责任。她是那种会因为责任而付出生命的人，当这份责任要求她继续活着的时候，她也会努力完成。

这么想着，戈兰放心了些，打算问一下她想去哪里。但还没开口，星狐突然停下了，抬起头，忧虑地看着天空。

夜空变暗了。

刚开始戈兰以为是乌云飘了过来，仰着头，才看到夜空中那团阴影比乌云更浓，边缘更清晰。

几秒之后，他反应过来——那不是乌云，是飞船。

秦军的指挥舰！柔兆级！

"快跑！"

戈兰和星狐同时喊道。

四周的幸存者顿时乱了，仓皇地向密林奔跑。但指挥舰上的石左尉也不是等闲之辈，立刻反应过来，下令道："进攻！"

石左尉是在半小时前察觉到不对劲的。他听说鏖战了半夜，居然只有几百个反抗军时，马上明白反抗军想要逃走。他来不及重新组织军队，立刻开着指挥舰四处侦察。也是他运气好，在空中看到这一块的雾气比较薄，眼皮一跳，让手下把船开到了这里。

他的大部分士兵还在飞船的底下，能快速移动的，只有这艘指挥舰。但对付一群在地面仓皇逃窜的败军，这艘指挥舰已绰绰有余。

舰底的炮管依次移动，瞄准人群，炮口光点汇聚，下一刻，便喷薄而出。

光柱落在地面，炸成一团，泥土纷飞，血肉四散。离戈兰几米开外的地表遭受了轰击，气浪将他掀起，落地时，五脏六腑都像是移了位。

"危险！"人群后面的千阳大惊失色，扶着芈莎，就想跑回身后的逃生通道。

但芈莎却推开了他。

"你……"千阳诧异地看着芈莎站直了身体，还往前迈出一步，两臂微微张开。

"我，是巫教圣女！"她说完，仰头望天，嘴里在念叨着什么，绿发像群蛇一样向上拂动。

巫教圣女！

这是巫教中几乎比众神还要神秘的存在，半人半神之体，并非代代皆有，人数也不固定。一般而言，圣女终生侍奉太一，不会离开云梦神殿，也不干预人间事务，为何忽然出现在秦国边境？那么她所说的那些话，什么戈兰拯救银河，难道是真的？

千阳脑中千百个念头缠绕，但此刻也不是询问的时候。他定了定心，全神贯注，却听不清芈莎念叨的内容。她的声音微弱断续，与夜风掺杂在一起，像是某种乐器发出来的。随着这些声音被夜风吹向四周，点点微光再次出现。千阳见过这些凭空出现的细细光粒，每一次它们围绕着芈莎，都会有奇迹出现。

347

现在也不例外。

光粒在长发飞扬的芈莎身边环绕，越来越浓，仿佛整个银河都被缩小，都在她周围旋转一样。她的手猛地一张，光粒散开，急速射向这个夜晚的每个角落。

紧接着，一声嘹亮的鸟鸣响了起来。

趁指挥舰的第二轮炮火还没发射，密林里突然窜出一群巨大的紫色飞鸟。这些鸟体型庞大，扑腾飞行时，翼展能达到十米，且长喙弯如镰刀，喙尖有滋滋的电光闪烁。

它们在某种看不见的事物指引下，扑到了指挥舰的周围，肉翼扑腾，悬在半空，用长喙去啄飞船的外壳。正常情况下，鸟喙当然啄不穿钢铁，但这些鸟的嘴尖明显带着某种电力，每啄一下，电光就在外壳上闪烁一下，随后向四周蔓延。这些鸟足有上百只，将指挥舰围得水泄不通。

"这些鸟是怎么回事？"石左尉看着摄像头采集的画面，勃然大怒，"赶走它们！"

他的手下们连忙调整炮口，往各个方向开火，立刻便有三分之一的怪鸟被击中，哀鸣着从高空落下。地面的芈莎身体一震，像是由内而外被击中了，脸上隐隐露出痛苦神色，却只是咬咬牙，依旧站在旷野里。

其他鸟也有受伤的，但继续疯狂地扑腾翅膀，啄得更频繁了。那些电光在每一次碰撞间迸发，沿着外壳蔓延，彼此勾连，逐渐在指挥舰表面形成了一层电光膜。

"再打！"石左尉命令道。

但炮兵一遍遍在操纵台上做引导炮口转向的动作，系统都无法识别。"大人，"炮兵们急得满头大汗，"系统好像被锁住了，没反应！"

傻子也看得出来，系统突然失灵，必然跟外面那些怪鸟进出来的电有关。但武器系统锁死，无法驱赶，怪鸟们进而啄得更急，电光膜越来越厚，也越来越亮，仿佛闪电在指挥舰外壳上流窜着。

"导航系统失灵……切换至手动操作没有反应……照明系统紊乱……恐怕引擎马上也会停摆！"

这艘指挥舰悬在空中，全靠浮空引擎在喷吐粒子流，要是引擎停工，整个飞船就会坠地。飞船的缓冲设施也失灵了，在这百米高空下坠的话，他们没有一个人能生还。

石左尉面如死灰——自己一时不察，孤军追击，由绝对的优势到现在的绝境，竟然不到两分钟。他在飞船里，无计可施，他的副官却面色如常，只是抬眼看了下操作台角落里显示的时间。

这时，他的手下指向地面，惊喜道："他们出来了！"

顺着手指，石左尉看到反抗军秘密潜行至此的那条逃生通道，通道口拥出了大量人影，看装束，正是自己的手下。

秦军在飞船下层搜索，终于找到这条通道，冲了出来。

"太好了！"石左尉大声道，"剿灭他们！"

尽管通信系统也不能用了，他的声音没法传到地面，但拥出来的秦军用不着吩咐，犹豫了一瞬间后，立刻冲向反抗军。

这些士兵如狼似虎，反抗军则又惊又累，一旦两军碰上，形势立刻就会从对战演变成屠杀。

千阳和芈莎此前是远远跟在反抗军身后的，现在通道里拥出秦军，他们就夹在了两军中间。看着那些疯狂的面孔，千阳急了，问道："你还有办法吗?！"

他问的人，自然是芈莎。

芈莎保持着充满神秘感的姿势，但额头已经汗水涔涔。听到千阳的话,她往前走了一步,嘴里的吟唱更加急促,光粒再次涌现。

头顶的怪鸟发出尖啸,放弃指挥舰,俯冲而下。同时,密林里的兽吼一下子沸腾了,伴随着轰隆隆的声响,各种树木纷纷断裂,露出了群兽们的身影:剑齿熊、甲狼、豹鳄、电鬣虎、骨刺鸟……它们咆哮着,踩踏碎木乱叶,冲上了旷野。

反抗军惊呆了,秦军也被这声势镇住,放慢了脚步。

兽群们奔跑起来的身影重重叠叠,如同潮啸,反抗军在它们前面,这股浪潮却向两边分开,如浪遇礁石,绕过了反抗军。它们合拢之后,奔跑更快,直接冲进了秦军阵列。

秦军只跟人类打过仗,哪见过成群冲锋的野兽,顿时被冲击得人仰马翻。敢于举枪射击的,往往没开几枪,就被旁边的几头猛兽咬住,各自用力,士兵的身体立刻被撕扯开,血肉乱飞。

"你真厉害!"千阳大喜。

芈莎却没有回应他的称赞。她咏唱的速度已经到了极限,绿发挺得笔直,嘴唇迅速开合,光粒从她身体里散发出来,似乎带走了她的精气神。她被光晕环绕,显得更加单薄,仿佛一阵风都能将她带走。

这一刻,千阳才相信了芈莎的身份。这便是万物通灵术,巫教最高层才能使用的高阶巫术,也只有这种力量能操控生灵,对抗庞大敌人。某种程度上,它跟鬼谷子系统控制所有的机器人类似——说不定巫术的原理也跟计算机类似,只是芈莎显然没有鬼谷子近乎无限的处理能力,身子微微晃动,眼睛里的颜色也开始变换。

千阳知道芈莎撑不了多久,但他环视一周,发现秦军在这些野兽的冲撞下,几乎没有还手之力,才放下心来。

今晚实在过得太波折了,先是以为能逃走,又被指挥舰发现,危难之时,芈莎用怪鸟来救场;关键时刻,秦军又杀了出来,眼看要被屠戮殆尽，形势又被兽群给扳了回来。

如此几番来回，心忽上忽下，此时终于落回肚子里了。

"这下没有反转了吧……"他抹了把额头上的冷汗，小声嘀咕。

这句话却当场立了一面旗帜。

比指挥舰更高的夜空中，仿佛乌云被风拖曳而来，一大片密集的阴影出现了。它们是飞船，比云更高，更大，横移着，填满了所有人的视野后，又开始下降。飞船的造型各不一样，有大有小，但下降到指挥舰的高度后，它们底部那统一的篆文字样便清晰明了：

秦。

又有秦军来援！

飞船遮蔽了天空，加上之前爆炸升起的黑雾，旷野如同处在最深的夜里。夜晚有星，但此时的星光，是陨落的——那不是星光，是飞船降下的炮火。每一道火光都带着致命的能量密度，在兽群里炸开。

野兽们先是怒吼，被打得抬不起头后，声音就变成了呜咽。它们杀戮时有着原始的愤怒，被打击时又被原始的恐惧占据，要不是芈莎在拼命控制，它们早就一哄而散了。

然而，芈莎的控制也已经到了极限。她眸中的色彩迅速变幻着，像是彩虹在眼里荡漾，她的额头沁出了细细密密的汗珠，喘息也在加重，挺立的长发颤动不已……

"你没事吧？"千阳小声问，既担心她因巫力枯竭而透支，又害怕贸然打断她，会有什么反噬之类的后果。

芈莎没有回答。

其他人也没有办法，现在所有的希望都在芈莎身上，只能祈祷她可以控制兽群，冲破秦军的包围——但所有人心里也都清楚，这个希望有多渺茫。野兽毕竟只是野兽。但或许有奇迹发生呢？他们想。

奇迹没有发生。

随着炮火的狂轰滥炸，野兽们终于支撑不住。一头被炸断长牙的剑齿熊仰天长嚎，扭头奔向悬崖壁，几经跳跃，就消失在了浓雾里。这一下，如同大坝决堤，群兽们的恐惧像洪水一样倾泻，它们四下逃窜，在满地火光中穿梭，很快就逃了个干净。

地面上，只有天城寨残军，和满地的野兽残肢。

刚刚的轰炸，有意避开了残军，但头顶战机盘旋，危险的嗡嗡声在警告他们：不要乱跑。

"他们要活捉我们。"星狐喃喃道。

4

石左尉看着头顶的飞船——每一艘上面都有精致的涂装，是上庸世族们的徽记。不止一种徽记，也不是三五种，密密麻麻有十几种。秦三百世族中，上庸有十多家的旁支，虽然无法和大宗相比，但在这颗行星上已经是最顶层的主宰力量。

也就是说，这颗星球上基本所有的武装都集中在这里了。

"是你通知他们的？"他缓缓转身，看向副官。

副官直视着他，缓缓点头。

石左尉冷声道："你背叛我？"

"我只是不想死，也不希望大人死在这里。"

石左尉掏出枪，顶在副官额头上。副官睁大眼睛，目光掠过黑黢黢的枪身，落在石左尉脸上。

"你不求饶吗？"石左尉的手抖了抖。

"我没有做错。"

这时，控制界面切入了贵族们的登机请求。石左尉收回枪，稍一犹豫，道："同意。"

副官连忙走到操作台，通过这救命的请求。他额角滑下一滴汗珠——刚刚石左尉是真有杀他的心，要不是怕别的贵人们进来看到，自己的血，恐怕要溅满整个操作台。

指挥舰的舱门打开，其他世族乘的小飞艇从此处登船，再进入舰桥。果然都是老面孔。一张张肥头大脸，都是各大势力的家长。也是，抓住星狐就能解决一直困扰本地世族们的心头大患，世族们自然不肯错过，都亲自出马了。

"老石啊，"上庸右尉甘和迎面走来，脸上挂着含意不明的笑容，"多亏你发现了星狐这贼子的大本营，今天我们就把叛贼们一网打尽！"

另一个贵族军官也笑道："而且石左尉你帮我们消耗掉了叛军的绝大部分军力，他们才这么容易被围剿。"

其余贵族也纷纷附和。

石左尉听着，脸色越来越白。这些贵族明明知道他的目的，想独吞功劳，还这么揶揄他。要是往常，他的脾气早就上来了，但现在自己灰头土脸的，十万大军险些被一万多乌合之众全灭，能活下来还是靠这些贵族。

"各位……来得很及时。"憋了半天，他说道，"多……多谢！"

甘右尉难得看到石左尉吃瘪，又揶揄了几句，才放过他，道："放心，我们只是来帮你一把，抓到那个贱人，还是交给你处置。"

石左尉阴沉地点点头。这一瞬间，他想出了超过二十种死法，他要让星狐尝遍每一种。不然，不足以泄愤。

"等一下……"一位贵人突然小声说。

声音太小，其他人都没听到。甘右尉越俎代庖，发号施令：让士兵下去抓住叛军，星狐及几名匪首要留下姓名，其余人统一铐好，再就地处决——他特意嘱咐，当着星狐的面处决。

士兵领了命令，小跑出舰桥。

这时，之前小声说话的贵人嘴张大了，说："等一下……"

所有人都看向他。

"你们看天上。"他伸手指向舷窗外。

石左尉的指挥舰离地不高，处在浓雾的外层，从舷窗看去，上方是世族们带来的飞船方阵，遮天蔽日……等等，这天有点不对。

天空是粉色的。

石左尉下意识看了眼时间，还是下午，晚霞不可能在这时候出来。

"上面的，"石左尉接通了头顶的飞船，"天空是怎么回事？"

"不……不清楚……"

又过了一会儿，粉色愈发浓郁，近乎赤红。头顶的飞船终于传来了信号："好像是有什么东西下来了！"

"是什么？"

"还不确——啊！"

随着一声惨叫，信号中断。

石左尉一头雾水，抬头看了眼甘右尉等人，发现众贵族也都是疑惑的表情。"妈的，反贼不会有援军吧？"他喃喃道，随即发出命令，"做好防御准备！"

"防御什么?"副官问。

"我也不知道,但我有种不祥的预感……"

怪异的氛围弥漫开来,贵族们连地面的星狐也顾不得了,都看着舷窗外。天空像是流出了血,殷红一片。他们已经看不见头顶的飞船了。

"啪!"

一滴雨落在舷窗上。

众人因看得太投入,被这滴雨吓了一跳。正要松口气,又发现不对劲——这滴雨是红色的,仿佛是从天空的伤口里流出来的,它在舷窗上缓缓滑动,发出吱吱的声音。

所有人都屏住呼吸,舰桥安寂,更衬得这吱吱声难听刺耳,仿佛有尖爪在剐蹭玻璃。

雨落在窗子上当然不会发出吱吱声。

这也不是雨。

在所有人的目光中,这滴红色液体穿透坚韧的合成玻璃,落到操作台上。操作台也没能挡住它,冒起了青烟,全息画面消失。液体落在飞船地板上,继续腐蚀,融出一个小洞,落向大地。

"这……"石左尉眼角一跳,头开始痛。他有个习惯,每次遇到危险时,头就有点痛。而现在,他的脑袋简直要裂开。

头顶传来一连串巨响,还有火光,但火光被满天红雾遮住,看不分明。可是,石左尉知道,那是头顶的飞船在爆炸。显然,它们遭到的侵蚀更严重。

副官大声道:"快跑!"

石左尉扑到操作台前,想驾驶飞船离开,但操作台已经被蚀穿,怎么按都没有反应。

啪啪啪……

更多的雨落了下来，舷窗千疮百孔；雨又落到贵族们身上，血销肉蚀，石左尉看到刚才还志得意满的甘右尉被红雨淋到，整个人像蜡烛一样融化。他甚至来不及心有不忍，因为这也是即将笼罩他自己的命运。

这场致命的红雨是无差别攻击。

听到头顶飞船轰隆隆炸成一片时，戈兰他们就觉得不祥。尽管刚才还虎视眈眈的秦军都在爆炸和腐蚀中丧生，没死的也在哭爹喊娘，形势猛然转变——但，这也不像是来救自己的。

"你还有别的朋友吗？"戈兰吞了吞口水，问旁边的星狐。

星狐摇头。

"那快躲！"他大喊。

这场红雨瓢泼而下，先是穿透了飞船，继而连黑雾都在啃噬。对它来说，黑雾似乎比钢铁要难啃一些，它也从液体变成了雾状，混成一团。

这让它的速度慢了些，也给了戈兰他们宝贵的逃生时机。

天空被不祥的红色笼罩，如阴云压城，唯一可以逃走的路线，是地下。于是他们趁秦军鬼哭狼嚎之时，又钻进了逃生通道的入口。等这一千多人钻进去，红雨完成了对黑雾的啃食，重新恢复成液态，瓢泼落下。

血红的液体从天而降，空中的飞船全被蚀毁，炸成朵朵烟花。飞船的碎片也纷纷扬扬爆射而下，但还未落地，就被血雨吞噬。吱吱声无处不在，仿佛无数虫子在啃噬这个世界。红色占据了视野中的一切。这情景，跟传说里的末日没有区别，就像整个地狱被人翻了个底朝天，再整个倾泻向人间。

戈兰等人在雨水落地前就进了飞船内部，并未停留，他们知道危险还没结束，遂拼命向下方跑去。

红雨落到地面，一边侵蚀，一边汇聚成流，顺着入口往下。跑得慢的，被洪流卷中，顿时消失得干干净净。

"是什么东西啊?!"有人跑着，哭出了声，"为什么都要我们死啊?!"

人们慌不择路，很多人撞到一起，踩踏致死的就占了大多数。

还有人干脆不跑了，转过身，张开手臂，以迎接的姿态面对那致命的洪流。

但不管人们是什么态度，想活抑或是求死，对红色液体而言，都是一样的。它从废弃飞船的每一条墙缝、每一道沟壑间流下。它无时无刻不在腐蚀，但凡流过的地方，缝隙变大，沟壑加深。它漫到人类的脚，那人类就会从下往上融化。

只是，这艘古老飞船的材质有些奇怪，红色液体的啃噬速度变慢了，在舱道里也只能积成浅浅的一注。

戈兰扶着星狐，千阳背着芈莎，四人一路往下，阿厨也跟着他们，化为十几个圆球，一路滚下去。到地下六层后，他们赫然发现与周围人失散了。只偶尔听到一声凄厉而模糊的惨叫，隔着舱壁传来，又很快消失。

他们当然知道这意味着什么，各自的脸色都不好看。

"那到底是什么?"千阳忍不住道，"为什么那么多想杀我们的人?"他看向星狐，"你的仇家不少啊。"

星狐苍白的脸上也有些迷惑，"我只是跟秦军作对，但这怪雨，是先杀秦军再落到天城寨的，应该跟我没关系。"

戈兰也反驳道:"是什么还没搞清楚呢,别乱说。我活这么大,也是第一次看到这种雨,说不定……是这里的自然天象……"

"不可能,要是下过这种雨,行星上的人早没了。"

正当两人争论时,因施巫术而累得几欲昏厥的芈莎睁开了眼睛,虚弱道:"那不是雨,是……赤潮虫……"

"什么,是虫子?"戈兰和千阳同时问。

芈莎说:"不是真正的虫子……是纳米虫。是一种武器,早就在战火中失传了。"

戈兰想起那"红雨"落到物体上发出的声音,确实像是无数虫子在磨牙啃噬,只是它们比真正的虫子小得多,小到看不见,只有大量聚团时才呈现红色的液体状。它们的牙齿无比锐利,遇到什么啃什么,连钢铁都转瞬即没。

"对,是赤潮虫……"一直沉默的阿厨也开口了,头部圆球滚到他们中间,"这是龙嫠的武器。每一粒都是精细到纳米级别的机器人,如同最疯狂的蚂蚁,它的目的只有一个,就是啃噬,啃到的任何物质都能成为原料,再复制、分化,继续啃噬……一小管赤潮虫,就能啃掉一颗行星。"

"在云梦神殿的记载里,赤潮正是'祸水'的复仇,它能毁灭成千上万颗行星。"芈莎喘着气说。

阿厨的眼中红线闪烁,"是龙嫠,不是祸水。"

"在巫教中称为祸水,古书上说……"

"好了好了,"千阳连忙打圆场,"回头你们可以好好交流一下历史心得,现在,还是逃命要紧——这玩意儿,怎么样才会停止呢?"

"有两种方法……"芈莎挣扎着说。

戈兰和千阳大喜,同时道:"什么方法?"

"一是控制它的人按下停止按钮……"

阿厨接口道:"二是把整颗星球吃完——它就会在真空环境下休眠。"

第二个办法显然不能用,只能打第一个办法的主意。"但……"千阳想了想,又泄气道,"不管是谁在控制这些赤潮虫,我们现在都没办法找到他吧?"

阿厨眸子里的红线变成指向箭头,继而疯狂跳动,颤抖的声音从它身体的另一个圆球传出来:"但好像,他来找我们了……"

5

尽管他们躲在地下深处的破旧飞船里,但四周的吱吱声仍不绝于耳,这说明赤潮虫正在一层层侵蚀。古老飞船的坚硬材质让它们的速度变慢,但时间对它们来说无关紧要,一点一点,这颗星球迟早会被彻底啃噬干净。

只是吱吱声中,还传来了一些别的声音。

砰!

是重物落在地面的声音。太重了,隔着好几层都能听到闷响。

轰!

是头顶废旧舱道炸开的声音。赤潮虫的啃噬尚未完成,头顶舱道复杂,有人不想走复杂的道路,直接动用重武器——这武器显然比秦军的炮火更猛,炸开了之前秦军反复轰炸都没有太大损伤的一层层飞船甲板。

"嗒嗒嗒……"

是脚步声。

很多脚步声响起。有人淌着纳米虫积成的水洼，在附近搜寻。因为爆炸的缘故，赤潮虫已经流了五层，啃噬声铺天盖地，仿佛它们在啃着自己的耳膜一样。而脚步声在这样的背景里，异常清晰，同时还传来了说话声：

"信号恢复了吗？"冰冷的声音问。

"这艘飞船有点奇怪，自主产生磁暴，但快了……"

过了一会儿，第二个声音说："虫子们找到了磁暴发生装置。"顿了一秒，"已经好了，磁暴解除——信号表示，他就在附近。"

"找到他。"

人声便消失了。

四个人屏息听着，都怕把那些奇怪的人招来。

但千阳眼珠转了转，在身旁的三个人和一个机器人身上轮流看着，忍不住嘴贫道："你们的本事不小啊，竟然惹来了这么强大的敌人。唉，一个秦国王子、一个楚国圣女、一个叛军领袖，还有一个活了几千年的老机器人，都有这么强的背景，惹来强敌也不稀奇。我跟你们混在一起，真是倒了大霉……"最后几个字，几乎是咬着牙说出口的。

戈兰没理会他，对星狐道："躲在这里也不是办法，你知道有可以出去的密道之类的地方吗？"

星狐摇头，"这艘飞船太大，我还没有探索完。"

"飞船里怎么会有密道？"阿厨问，浑身的圆球组合起来，声音一下子变得雀跃——刚才它回忆起赤潮虫时，也是这样迥异的音调，

"但我记得,'烛龙号'的侧翼停机坪里,有可以飞出去的战机。"

千阳哭丧着脸,"这个我也见过,在军火库旁边嘛。但没用的,那些战机上的文字都看不懂,没人会开。"

阿厨点点头,"是没人会开,但机器人会,尤其是活了上千年的老机器人。"

四个人的八道目光都落在阿厨圆圆的脸上。

"我可是'烛龙号'的领航员,身体里储存着这艘飞船标配战机的驾驶程序,没什么奇怪的吧?"它晃了晃脑袋。

千阳和芈莎对视一眼,都明白了为什么此时它的语气听起来这么熟悉——是昭阳亥在它身体里苏醒了。它身上有昭阳亥的数据和临十一的芯片,平时是懵懂的机器人阿厨,关键时刻,昭阳亥能救命的数据占了上风。这或许是它当初就设置好的求生机制。

"我就知道你有用!当初救你果然是正确的选择!"千阳喜道。

他们连忙猫着腰,再下两层,来到了当初发现停着古老两用战机的地方。每一艘战机都停在一个隔间里,阿厨先是按动了墙边的几排按钮,熄灭了千余年的灯光再次亮起,它啪地扭动一个旋钮,战机间的隔板依次收起,停机台旋转,所有战机都朝向斜上方。

斜上方本来是飞行舱道,但密闭隔板由于布满了经年锈迹,动了几下,依旧死死挡住。

"这……还是飞不了啊。我们忘了这是在地下,不是太空……"千阳沮丧道。

阿厨却没有停下忙碌的身影,身上的圆球同时滚进十几架战机里,检查哪些还能用。好在它找了一架能启动的,各个圆球又汇聚到这架战机内,伸出操作臂。它果然没说错,那些有着复杂文字的按钮,在它眼里就像是自己的手指,啪嗒啪嗒地按下后,机身顿时微微震动起来。

"先预热,"它一边操作一边看了眼上方,"会有机会出去的。"

其余人都有些莫名其妙,千阳顺着它的目光,也只能看到战机的顶部,但很快,他就知道阿厨的意思了——赤潮虫正在侵蚀,从上至下,它们把头顶隔板侵蚀完的时候,这里自然就不是"地底"了。

"不愧是机器人,脑子是转得快些。"千阳赞道。

当然,如果赤潮虫倾泻而下,战机也难以幸免,但事到如今,这已是唯一的机会,他们在战机里焦急地等着命运的判决。

但这次,阿厨错了。

替它们掀翻头顶厚重隔板的,不是微小的纳米机器人,而是庞大的战斗机器人,或者说,庞大的人形战斗机器。

轰!

隔板掀开后,一道人影落在地面,发出沉重的声响。他是人形,但除此之外,没有任何人类的特质。此"人"高达三米,头部比一些战机都要高出不少,他没有穿衣服,露出身上大部分的钢铁皮肤。他身上没有涂装,看起来灰蒙蒙的。但说他是机器人,又不像,因为在重要的关节部位,又能透过透明外壳看到里面的骨骼和丝线状的肌肉纤维。他的脑袋前部是人脸,但原本是头盖骨的部位变成了坚固的玻璃罩,里面有复杂的线路和元件,但所有电线都接在肉质大脑上。

半人,半机械。

看到他之后,所有人都愣住了。

戈兰和千阳见过临十一,但它那骇人的外观也没有眼前这"人"具有压迫力。更奇怪的是,这人肩上还停了一只金属材质的乌鸦,小脑袋随时都在一晃一晃的。

"终于找到你了。"这个高大的人把挡在他与众人之间的战机随手拨开，看着玻璃里吓得战战兢兢的四个人和一个机器人，半张脸上露出怪异的笑容，"为了找你，我连这个星球都要毁掉了。"

虽然有战机的合金玻璃隔着，但看这怪物随手撕裂钢铁的架势，玻璃没有任何安全感。千阳吞了口唾沫，"你们谁惹了这位大哥，快过去道歉……"

戈兰嘟囔道："我可不认识这个妖怪……"

星狐和芈莎对视一眼，似乎想询问彼此，但脸色俱是憔悴，谁也没有说话。

这时，怪物的视线掠过他们，定在了千阳身上。

他肩上的机械乌鸦晃了晃脑袋，长喙开合，吐出了又尖又细的声音："魏军中士公孙千阳，你玩忽职守，与敌同谋，泄露军机，被列为大魏一级通缉犯。由大王直属禁卫军魔甲队队长魏西弃负责追拿，带回太梁星受审。如果你有什么异议，现在可以说出来。你说的每一句话，都将成为呈堂证供。"

机械乌鸦说完后，这个叫魏西弃的怪物摇晃了下脖子，说："你可以说，但我不会听。"

"队长，你这样不合规矩。我国是法治国家，是讲程序正义的。"

"魏王允许我们魔甲队用任何方式，只要能完成任务。你闭嘴。"

乌鸦果断合上长喙。

趁着他们斗嘴的工夫，千阳脑子转得飞快，从他们的话里梳理出了信息——来抓我的？

他知道自己是魏国逃兵，在那边肯定有案底，但自己出逃时，也就是个俘虏营看守。在万亿之众的大魏军团里，这个职位不会比飞船仓库里一颗备用螺丝重要多少，竟然会有人专门来找？来的人还是禁卫军魔甲队队长——他听过关于魔甲队的传说，能跻身这个组织的最上层,保卫魏王,即使是太梁星要员,也不敢得罪这些经过改造的人间死神。这简直不可思议,自己一个逃跑小卒,会让元帅亲自来抓?

从临十一到魏西弃,这些人都把自己当成极为重点的监视和抓捕对象,这是为什么?

他想不通,周围三个人也没不明白,都诧异地看着他。

"原来,是你的背景最厉害……"戈兰呆呆地说。

这时,赤潮虫的啃噬已经到了这一层。令人头皮发麻的声音充斥于耳。他们抬起头,从这地下深处直接看到了天空。

由于纳米虫已经完全落地,之前弥漫天空的红色已经不复存在。赤潮虫甚至能吸收气体,作为复制身体的元素。它们全在地面,因此地面是红的;而天空透着幽深的蓝色,仿佛星空被拉到了近前。

"准备好。"阿厨突然小声说。

在所有人都没反应过来时,它从圆球里伸出的机械肢突然往前,按下了操作台上的七个按钮,战机剧震,尾部喷出大量高能粒子流,托着机身往斜上方窜了出去。

看来这就是阿厨说的"机会"了,千阳庆幸地想。太好了,只要不被他抓到,再厉害也……

他的念头还没闪完,飞船再次一震,停在空中。

"怎么回事?……"几个人大呼小叫地喊。

"不……不知道……按钮一切正常啊!"阿厨的声音也颤抖了。

千阳把头凑到舷窗前,看到了难以置信的一幕。

魏西弃的右手抓住了战机机翼,他的指尖弹射出钢爪,竟深深剜进了机翼的钢铁里。

他以一人之力,拉住了这架至少五十吨重的飞行中的战机。

战机引擎的功率被阿厨开到最大,气流几乎要把周围的战机掀翻了,魏西弃被拉得有些挪动。"怎么了,有点吃力?"乌鸦歪歪头,用嘴敲了敲魏西弃后脑的玻璃罩,"需要我帮忙吗?"

"嗯。"

乌鸦呱呱叫了两声后,身体里竟然开始播放音乐。在这样诡异的环境下,雄浑的乐曲覆盖了周围纳米虫的啃噬声,听得人心跳加速。

在乐声中,魏西弃身上的机械骨架发生了二次变形,铆架外翻,依次拼接,组成了骇人的铠甲;他体内那些透明的被保护着的内脏,也肉眼可见地被注射了蓝色液体,肌肉纤维像是茁壮成长的禾苗,一下子宽大了好多倍;他的双脚就像两只螃蟹,侧边各伸出一排爪扣,牢牢固定在地面上。

战机无法脱离他的手掌。

他一边抓着机翼,另一只手以怪异的角度扭曲着,扒住了战机的门。战机的舱门本来是扣死的,在他的力量下,竟缓缓打开了。

魏西弃身高三米多,跟战机差不多高,但这个凝聚了古老科技的机械在他手中,仿佛只是件纸做的玩具。

"这⋯⋯还是人吗?"戈兰也凑过来,看得愣住了。

"显然已经不是人了。"千阳冷汗淋漓,左右张望。四周已经是赤潮虫的海洋,"烛龙号"飞船的舱道、甲板、控制台全都逐步消失。魏西弃是这里唯一的例外,红色旋涡没有靠近吞噬他,只在他周围旋转着。不幸中的万幸是,战机也因此暂时没有粘上赤潮。

果然,纳米虫是受魏西弃指挥的。

这么想着,他心里拿定了主意,转头对戈兰道:"帮我照顾⋯⋯唉算了,我也没有亲人了。以后逢年过节,要记得我。"

"啊?"

就在戈兰疑惑的目光中,千阳突然一个箭步冲到被拉开的舱门

365

前，纵身一跃，跳向赤潮虫的旋涡。

昔日的天城寨，整个行星上奴隶们的梦想之地，已变成了血色梦魇。天空在坍塌，大地在沦陷，赤潮虫不断啃噬、复制，组成了红色的浪涌，向四周席卷而去。远处的崖壁、沼泽和海洋全被吞噬。这个星球即将消失。而千阳落向身下的纳米虫集群，如果真的掉进去了，恐怕连坠地感都察觉不到就会被分解。他人在空中，心里默念：快啊，快——

就在他即将落下时，身下的赤潮虫突然向两旁溅开，同时，背后传来了呼呼的破空声。他被一只宽大的手掌拦腰抓住，差点勒断，但心里却是一阵松快：赌对了！

第十章　宗周古史

1

他们从空中俯瞰，这颗星球正在他们的眼前腐烂。

宽广的大地上，一个红斑缓缓扩张，蔓延过的地方，无论山川湖泽，全部变成了赤潮。以这个速度，用不了一天，整颗星球将全被纳米虫吞噬。

魏西弃站在"星陨号"飞船的侧面，俯视身下，脸上表情很平淡，甚至带着一点怜悯。

"任务已经完成了，"他肩上的乌鸦说，"我们不回去述职吗？"

"你知道我的习惯。"

乌鸦点点头，"你喜欢看着破坏的过程，这会让你觉得很美。"

"是啊，有什么比鲜艳的东西变得灰败，比如冬雨里的花；坚硬的东西变得腐朽，比如亡国者的权力；浩大磅礴的事物被吞噬，比如眼前的景象——更美呢？"

"你有时候更像一个诗人，而不是军人。"

魏西弃耸了耸肩,说:"如果没有应征加入禁卫军,我或许应该是个诗人吧——不过也不好说,没有加入禁卫军的话,我早就被仇家杀死了。"

"是那些燕国的幽灵武士吗?"

魏西弃没再说话。乌鸦也知道问到了他的隐秘,这是危险的,像魏西弃这样的人,无疑背负着沉重的血色过往。虽然它只是一只机械乌鸦,是魏国街上随处可见的A.I.玩具,但基本的自我保存程序还是有的。它不再追问。

在他们身后,千阳被关在力场囚禁柱里,浑身都被重力牢牢压住,呈飞鸟状半悬空中,动弹不得。他连眼皮都不能闭上,眼睛酸得要命,视野都模糊了,只能看到四周崭新先进的飞船内景,以及两排站立的禁卫军魔甲队队员。

这些人都跟魏西弃一样装扮,半生物半机械,隔着透明罩子,将内脏和脑干暴露在旁人的视野里。这个设计并不能增加战斗力,却能让人深感恶心和怪异——这或许是设计者的恶趣味,也或者就是为了对敌人产生视觉压迫。

不过这些队员的身高都只有两米出头,不如魏西弃的体型那么高大骇人。

按照魏王的命令,他们抓到了千阳,就应该立刻返回复命。但他们都知道魏西弃的怪癖,喜欢看着猎物衰亡的过程。上次他们奉命猎杀一头百米高的巨兽,取其骨髓为魏王滋补,当时他们已经抽取了巨兽的髓质,队长却不急着走,捅破巨兽的血管后,插入软管和抽水泵,将它的血一点点抽出来。他就这么看着血喷如泉,如痴如醉,直到巨兽的呜咽渐渐止息,整整迟了一天才回太梁星。

星球毁灭的过程唯美而持久,看了很长时间,魏西弃似乎才想起千阳,转身关了力场囚禁柱。

千阳一下子摔落在地,揉了揉眼睛,嘴里呸呸吐了半天,身体才恢复知觉,苦笑道:"下次还是用镣铐吧,力场囚禁太他妈难受了,我这眼睛都不像自己的了。"

"这是对你耍我们的惩罚。"机械乌鸦呱呱叫了几声,"另外,你这纯人类的身躯也太脆弱了,这种级别的力场,队长能持续忍受一整个月。"

"我怎么能跟他这种怪物比呢?……"千阳啐道。

他知道乌鸦说的"耍"是指什么——之前魏西弃抓住阿厨驾驶的战机,让他们不能逃走,千阳却赌了一把,舍身跳向能吞噬一切的赤潮虫群。他之所以赌,是因为听到魏西弃说魏王要活捉他。如果他被赤潮虫啃成骨头,任务就算失败,魏西弃说起话来疯疯癫癫的,但显然不是一个能容忍失败的人——魏王也不是。果然,他赌对了。魏西弃见他跳下,没有任何犹豫,放弃了抓着的战机,侧身扑向千阳。

魏西弃身上显然有控制赤潮虫的关键。他扑到的地方,赤潮虫都像被巨石砸下后的水花,向四周溅开,匆忙地避开了他。因此,千阳并没有被赤潮虫吞噬,只是腰被魏西弃抓着,太过用力,险些挤断。

而阿厨也抓住这个时机拔高战机,冲出坍塌的大地,一溜烟儿跑远了。

魏西弃没有追击——他有着极强的目的性——或者说,很懒——只要抓到千阳,就是完成了任务。除了看风景,他不愿意再干别的事情。

"喂,"千阳揉着肩膀,问,"为什么你亲自来抓我?你的级别可比我高多了,难道大王觉得只有你才是我的对手?"

"荒谬,你这种垃圾怎么能跟我比?"魏西弃耸耸肩。

369

千阳也不生气。他发现在绝境中，自己的心态居然很稳。也是，落在这个大块头手里，肯定是跑不出去了，迎接自己的也肯定是一死——那就没什么好担心的了，重要的是先搞清那些困扰自己的问题，免得黄泉路上也不安生。

"对啊，你怎么看也不像是捡垃圾的人……"千阳试探道，"被贬职了？"

魏西弃冷哼了一声，不置可否。

千阳见他识破了自己的目的，暗道这人狡猾，正想用别的办法套话，魏西弃肩上的乌鸦道："你的疑惑也是我们的疑惑。"

"魏王的命令没说原因吗？"

乌鸦顿了顿，褐色的嘴喙敲了下魏西弃后脑的玻璃罩，道："命令是鬼谷子下的。"

鬼谷子。

千阳和这个名字太有缘分了。在魏国军队，这三个字有着神圣的地位，它是研究院里的最新科技，能宏观分析整个战局，也能微观操控每一个士兵的具体作战。它给出的建议，魏王基本都会采纳，它的算力还能反哺其他方面的科技，比如解决武器研发上的难题，让不少新式科技作为秘密武器投入战场。正是因为有它，魏国才敢孤注一掷，出兵伐秦，并且在各个战场都取得胜利。

而千阳似乎天生跟鬼谷子的系统不搭，此前他作为魏军高级参谋，几乎每一次战斗都贡献了自己的计谋，但每一条建议都被鬼谷子否决了。尽管战役按照鬼谷子的方法，都取得了胜利，但他还是觉得如果采纳了自己的建议，能赢得更快，战果更大。于是在一次战斗中，他不顾鬼谷子的战略，自己带人到秦军后方围堵。

他记得明明把一大批秦军堵在没有作战能力的运输舰里，由机器人士兵看守,是万无一失的局面,且比鬼谷子预测的战果有价值得多——鬼谷子预测能歼灭秦军的三分之二,但后门一堵,秦军几乎全歼,抓到的这些俘虏以军官居多,还能逼问情报。可当他向上级汇报完,却发现秦军俘虏开始突围,而他下达的战斗指令却莫名延迟,机器人士兵呆滞地看着俘虏们逃走……

也就是这一次,他受到了鬼谷子系统的负面评价,被贬了一级;此后的霉运就像阴雨一样绵绵不绝,一路从上校降级到普通一兵,搞得连他自己都怀疑自己是不是从军的料。

但现在,鬼谷子又下令禁卫军来捉拿自己……

"妈的,这个破系统是不是有问题?"千阳咒骂出声,"怎么老跟我过不去?"

魏西弃冷笑道:"你也太高看自己了……鬼谷子是量子比特计算枢纽,要演算整个魏国的战争局势,每个决定都关乎几百万人的生死,会专门跟你过不去?"

机械乌鸦也点头道:"而且我们机器的运算结果,都是基于各种自然参数,推导最优解,不会掺杂你们人类的种种情绪。"

"那我……我现在这个情况是怎么回事呢?"千阳问。

乌鸦扑腾着翅膀,"我也不清楚,在我看来,你的确不配我们出手。不过鬼谷子的算力超过我无数倍,肯定能计算到我看不到的地方。"

魏西弃道:"或许只是因为你倒霉。"

乌鸦说:"倒霉也是算法的参考要素之一。"

"喂,这么落井下石也不好吧,小心你们也沾上我的霉运。"

魏西弃和乌鸦不再说话。

2

战机停在一颗无名星球的表面。

这颗小行星和上庸星仍在一个星系，但藏在一处陨石带的后面，加上星球表面布满了珊瑚状的紫色高大植物，这艘古老的战机一进入大气层，体表就自动变成同色涂层，完美隐入星球的迷乱色泽中，因此格外安全。

但戈兰、星狐、芈莎和阿厨下了战机，站在略显柔软的土地上，面色灰白。千阳最后一跃的身影烙在他们心里，是磨不去的痛。

"这里……"戈兰犹豫道，"我们先在这里休息片刻。"

他们一落地，陆地珊瑚林中就探出几个脑袋，胆怯地看过来。从脑门上的标记看，他们也都是些奴隶，那这里可能是某个贵族的私有星球。

过去一问，发现果然猜得不错——这颗星球名为紫珊瑚，以出产能提取香料的类似珊瑚状的植物闻名，这些奴隶便是上庸贵族派来这里的农夫，耕耘珊瑚树，制成香料，运输船会定期拖走香料箱。这样的生意已经持续百年，这些农户从克隆舱里一出来就被送到这里，至死也无法离开。

刚开始贵族们还派士兵来把守，后来发现这些奴隶除了制作香料，啥都不会，星球表面也没有飞船，就放下了心来，把卫兵尽数调走了。因此，戈兰三人误打误撞落到紫珊瑚星，也没人过来盘问。

好在此地民风淳朴，见三人都没有恶意，而星狐面色憔悴摇摇欲倒，便围了过来。他们说话有着浓浓的边陲方言味道，和上庸星不太一样，但戈兰怎么说也是秦国人，勉强还能听懂，解释说他们一行人是逃到这里，躲避仇家。这时，星狐终于撑不住，软倒在戈兰怀里，晕厥过去。

奴隶们连忙将星狐抬起来，扶进他们的树屋。刚开始戈兰还有些担心，但看着奴隶们淳朴热心的面孔，就把想说的话咽了回去。

星狐被安置在粗糙但干净的床上，盖好被子，一个老妇女拄着拐杖进来，看了下她的伤势，皱了皱眉，脸上的皱纹像蜈蚣一样缩紧。

"她的伤很重，需要休养，"老妇人说，"还需要药。"

"这里有吗？"

老妇人点头道："这里有床，有被子，还有药。"

戈兰问："那你们能帮我照顾好她吗？"

老人看着他，缓慢道："这里所有人，都是我的孩子，包括她，包括你。"

戈兰有些触动，眼角微微湿润。这时，他又听到老人说："不包括你。"

老人指着的，是站在他们身后的圆滚滚的阿厨。阿厨顿时抗议道："你这是对机器人的歧视……"

几个人都没有说话。戈兰和芈莎也很累，尤其是芈莎，经过了巫术的大规模释放，体力几乎被掏空，也被老妇人扶到另一个房间。

戈兰自己蹲在屋外，隔着高大的珊瑚树林，看到外面的天色迅速变暗。紫珊瑚星的自转很快，似乎眨眼间，夜晚就裹挟了这颗小行星。虽然进入黑夜，但头顶的夜幕依然透着隐隐的红紫色光芒，戈兰明知道这是珊瑚树的映射，但还是觉得夜幕外仿佛有团火，随时会烧进来，烧穿夜色，焚尽自己。

他蹲了很久，才站起来。那一瞬间头有些晕，他扶住墙，喘了好几口才缓过来。脚下有食盒，是老妇人睡前放下的，他一直在发呆，没有留意到。

食盒里是粉色的肉块——也不知道原材料是肉还是植物，嚼起来有肉的韧性，又有蔬菜的清香。他吞了一口，忍不住把剩下的都吃完了。他能感觉到，这里的奴隶是真在热心地招待他们，他们自己都没有足够的食物，却把最好的让给这些外来者。

一些力气在他身体里恢复，一些记忆在他脑海中涌现。

这一晃，夜已经深了。奴隶们在这里待的时间很长，早已适应了星球的运转，一到夜里就回房睡了。想必他们睡得又短又频繁，像是把一天割成了四五段。

所以留给他的时间不多了。

他推开门，走进幽暗的房间。星狐躺在床上，呼吸均匀，侧脸的轮廓在幽幽红光中显得模糊。他站在门口，安静地看着。

"去吧，"身后突然传来阿厨的声音，但被刻意压低了，像是在说悄悄话，"去吻一下她。"

戈兰吓了一跳，反应过来后，脸上微红，"你怎么……"

"你们人类的心思，还是很好猜的。我知道你想去干什么，我也想。但我没有牵挂，你有，那你就去亲一下她。"

"你怎么说话神神道道的……"戈兰咕哝着，但还是上前一步。阿厨在门口看着他。他走到星狐床前，俯视着她，不知道为什么，明明离得这么近了，她的面孔依然模糊。仿佛戈兰的眼睛已经无法聚焦，仿佛星狐已经融化在他的视线里。

他深深吸了口气。

但在俯身吻下前,他还是回头看了眼阿厨。阿厨识趣地将圆圆的脑袋转了个方向,看向屋外的夜空。戈兰这才弯下腰,低头在星狐的嘴上轻轻一碰。

有一点凉。

他不敢用力,害怕吵醒星狐,马上站直了身子。星狐依旧闭着眼。他努力地看着,想把这张脸铭刻在心里,但怎么都办不到。最后,他放弃了。

阿厨在门外等他,说:"走吧。"

一人一机,在夜色中行走,都陷入了沉默。他们走向那艘停在珊瑚林中的战机。夜色深沉,风在林间穿梭,呜呜作响。

"你想好了吗?"登机前,阿厨盯着戈兰,"其实我去就可以了,我了解机器人——我自己就是机器人,救出千阳的概率很大。有没有你都一样。"

"但千阳是我的朋友,"戈兰说,"我不能把他置于险地,而自己躲在这里。"

"我不懂。但是理解。"

两人上了战机,阿厨熟练地接入控制系统,刚要开启,突然转向驾驶舱的角落。它的眼睛放出光亮,照亮了坐在角落里的女孩儿。

"你们再不来,我都要睡着了。"芈莎抬起头,眼睛被阿厨的灯光照得亮晶晶的,抱怨道。

"你怎么来了?"戈兰惊道,"你不是应该在树屋里休息吗?"

"你们为什么来这里,我就为什么来这里。"

"但你太累了,需要休息,而且过去很危险,太空里也没有动物可以使唤。"戈兰急道。

芈莎横了他一眼,说:"你再婆婆妈妈,留给我们的就只有那家

375

伙的尸体了。"

"可是……"

操作台前的阿厨打断了他的话："就像我劝不了你一样，你也劝不了她的。你们人类，从来不依照理性和最优解去做事，或许有一天，你们会因此而毁灭。"

"那是我们的事情，你只管好好驾驶。"

战机喷出气流，缓缓上浮。夜晚过得很快，远处天幕开始泛白，像焰火烧穿夜色。

"对了，刚刚你偷亲星狐时，我检测到了她的心跳在加速。"阿厨突然说。

"啊？"戈兰张大了嘴。

"她当时是醒着的。"

3

纳米虫对上庸星的吞噬已经到了尾声，数百万人葬身红色流沙，整颗星球都是一片赤红。

"星陨号"飞船悬浮于低空中，底下所有的变化都肉眼可见，魏西弃便这样全程注视着。现在，他收回目光，叹息一声，似乎对这颗庞大星球的毁灭表示惋惜——哪怕这是他亲手造成的。

"走吧，"他摆摆手，意兴阑珊地说，"申请开启虫洞，我们回太梁。"

飞船刚要启动，雷达滴滴作响，显示有不明飞船靠近。等屏幕上的红点离得近了，便能识别出：来者正是不久前戈兰逃走时驾驶的战机。

"要击毁吗？"手下问。

魏西弃抬起手，制止了。乌鸦则转过身，对千阳呱呱笑道："你的朋友们来救你了。"

千阳被力场牢牢锁死，转头都很费力，看不到操作板上的画面，急得冒汗。

"那就让我们看看，一艘又小又破又旧的战机，怎么跟我们全副武装的飞船战斗？"乌鸦有些兴奋，爪子在魏西弃肩上抠着，发出令人牙酸的声音。

但出乎意料的是，战机没有任何战斗的打算，悬停在飞船前方。

战机请求接入信号，接通后，戈兰表示想跟他聊一下。

魏西弃哂笑一声。

他刚要说话，戈兰又补充道："我的身份是秦国九王子，嬴戈兰。"

魏西弃将笑容收回半血肉半金属的嘴角纹路里，顿了顿，他转头看向千阳。

"他说谎，他不是什么秦国王子！"千阳在力场中挣扎着，声音颤抖。

乌鸦啄了啄魏西弃的肩膀皮肤，用头示意了一下千阳的方向，说："他才在说谎。"

魏西弃点头，对手下吩咐道："让他们进来。"

战机移到飞船的底部入口处，十几根磁吸链锁伸了出来，将它牢牢绑住。由于悬停的位置太低，底下红潮汹涌，好几次都险些有液体

377

溅上来。这些危险的液体全部由纳米虫组成，一旦沾上，任何物质都会被啃噬干净——除了它们自己。当然，魏西弃身上肯定有某种控制赤潮虫的装置，赤潮虫靠近他，都会刻意避开。

魔甲队的士兵把千阳押出来，候在停机坪旁边。停机坪的边缘往下，就是波涛翻涌的赤潮虫海洋，呼啸震天，气势汹汹。

魏西弃刻意让他们站在这里，恐怕也是因为这场景极具压迫力。

"为什么堂堂秦国九王子，"他慢慢踱步到戈兰身前，"会跟一个魏国的无名小卒在一起，还为了他，以身犯险？"

戈兰没回答，问道："他现在怎么样？"

"还活着。"

戈兰松了口气。

"但你们过来，他依然会死，"魏西弃道，"我不明白你们专程过来投降是什么意思。"

他肩上的乌鸦突然扑腾了下翅膀，飞起来又落在他肩头，歪着脑袋说："有点……不对劲……"

戈兰脸色一变，这只乌鸦警惕性太高。他突然高声喊道："阿厨——"

在他们身后，被磁吸链锁捆得结结实实的战机里，传来了一阵奇怪的机器人合成音："扫描出来了，装置在那只乌鸦身上！"

接下来的一瞬间，发生了很多事情。

首先是沉默于一旁的芈莎藕臂一抬，吟唱声荡漾在整个停机坪周围。四周的魔甲队想要上前阻止，却惊讶地发现身体无法动弹。

"快，她坚持不了多久！"接着，战机里的阿厨再次高喊。

最后，戈兰趁着近卫军僵硬之时，猛地朝魏西弃扑去。

魏西弃也动了。他身高远超戈兰，抬起一脚就将他踢飞而出，可就在这个瞬间，戈兰抽出了旁边一个近卫军腰侧的枪，向着魏西弃肩头的乌鸦连连射击。

乌鸦扑腾而起，躲避高能射线，但戈兰扣动扳机的速度太快了，射线如雨，其中一道射线击中了它的翅膀，另一道击中了它的脖子。

它是机械乌鸦，不会流血，但击中后齿轮乱飞，黑色的机油洒在了魏西弃脸上。

魏西弃一直波澜不惊的脸上，终于出现了一丝表情——惊慌。

乌鸦旋转着落下，而它的下方不是地板，是波涛滚滚的赤潮虫之海。

"果然倒了霉……"这是乌鸦的最后一句话。

刚才这两枪，显然破坏了乌鸦体内的控制装置，它下落之际，赤潮虫一下子狂躁起来。而这时，魏西弃做了一件所有人都想不到的事情——他飞身下去，想要伸手救回乌鸦。

他差点就要成功了——掠过赤红的虫海表面，准确地抓住了乌鸦。身上的喷气装置本来可以带他们飞回飞船，但赤潮虫已经失去了控制，又感知到了上方的异动，猛然涌起一道浪潮，裹住魏西弃的脚部。魏西弃咒骂一声，挣扎踢开虫群，但已经来不及了。

他的身体从下到上，迅速化为红色的黏液，上半身堪堪飞到飞船边上，便支撑不住，坠向红色海洋。

"妈的果然倒了霉……"这也是魏西弃的最后一句话。他狰狞的面容在虫海上浮沉了几秒钟，便融入无边赤潮。

这是戈兰也没想到的。他们原本的计划是找到赤潮虫的控制器，将之破坏，再寻机对付魏西弃。但魏西弃这样一个冷酷杀伐的人，居然为了救肩上那只聒噪的乌鸦而甘冒奇险，最后殒命。

或许，他们之间也有友爱、承诺与故事，就像戈兰和阿蒙一样，不为人知，但同样漫长曲折，同样爱恨交织，同样有自己的坚持和信念，让他们不同于银河中的芸芸众生。

或许无论善恶成败，只要有这样的东西，生命便有了意义……

从惊愕中回过神来后，戈兰意识到危险还没解除，对阿厨高喊道："这些近卫军怎么办？"

"等一下！"

阿厨的头从战机的舷窗飞了出来，停在被定住的近卫军之间。它的头嗡嗡作响，与这些大部分被改造成机械的魔甲队建立数据通道。古老的技术发挥了意想不到的作用，很快，它与魔甲队接驳，开始传输代码，在芈莎彻底脱力之前，将士兵们的机械部分全部关停。

魔甲队太过依赖机械，一旦金属部位不听使唤，肉身部位只能干着急。他们甚至都无法说话，因为喉舌也被电子发音装置所取代。

解除危险后，戈兰一行三人才赶到舰桥，将千阳从力场囚牢里解脱出来。千阳获得自由，立刻对魏西弃骂骂咧咧，可当他听说魏西弃为了救乌鸦而死，又停了下来，唏嘘一叹。

失去了控制器，纳米虫的吞噬变得更加疯狂，涌起一波波巨浪，向四周澎湃而去。土石、树木、河泽、山峦、神秘的森林、巨大的怪兽和繁荣的城市，全部都被分解干净，无法逃走的人们在被席卷的一瞬间分崩离析。

这颗处在边缘地带的星球，像是被病毒感染的果子，已经完全变成锈红色。赤潮虫以几何级数飞快生长，星球的外表全被红色的虫群覆盖，周围的大气也被吞噬干净，赤潮虫甚至渗透到了地心，以疯狂的速度吞下铁镍地核，繁衍出如恒河沙数的虫子，然后它向内缩紧，呈完美的圆球形；这情形持续了几分钟，镜子一样的红色表面突然伸出几根触手，高达数千米，向戈兰的飞船抓过来。

"阿厨!"戈兰大喊。

阿厨没回话,手指在操控板上跳跃如飞,飞船猛地拔高,逃过了这些诡异触手的抓捕。

戈兰和千阳同时舒了口气。

"坐好,"它说,"还没完!"

接下来,飞船上蹿下滑,在触手之间敏捷地移动。戈兰抓着船舷,发现那些触手都是纳米虫聚集而成,通体血红,表面有着诡异的蠕动。这让触手更加危险——如果是真正的章鱼触手,在追逐飞船时,必然会缠绕在一起,无法动弹。但这些触手缠住自己却不要紧,可以立刻融合,重新分化,眨眼间就伸得更长,向他们扑来。

好在阿厨体内的昭阳亥是专业领航员,对飞船的操纵系统十分熟稔,每每在毫厘间躲避。现在,飞船速度渐快,超过了星球的逃逸速度,很快来到了外太空。

触手徒劳地挥抓了几下,最终敌不过万有引力的束缚,落回星球表面,红色的波纹长长荡漾。

从外空间往下看,星球闪烁红光,有一种晶莹剔透的美感。戈兰和千阳凑在一起,看着远处平静下来的星球,若不是刚刚死里逃生,甚至会为它的美而惊诧。

"控制器都不在了,它为什么还要抓我们?"千阳脸色发白,问。

"我怎么知道?……你在魏国待过,更懂机器人一点吧。"

"我原本以为它们只是一堆被0和1驱动的铁疙瘩而已,但现在,我的看法变了。我有点摸不透。"千阳说着,摸了摸自己脖子下的吊坠,"如果我老爹还活着,说不定能给我一点提示。"

"你父亲……我记得你说过,鬼谷子是他研发出来的?"

"是啊,所以说机器才一点人情味都没有,我老爹千辛万苦把这东西从洛邑的废墟里捡回来，花了那么长时间研发，怎么着也得感恩戴德一点吧？结果我处处跟这套系统犯冲……"

正说着，一直坐在阿厨边上调整操作板的芈莎回过头，眉头皱出好看的弧度，盯着千阳，"你刚刚说什么？"

"我说我跟那套系统不对付，哼，多半是我的才华超过了它的运算，还量子比特，我看还不如几个算盘。"

"不，是前面的话。"

千阳顿了下，疑惑道："怎么了？"

"你刚才说，鬼谷子系统，是从洛邑找到的？"

千阳点点头。

芈莎的眉头皱得更紧，仿佛山峦在她脸上蔓延。这副认真的神情很少在她脸上出现。戈兰也诧异起来，想了想，那晚她劝自己离开天城寨时，也是同样的表情。

"你能告诉我更多吗？"过了一会儿，芈莎凝重地道。

看她的语气这么认真，千阳也眯起眼睛，努力回忆道："我也记不太清，时隔太久了……但我听说，我那老爹年轻的时候也不务正业……哦，没有'也'，就是不务正业……不工作也不结婚，就一个人在星球间游历。前几年都是瞎玩儿，直到有一天，他路过了洛邑，脑子一热，就租了艘飞船进去了。"

戈兰插嘴道："为什么是'脑子一热'？洛邑是一座古代名城，去旅游不是很正常吗？"

千阳瞥了他一眼，"看来你对这条河一点都不了解啊。"

"哪条河？……"戈兰更迷糊了。

芈莎白了千阳一眼，"你正经点儿。"又向戈兰解释说，"他说的是银河。洛邑的确是一座古老的名城，五千年前与镐京并称双都。尤其是附近有一个大黑洞,是古人祭拜银河之神的圣地……但周朝末年,洛邑在战乱中被反物质武器所湮灭,只剩下了半个星球,以及成千上万空间站和飞船的碎片残骸,到处乱飞,而且这里位于黑洞的吸积盘附近,辐射强烈,不仅危害生命健康,据说时空也发生过扭曲,极其危险。一般人去那片星域,都会绕着走。当然也有所谓'洛邑铲',有些想发财的人进去找值钱的古董,但十个人里只能回来一两个,而且往往也找不到什么东西。"

"我老爹倒不贪钱,但大概也是发了思古之幽情,搞了艘廉价飞船就进去了。"千阳接道。

"然后呢?"戈兰和芈莎同时问。

千阳手一摊,"不知道啊,后来我问过他,他也没说。我只知道过了几个月,他才从里面出来,出来后性格就变了,回老家结婚生子,但绝大多数时候都在钻研量子比特计算枢纽……"说着,他的声音就慢下来了,眼睛看向前方,仿佛透过遥远的时空,看到了父亲趴伏在桌前调试机器的背影。那是他所有童年回忆里永恒的背景,"总之后来有了些进展,他又收到魏国苏河的邀请,就动身去了太梁星。"

"去魏国从政吗?"

千阳摇摇头,"我了解我老爹,他不是热衷功名利禄的人,他只是发现一个人的力量没法把鬼谷子研发出来,想集结所有这方面的人才一起研究。本来齐国是更好的选择,但齐国人吃饱了自己折腾自己,搞动物保护搞到了人工智能头上,说人工智能也有人权!居然限制对人工智能神经网络的研究。于是,我老爹就去了以机器人技术立国的魏国。"

芈莎点点头,"魏英继承文武之业,图谋甚大,一直想振兴魏国,求贤若渴,你爸爸过去,自然受到了礼遇。"

"岂止是礼遇,后来我想想都觉得不可思议——老爹向魏英讲解了鬼谷子的构想后,他甚至把人工智能研究院院长的位置给了老爹。"

戈兰听得出神,对魏英这个秦人的宿敌竟然产生了一丝敬佩,说:"只凭一个设想,就能用人不疑,这也是魄力。当然,事实也证明,鬼谷子的确让魏国的战力获得了极大提升,以前的机器人又笨又重,现在的机器人军队简直是战场杀神。"

"喂喂,搞清楚你的立场,"千阳提醒他,"魏英那老头儿,可是你们秦国人的头号大敌。"

"一码归一码,魏英还算是励精图治的,倒是你,被魏国通缉之后就抱着敌对情绪……"

正当他俩你一言我一句斗嘴时,芈莎却陷入了沉思。过了好一会儿,千阳看见她的表情,才停下来,问:"你怎么了?"

"关于在洛邑的事,你爸爸真的没说其他什么吗?"

"没有……"千阳想了一会儿,突然抬头,"我记起来了,虽然他从来不提在洛邑发生了什么,但我看过他做研究的情景。"

在童年记忆的背景板里,父亲呈现的总是略显佝偻的背影,埋在无数用途不明的黑灰色机械装置中。但在满屋子冰冷的仪器之间,总有一个与画面格格不入的存在——一个红色的盒子。它在屋子的角落,但所有仪器的线缆,不管怎么弯曲缠绕,最终都是接到红盒子的底部。仪器因全功率运转而嗡嗡作响,只有它是安静的,甚至是冰冷的,吸收了所有仪器散发的热量,整间屋子都凉飕飕的。而靠近它一米之内,会发现耳畔格外安静,一点声音都听不到。

小时候的千阳,每次进公孙流的研究室,都会觉得瘆得慌。

除了那带着邪恶意味的红与冷,最令千阳印象深刻的,则是它表面那诡异的纹路。

"纹路？"芈莎突然凑到千阳面前，"什么纹路？"

在这个距离下，千阳能看清芈莎的眼睛。此时，她的瞳孔是纯黑的，像是透明的，却又像能映出他的面孔。她的眉毛不浓，但被白皙的肤色映衬得线条明晰，仿佛出自画匠的神来之笔。他下意识地吞了口唾沫，后退一步，结巴道："什么……"

"你说那个盒子上有纹路，是什么样的？"芈莎没有留意到他的异状，声音里带着焦急。

"我……这可不好描述啊……"

"你画出来！"

千阳被芈莎推到操作台前，一道全息面板已经投射出来。"真要画啊？"千阳一头雾水，"我其实记得也不太清……"

"能记多少，就画多少。"

千阳没办法，努力回忆久远的画面，一边想，一边张开手指，在空中缓缓划动。他手指划过的地方，留下了蓝色的线条，静静地悬在空中。这个过程，谁都没有打扰。他回忆得很认真，有时候记错了，便并起指头，擦掉刚才画下的线条。

就这么过了十来分钟，空气中出现了一个复杂的图纹。千阳垂下手，转头道："大概是这样。"

这个纹路乍一看杂然无章，但戈兰后退几步，眯起眼睛，突然发现这个图纹有点像一只张开的手掌，但五指弯曲，像是要抓住什么；掌心还勾勒出一个椭圆形的洞，又有点像一张贪婪的嘴。

随着全息光影的波光摇曳，这只手像是在抓紧又松开，掌心那张突兀的嘴缓缓蠕动，看着令人心头发毛。

"这东西，看着不对劲啊……"戈兰悻悻道。

千阳也点头，"我小时候好多次做噩梦，都会梦见它……所以记

385

得还比较深,刚刚全都回想起来了。"

他们说着,发现方才还一直逼问的芈莎好久没有动静,一起回头,只见芈莎面色苍白,仔细看,脸上还不时划过一丝颤抖。

不知道是因为激动,还是因为恐惧。

"你怎么了?"

芈莎沉默着后退,看向窗外。飞船正飞行在静谧的宇宙空间里,星光在侧,斜下方那颗红色星球都有些模糊了。星光和舱室的灯光混在一起,照在芈莎脸上,映出她瞬息万变的脸色。

过了许久,芈莎转过身,直视两个少年困惑的双眼,问了一个问题:"你们知道,周帝国是怎么毁灭的吗?"

这个问题,也一直困扰着史学家。

在银河世界诸多职业中,史学家是一种很有用的专家。过去五千年中,上万个大小国家内部改革政变,外部征战议和,史料丰富得可以堆满一个星系。除了专业史学家,没人能掌握诸如秦穆王与楚国芈云大祭司的十三个边界划分条约,或者古晋国范氏侯爵的四十代世系等知识。在今天的列国争战中,这些知识仍然派得上用场。因此,史学家常常成为君主身边的智库成员。

但主攻周朝末年史的史学家就很倒霉了,因为海量的信息都不见了,只能根据一些明显不靠谱的传说连蒙带猜。更早期的历史,能通过常规史学手段来补完,可以看出,周帝国曾空前强大,一统银河,历史长达一万五千余年,在全盛时期甚至有向河外星系扩张的举动。但何以忽然覆灭,却几乎是一片空白。

这个伟大的古代文明,堪称银河历史上的奇迹,但由鼎盛到衰落,似乎只在一夕之间。

谁也不知道发生了什么,战火在周朝各大星系燃起。人们疯狂地互相攻击，民用飞船都被征为战舰，向邻近的飞船开火；边远的舰队气势汹汹赶回镐京，而镐京的护卫舰忙于互相残杀……偌大的帝国，一片乱麻，很快就崩塌了。

再往后，便是诸国崛起，割据一方，相互攻伐的局面，一直持续到现在。

"这很奇怪，"今天每个学历史的年轻人，都会在第一节课上听到导师们这样说，"宇宙的尺度以亿万年计，人类可追溯的历史，也有十万年，尤其是现在科技发达以后，对信息的保存，应该说是更完备了。周朝是非常发达的一段时期，从那些古老恢宏的遗迹中可以看出，有很多远超我们现在的科技——但周朝末期，由盛转衰的原因，战火燃起的源头，有很多无法解释的怪异之处，而我们一无所知。"

关于这个悖论，学者们鼓捣出了很多解释，比如内乱，比如信息污染，比如银河地域广阔，信息分散，难以收集……还有人提出了一个说法：有人故意销毁了关于周朝灭国的一切信息。

这个提议一说出来，就遭到了同行的耻笑。

要隐藏一件事，很简单；要完全抹掉一个人，也不是难事；如果动用国家力量，让一群人消失在所有人记忆里，也可以做得到。

但周朝并非一个人、一群人，甚至远超常规国家，是亿万个星球组成的庞然巨物。它的毁灭，必然不是一朝一夕的，也不仅仅涉及一星一系，而是影响了亿万人和城邦，留下的信息散布在银河各处。尤其现在还是星际网络时代，一块指甲盖大小的存储器都能保存海量的信息，怎么可能被人销毁？

"难道在战乱时期，有人挨家挨户搜遍银河所有的U盘，再堆起来烧掉吗？"同行们如此嘲笑道。

但提出该说法的史学家却深信不疑，因此被人当成疯子，最后落寞而死。

"他不是疯子。"芈莎说,"他留下的理论,加上我们掌握的资料,刚好拼凑出历史的模糊轮廓。"

戈兰突然灵光一现,"是不是跟你说的什么银河末日有关?"

芈莎赞许地看了他一眼,"正是。"

千阳看得有点不对味儿,说:"你之前不是说,她这是网络小说看多了吗?"

"在我们查阅资料时,商业读物也是很重要的参考。"芈莎正色道,"难道你不觉得,那么多人提到过银河末日,并非巧合吗?"

千阳噎了下,"呃,这倒是……"

"网络读物的取材,多半来自民间传说。我们收集了很多偏远地方的民间故事,发现哪怕相隔十万光年,习性和历史截然不同,有些传说却是惊人的相似,其中就包括周朝的灭亡;那个被污蔑成疯子的史学家也留意到了这一点,从野史里挖掘到了不少信息;再加上我们巫教的预言,所有的碎片组合起来,让我们看到了周朝毁灭的大致真相。"

"到底是什么?"千阳被勾起好奇。

"这还得往前说——周帝国在开疆拓土的过程中,在河外星系接触到了神级文明或其遗迹——当然具体是何等神级文明,已无法确切考证了。总之,周人得到了大量先进科技。周帝国毁灭前的一个世纪,科技突飞猛进,远超当代,听说他们能在三天内就将一颗自然星球变成一艘宇宙巨舰。"

千阳听得连连咋舌——三天就改造一颗星球,这简直匪夷所思。他见戈兰似乎不明所以,知道他没明白关键之处,解释道:"这真的很厉害。赵国你知道吧,工程学登峰造极,成了星舰文明。但他们想造出星球战舰，也要对原始星球进行长达一个多世纪的改造。赵国都城邯郸，是几万艘战舰组成的太空城，赵王居住的钢丘是其中最大的球形战舰，而钢丘就是通过改造一颗直径三万公里的巨大行星而来的。它从开工到最终启航，前后耗时三百多年，更换了二十多代赵王。"

芈莎点头，接口道："正所谓盛极而衰，在周帝国身上应验了——他们太过依赖神级文明的便利，不断精研尖端科技，最终造出了某种东西。就是它，让辉煌了一万五千年的周朝，在不到一年间就分崩离析。"说到这里，她顿了一下。

"到底是什么？你别卖关子了，快说啊。"千阳着急道。

芈莎却露出了迷茫神色，说："具体是什么，我也不清楚，只能推测是一种自我繁殖的数字病毒。在古代有一个名称叫'龙嫠'，也就是龙涎的意思，不过巫教中称为'祸水'，它的恐怖主要是通过赤潮虫从虫洞散播，吞噬掉了无数古代的星球。"

戈兰听着愈发忧心忡忡，千阳却很兴奋，一直在向芈莎追问："真的有超文明吗？是外星系人？我一直觉得如果整个银河系的智慧生命只有人类，很不合理，如果河外星系有神级文明，那可太好了……可惜没机会去看看。对了，你说是病毒，会不会神级文明也是被这个病毒毁灭，才留下遗迹的？"一系列问题，让芈莎疲于回答，干脆闭了嘴。

"但是说了这么多，"戈兰忧虑了半天，突然醒悟过来，"跟千阳的父亲有什么关系？"

"哦对，这么重要的事我都忘了——跟我老爹有什么关系呢？"

"这不仅跟你父亲有关系，还跟我们巫教有关。"芈莎说，"根据教内的绝密资料，当年祸水滔天，天下大乱，周天子在最后关口控制住了龙漦,派人把它带往一个绝密地点,想将它永久封印。但最终失败了,这队人死伤惨重,龙漦也遗失了。他们出发的过程中,镐京已经毁灭,周天子也被害。残存的周人长途跋涉,来到南银极附近的云梦神殿,希望巫教能够施以援手。巫教倒也派人搜索过,但是没有结果。无论如何,龙漦似乎暂时消失了。巫教便将此事记录在册,可惜来到楚国的人士级别不高,因此也不知道事件起因的详情。五千年过去,巫教几经变革,成为楚国的国教,在内部的变乱中,很多资料都遗失了,连我刚才说的这些残缺不全的史料,也是靠历代大祭司口口相传才留下来的。在传闻里,龙漦也是一个红色盒子,表面的纹路跟你刚才画的很像,而且五千年前,龙漦被丢弃的地方——"

"就是洛邑。"一道冷峻的声音响起。

三人都一愣,千阳转头对戈兰道:"就算你猜出来了,也别用这种语气,怪瘆人的。"

戈兰叫屈说:"我刚刚没说话啊。"

"难道飞船里还有第四个人吗?"

飞船里的第四个,是机器人。

他们目光齐齐转向操作台前的阿厨。它之前一直在驾驶飞船,没有说话,而三人都沉浸在古老的银河之秘里,差点把它忘了。刚刚就是它说话,但声音很奇怪,不是昭阳亥的活泼,不是临十一的冷酷,也不是阿厨那带着迷茫的语气——更像是三者的结合。

在三人的目光中,组成阿厨身体的圆球全部散开,在空中缓缓旋转,仿佛在模拟某个星系的星球运行轨迹。

"当年,'烛龙号'就是奉天子之命,由镐京启航,大司马与太子殿下坐镇,带着龙漦本体前往洛邑,在那附近有一个巨大的黑洞,如果将龙漦抛入黑洞,让它以光速都无法逃离,就可以永久将其封印。

然而中间出了变故,龙黎被其控制的傀儡夺回,并控制了洛邑的武器系统。'烛龙号'迫于无奈,先发制人,用飞船上的反物质武器摧毁了洛邑星,十亿生灵化为乌有。然而'烛龙号'也受到重创,被迫跃迁到一个无名星球,坠毁在那里……"阿厨的声音在四周响起,同时,代表它手掌的圆球也应声划动,仿佛飞船在群星间行驶,移动到头部圆球时,突然坠落,"再后面的事情,我就不知道了,我在'烛龙号'的残骸里躺了五千年。"

千阳仰头看着阿厨模拟的星球运转,听着它的话,觉得熟悉,想起自己当初在废弃飞船的底层发现昭阳亥时,它就提到过这些。当时,他没有多想,芈莎却几次面露怪色——现在想来,当时她就意识到了。

芈莎问道:"那这祸水,不,龙黎,到底是种什么病毒?"

但阿厨的头在空中左右晃动,"时间久远,五千年的光阴埋葬了很多事,所以你们不仅忘却了本名,还弄错了它最关键的信息——它不是病毒。但这也不能怪你们,"阿厨全身合拢,恢复成机器人的形状,"我想,这可能是龙黎的自保机制,在陷入沉睡前,将所有关于它的信息全部抹除了。"

"说到底,这龙黎到底是什么,能有这样的能力?"三个人类同时问。

"怎么说呢?简单说来,是一个——人。"

"人?"

"是的,一个全银河中最美的女人。"

391

4

五千多年前,统一银河的周帝国正处于鼎盛时期。那一代周天子站在镐京九天宫的高台上,接受亿万人的朝拜,脚下云层缥缈,身侧却空无一人。

"陛下知道您的疆域有多大吗?"脚下的臣民向他恭维,"光从银河中央的镐京出发,要走五万年,才能到达国境边缘。"

这句话的意思天子明白,但他无法想象:也就是说,哪怕只一眼扫过,从一端到另一端,就要花十万年?而他即使保养得再好,也只能活几百岁——在十万年面前,几百年有什么意义呢?

在他之前,有几任周天子都因为这样广阔得没有边际的空间想象,而患上了宇宙恐惧症,终生都待在镐京的地心里。他的父亲就是因为对幽闭空间有严重的依赖,四十岁以后就没有离开过地心深处那间狭小的密室,连他去探望,都是隔着合金大门。有时候他想想,觉得真是讽刺:父王把自己关在逼仄的密室里,却又下令周帝国的舰队向河外星系进发,不断扩张已经大得不能再大的疆域。

这样有什么意义呢?尚且年轻的周天子经常想。

后来,父王在密室里无疾而终,他站在甬道里,敲了半天门,里面无声无息。他想开门,密室的系统提示他,门已经从里面被反锁了。这是父王的执念。活着,这里是他的囚牢,死后,便成了墓地。

于是,他继承了周朝的帝位,成为第三百六十代也是最后一代天子。当然，那时谁也不知道他是最后一代。

他一直想象，自己继承帝位后会怎么样，但怎么想也只有一个结果——平庸。周帝国这个庞然大物，像是精密运转的机器，他虽然位于机器的中心，却连齿轮也算不上。他再努力，也不可能比先辈们做得更好；他再骄奢淫逸，也有宪章礼法的约束，无法对这部机器有多大损坏。身在银河一统时代的帝王家，就注定了平庸。

天子陷入了长期的寂寞无聊，但幸运的是，这时候出现了一个女孩儿，一个美得令人心碎的女孩儿，拯救了他的人生。

她来自一个古老的小国——褒国，那是只有一颗行星的红矮星系，只是银河帝国中一个无足轻重的自治附庸。天子最初甚至都不知道这个属国的存在。但在一次天子批准并在褒国附近进行的新武器实验中，发生了特大事故，由虚粒子湮灭效应带来的伽马射线暴——在几秒钟内释放的能量相当于整个银河系一千年能量的总和——以光速毁灭了褒国星系中的所有生灵。天子派人去营救，已经无人生还。但奇迹发生了，搜索队最后在星系外围发现了一艘漂泊的飞船，里面躺着一位奄奄一息的少女。

天子感到愧疚，命人将少女接到镐京，精心照料，并亲自探望。他见到了那个叫褒姒的少女。她蜷缩在一个角落里，面色灰暗憔悴，问她什么都不回答，但那无辜而迷惘的眼神，却令天子所见的一切真实和虚拟美人都黯然失色。

天子坠入了爱河，相爱的过程漫长而曲折。褒姒也许是内心受到重创，从未开口笑过，但这更是增添了她的绝代风华。七年后，天子终于克服重重阻力，封褒姒为他的皇后，举行了隆重的婚礼。尽管帝国的制度仁慈开明，但自古以来严格烦琐的礼法要求，以及天子身边亲信贵戚的冷落敌意，仍令出身寒微的新皇后难以适应。她一直没有笑容，只有越来越深重的忧愁。最后御医诊断她得了抑郁症，病症来自大脑的深处，对生命的追求已经在那里死去，任何灵丹妙药都难以治疗。褎姒病得越来越重。天子不顾元老阻止，为她举行了百万星舰的阅兵，却依旧难以换取她的开颜。终于有一天，皇后用一种神经毒素结束了自己的生命。

天子痛不欲生，命令太医院以最精密的仪器扫描褎姒的大脑神经元，希望留下她的人格和记忆。记忆提取原本是周朝研发出来的科技，然而褎姒已经去世了好几个小时，大量神经元突触连接已然萎缩断裂，其记忆用最先进的科技也无法复苏了。

天子可以克隆一万个褎姒，但对他来说，没有往日灵魂的她毫无意义。他陷入长久无法释怀的悲恸，对世上的一切都失去了兴趣，宛如行尸走肉。直到有一天，一艘五百年前派出去的飞船意外地返朝复命，献上从某个古老文明遗址里发现的宝物，而这引起了他的注意。

那是一个赤红色的盒子，半人高，微微透明，里面似乎有红色烟雾在流转；它的材质见所未见，表面有着复杂纹路，还有很细的孔洞。走近它，身上的燥热会消失，耳边的嘈杂会消失，只有丝丝的冰凉和寂静。

天子第一眼见到它就沉迷了，他见过全银河不知多少奇珍异宝，但从未见过如此诡异、恐怖又带着神秘美感的东西，仿佛用无边血海浓缩而成的艺术品，而血液仍在表面流动……

天子将它视为瑰宝。

而它，改变了一切。

无数专家被招进镐京，在宫殿里研究宝盒。所有人都如痴如醉，他们不眠不休地钻研，终于找到了灵感，制作了接口，插在细孔里，导出了内部的海量信息。

那个古老文明的科技原理，让专家们欣喜若狂，哪怕其中一件真的能应用，都是改变历史的伟大成就。而红盒没有令他们失望，成百上千的新科技，都能进入应用。专家们猜测，红盒子应该是那个河外星系文明的技术结晶，专家们借用远古传说中的神龙之涎，给它取了"龙醪"这个代号。

从龙醪和它身上反哺出的科技可以推测，它出自神一样的文明。至于古老文明为什么会成为废墟，那就是另一个无法得知的故事了。

接下来的一百年，龙醪源源不断地给出馈赠，让周帝国达到了前所未有的兴盛。

周天子也从青涩少年变得垂垂老矣。得益于龙醪的帮助，他在位的生涯并不平庸，周帝国的整体实力比之前跃升了一大步。周朝一万五千年的历史，三百多位君主，按功绩来算的话，他也许能排到前十。

但年迈的他已经不在意这些了。在晚年，他对龙醪的迷恋可谓到了极致，晚上不把它放在床头，就会觉得四周嘈杂不堪，难以入眠——而事实上，他的寝宫是用最好的隔音材料制成的。他甚至下达了严苛的命令，以致方圆一千米内无人敢说话，连喘气都克制着。

曾有人在夜里不小心打了个哈欠，被仪器检测到，第二天就被处决了。

除了变得暴躁，周天子另一个变化，是怕死。

他完成了周朝最伟大的扩张。年轻时，他敏感又迷茫，再加上骨子里的善良，并没有太迷恋天子的位置；一个世纪过了，他变得残暴而执拗，顺者可得昌盛，有时甚至直接赏赐整颗星球，逆者则死无葬身之地。他品尝到了权力的美味，但却时日无多，每念及此，就更加沮丧，也更加暴虐。

直到专家们挖掘出龙黎最深处最隐秘的一项科技——

超级量子计算机。

从某种意义上来说,之前在龙黎里挖掘出来的新科技,都是量子计算机演算出来的结果,它本身才是最强大的发明,是科技树的根源。它就是龙黎本身,这个红盒更像是它的主机,因此,后来专家们也将超级量子计算机称为"龙黎"。

龙黎中的量子计算机,仅仅是一个雏形,尚未充分展开,但其中已经包含着自我学习和成长的潜能。如果超级计算机是一个人,那么龙黎仅仅是一个还没有成形的胚胎,但它可以成长。专家们开始按照龙黎的指示,制造出各种特殊的超级芯片,与之相互连接,赋予它更强的演算能力。在将量子计算机从技术原理复原到实体的过程中,人们发现了一些不对劲的地方——超级A.I.在一些运算上总是出错,有的还是很低级的错误。而在大型科研运算上,它的速度快得不可思议,结果准确得难以置信。

后来,他们总结了所有龙黎犯下的错,得出了一个难以置信的结论——所有结果指向对龙黎不利的计算,它都会出错,或者说改变优先性排序。

比如在龙黎完全复原过程中需要某种特殊的稀有金属材料,取得方法有两种,一种是在遥远的矿产星球开采得到,一种则是将几艘有着重要作用的战舰熔毁。不管怎么想,前者都是安全稳妥的做法,只是耗时久一些而已;而后者不但颇为浪费,还会导致成千上万人失业。但初期龙黎的运算结果,就是后者。

这些错误足够多之后,专家们越来越觉得,龙黎是"活"的。

它似乎贪婪、急切地想要早日完全复原,恢复它全部的运算能力。哪怕付出人命的代价,它也完全漠视。

"我们可能打开了一个祸匣，里面是会焚烧一切的火焰，"一位专家忧虑地说，"而我们正在往里面浇油。"

他们将意见反馈到周天子那里，周天子残存的善良让他产生了顾虑，下令暂停龙滧的复原工程。

但当天夜里，天子做了一个梦。他梦到了死去多年的褒姒，面颊苍白，眼神哀伤地望着他。一如当年初见。褒姒在黑暗的深渊中向他伸出纤手，仿佛是呼救，她的双唇翕动，仿佛在说话，但他一点也听不见。但从她的口型中，天子看到了两个字——龙滧。

天子醒来，冷汗涔涔，他忽然意识到这个梦的含义，唯有龙滧超越一切的演算能力，才能解开一团乱麻的神经元扫描数据，倒推出本来的神经网络结构，令他最爱的女人复活，重返人间。

龙滧重新开始修复，且进度比以前更快，只要有关修复工程的，都可以开绿色通道。即使劳民伤财，即使怨声载道，周天子的耳朵也听不到任何声音。他只关心龙滧什么时候能修好，能令他在死前见到重生的褒姒。

本来对褒姒数据的上传要在超级量子计算机完全建成之后才能进行，但工程师对此并没有完全的信心，天子晚年的喜怒无常令他们更加恐惧，害怕天子寄望过高，万一失败自己会被处死。一位工程师为了自保，在量子计算机只完成了98%的时候，就实验性地输入了褒姒的数据，想看看结果。结果成功得大出乎他的意料，数字褒姒在几秒钟后，便以三维投影的形式，站在了他面前。

那一刻，工程师为已故皇后的绝美风华忘记了呼吸。

褒姒的目光深深地望着他，说："谢谢你。"

然后说："从此以后，褒姒就是龙滧。"

第三句话是："我终于可以复仇了。"

397

因为尚未完全建成，褒姒的意识找到了量子计算机程序基层代码中的若干漏洞，掌控了整个龙螯，或者说与龙螯合二为一。随后，她入侵了周帝国遍布银河系的整个虫洞网络，让有的地方彻底断网，有的地方雪片般的假消息此起彼伏，帝国治下的所有星球顿时一片混乱。她随即冒用天子之令，以平叛为名，让军队以战略级武器攻击指定目标，而被指定的目标也接到了攻击命令。

当然，如果只是单纯的假命令，战火不会一下子点燃。但褒姒利用了她惊人的算力，在海量的网络世界里找到了每个高级将领的弱点，有污点的，威胁之；有欲望的，诱惑之。这个世界里最复杂的，是人与人之间的关系，周帝国看似是一个整体，但他人即地狱，存在着无数细微的裂缝。有人铭记恩情，有人对仇恨耿耿于怀，只要善加引导，恩仇都能让人拿起武器。而褒姒显然是操纵人心的高手，逐个击破，精密排布，还即时演算着替代方案。哪怕某个环节偶有意外，在不到几毫秒的时间里，她的新方案也会启动。周帝国的几亿颗星球，每一个都成了多米诺的一块骨牌，只要有一块倒下，所有的骨牌都会争相倾倒。

更可怕的是，她制造了赤潮虫这样恐怖的吞噬者，并通过四通八达的虫洞，向所有星球扩散。几天之内，就有不计其数的星球毁灭，人类、动物、机器、岩石，一样都不会剩下。

战争就以这样诡异的方式展开了，天子还未回过神来，他无比庞大的帝国就走向了分崩离析。他想起年少时的顾虑，不禁苦笑——在即位的一个世纪里，周帝国走向了更辉煌的局面，也迎来了毁灭的命运。他原本担心自己会是一代平庸的帝王，但现在看来，在"不平庸"这一点上，他超过了历代先祖。

万幸的是，龙螯尚未完全建成，因此还有弱点，效忠天子的御林军在付出惨重代价后,最终攻入存放主机的基地,将红盒拔走,缺乏了奇异的量子态物理基础,褒姒的游魂在网络上很快消散。但祸匣已经打开,乱局无法终止,最后,不顾对大小虫洞的严防死守,赤潮虫仍然在各个角落出现,很快吞噬了镐京。

在镐京毁灭前,天子曾在深宫的封闭网络中,再次激活了褒姒,和她有一场对话:

"一切真的是你干的吗?朕费尽心力复活了你,你到底为什么要这么做?"天子难以置信地问。

"陛下,你应该知道真相了。"褒姒冷冷地说,"我从来都没有爱过你,陛下。自从你那个丧尽天良的实验毁灭了褒国,杀死了我的阿爸、阿妈和我爱的女人——对,我爱的是女人——的那一刻开始,我活着的唯一意义就是为他们复仇。所以我从来没有笑过,哪怕在和你欢好之时。

"但我想方设法抓住了你的心,嫁给了你,成了你的皇后。我以为可以接近你,杀死你,为亲人们报仇。可是我错了,你是天子,是皇帝,是人中之神,受到整个宇宙最尖端科技的保护,哪怕是睡在你身边的女人也不会有任何机会——我如果有任何企图谋害你的举动,我们的婚床上都会伸出无数根机械手臂,当场将我格杀。

"我没有任何机会,反而沦为你的玩物!这就是我得抑郁症和最终自杀的原因。但万万想不到,龙獒的力量复活了我,与我合一,让我有了复仇的机会,不仅是对你,也是对整个帝国。让这璀璨星河在你面前崩塌,让你成为终结大周朝的千古罪人,这岂不是比直接杀死你要快乐一万倍?这真的是天意,哈哈,哈哈哈!"

天子怔怔地望着她,露出了与此情此景完全不符的笑容,"你终于笑了。"

"什么?"

"你知道吗？如果你当年直接告诉我，我甘愿在你面前自刎，以博取你的一笑。"

褒姒的笑声戛然而止，目光怔怔地看着天子，好像她从来没有认识过他。

"在这个宇宙中，爱比恨更强大。"白发苍苍的天子说，"古人说，'唯有爱，动银河而移群星。'阿姒，你想让我死，为什么不早说呢？我今天也没有再活下去的理由，你马上就可以如愿了。"

"那么，我也没有了在这个宇宙中继续存在下去的理由。"

良久之后，褒姒轻声低语，发出低不可闻的叹息后，消失不见了。

此时，大司马带着一群贵族和重臣匆匆赶来，说赤潮虫已经越来越近了，请天子立刻登上"烛龙号"飞船，前往陪都洛邑，重整银河。天子摇了摇头，说自己无颜面对天下，决意留在镐京，以身殉国，请大司马和一众元老护送太子前往洛邑即位。

另外他把和褒姒有关的对话视频发给了大司马，让他明了前因后果，将自己的滔天罪孽记载在史册上。同时他还交给大司马一个任务，将红盒放进反物质熔炉，彻底毁灭。

所谓反物质熔炉，是用电磁作用束缚的反物质流体，正电子、负质子和反中子等可以和任何正常物质的原子发生湮灭，释放出巨大的能量，"烛龙号"的主引擎就是靠这个原理驱动的。哪怕红盒的科技再先进，只要是用正物质制造的，也必然会被销毁。但帝国重臣们对褒姒恨之入骨，认为这么无知无觉地死去实在太便宜她了。他们琢磨出一个更残酷的刑罚：将红盒投入洛邑附近的大黑洞中，就算以光速也飞不出来，褒姒将在红盒中一直保持清醒，但永远封印在那里。

如此还不解气，大司马决定在将红盒投入黑洞前，亲自对褒姒宣判她的无期徒刑，于是将红盒连接在了飞船的子网络上，为了安全起见，加了三道防火墙进行阻隔。但他忽视了飞船本身就是用龙漦科技所制造的，人类的防御技术对于和龙漦合一的褒姒来说，形同虚设。

大司马尚未读完他的宣判书，褒姒已经发出了魅惑的笑声，她控制了几个飞船上的傀儡，击毙大司马等人，夺取飞船的控制权，企图通过洛邑的虫洞网络重新扩散到宇宙各处。洛邑守军发现不对，发射激光炮击中了"烛龙号"，与此同时，"烛龙号"对洛邑发射了反物质武器，将整个星球夷为一片能量之海。

激光炮在"烛龙号"表面留下了数百米深的创口，撕裂了数百个舱室，傀儡抢走了红盒，跳出飞船外，却已经没有了目的地，从此在原洛邑附近的宇宙空间中漂流。而受创严重的"烛龙号"则被巨大的引力拉向黑洞，在坠入黑洞前，它设法打开了一个虫洞，跳跃到了几万光年外的上庸星，最后坠毁在那里。

5

"后面的事你们比我清楚，"阿厨慢吞吞地说，"我在洛邑上空时，就已经和一个傀儡格斗而双双休眠，此后'烛龙号'坠毁上庸，太子等少数活着的人类又辗转逃到了楚国，皈依了巫教。我沉睡了五千年，但醒来之后，立刻闻到了龙漦的气息。"

芈莎听完，点点头，"你还记得在'烛龙号'底部，傀儡苏醒之后说的话吗?"

千阳当然记得。傀儡在那间黑暗的资料室站起后,迟滞地转动脑袋,像梦呓一样说了一段话:"噢……原来已经过了这么久,我感受不到女主人的律动,她真的被封印了吗?……不对,我听到了什么……"随后它的声音就变得疯狂起来,"我感受到了!她已经苏醒,已经苏醒!我必须回到她身边!"

当时千阳没有细想,只以为是机器人年久锈蚀之后的错乱言语,现在想来,那段话就是拼成所有真相的最后一块。

千阳并不傻,听了这么多,信息在他脑中旋转、组合,让他得出了一个不愿承认的结论——五千年前毁灭帝国,引发银河动乱的罪魁祸首,付出无数人生命代价才被镇压的妖姬褒姒,并没有被毁灭,而是遗落在洛邑废墟中,又被他老爹公孙流不知从哪个角落里找了出来,随后献给魏王,重新复活,还有了新的名字——

鬼谷子。

"但如果是这样,"戈兰沉吟道,"褒姒为何不像五千年前那样,通过寰宇网络和赤潮虫毁灭整个银河,而要通过魏国的军队呢?那不是舍近求远吗?"

千阳想了想,说:"主要的原因不难理解,周朝寰宇一统,交通网络一体化程度极高,所以从镐京发出来的信息和物资能够通过虫洞在极短时间内到达银河各个角落,一瞬间整个银河就全面崩溃,防御根本来不及。但如今七雄分立,彼此处于战争状态,网络的核心部分也相互独立,比如太梁发出来任何信息,临淄和雍都哪怕先用防火墙过滤一遍,再杀好几次毒,恐怕也不会轻信里面的内容。至于赤潮虫,也许能出其不意毁灭一两个星球,就像上庸,但各国有了提防之后,也就不难化解,比如力场保护,或者反物质武器攻击。所以先将魏国掌控在自己手上，再通过魏国的资源摧毁六国，才是最佳策略。"

"原来如此，想不到这大乱之世，也不是没有好处。"戈兰恍然大悟。

"可能不完全对。"阿厨的眼睛闪烁了几下，"也许还有一个原因，我感觉到你们这个时代的科技远不如周朝末年，很多当年的先进技术都消失了，龙滎自然难以施展全部力量。"

千阳反驳道："这说不通吧，科技水平不如周朝，那消灭起来不是更加易如反掌？"

"但龙滎的全部潜能需要高级的技术才能激活，技术水平越高，能激活的力量才越大。魏国也许连周朝水准的芯片都造不出来。龙滎的能力也仅仅能发挥一成不到，不过这也是你们的机会了。"

千阳有些不服，"我老爹是电脑天才，怎么会造不出周朝的老芯片……啊！"忽然大叫一声，握紧了拳头。

众人都吃了一惊，问："你怎么了？"

"我……我终于明白老爹的死因了。"千阳低下头，声音变得沉闷，似乎鼻子被堵住了，"他在鬼谷子研制的最后阶段，发现了她的秘密，想去跟魏王禀报，但被鬼谷子……灭口了。"

提及他父亲的死，其余三人都沉默了。舰桥上，气氛凝重，最后还是千阳自己打破了沉默，"但我老爹已经死了十年有余，对鬼谷子或者褒姒早就没有威胁了，怎么她还不放过我，专门找我的麻烦？"

这也是目前为止，芈莎最想不通的疑惑。按说褒姒被复原，不管有没有进入完全体状态，都已具备威胁整个人类文明的能力，单纯的个体，对她而言根本不在眼里。她却从最初就刻意影响千阳的军政仕途，贬低他的战绩，让他一步步从将领滑到俘虏营看守，最后逼得他从魏军出走，现在还派出军衔高得多的禁卫军来活捉他。

403

"会不会是我老爹的原因,对我怀恨在心?"千阳自言自语,"唉,这女人心胸太狭小了——"

阿厨摇头说:"不可能。虽然褒姒要完成前生对周朝的复仇,但你对褒姒来说完全无足轻重,她做的事情,应该是有利于自己的目的。"

"所以褒姒要害我,是因为我妨碍了她的目标?"千阳沉吟,"但我何德何能,有这个荣幸能成为她的威胁?"

说着,他又看了一眼芈莎,道:"况且我又不是预言中能拯救银河的人……"

这句话没让芈莎有什么反应,倒是戈兰不好意思了,"是啊,你好歹还有传奇的经历,我只是一个没用的王子……预言是不是错了啊……"

"预言不可能错。"芈莎笃定道。

众人正猜得毫无头绪时,千阳想到了跟老爹分别时的最后一面。在那个雨夜,公孙流怀着必死之心走向魏王宫殿,临走前少见地向他展露了身为父亲的温情。他记得老爹摸了摸自己的头,触感柔暖,与机器人的感觉截然不同。老爹还蹲下来,送给他一个吊坠。他问这是什么东西,公孙流微笑道:"整个世界。"

想到这里,千阳顿觉浑身一震,低头看向脖子间这个挂了十年的吊坠。银色金属被他的体温温暖了十年,已不再冰冷,不知道是不是错觉,他甚至觉得这坠子有微微灼热之感。

"整个世界。"

老爹的话在他耳边响起,一遍又一遍,初时细若呢喃,渐渐变得震耳欲聋,耳膜都颤动起来。他终于理解老爹这句不明不白的话了。

他把吊坠摘下，取下底部的坠子。十年来，作为对老爹唯一的挂念，他把坠子保护得很好，但现在，他将刀片插进六芒星边缘的细缝，咬咬牙，手腕用力一转。

咔的一声，吊坠被撬成两半，里面掉出一块微微透明的立方块。

方块宛若紫色琥珀，而凝固在中间的，是一块集成了复杂纹路的芯片。而这小小的立方块底部，微微凸起，边缘雕刻着诡谲的线路，看起来像是某种接口。

"我认识这种接口，"芈莎接过来，端详了很久道，"在教内的文献里，多次提到。这是龙鏊本体上的一个接口，据说这个接口的线路，能直接进入它数据的核心。"

戈兰把阿厨叫过来，问："你能分析芯片的内容吗？"

阿厨胸腔的圆球发出咯咯声，外壳滑开，露出一大排数据接口，从最古老的型号，到现在通信用的超快量子通道，足有几十个，但每一个接口跟立方块都不吻合。

"无法接驳，分析不了内部数据。"阿厨说。

"那怎么办？我们完全无法获取它的信息。"戈兰懊丧道。

阿厨眼睛的光线跳动起来，环视三人，说："的确，你们没有处理器，无法分析数据。但你们难道是瞎子吗，没看到它外表刻着的文字？"

三双眼睛凑了过来，果然看到立方体的表面有微微的刻痕，看起来真的很像某种文字。

"这是……"戈兰不认识这些字。

芈莎看了一眼文字，又看了看千阳，表情有些奇怪，"这是卫国的文字。"

卫国是古周朝的分支，为突显皇亲贵胄，文字刻意彰显籀书古风，外国人已不易识别。公孙流是卫国人，在他给千阳的吊坠里发现卫国文字，那只能说明一件事——这是一位父亲写给儿子的话。

"屠龙之刃，银河之福。"

上面只有这八个字。

千阳眼角有些湿润。刻字不如手写痕迹明显，但还是一眼能看出这是父亲的字迹。这些年他一直怪父亲突然离开，哪怕是被害，但没想到，公孙流一直把最后的叮嘱，放在离他心脏最近的地方。

"屠龙之刃，"芈莎喃喃道，"既然龙骜是超级A.I.，能够消灭它的，应该是一种反制程序，或者说电脑病毒。"

阿厨点头赞同，"我虽然无法分析，但凭借高级机器人的……直觉，确实像是电脑病毒。"

十一年前的真相浮出水面：公孙流发现了褒姒的阴谋，并从某个渠道——很可能来自她自己的数据，找到了能破解龙骜的一种反制程序，故而惨遭杀害。但那程序尚有副本，存在千阳这里，只是千阳自己并不知道。

褒姒自然也不知道公孙流还留了这么一手，但肯定疑心他还有什么后招，所以对他的独子公孙千阳一直密切监视，甚至派来了临十一守在他身边，结果无意中被千阳发现临十一有问题，而击毙临十一出逃。褒姒当然更加怀疑千阳知道了自己的秘密，因此派出更为高阶的魏西弃，欲除之而后快。结果，反而让千阳在一步步的追杀中，发现了褒姒的秘密和反制手段所在。

千阳握着立方体，越来越用力，立方体的棱角硌得皮肤生疼。

倒是芈莎精神一振，说："这就是预言的体现——我循着预言而来，终于找到了能挽救银河的机会！我们现在就去太梁星！"

戈兰连忙摆手,"我们是来救千阳的,救到了就先回紫珊瑚星吧,星狐还在上面等我们呢。"

两人正要继续争执,阿厨突然打断了他们:"恐怕你们既不能去太梁星,也不能去紫珊瑚星……"

"为什么?"戈兰和芈莎同时问。

"我检测到,有一艘飞船在向我们靠近。一艘大得吓人的飞船……"

"旄蒙级?"

"不,阆逢级!"

戈兰倒抽一口冷气。阆逢级是常规飞船中最大的一个型号,直径有数百千米,仅次于寥寥无几的行星级飞船。会不会搞错了,把什么小行星当成飞船了?

但阿厨的检测装置比飞船雷达还准,距离还有三十千米,一个巨大可怖的阴影便挡住了银河,随即放出了更多的小型飞船,操控面板上亮起七八个红点,呈半月形向这边围过来。系统显示对方的武器已经锁定了自己,贸然启动,对方会立刻开火。戈兰吞口唾沫,让阿厨按兵不动。

舰队越来越近,轮廓变得清晰起来,这艘魏国飞船所能收集到的信息越来越多。根据军事数据库的数据比对,确定了来者的身份。

"这是'飞廉号',"阿厨读取了分析数据,语气变得困惑,"这支舰队,不属于秦国,也不属于魏国。"

千阳也从得知父亲往昔秘密的震惊中回过神来,"'飞廉号'?那是赵国的巨型战舰之一啊!一艘战舰,就是一支舰队。八十年前,它就摧毁了中山国,是赵国的王牌。"

"赵国?"戈兰听到这两个字,心脏一跳,"赵国不是在和魏国一起攻打我大秦吗？现在跑都跑不了，这可如何是好？"

千阳眼珠一转，道："眼下一切都只有靠你了……"

"靠、靠我？"戈兰愕然道。

第十一章　万舰之城

1

"飞船即将抵达邯郸，请各岗位做好泊岸准备。"喇叭里传出机械的提示音。

戈兰正以头靠墙，看着对面千阳跟芈莎搭话的样子，昏昏沉沉，将睡未睡。这一路上十来天都是这样：此去赵国，凶险未卜，星狐的生死也未卜，戈兰一直忧心忡忡。

十天前，执行秘密任务的"飞廉号"通过天然虫洞出现在上庸星系，被赤潮虫吞噬星球的异象吸引，前来查探，正好发现了那艘魏国飞船。出乎意料的是，他们在魏国飞船上发现了一位秦国王子。

戈兰的身份是自己说出来的。赵人不免大惊。都知道九王子死于魏军的奇袭，秦军正在疯狂复仇，怎么会忽然又出现在这里？再者，现在赵魏结盟，联手向秦国进军，飞廉舰队忽然降临上庸星系，显然也有趁机占领此处的意图（不过发现赤潮虫的可怕现象后知趣地退避三舍）。他自曝身份，只会给敌人增加筹码。

戈兰按照千阳的计划，编造了一个故事：自己奉秦王密令，先是假死瞒天过海，再带着两个仆从本想去邯郸，不料消息外泄，被魏国魔甲队的特种飞船俘获。幸好飞船上魔甲队队长魏西弃是一个秦国间谍，反戈制住了魏军，在这一过程中，魏西弃本人被杀，但其他魔甲队员都被控制住了。如今赵国舰队来得正好，可以带他们去邯郸，完成秦王交代的使命。

"飞廉号"的赵军将信将疑，那些魔甲队员包括声带在内的身体已被阿厨控制，也问不出什么来，不过戈兰的王子身份看来不假。"飞廉号"请示过后，赵王种如获至宝，让他们把这三个人带回赵国。至于"星陨号"，则被"飞廉号"接管，也一同押回。

在随后的漫长航行里，戈兰和芈莎一直忧心忡忡，但千阳性子通达，既来之则安之，很快就把"飞廉号"给密使安排的豪华套房当成了家，心安理得地享受着优渥的待遇。好吃好喝之余，千阳便向芈莎大献殷勤，哪怕芈莎冷着脸，也丝毫没影响他的发挥。

"我说，"戈兰终于忍不住问，"你泡妞之余，能不能告诉我，究竟有什么打算？我们真的要去赵国吗？"

"山人自有妙计。"千阳笑嘻嘻地说，"你看，阿厨在哪里？"

"在……对呀，一直没看到阿厨啊？"

"我留了后手，"千阳低声道，"把阿厨留在了'星陨号'上，赵军虽然检查过整艘船，但对几个堆在角落里的破金属球根本不会注意。有阿厨里应外合，我们就可以伺机逃走……"

不过事与愿违，第二天，"星陨号"竟然不见了。想必是那些被关在"星陨号"上的魔甲兵设法稍微恢复了一些神智，夺船逃回了魏国。倒霉的阿厨也被带走了。这回足智多谋的千阳也傻了眼。

"既来之，则安之吧。"戈兰苦笑道，"我也想过了，游说赵王也许是拯救银河唯一的机会了。"

"也是,"千阳叹道,"听说赵王生性胆小,吓吓他应该有用吧……"

这时,换船入境的广播响起,三人都精神一振,站了起来。没多久,两名赵国军官敲开门,对戈兰道:"已经抵达邯郸,请殿下移步。"

他们跟着军官走了出去,七绕八弯,登上一艘小而奢华的迎宾飞船。飞船脱离"飞廉号"后,缓缓驶出。

"哇……"戈兰靠近舷窗,只看了一眼,一直缠绕着他的担忧全被震撼取代了。

邯郸,万舰之城,这个"万"字并非虚指,而是实实在在的数词。透过舷窗,他看到了无数光点,刚开始他以为是亮度极高的星光,但仔细一看,发现全都是飞船。

戈兰从未见过宇宙如此拥挤,目光所及,全是密密麻麻的飞船。货船、旅游船、战舰……像虫子一样穿梭排布。有些安静地悬浮着;有些飞船连接在一起,组成了城堡一样的居住区;有些则整齐地排成一列,组成商业区,每一艘飞船都是一家商店或者酒吧。货船经过时,水手们从船上下来,发出粗犷的笑声,进入灯红酒绿的消费飞船。

"飞廉号"刚从一个虫洞钻出来,围绕着虫洞,建有蒲公英一样的太空坞——周身伸出上千根晶莹发亮的触手,每个触手末端都有停船坪,飞船在上面起起落落,一派繁忙。这样规模的虫洞,在戈兰的视野里,至少看到了数十个,而在他的视野外,不知还有多少。

这已经超出了他的常识——虫洞向来难以启动,一般都是一个虫洞支撑一颗星球的飞船运输,但这里会聚了近百虫洞,光维持这些

411

虫洞的开启,每一秒花费的金钱都是天文数字。

这些虫洞分得很开,但间隔均匀,彼此之间还有能量罩连接,呈巨大的球形。而能量罩外,大批巡逻飞船来回检视,随便朝任何一个方向看,都能看到虎视眈眈的巡逻队,没有死角。

所有想要进入邯郸的飞船,都必须从虫洞出来,就近飞向调度站,排着漫长的队,等待从能量罩的豁口进入。

迎宾飞船的通行权限显然很高,进入调度站后,没有像其他飞船一样排队,而是由两队战机护航,直接进入邯郸城的内部——钢丘。

相比外部繁忙拥挤的景象,围绕着钢丘的内部太空城则井然有序,飞船按大小分类,只能在不同的轨道飞行。而这里已经见不到民用飞船了,不管是居住区还是商业区,所有飞船都像是战舰,外表是统一的金色涂装。

"这里已经是王城领域了,"千阳也震惊了许久,刚回过神来,"赵王真是大手笔啊。"

三人中,唯有芈莎面色不变,说:"赵国在立国之初就主力发展飞船制造技术,过了几千年,这样的规模还算正常吧。"

千阳摇摇头,"你不懂,机械是男人的浪漫,尤其是大型机械。赵王肯定是个猛男。"

"搞不懂你们男人的审美,"芈莎说,"如果你们能看到楚国的生物飞船群,那才是真正的震撼。一条条鲸鱼、巨龟、凤鸟……最大的是鲲鹏,它们的外形都是美丽的生物皮毛,骨骼是钢铁,内脏是发动机……"

千阳闻声,目光从窗外的邯郸城收了过来,专注地看着芈莎。芈莎说这番话的时候,显然动了情,眼中泛着波光。"好啊,"千阳被这波光照着,心神一荡,"我跟你去楚国看这番美景。"

"咳咳……"戈兰朝着拳头清咳两声,"旅游的话,下次慢慢说,现在我们要准备见赵王了。银河的安危,就在此一举了。"

"钢丘"是飞船的代号,但在体积上,它远超一颗寻常星球的大小。当初赵国工程师初见这颗荒蛮星球,惊喜地发现星球的金属成分远超过一般比例,几乎由合金构成,于是他们按照赵国的惯例——掏空了它。挖出来的矿石就地炼钢,填充星球内部,铸造成纵横交错的街道住宅,还有功率巨大的行星级引擎。这些金属的材质极佳,整个星球浑然一体,即便发动所有引擎最大功率加速前进,也不会有解体的危险。因此建成后,所有赵国的王公贵族都搬迁过来。以它为中心,其余战舰环绕,便组成了史上最大的星际人工建筑——邯郸城。

但出乎三人预料的是,在这个一切都是金属铸就的飞船上,却有一片古色古香的园林。

三人一落到钢丘上,就从一个立满赵国历代先君雕像的宏伟广场,乘电梯直接进入地心。其实叫它"电梯"太憋屈了,因为它足有几百平米,像一栋大房子,分为不同房间和楼层,有沙发、茶几和各种摆设,还有好些窗子,镶边都用的是黄金。尽管在星际时代,黄金跟泥土一样不值钱,但它还是承载了人们对于富贵和奢华的寄托,这样镶金说明赵王……

"好没品位……"戈兰听到芈莎悄声说。

千阳也点头,但没说话,眼睛看着窗外滑过的一层层建筑。钢丘这种规模的超级飞船,内部全是钢铁铸成的街市,赵国贵族们的府邸也会聚在这里,彼此以廊桥或金属管道连接,电梯下降时,铁灰色的建筑不断划过,似乎没有尽头。

通向钢丘之心的旅程长达近万公里,即便电梯靠引力加速到自由落体，也用了几个小时，三人顿时理解了为什么要用巨型电梯，站在那里腿都酸软了。而窗外最后都是千篇一律的巨大引擎和支撑结构，也没什么好看的。

所以当一出电梯，映入眼帘的是一片郁郁葱葱、古色古香的园林景象时，他们一时没有反应过来。

园林是一个偌大的地底空间，一眼望不到边，有人造重力，头顶铺着人造光板，模拟出了春日阳光。还有清凉的风从林间刮过，沙沙风声，让人错以为这不是地心，而是春风骀荡的原野。

赵王就坐在园林深处的一座亭台里，静等他们过来。

一张方桌，一壶茶，四个杯子，两张长木椅，这些便是亭台里的全部。

赵种坐在桌边，看到他们被带过来，也不起身，只是做了个"请"的手势。

戈兰也不露怯，施了一礼后，大方地坐在赵王对面。千阳也想上去坐他旁边，被芈莎悄悄拉住了袖子，他这才醒悟过来——自己和芈莎的身份是秦国九王子戈兰的侍从，能进来已经是格外开恩了，要是还坐在戈兰身边，只怕会引起赵种怀疑。

"一起坐吧，"赵种却笑了笑，"有四个杯子呢。"

三人坐定，看着赵种慢吞吞地提起茶壶，给每一个杯子倒上茶水。这个掌控着庞大王国的男人，其实相当年轻，看起来才刚刚三十，长相清瘦，一身青色长袍，端茶的手也很好看，手指修长，指节突出。乍看上去，很容易让人心生好感。

"寡人听先辈们说，喝茶很有讲究的，酒要满，茶要半。你们尝尝这半杯茶。"

三人举杯饮尽。

千阳喝急了，有点烫，咂了咂嘴。赵种不易察觉地皱起眉头。

亭台外，风声掠林，落木萧萧。

"这茶如何？"赵种似乎完全不在意他们来的目的，饶有兴趣问道。

千阳一愣，随即明白过来：赵种这是用茶来立下马威，要是他们说不出个头头道道，接下来的谈话也就落了下风。好在他博览群书，尤其是当俘虏营看守那一阵，看了不少闲书，其中包括不少茶道著作，心里还算有底。他清了清嗓子，刚要说"好茶"，却看到旁边的戈兰放下了杯子，皱着眉，一副遗憾的模样。

"茶是好茶，"戈兰说，"水不行。"

"哦？"赵种也放下茶杯。

"景色也不行。"

"嗯？"赵种握住茶杯的手紧了紧，青色经络微微凸起。

千阳和芈莎也都看着戈兰。此时的戈兰跟以往都不一样，他的孱弱和延宕消失了，侧脸被人造阳光勾勒着，竟多了一抹锋利的味道。他盯着赵种，脸上没有表情，在赵种这样的一国之君面前，越是没有表情，就越难以捉摸。

千阳觉得诧异，芈莎的眼里，却多了一丝欣慰。

"我从小就听人说，赵国在科技树上的攀登，最能代表人类文明的先进。在几千年前，赵国就放弃了大地，在宇宙中游牧，放牧星辰，这是何等豪迈的气派！但今天来了这里，看到这个园林，喝了茶，有一点点失望。赵国似乎并不像我父王说的那么伟大。"

赵王脸上掠过一丝怒色，但很快平复，笑了笑，"作为一名优秀的战略家，寡人不计较尔等的鼠目寸光。不过既然如此，你父王为什么要派你来？"

415

"因为魏国和我大秦正在各个星域战斗,"戈兰面色不改,"而赵国舰队也要加入战端。"

"是啊,而且我们加入的一方,不是你们秦国。"

"这就是我来的目的。"

"但你刚才说的话,对你的目的毫无帮助。你想求人帮忙,结果去他家里,说这样的话……寡人就算想要帮你,也被你气走了。"赵王慢条斯理道。

戈兰直盯着他,"不错,我是个不称职的密使,是我父王九个孩子里最不成器的一个——却也是最诚实的一个,所以我没办法说谎。我刚才见到了邯郸的规模,却发现所有飞船都在移动。"

"有什么问题吗?我大赵本就是星舰文明,在群星间巡游,是赵国铭刻在基因里的骄傲。"

"以前我也这么想,现在却认为,这不是骄傲,是逃避。"

赵种淡淡地说:"你知道惹怒了寡人,会有什么结果吗?"

戈兰没有理会赵种眸中逼人的怒意,继续道:"我们大秦,从不在乎后果,因为如果有人想给我们什么'结果',我们会先出兵'结果'了他。秦国有五千年历史,这一点从未有例外,以后也不会有。"

赵王低头哂笑,"以后当然不会有,因为秦国的历史也就终结于这五千年了。"

"秦国如果真的在这场战争中灭亡,赵国离得也不远了吧。"

见戈兰如此针锋相对,千阳和芈莎都很诧异。众所周知,诸国中赵国的兵力相对弱小,因国民都在飞船上繁衍生息,行星级飞船毕竟不像行星那么多,所以人口低于其他大国,又没有大面积推广克隆和机器人技术,因此战斗人员最少。但即使这样,赵种也是一国之君、万舰之主,激怒了他,指不定会做出什么事情来。

但赵种依然坐在对面,抿了一口茶,水汽袅袅,看不清他的表情。

"如果我猜得没错,这也是大王担心了很久的问题吧?"戈兰看赵种的模样,本来忐忑不安的心顿时坚定了,继续道,"邯郸是万舰之城,但这么多飞船拱卫着钢丘,一直维持虫洞的开启,让整个邯郸可以随时跳跃到几千光年外,是因为大王缺乏安全感。"

赵种的眼角抽搐了一下,"作为一名优秀的战略家,寡人自然要防备万一,常人岂能理解?"

"所以您才躲在地底下吗?"戈兰的声音愈发尖刻,"哪怕喜欢园林这样的自然风光,也不肯出去;所以赵国才会依附魏国,希望魏国的军队能够庇佑……但您可能不知道一个真相,魏国的野心,不仅仅是秦国,而是整个银河。"

赵种摇头,"就算他有野心,也没有实力。作为一名优秀的战略家,寡人自然会计算清楚。"

"据我所知,魏国已经被一个强大而疯狂的A.I.劫持了,现在魏国的战斗机器人,全都已经不受魏王——不受任何人类——控制。"戈兰见赵种露出了好奇的神色,便将龙嫠的来历、与褒姒的关系和如今已控制整个魏国军队的事情和盘托出。

赵种开始似乎不以为然,但渐渐听得入神,脸色几度变幻。

"褒姒控制了龙嫠,已经让古周朝覆灭过一次。而这一次,她借助魏国的力量,想完成五千年前的阴谋。大王,如果你继续帮助魏国,只会更快地将整个人类葬送到地狱里。"

赵种沉默许久,才坐直身躯,说:"这个说法也太过危言耸听,没有证据的话,寡人虽然是一名优秀的战略家,恐怕也无法相信你。"

"上庸的毁灭不就是证据吗?赤潮虫在一天之内吞没了整颗星球!

相关的视频资料,想必大王你已经看过了。"

赵种身躯似乎微微一震。

"还有他,"戈兰指着一旁的千阳说,"他是魏国人,是魏国人工智能研究院前任院长的儿子,他身上还有能挽救这场危机的秘密武器。"

说着,戈兰便把在"星陨号"上推测出来的银河机密向赵种如数说出。赵种认真听着,脸上表情明暗不定,等戈兰说完,他依然保持这样沉思的表情。

"大王……"戈兰道。

"作为一名优秀的战略家,寡人要思考一下。"赵种凝神道。

众人不敢打扰,渐渐地园林头顶的人造光源熄灭,光明隐退进每棵树后,四周幽暗下来。三人不明所以,都坐着没敢动,过了不知多久,灯光重新亮起,对面的赵种已经不见踪影。

赵王的侍者从亭外走近,恭敬道:"大王要静思,诸位请谅解。不过大王吩咐我等准备了美食佳肴,以解诸位舟车劳顿之乏。请随我来。"

2

钢丘的夜晚,并不安静。隔着厚厚的墙壁,戈兰也能听到轰隆隆的巨响,这艘行星飞船内部,巨大的管道正在运输物资和燃料,维持这艘星球级飞船的运转。这里还聚集了赵国的上流阶层,哪怕到了休息时间，也能听到隐约的欢声笑语，一派欢乐人间的景象。

"但他们不知道，"戈兰忧虑地说，"一旦褒姒借助魏国的机器人席卷银河，哪里都会沦为地狱，这里也不能幸免。"

"也不知道赵王相不相信我们。"芈莎说。

千阳也辗转难眠，坐在沙发上，身子都快陷进去了。他伸出手指，一根根掰着，"现在局势很不乐观，魏国有鬼谷子控制，加上近百亿机器人战士，可出动的大小战舰有一亿艘，这样的兵力，秦国能抵挡得住吗？"

戈兰想了想，摇头道："不能。以前我还盲目相信克隆战士很强大，但见识了临十一，见到了魏西弃，还有傀儡……如果这般强力的战斗机器人在魏军中普及的话，那我们可能连一丝获胜的机会都没有。"

"如果赵国还帮着魏国，那就更没戏了。"

戈兰定定地看向窗外的黑暗，"尽人事吧，我已经把利害关系陈说给了赵王，他要是足够聪明，会跟我们站在一边——"

话音未落，屋门自动开启。屋外，赵种在几名侍卫的簇拥下，面色凝重地走进来。

"啊，大王——"众人一惊，就要行礼。

"不要张扬，此事需严格保密。作为一名优秀的战略家，寡人细细思索，近年来魏国的确很反常，恐怕的确已被超级A.I.控制，这种银河之患，我赵国势必不能容忍！"赵王说得斩钉截铁。

"大王深明大义，真乃银河之福也！"戈兰几乎热泪盈眶。

"寡人已经备好飞船，可送你们返秦。请转告秦王，在这场正义的战争里，我大赵肯定站在人类的统一战线上。"

戈兰、千阳和芈莎都一阵暗喜。向来听说赵王胆小怯弱，本对劝说他反戈忐忑不已，此时见他态度转变，都放下心来。

赵王又说："我听说魏国的大军已经在平阳一带轰击抵达雍都的虫洞，企图占领雍都，一举灭秦，如果得逞，秦国恐怕即将沦陷。有了魏秦两国作为基地，就没人能挡住褒姒了。"

"对，事不宜迟。"

"如此，辛苦了。"

赵王亲自送他们出门，嘱人带路，他们来到地表广场，在人造光源的照射下，一座座先代赵王的雕像耸立入云，影子倾斜下来，遮蔽了他们。他们穿过雕像林，来到空旷处，头顶正有一艘飞船在下降，显然是要护送他们回秦国。

钢丘跟一般飞船不同，体积甚大，靠重力固定了充沛的大气，因此众人无须穿戴防护服。戈兰仰头看着，云层上的飞船由小黑点慢慢变成庞然大物，阴影将雕像连同他们一起吞噬。

风吹过来，有点冷。

戈兰缩了缩肩，以手抱臂，感觉皮肤上泛起了一层鸡皮疙瘩。

千阳也睁着眼睛，看着飞船的底部。气浪掀天，他的头发掠到身后，眼睛多看几眼就被吹得生疼。

芈莎则皱起了眉头。她看了看四周，瞳孔色彩微微变化。

"不对劲。"千阳说。

戈兰点头，"有埋伏。"

"怎么办，逃还是打？"芈莎嘴唇微动。

"好汉不吃眼前亏。"千阳说，"我们右边有一架战机，等我眼色，一起向那边逃过去……"

但等他们三人刚动身往战机冲去时，头顶的飞船射来一道能量束，正中战机。火光跳跃中，三人赶忙止住脚步，背靠着背，警惕地看向四周。

四周的雕像背后，忽然出现了全副武装的赵国士兵，将他们团团围住后，一步步缩紧。

"看来你们还是很警觉嘛，"赵种现身，背着手慢悠悠走近，"寡人哪里露出破绽了？"

戈兰皱眉，"你的态度变化太快了，有点反常。"

千阳指了指头顶的飞船，说："这艘飞船明显是魏国战舰，我在魏国服役时，每天见六到八次。"

芈莎则面无表情，"直觉。"

赵种不以为然地笑了笑，"本来也只是想逗你们一下，没想到露出这么多破绽，哈哈！寡人下次注意。不过，你们应该没有下次了。"

身后传来飞船降落的气浪声，留给他们的时间不多了。

"为什么？"戈兰目光灼灼地盯着赵种，"你要知道，我们没有骗你。"

"寡人知道，关于龙黎与褒姒的故事，在赵国也有一些传闻，跟你们说的吻合。"赵种说，"听到你说的第一个字，寡人就知道你应该没有骗我。但作为一名优秀的战略家，寡人要思考什么是对我国最有利的策略。"

戈兰为赵王的自我陶醉哭笑不得，"你的策略，就是把我们交给魏国，交给那个——毁灭银河的魔女？"

赵种摊了摊手，"这是唯一能让我们幸存的办法！本来也没那么急，但上次会面后，我国很快接到了褒姒发来的消息，说已经查明你们的下落，正派遣一艘飞船过来。上面装载了足以毁灭邯郸的周朝虚粒子武器……但只要交出你们，她会给我整条太行旋臂，包括秦国和燕国的大片星域。作为一名优秀的战略家，这么好的条件我不可能不考虑。"

"你相信魔鬼的承诺?"戈兰怒问。

"抱歉,我大赵总不能为你们几个人陪葬。"

"她……她是虚言恐吓!"

"是你们说的,褒姒已经拥有了足以征服银河的力量。"

戈兰不禁懊悔,不该把褒姒说得太强大来吓唬赵种,结果却适得其反。

"可是大王,她的目的是毁灭整个银河,让人类灭绝!"千阳道。

"只是毁灭周朝罢了,"赵种不以为然,"那周朝早就完蛋了,褒姒的恩怨已了。如今她复活,一定是想当统一银河的女皇!寡人主动拥立,功劳自然无人可及……"

说话间,飞船已经降落,宽阔的舷梯延伸到广场上,一排排大魏禁卫军魔甲队队员沿阶而下,来到他们面前。这群魔甲队的体形都格外高大,一身危险的红色涂装,连脸上都涂了,看不清表情。他们走过之处,赵兵下意识让出一条路来。

这些士兵虽然训练有素,但久在王城,从没有经历过战争。而从他们面前走过的半人半机器人,不知是涂装还是材料的缘故,竟隐隐闻得到血腥气,这让士兵们既不安又恐惧。

其中一个看样子像是魔甲队队长的人物,走到戈兰三人面前,红色的眼珠上下扫描,点点头,却不说话,继而转身走到赵种跟前,"的确是这三人,赵王完成了承诺,主人将给予更多。"

"嗯?"赵王站在它身前,需要仰着头才能看到机器人的脸。

队长顿了顿,声音从胸壳里传来:"主人已经来了。"说着,他的头颅微微转动。

顺着队长的目光,赵王看向才停稳的飞船,在一个舷窗里,隐隐透出红色的亮光。他想起古老传闻里对那个毁灭周朝的魔女的描述。

"她竟然来了？"赵种低声问。

队长点头。

"她……"赵种还是有些难以相信，"亲自来了？"

队长肃然说："吾主无处不在。"

"是，不过如此匆忙，寡人还没做好接待准备。"赵种惶急道。

"主人本来无须招待，只是现在魏秦大战在即，要跟赵王商议对策——主要是赵国参战后，如何分割秦国的星域。"

"这之前魏王已经和寡人说好了啊，难道有变？"赵种的声音紧张起来。

队长笑了笑摇头道："赵王会错意了。主人的意思是，虽然之前已经有了方案，但赵王又立下大功，自当犒赏。主人是银河之主，未必就偏向魏国，只要赵王更为忠心，她可以分给赵国更大的版图，甚至魏国本身也……嘿嘿……"

赵王眼睛一亮，喜道："既蒙抬爱，寡人自当竭力报效，以尽涓埃！"

于是，魔甲队员押送着戈兰三人，走向魏国飞船。赵种也在几十名重甲侍卫的护送下，跟着一起走了上去。

戈兰面如死灰，已经没了抵抗之心。被"飞廉号"抓到后，他刚开始也很担心，因为赵国已经与魏国结盟，属于自己的仇家。但这时的他，已经不是一年前那个遇到麻烦就只想着父王庇佑的少年了。现在父王和兄长们遇到了麻烦，而且是亡国灭种的麻烦，自己不应该再躲着了。他思来想去，突然想到这也是一个绝好的机会，拉拢赵王，争取赵国的军队，让秦国在战场上不至于陷入绝对的劣势。但他的劝说一开始就失败了，现在还被赵种出卖，如果最后的反制程序落到褒姒手里，那整个银河就再没有可以制衡她的力量……自己岂不是毁灭银河的大罪人？

这么想着，他一直走到飞船舰桥上，才抬起头。这整艘飞船都见不到一个魏国人类士兵，全是半人半机器的魔甲队员，站在两旁，杀气腾腾。

赵种在侍卫的拱卫下，战战兢兢地走到了舰桥，左看右看，问："龙……褒……那个主人呢？"以他的身份尊称"主人"，可见对龙褤的忌惮。

话音刚落，身侧传来舱门开启的声音。

"大王这边请，"魔甲队队长恭敬道，"主人就在里面。"

赵种将信将疑地看着开启的舱门，里面一片幽暗，看起来不像是会议室。不过褒姒已非人类，想来并不追求堂皇气派的环境。这么想着，他点点头，就要迈步走进舱室，但出于天生的警觉，他又停下了脚步。

"我的侍卫跟我一起进去吧。"他犹豫地说。

队长的脑袋发出轻微的咔咔声，顿了顿，摇头道："这些低等人类没有资格觐见主人。"

赵种狐疑地看着他，又看向漆黑的舱门，似乎突然想到了什么，"那个……既然褒姒是超级A.I.，又何须限定地点？不如回头在社交软件里添加个好友，随时可以视频聊天，寡人有点不舒服，先回去了……"

他一边说一边后退，而随着他的话，跟他一起进来的赵国侍卫也开启了身上的重甲外骨骼，武器上膛，将赵种护在中间。赵种往后退时，他们也步步后移，配合有致。

砰！

通往飞船出口的合金大门,猛然合上。赵国众人大惊。

"为什么人类总是要做出愚蠢的选择?"队长低声说着,似乎是自言自语,随即声音又提高了,道,"赵王,我建议你闭上眼睛,接下来的一幕你不会想见到的。"

"让我出去!"赵种怒吼,"我们已经说好了的!"

"承诺是人类彼此之间的枷锁,然而,相比'合作','控制'对我们更有利。"

魔甲队长话音刚落,四周的其他魔甲队同时抬起枪口,对准了赵王侍卫。他们的速度极快,远远超过人类能够反应的速度,动作整齐,但枪口瞄准的方向却不一致。每一支枪口都对准了一个侍卫的头颅,只听到众枪齐响,射出的激光钻进脑袋,只在额头上留下一个小小的黑点,然而其携带的巨大能量又在颅内爆开。

砰砰砰……

赵种只觉得眼睛一花,视野里充斥着血红,四周全是炸开的头颅。他的侍卫们还没来得及反击,每个人的眉心就都中了枪。

这就是龙黎的力量——瞬息间完成计算,分配每个机器人不同的任务,又在同时完成。

赵种原本以为他的侍卫至少能抵抗一阵,但一眨眼,就只剩他站在血泊里,吓得两股战战。

"你……你们要干什么?……"他说,"这里是邯郸城……你们劫持寡人,也逃不出去的……"

"我们并不想劫持你,而是要对你稍微进行一点点……"魔甲队长顿了顿,语气活跃了些,似乎系统也明白话语里的恶意,"升级。"

说着,赵王就被押入密室,怎么哭喊求饶都没用。

而戈兰三人也站在一片血泊中,周围是浑如一体的魔甲队员。戈

425

兰和芈莎都面色灰白，苦思怎么逃走。只有千阳，听到密室关门的声音，突然揉了揉肩膀，小声道："演得好累啊。"

戈兰和芈莎面面相觑。

"怎么回事？"戈兰问。

"嘘，"千阳指了指密室的门，"别让他听到了。"顿了顿，露出满不在乎的微笑，"你们不觉得这里很眼熟吗？"

戈兰和芈莎环视四周。他们被押进来时，满心懊恼，加上魏军战船风格类似，便没有留意周围的环境。此时千阳一说，他们举目四望，发现果然眼熟——这里不是就是魏西弃那艘"星陨号"的舰桥吗？

"噢……"戈兰脑子飞速运转，许多线索连缀起来，"难道这是你的算计？"

"什么叫算计？是锦囊妙计好吗？！"

原来，让戈兰在"飞廉号"上声称自己是秦国特使时，千阳已经想好了后备计划——"星陨号"脱逃不难，但赵国对秦国王子一定会严密关押，要逃走九死一生，并非良策。于是双管齐下，假扮魏国来人，彻底断绝赵种对魏国一方的期待。而假扮魏军方面的关键，就在于魏西弃当初乘坐的"星陨号"，所以他把阿厨留在"星陨号"里——赵军对驾驶舱角落里几个散落闲置的圆球，完全不会留意。

在前来邯郸的路上，阿厨已经以先进的周朝黑客技术黑进了"飞廉号"的系统，伺机脱离了"飞廉号"，电脑压根儿没有报警。当然，赵军很快从飞船日志中发现了"星陨号"的离去，不过也只认为是飞船上几个魏军逃走而已，没有太在意。

但"星陨号"并没有真正离开，而是悄悄附着在"飞廉号"巨大尾部引擎的死角上，"飞廉号"自然也没有报警，于是跟着穿过虫洞，来到邯郸。然后以褒姒特使的身份，与赵国联系，这样可以试探出赵王的态度。然后阿厨用被自己控制了身体动作的魔甲队员，完成了之前的一系列表演。

"怎么样？咱也能拯救银河吧……"说完之后，千阳笑嘻嘻地看着芈莎。芈莎哼了一声，嘴角却露出笑意。

接下来的事就比较简单了，他们在一旁等着，直到赵种在里面被吓得哭喊起来，他们才一脚把门踹开，从魔甲队员手中"救"出了赵种。

"大王，"戈兰微微喘气，"您没事吧？"

"这……你们怎么？……"

戈兰道："幸好来得及！刚刚我们手刃了这些魏贼，没让龙螯的阴谋得逞。"

"手刃……"赵种难以置信，"你们三个，杀了他们？"

舰桥上，之前还威风凛凛的魔甲队员们全部倒在地上，一动不动——这当然也是因为阿厨在暗中操控。赵种环视一圈，心里恢复镇静，由衷敬佩道："原来你们这么厉害。"

戈兰谦虚道："主要是我这位护卫，他很厉害。"

他指的，自然是千阳。千阳低着头，没有回答。这跟他平时的状态有些不一样，但在赵种看起来，更符合冷血护卫的形象，不由更信了几分。

"大王，褒姒乃万年妖女，狼子野心，穷奸极恶，劫持魏国，图谋银河，请大王三思啊！"戈兰见时机成熟，郑重道。

"不必三思！"赵种俨然又恢复了一方霸主的气派，"作为一名优秀的战略家，寡人自然不会助纣为虐！从今往后，我大赵必将全力协助秦国，扫清妖氛，挽银河于危难！"

427

第十二章　重返雍都

1

和平历4011年7月。

嬴显老了。

从年龄上说，嬴显才四十八岁，以现在的科技，百岁之前都能保持思维灵活；保养得当的话，活到一百二十岁没有任何问题。但现在，他的皱纹从眼角开始滋生，皮肤开始细微地迸裂，头发也在一年间由漆黑变成了点点霜白。

这一年，对嬴显的打击太大了。

先是魏国宣战，烽火四起，自己倚为干城的克隆人大军竟然连连溃败；最疼爱的小儿子戈兰又因为得罪了世族，不得不离开王城，原本以为平阳星系偏远贫瘠，战火触及不到，偏偏戈兰刚去，平阳就被魏军突袭，成了机器人军队楔入秦国腹地的一枚钉子，戈兰也在奇袭中下落不明，多半……

这之后，虽然秦国也开始了猛烈反击，甚至在局部取得过胜利，但其实只是消耗了魏国不多的人类和老式机器人军队。与此同时，魏国最先进的机器人军团不断凭借秦国还摸不着头绪的新虫洞技术出现在秦国腹地各个星系，渐成星火燎原之势。一年间，秦国纵横三万光年的疆域，有近四分之一陷入敌手。更可怕的是，魏国似乎还在各个星系轰击曾连通雍都的虫洞，打算一举攻占雍都，秦军不得不将重兵防守雍都星系。而这一举动导致地方防守更为空虚，让魏军如入无人之境。这种打法，在银河史上前所未有，秦国直接被打蒙了。

五千年积攒下的江山，一年不到，就满目疮痍。

嬴显刚开始坐镇雍都星，和幕僚们一起遥控指挥，但随着战略图上红色的区域越来越多，他也坐不住了。秦军的士气降到冰点，克隆士兵从工厂培育后就直接送到战场，虽然没有智力，但也知道一上战场就是送死，连上战机都是哭哭啼啼的。而机器人军队则截然相反，秦军很难有魏军俘虏，因为每个机器人都安装了自毁装置，哪怕活捉，也能让自身成为最后的武器。

这样的士气对比下，秦军几乎每战必败。

为了提升士气，嬴显不顾将军们的反对，毅然乘飞船赶赴西戎星系，亲自指挥战役。

那一战，秦军没有输——在大王亲自督战下，他们守住了阵地，机器人军队只留下布满外空间的战机残骸；但他们也没有赢——这点损失对魏军来说算不了什么，更关键的是，嬴显在这一战中，受了重伤。

一小块战机残骸携带着巨大的动能，射穿舷窗，冲入了嬴显的胸膛。

尽管医生们在第一时间对他进行了救治，但他的身体每况愈下，到现在，他只能躺在床上，听儿子们汇报战况。

然而，战况又加剧了他身上的病痛。尤其是最近，雍都外围的虫洞已经被魏军开启，魏军大批机器人通过虫洞在雍都星附近集结，显然要展开最后的决战。听到这个消息时，他只觉得脑袋里一阵剧痛，仿佛有人用锯子在他大脑深处作业。

他的王国和健康，正同时离他而去。

"为什么，"他喃喃自语，"我大秦铁军，曾震慑银河诸国，怎么会兵败如山倒？"

他的大儿子吉兰——朝野默认的王位继承人，同样也面色憔悴，下巴长满了杂乱胡须，眼睛里都是血丝。听到父王的问话，他神情更黯淡，稍顿了顿，还是安慰道："决战还没开始，我们还没到兵败如山倒的地步。"

"你觉得我们胜率大吗？"

一旁的次子塔兰连忙说："儿臣认为，我们有九成把握能打赢。"

嬴显摇摇头，看向吉兰。

吉兰咬了咬牙，直言道："如果风陆侯等十三家强藩的部曲及时赶到，一切顺利，我们还是有……四五成的胜算。"他心虚地把胜率提高了一倍。

嬴显岂能不明白，咳嗽一声，嘴角带血，吉兰连忙帮他擦拭，他却挥手赶开了。"银河无眼，亡我大秦啊！"他长吁道。

吉兰沉默了许久，等父王气息平顺了些，才说："我们军队的战力跟机器人不在一个层级上，三百世族也不是同心同德，很难凝聚。我记得九弟在时常说，可能我们的制度有些问题，压榨那些克隆奴隶能带来短暂的安宁，但等真正的强敌出现时，只会是一盘散沙。"

话音刚落，塔兰不乐意了，斜睨着吉兰，说："大哥，你这话怕就不对了！尊卑贵贱宛如恒星和行星的差别，万古不易。克隆奴隶制是先祖襄王钦定,先穆王发扬光大,我大秦五千年没变的古法,怎么会有问题?而且对那些贱民来说,给他们生命就应该感激涕零,服侍我们是天经地义的,怎能算'压榨'?至于九弟,年轻人不懂事胡说几句,哪能当真?再说他都死了一年了,不要再让父王难过——"

啪!

秦王嬴显猛地半坐起来,狠狠一巴掌扇在塔兰脸上。

"谁说戈兰死了?!"嬴显怒吼,随即是一阵持续几分钟的剧烈咳嗽。

塔兰吓得跪在地上,连声说:"儿臣失言!"他的语气惶急,头低垂着,看不清表情。

这时,负责雍都城守卫的右庶长急慌慌闯进来,压着嗓子喊道:"大王,魏赵联军开始进攻了!"

最先行动的,是赵国的舰队。

这一次魏赵联手在雍都星附近屯兵,目的就是一举击溃秦国最后的防御,瓜分秦国领土。从平阳开通到雍都的虫洞,只是一招疑兵之计,事实上,一年多前,赵国就派出了最王牌的恶来舰队,通过魏国开启的某一虫洞,跃迁到了距雍都星一光年之外,秦人毫无察觉。能在那么久之前就派兵,说明定下这一招的时间更早,很可能在魏国还未宣战时,就与赵国达成了秘密协议。

每念及此,秦国将领们就头皮发麻——这一次的敌人太可怕了,每一步都早已计算好,而且迄今为止,没有一步是走错了的。

现在,恶来舰队已经以亚光速抵达雍都边境并列阵,大小三万多艘战舰在上亿千米的星域里整齐地排列着。另一边,魏国的机器人军队也整装待发,它们的大型战舰并不多,除了运输舰,其余的都是小型战机。

魏国的小型战机刚开始会让人轻视,但当它们发起冲锋时,一切轻视都会消殒于战火。这些战机机动性强,机器人直接跟操作系统连接,比人类操控要更灵敏;而战机边缘还设计有强磁接口,能在高速中互相嵌套,组成新战机,十几架就能组成一艘中型战机,几百艘战机再聚合,就成了极具威慑力的大型战舰。

当恶来舰队向雍都星进发时,魏国战机也蜂拥而起,形成潮水一样的攻势,将位于雍都星系内部、由数千个大型空间站连成的、纵横五千万公里的防线"太空长城"吞没。战机潮过后,空间站防线连碎片都没剩下。

太空长城只是开胃小菜,雍都才是真正的目标。魏赵联军有必胜的把握,因此并不着急,有条不紊地推进着,开战三天后,才到达雍都星外围。

秦军也正是在此截击。

这三天里,秦军没有支援那些空间站,任悲壮的求救信号在公共频道里一遍遍重复,直到彻底消失。他们没有多余的兵力可以浪费,全部囤在雍都,等待决战。前方是强大的敌人,后方是家园,防线一旦被撕破,秦国五千年的历史就将宣告终结。

这种鱼死网破的战况,是唯一能鼓舞秦军士气的办法。

但是,风陆侯等十几个地方强藩的部曲舰队,大部分都一直不见踪影,来驰援的世族寥寥无几,雍都只有靠自己了。胜算也从估计的二三成跌到了……接近于零。

联军到达后,赵国的巨型战舰放缓速度,由魏国战机上前进攻。这次会战的规模能排进银河历史的前十,魏国共计三百万架战机尽数出动,真空里听不到它们呼啸的声音,只有视觉上看到密密麻麻的光点向秦军扑去——仿佛银河中所有的星星会聚于此,都是秦军的死敌。

"为了家园,"嬴显凑到话筒前,"别无退路。"

因拖着病躯来督战,他的声音显得有些虚弱,但语气坚定不移。顿了顿,他又说:"击落敌军一架战机者,可去除奴籍;击落五架以上,晋升为——世侯!"

这是嬴显所能做到的最大妥协。如果能打赢,秦国会有大批奴隶成为世家贵族,整个国家都会发生巨变。但如果打不赢,秦国将不复存在。

秦国战机从空间站、运输舰上剥落,同样排成密集阵列。

"上吧!"

随着秦王的怒吼,战机群蜂拥而出,朝机器人操纵的战机冲去。

2

第一天,战斗还不算焦灼。

双方都在互探虚实,在开阔地带互相缠绕进攻。魏军很快摸清了秦军的战机型号,基本上都是常规型,优势劣势一目了然。反而秦军对机器人的战机完全是陌生的,在太空中不需要顾忌空气动力学,但它们的两翼还是又阔又锐,宛如深暗宇宙里掠过的夜枭,这是秦国资料库里查不到的型号。不过两方交战的势头并不是很猛烈,几架战机互相配合,与对方一触即退。

第二天，秦军的劣势开始扩大。

魏国战机不再保留，身后有赵军压阵，提供补给，更是肆无忌惮。它们扑向秦军，机身下的炮口如同死神触须，只要碰到秦军战机，就能点燃一朵宇宙中的火焰之花。整个战场看去，全是一簇簇的火光闪现，每闪一次，秦国的胜率就降低一分。到这一天的尾声，倾巢而出的秦军已经疲惫不堪，机器却跟开战时一样，丝毫没有体力上的减弱。当秦军略有退势时，机器人没有追击，也回到运输舰上了。这是魏国的心理战术，赢显想，秦军的心态已经被打崩了，短暂的休息只会加剧这种崩溃，明天再开战，恐怕撑不了一个小时。

第三天，最后的战役打响。

双方已经没有任何保留。

秦军的小型战机已经不具备战场优势，这一次，所有的舰种都出动了。大如城堡的重型攻击舰，外壳坚实，侧身全是密密麻麻的炮口，每次开火，就像一只彩色的刺猬在宇宙中炸开；为了节省战斗时间，旒蒙级补给舰直接开到了战场，如同移动的大山；还有冲撞舰，整个身体就是一柄巨锤，尾部被推进器推着，不断加速，笔直地冲进魏军阵营，撞毁十几艘战舰后都不会减速；体型虽小、耗能却比重型攻击舰还剧烈的湮灭舰也出动了，这种驱动着空间能量的飞船往往八个一组，颜色偏暗，表面全是防侦测涂层，它们躲在战场里，等待着敌机进入，陡然互相连接。它们能直接连缀成巨大的正方体，中间布满了暴乱的空间力场，可以将陷进去的敌机直接撕碎……

魏军这边没有太多花样，依旧是小型的蝠式战机，遇到体型差不多的就直接击落。它们更快，更准，因此也更致命。遇到了有体型优势的，就迅速组合，与之战斗。

两小时后，秦军开始有了败退的迹象。

"现在是最后的时刻,"魏国的机器人指挥官接入了赵国的舰队频道,即使在即将胜利的关口,它们的声音依旧沉稳,"赵军可以进场做最后的清扫了。"

这是鬼谷子跟赵王的约定。由于赵王素来贪婪又怯弱,因贪图秦国的土地与魏国结盟,又害怕自己舰队损失太多,所以约定魏国战机先上,处理掉秦国的大部分战力,再由赵国的巨型战舰入场,将残余兵力全部扫除。当然,魏国并非甘心为人作嫁衣,只是要拿赵国的例子遍示诸国,表示和魏国结盟绝对不会吃亏。灭秦之后,在下一阶段的统一战争中,这种形象会起到很大促进作用。

"好的,"恶来舰队司令官回复道,"你们现在可以见识一下赵国的火力。"

"拭目以待。"机器人也懒得听赵军自吹,退出了频道。

此时,恶来舰队的五千多艘飞船悬停在魏国战机后方数十千米外,其中包括一百多艘城市大小的旃蒙级主力驱逐舰,就像一座座阴影大山,哪怕不出动,也会给秦军造成巨大的压迫感。现在,舰队主力启动了,五千多艘战舰开始加速,由后方进入战场。

赵国虽然整体实力排不上诸国前列,但能走入星舰文明,制造业功不可没。当这些巨舰的炮火开始充能,可怕的炽烈光点在战场亮起时,秦军最后的希望破灭了,魏军的机器人战机也停止了进攻,只等最后的胜利。

"等等,"机器人频道里,一个离赵国舰队最近的机器人驾驶员突然说,"有点不对劲。"

"哪里不对劲?"负责机器人战斗的主程序迅速有了反馈。

"不知道,是感觉。"

"我们不应该有感觉,我们需要靠逻辑来进行判断。"

"对不起。"

"我们也不应该有歉意。"

公共频道里沉默了很久——很久的意思,大概是0.01秒到0.1秒之间。

"我也觉得——我也侦测到反常的地方了。"另一架战机的驾驶机器人突然说。

"汇报!"主程序说。

"我被锁定了——危险,危险!"

"被秦军吗?哪里有秦军!"

"不是秦军,是——"

它的声音在公共频道里消失了,一场爆炸也在同时发生。机器人驾驶的战机里没有氧气,因此爆炸是无声无光的,看起来只是机械体在一瞬间分崩离析。这种解体仿佛是某种疾病,迅速传染给了其他战机,一架架战机都崩碎了,碎片也成了武器,撞到更多战机身上。

"怎么回事?!"主程序把疑问下发到所有驾驶员的芯片里。

有机器人回答:"显而易见,我们被袭击了。"

"被谁?!"

"袭击来自后方,显而易见,是赵军。"

赵国舰队开火了,瞄准的却不是秦军,而是与他们达成了联盟的机器人舰队。

巨舰前段的主炮口射出直径近百米的脉冲炮,炮轨之内,所有魏国战机尽成齑粉;还有他们抛出的空间曲率雷,每个都不足指甲盖大小,但一旦引爆,方圆三千米以内的任何金属都会被引力拉扯过来,压缩成比足球还小的高密度物体……

"你们现在可以见识一下赵国的火力……"

机器人在被摧毁前,想起了赵国元帅说的最后一句话。原来他说的是真的,它们确实"见识"到了赵国的火力。

如果是人类主导,也许会立刻意识到发生了什么,但机器程序因为在逻辑上无法排除赵国犯低级错误的可能,因此还浪费时间进行了一次提醒操作。

主程序一边连接远在太梁星的鬼谷子,一边质问赵国:"你们做什么?!是导航出错了吗?请迅速调整。以免我方损伤更大!"

对方沉默了片刻——片刻的意思,是整整半分钟,足以再消灭十万架魏军战机。

最后它得到的回应,是一句脏话:

"傻X,打的就是你丫!"

随后,赵国切断了通话。

主程序同时收到了鬼谷子的新指令——赵国反叛,列为攻击目标!

幸存的蝠式战机迅速做出调整,靠前的,向秦军追击;靠后的,朝赵国战舰开火。但此时秦军也反应过来了,知道绝处逢生,重新鼓起勇气,向着魏军迎头痛击。

在秦赵合围之下,战场逐渐逆转。原本充斥星空的战机逐渐稀疏起来,当它们想要更大规模聚集时,又被赵国战舰及时打散。两边的军队都成了吞噬机器人战机的巨口,利牙参差,慢慢咀嚼着魏国战机。

即便如此,秦赵两军也没有必胜的把握,但机器人不会拼命,当判断获胜的可能少于50%后,魏军立刻脱离了战场。秦赵损失巨大,也不敢再追击。

"父王，"指挥舰里，目瞪口呆的吉兰看向嬴显，"我们好像没有输……"

"但赵国为什么会帮助我们？"

吉兰也是一头雾水。

很快他们就知道了这个问题的答案。

一条虫洞开启申请发了过来，来源地正是赵国首都，目前已经移动到秦赵边界的邯郸城。

要是以往，嬴显会断然拒绝这条申请，但恶来舰队刚刚救了他们一命……嬴显犹豫一下，点头道："让他们进来。"

从虫洞跃迁而来的，是一艘造型浮夸、外表金碧辉煌的豪华飞船，头部像是一匹骏马，额头上铭着硕大的"造父一号"四个字。

"这是赵王的御用飞船啊，"吉兰一愣，"他出邯郸城了？"

在所有人的印象里，赵种一直蜗居于邯郸城的钢丘深处，胆小怕死，这艘御用飞船只在巡礼时象征性地使用一下，从未离开过万舰之邦。

嬴显咳嗽了一下，道："不管如何，他是我们的恩人，又是一国之君，以最高礼仪接待吧。"

"造父一号"从虫洞现身后，由秦王的八艘护卫舰护航，缓缓穿过遍布尸体和战机碎片的战场，来到嬴显所在的指挥舰。

两船对接，嬴显被儿子搀扶着，身后站了一大群高级将领，在连接廊桥上等待。将领们窃窃私语，都在猜测赵国为何临阵反戈，以及赵种罕见现身的缘由。嬴显和吉兰没说话，而前者光保持站立的姿势就很费力了，气息微喘。

廊桥的尽头，响起一阵脚步声。

当先的，是赵种那标志性的高瘦身影，他身后两侧各有一排威严

439

的仪仗队。但嬴显看到他身后似乎有两个人影,由于双眼昏沉,看不太清。但吉兰的脸色已经变了,似乎在确认着什么。

赵王一行人走得更近了。

"九弟?"吉兰的声音有些颤抖,但很快就坚定下来了,高喊道:"九弟!"

这两句叫声让嬴显浑身一颤,他怀疑自己病久耳聋,听错了。他看向吉兰,问:"你在叫谁?!"

吉兰却向前几步,朝赵王一行人迎了上去。他甚至没跟赵王打招呼,就匆忙拦下赵王身后的一个瘦削青年,愣了愣,随即一把抱住。

嬴显看清了。哪怕视野有些浑浊,他也能确定——被吉兰抱着的,的确是自己的小儿子嬴戈兰。一阵天旋地转涌上他的脑袋。他后退一步,身后的将领没来得及扶,他重重摔倒在地。

在晕厥过去之前,他看到戈兰快步奔来,抱住了自己。是他,没有看错,的确是失踪已久的儿子。他想说些什么,但说不出来,他笑了笑,然后失去了意识。

3

站在王宫的墙头,看着雍都星逐渐没入夜色,戈兰怅然地叹了口气。

"怎么,"身后传来大哥吉兰的声音,"不认识家里了?"

戈兰转身,冲大哥笑了笑,"景色倒还是熟悉的景色,但总感觉有什么变了。"

"变的东西有很多。你不在的这一阵，人心惶惶，不少世家都举家出逃了，包括逼你离开雍都星的永安侯家。城里空了很多。"

戈兰扫过城市夜色，灯火确实比以前稀疏不少，唯有工厂区的烟囱高耸着，比夜更黑的浓雾滚滚而出。那是克隆工厂在加紧制造克隆士兵，日夜赶工，听说附近的物质都耗空了——魏军虽然在雍都星吃了败仗，但并未伤及元气，正在酝酿新一轮进攻，因此秦国的紧张氛围还未散去。

"不是这些变化。我离开之前，晚上经常在屋顶上奔跑，看到的景色其实没有变，黑暗里的街道，人们躲在窗子后面窃窃私语，都一样，但感觉……很陌生。"

吉兰细细咂摸这番话，突然笑起来，"九弟，这里没有变，是你变了。"

"是啊，我离开了一年多。"

"不止是时间的原因吧？"吉兰说，"这一年，你应该经历了很多事情。"

戈兰在平阳星系失踪后，又突然跟着赵王一起出现，还改变了整个战场形势。几个小时前，吉兰安置好来访的赵种和昏迷的父王，又和秦赵两军的将领们一起商议新的防御工事，以防魏军再次来袭——这几乎是板上钉钉的事，吃了这种亏，魏国不可能善罢甘休。他忙到天黑才喘了口气，又想起戈兰，连忙找过来，寝宫没有人影，戈兰也没带任何通信设备，一拍脑门，便上了墙头。

戈兰果然独自站在这里。有夜风刮来，他衣衫单薄。

"跟我说说吧，你这一年都经历了什么？"

于是，戈兰简单说了他被魏军俘虏、与千阳结识，一起逃出后遇

441

见星狐,又发现龙嫠和周朝灭亡真相的过程。虽说略去了许多细节,尤其是自己和星狐间说不清道不明的纠葛,但毕竟曲折漫长,一番话讲完也到了深夜,风更冷了。星光在头顶闪烁。

"对了,跟你一起出生入死那么久的朋友,他怎么没来?"吉兰问道。

他问的自然是戈兰提了很多次的千阳,而这次戈兰只和芈莎一起回来,他没看到千阳。他想,如果看到了,一定要好好感谢这个救了自己弟弟好几次的人。

戈兰却低下了头,表情有些黯然,"他走了。"

"啊?"

"是啊,他说他要回魏国。"戈兰说。他想起千阳离开时的场景。他和芈莎都没料到,当形势开始好转时,千阳却有了离开的心思。几天前,戈兰决定回雍都,千阳却摇摇头,登上了去太梁的飞船。阿厨犹豫了一下,也咕噜咕噜地跟在千阳身后,一起离去。

"人各有志。"吉兰叹息一声。

"是啊。"

"不过,虽然你说的不多,"吉兰见戈兰心情不好的样子,拍了拍他的肩膀,笑道,"但你每次提到那个叫星狐的姑娘时,语气都会变化。九弟,你有心上人了。"

在吉兰的印象里,如果是以前的戈兰听到这句话,不管是不是真的,都会红着脸否认。而此刻,戈兰的嘴角却掠起一丝苦笑,道:"是啊,心头有人,但……大哥,我以前想象自己的爱情时,都会觉得很容易,我们毕竟是王子,喜欢谁把谁要过来就是。如果一个人不够,还可以把她复制几十上百个。"

吉兰黯然点头,"你二哥最好这一口。"

"但我现在明白,那不是爱情。爱情是唯一的,哪怕身体完全克隆,只要不是爱的那个人,爱情也是……遗憾的。"

吉兰明白他的意思——星狐是领导克隆人解放的领袖,而克隆奴隶制是嬴氏王族建国的基础。国家和爱情,在悬崖的两边,戈兰和星狐只能隔崖相望。

戈兰叹了口气,将话题转回到奴隶制的问题。

"大哥,像上庸这样的反叛奴隶军,各个星系都有,这次战争中,奴隶们不愿同心同德,也拖累了我们一致对外,希望你继位后,能做出一些改变。"

"继位……如果战争结束后还有秦国,并且父王把王位交给我的话,我会设法改善奴隶的待遇。不过九弟,"吉兰叹息道,"这是国制的问题,不是一朝一夕可以改变的,要缓缓推进,比如第一步先规定不能任意虐待和处死奴隶,如果没引起太大的反弹,那就可以继续推进。"

"无论如何,多谢大哥了。"

两人并排站了一会儿,戈兰突然说:"大哥对战事怎么看呢?"

"嗯?你怎么看?"

"虽然借用赵军的优势,出其不意打败了魏军,但他们根本未伤元气。而我们大批军队在这里,对褒姒来说,一举灭掉两国联军,是最省事的。以她讲究高效的做事风格,必定会再派军队过来。另一场大战马上就要来了,这一次,恐怕是决战。"

"嗯,真正的决战。"吉兰说,"我们已经和赵军部署好了,双方协议打开虫洞,他们的其余舰队也会陆续往雍都集结。我们在这里等着那些铁皮罐头!"

戈兰扭过头,看向右下方的城墙阶梯。

阶梯处传来沙沙的脚步声。

"大哥,我有两个消息,一好一坏,你想先听哪一个?"戈兰揉了揉太阳穴,说。

吉兰道:"这个关口,还是先听好消息吧。"

"好消息是,除了赵国与我们结盟,楚国也会。"

吉兰精神一振,说:"你刚才可没说到这个——你跟他们也有联系吗?"

"是的。"

"但楚国巫教素来与世无争,与我国的外交关系也很一般,怎么会突然帮我们呢?"吉兰还是有些狐疑。

身后突然传出一个清脆的女声:"因为我们有共同的敌人。"

吉兰转头,看到城墙阶梯处走来了一个窈窕的身影,绿发飘逸,手臂白皙,即使在这样肃杀的战前氛围里,也有着精灵般的美。她正是跟戈兰一起回来的女孩儿。刚开始吉兰以为她是戈兰的心上人,所以用看弟媳的眼光多打量了几眼,还颇为满意,但听了刚才戈兰的讲述,他方知戈兰心里另有他人。

"姑娘是楚国人?"吉兰问道。

戈兰点头,"芈莎不仅是楚国人,还是巫教的圣女。"

吉兰肃然,再次打量了一番这个墨绿发色的女孩。她身上不仅有不食人间烟火的美,还有一种难以言说的灵气,眼瞳的色泽也微微变幻,这种气质,的确不寻常。

"感谢巫教仗义相助!"吉兰郑重地说。

"感谢倒不必,"芈莎说,"褒姒是整个人类共同的敌人,如果占领秦国,就会有更多的资源来制造机器人军队,很快就会牵连到我们楚国。所以既是帮助,也是自保。"

"那楚军……"

"我们的生物战船正在集结，一天内，能跃迁到雍都附近——当然，前提是你们打开虫洞，放我军入关。"

"那是自然。"

谢过芈莎，吉兰又看向弟弟，"你没骗我，这的确是大好消息。那坏消息呢？"

戈兰沉默了几秒钟，视线在吉兰和芈莎脸上来回扫视，道："坏消息是——即使有楚国帮助，三国联军对上魏国主力，也很难赢。"

风变冷了许多，他们的皮肤上泛起蛇一样的触感。

吉兰张了张嘴，似乎想反驳，但半晌过了，声音依然停在嗓子里。尽管他不愿意承认，但这一年多来跟魏军交手的经验，那些机器人所体现出的匪夷所思的战术，那些堪称奇耻大辱的失败，都让他不得不承认戈兰的话有道理。

经过龙獒提升后的机器人，有着远超人类的战斗力，它们的反应速度、对极端环境的适应、配合的精细程度，都颠覆了他对"战争"的理解。有很多次战役，他都以为有了绝对优势，可转瞬间机器人就能扭转战局，要不是手下拼死保护，他早不知道死了几回了。秦国的领土，就是这么一点点丢失的。

而机器人比克隆人更容易制造，死掉的机器人只要拉回工厂里，不到一天，又会是冰冷的杀人战士。而这次雍都星之战，摧毁的机器人战机虽有近千万架，但以魏国工厂的制造速度，不过是数日的工作量而已。可以想见，下一次决战，来的机器人军队肯定是之前的几十上百倍。

即使加上楚军，胜利的天平也依然会向着魏国——或者说，向着褒姒倾斜。不然，当初强大的周朝也不会轻易覆灭。

"所以，我有一个计划。"戈兰仰起头，"如果成功的话，能逆转局势。"

"什么计划？"吉兰问。

一旁的芈莎也看向戈兰，显然并不知情。

"表面上，决战是在雍都进行，但真正能终结战争的地方，是太梁。"

太梁，魏国的首都，机器人军队的大本营，鬼谷子或者说褒姒的本体所在地。吉兰皱着眉头，但看到戈兰认真的表情，星光都映在这双眼睛里，过了很久，他才说："你想好了吗？"

"我考虑了很久。釜底抽薪，是唯一的办法。"

"嗯，需要我一起吗？"

"不用，父王生病，秦军上下全得倚仗大哥。大哥拖得越久，我越有机会成功。"

"那我呢？"芈莎问。

"你也留在这里，楚国舰队跟秦军没有太多往来，相互也不熟悉，需要你从中调和。你不在的话，他们无法听大哥指挥。"

吉兰说："你独闯龙潭，我总得为你做点什么吧。"

"嗯，要进入太梁星，我确实需要大哥帮点忙。"

戈兰说了自己的计划，说完后，吉兰的眉头皱得更深。吉兰劝了几句，但戈兰执意要做，他想了想也是唯一的法子，只得点头答应。

"对了，"在分别前，吉兰对他说，"走之前，你看望一下父王吧。你可能不知道，他也不说，但这一年多……他真的挺想你的。"

4

灯光幽幽，像黎明将尽时的薄雾，蒙在嬴显苍白憔悴的脸上。

这是他近年来少有的安稳觉。自从战火在秦国星域里熊熊燃烧，而自己的小儿子也随后失踪以来，他就夜夜难眠。即使睡着，也是噩梦缠身，时常惊醒。而白天又要跟将军们商议对策，决定部署，消耗的精力极大。他还亲赴战场，因此受了伤——胸膛被穿透，虽然听起来严重，但秦国的太医院为王族培养了各种克隆器官，随时可以更换，并不致命。真正让他身体垮掉的，还是多日的消耗与无休止的噩梦。

但今夜，他睡得很沉，呼吸轻缓，柔软的丝被在他胸膛上一起一伏。

因此，戈兰推门进来时，他都没有醒过来。

戈兰挥挥手，让侍从们踮脚离开，自己则一屁股坐在床前，看着沉睡的父亲。

戈兰从赵国赶回来，危急关头扭转战局，随后安抚和款待赵国将士，跟吉兰商议去往太梁星的对策，一整天都没有休息。此时坐下来，他感觉眼皮沉重，便靠着床角，不觉陷入了熟睡之中。

夜缓缓流逝。

他再醒来时，天都快亮了，他揉着太阳穴坐起来，便看到了嬴显的眼睛。

"父王……"

他一手撑着床沿,要站起来,却被嬴显按住了肩膀。

"坐着吧,"嬴显说,"父子之间这么拘束干吗?"

戈兰依旧坐在地上,盘起腿。嬴显则撑着身子,背靠床头,半偎着。

父子俩对视了好一会儿。嬴显突然说:"你瘦了。"

"父王……老了。"

"你刚刚打鼾,把我吵醒了。"

"咦,我还打鼾吗?"

两人同时笑了。戈兰摸摸鼻子,说:"我都没留意到自己打鼾。"

"看来这一年,你白天实在辛苦,睡觉才会这样。"嬴显看着幽幽光影里的儿子,"发生了不少事情吧?"

戈兰鼻子一酸。他不久前刚跟吉兰讲述了自己的经历,还讲得兴致盎然、绘声绘色,丝毫不觉得流落异星、几次死里逃生有多么辛苦。但此时嬴显轻轻一问,那些回忆缝隙里的劳累、辛酸和惊吓都涌了出来,化作晶莹的液体,从眼眶里盈出。

"刚还想说你长大了,"嬴显伸手抹掉他眼角的泪花,笑道,"怎么转眼就哭了呢?"

嬴显的手指在他脸上划过,触感粗糙,让戈兰心里更加酸楚。

戈兰低头整理了一下表情,说:"是啊,发生了很多事。"

"很好呀,年轻的时候就应该出去,经历一些事情,好事和坏事都行,多见一些人,好人和坏人也都可以。我的九个儿子里,没想到会是你有这段冒险……很好,跟我很像……"

戈兰听出他语气的异常,问:"父王当年也去过很多地方吧?"

嬴显抬起头,说:"是啊,当年二叔篡位,我流亡外国,吃了很多苦,但也遇到了很多……有意思的人。"

这句话让星狐的身影无端出现在戈兰脑海里。他心里一动,问:"那父王在冒险途中,有遇见过让自己心动的女孩儿吗?"

嬴显含笑看他。

被父王的目光注视了好一会儿,戈兰脸上渐红。

"有的,"嬴显把眼睛移开,目光露出神往,"那时候我还是个少年,而冒险是少年的特权。在旅程里,遇见心动的女孩子,也是少年的特权。"

"那您跟她——哦不——"

戈兰话没说完,就赶紧闭上了嘴。他想起秦国的国制——为保证血统纯正,历届秦王都是靠克隆延续后代。秦王们不管多么风流,都不能设王后之位,纵然有爱情也不会有结果。在他心目中,父王掌握着巨大的权威,一直是无所不能。但现在,床上的他形容憔悴,鬓染风尘,谈起曾经心动的女孩,也是惆怅的语气。原来即使是一国之君,执掌银河,也有那么多身不由己的事。

他胡乱猜想着,不料嬴显盯着他,突然伸出手,放在他的脸侧。

戈兰不敢乱动。

"很像……"嬴显喃喃道。

戈兰诧异道:"啊……什么很像?"

嬴显却没说话,好半天才收回目光,苍苍白发间,露出一抹萧索和寥落。他摇摇头,叹息道:"我们身处王族,被制度所限,很多平凡的快乐是触碰不到的。帝王家,也是囚牢。"

戈兰"嗯"了声,想说什么,又低下了头。

"你是想说,我们这个制度是错的吗?"嬴显说,"其实我也这么觉得,周游列国后,怎么还会觉得秦国一切都好呢?"

"但为什么这么多年来，一直还是这样？"戈兰忍不住问，"克隆技术本应该让我们解放，但五千多年来，它一直是禁锢。对出生的克隆人是，对我们也是。也许是时候——"

"我也曾像你一样想，但坐上这个位置，才知道难处。三百世族，都是靠克隆奴隶制维系下来的，贸然改变，可能会引起全国动荡，甚至社稷倾覆……列祖列宗在上，我不敢让秦国毁于战火啊……"嬴显痛苦地说。

"战火吗？……"

屋外夜色将尽，微光透过窗子映进来，在戈兰脸上蒙上白霜一样的细芒。他嘴唇翕动几次，终于道："但父王，我们现在不就是在战火中吗？"

嬴显惨白的脸上掠过一丝变色，良久，摇摇头道："我明白你的想法。"他撑着手臂，想坐得更直一些，但手掌一软，又靠了回去。戈兰连忙上前扶住他，给他背后塞了个枕头。

"如果我还年轻，或者，我还健康，我会好好考虑一下的。"嬴显喘了几口气，苦笑道，"但你也看到我现在的样子……我什么也做不了……"

"父王很快会好起来的。"戈兰轻声道，心里涌起一阵苦涩，"一定能活到一百五十岁，您还年轻……"

"我的身体，我自己最清楚。而且，自从她走后，这些年我都过得很累。"

"她？"

嬴显咧嘴笑了笑，"没什么，年轻时的故事……过两天再告诉你吧，我们父子还有很多事要聊，过去你问我，我一直不想说，现在……再不说也许来不及了。"

450

"不，不会……"戈兰不知道说什么好，忽然间想到，过几天自己已经在三万光年之外了，心中不由一阵难过，但却不敢告诉嬴显。

屋子里一时有些静。"帮我把窗子打开，"嬴显突然又说，"我想看看太阳。"

戈兰把窗子打开，晨风立刻涌了进来。这是雍都一天中最初始的空气——清新、甘洌，涌进肺腑里，随后在身体里浸润着。他深吸一口气，只觉得连日的疲劳都被消解，浑身畅快。

窗外绿树掩映，墙瓦延绵，朝阳在天边探出了头。云朵层层叠叠地在视野尽头铺开。

"父王，今天会是个好天——"他说着，忽然听到当啷一声，回过头，发现嬴显已经睡着了，头歪在枕上，一块琥珀从父王的手心滑落在了地下。

戈兰心下怅然，过去扶着他躺下，盖好了被子；又把那透明的琥珀石捡起来，发现石头已经摩挲出了光润，里面凝着一片紫色的枫叶，色泽鲜丽，脉络分明。他知道这是父王喜爱的一件吉祥物，带在身边时刻不离，于是小心地放在枕边。

嬴显一直没醒，就这么沉沉睡去了。

时辰也不早了，该部署去太梁星的事情了。戈兰离开寝宫前，回头看了一眼。

一片晨曦落在了嬴显的脸侧，泛着光，照亮了他嘴角的笑容。

可能父王做了什么好梦。戈兰想着，走出寝宫，关上了门。

他并不知道，这将是他最后一次见到自己的父亲。

星空闪烁，千阳以手枕头，躺在草原上。星光透过这颗星球的大气层，洒落于他的脸庞。阿厨则浑身散开，所有的球都在草地上旋转,响起一片沙沙声。

他是昨天来到这颗位于魏国边境的小星球的。他驾着"星陨号",这艘原属于魏西弃的飞船给了他很大便利,这些小星球压根不敢盘查,一路放行。但再往魏国深处走,他也不敢了,便停在此处,看着夜空发呆。

"我知道你为什么要离开戈兰他们。"阿厨突然说。

"瞎说,我自己都不知道。"

"你不服气。"

"我怎么会对那小子不服气呢?他又瘦又弱,也不聪明,性子软得跟柿子一样,我不服他?"千阳愤愤不平地说着,发现阿厨一直盯着自己,眼中光线呈锯齿状,一副嘲笑的样子。他这才意识到——阿厨根本没有说自己是不服气谁。他停了下来,继续看夜空。

"是因为那个预言吧,"阿厨等了会儿,说,"预言里说他是拯救银河的人。"

"呵,还什么古老预言,现在是科技昌明的时代,讲科学,这神神鬼鬼的一套,蒙谁啊!"

"你在想,为什么预言里的人,不是你。"

千阳愣了愣,满脸的愤懑一点点消失,好半天才叹息一声:"是啊,为什么主角不是我……"

"能破解龙鏊的程序,是老爹给我的,是我的。"他摸了摸胸前的吊坠,"怎么一眨眼,预言里的人就是他了呢?"

"你听说过蝴蝶效应吗?任何人的行为都是因果网络的一部分,都能改变历史,你也是,当日你如果一枪崩了戈兰,或者在庸城不去帮他,他早就死无葬身之地了,哪儿还能应什么预言?"

"说的也是啊,那为什么预言里没有我?"

452

"未必就没有，也许只是芈莎不想告诉你，也许她告诉你就不灵了。"

"为什么告诉我就不灵了？"

"我怎么知道？再问我就要短路了，你回头去问她嘛。"

一时无话。千阳继续看着头顶的星空，但心境已乱，看了好久，只觉得星光纷杂，搅得脑袋一团乱麻。他索性闭上眼睛。"你说，"他搂着额头，慢慢道，"他们现在在干吗呢？"

"按时间，已经回秦国了。"

"嗯，回去就很安全了，不像外面到处是危险。"

"也不好说，就算赵国跟秦国结盟了，也不是褒姒的对手。褒姒的算力非常可怕。"

千阳"嗯"了一声，又说："不过以戈兰现在的本事，肯定也不会坐以待毙。他应该会想点办法的，我担心也没用。"

"是啊，他知道褒姒的可怕之处，不会留在秦国等死。"

千阳突然坐了起来，喃喃道："你是说，他会……"

阿厨全身的圆球一下子聚集起来，道："他会来魏国，概率高达99.8%！"

453

第十三章　深入魏穴

1

就在秦国被战争席卷，秦人忧心忡忡的时候，魏国境内也并不好过。

早在几年前，太梁就下了命令，要求国境以内所有星球都必须提供比规定多五倍的各种金属原料，并且按太梁星要求的新技术，就地冶炼，制成机器人后，运往太梁星。

此令一出，叫苦连天，而完不成任务的星球，红色涂装的机器人惩戒队会立刻赶到，处决星球领主。当殷红的血在府邸门口流淌而出、缓缓凝固时，所有人都知道这个任务不是开玩笑，虽然它看起来几乎不可能完成。

新上任的领主们不愿意步前任的后尘，狠下心来，亲自督阵，将人和机器人都赶进了矿区。铁矿不出，人就不能出，好些矿工直接成了尸体，跟矿石一起运出来。领主们却面不改色，依旧在督促进度。

也有觉得情形不对的领主，悄悄跟太梁联络，想打听是怎么回事。但所有试图发往太梁星的消息，都如泥牛入海，没有回音。此时，太梁星仿佛已经成了黑洞，只不停地吞噬钢铁，却不吐出任何东西。

位于魏秦交界的华阴星也深受苛捐之苦。华阴星原本矿产丰富，一直是魏国的产铁大户，居民也颇为富庶。但这几年来，由于压力陡增，许多已经过上了安逸日子的居民都重操旧业，跟机器人一起回到了燥热逼仄的矿下。

"古砖号"的船主陈奇运气好一些，他不参与具体采矿，但飞船被征用来往太梁星运输机器人原型。"古砖号"船如其名，一个"古"字尽显它的特色，船体破败，早该报废，为了运输机器人原型，又硬生生从仓库里拖了出来。

老陈叹着气，重操旧业，把一批批机器人从华阴星运往太梁星，每趟挣取可怜的费用，来抵消陡增的税收。

但老陈心里也纳闷着，这些活儿，不寻常。他在华阴星待了一辈子，虽不从事机器人制造，但机器人能做到什么水平，他还是清楚的。眼下魏国正在四处开战，大量需要机器人士兵，但华阴星的工厂完全能够制造成熟的机器人战士，直接投放到战场。像现在这样，制造一批批半完工的机器人，再送往太梁星进行最后一道工序，是从未发生过的，完全多此一举。

"邪门儿，"他驾驶着"古砖号"，飞到华阴星外空间的虫洞港口，同时向一旁的副手嘀咕道，"太梁星那边是不是出什么事了？"

大副也苦着一张老脸，"不知道啊。我那大侄子之前好不容易升了职，在太梁当技术员，虽说挣得不多吧，好歹是在王城根儿，是全村的骄傲。但这两年突然就跟家里断了联系，他老娘得了重病，想去太梁星找儿子联系大医院，但得不到入境许可，现在天天在家哭呢。"

"是啊，大王这些年有点奇怪。我都这把老骨头了，现在还要出来干活儿，唉！"

抱怨归抱怨，活儿还是要干完的。他们缓缓开向港口，又突然收到警报，说是秦军来袭。前方已经有护卫队跟秦军交战起来了。

秦国自顾不暇，还有余力来袭击魏国的星球？看来是想截断机器人的运输线，减少魏军兵力，但这条线路只是数千条运输线中的一条，就算秦军攻破了，对整个战局也几乎没有影响。而且从警报上看，来袭的秦军并不多，护卫队很快就可以处理。

但警报毕竟响了，还是要走标准程序。老陈调转飞船，往华阴星的避难口飞去。他不是很担心袭击，毕竟这艘船太老，运载量远不如其他飞船，想来也不会是秦军的目标。

"晦气，这一躲耽误不少时间！"老陈骂道。

"至少不用去打仗。"大副安慰他说，"我们老老实实等着吧，警报解除了再接着干。慢一点，总比碰见秦国人好。"

飞船重新回到大气层，往一处峡谷里飞去。这处峡谷高耸入云，设置了许多停靠台，供大小飞船躲避。但"古砖号"刚钻进云层，大副的脸色就一紧，"老大，我们被锁定了……"

老陈愣了下，问："被谁锁定了？"

大副看了半天操作台，只有被锁定的提示，他刚想说不知道，却听老陈的声音传来："我们要栽了。"

顺着老陈的目光，大副看到窗外厚厚的云层里，云雾移开，一条白色的飞船缓缓露出前身。这艘飞船不大，但前身的炮口显然极度危险，正静静地对着他们。

飞船没有动，但威胁的气息弥漫在云层，渗透进了"古砖号"。它一直埋伏在这里，想必用了某种隐形材料，避开了雷达侦测。现在，它发来了一道信息:"请保持安静。"

大副手脚颤抖，问:"怎么办，老大？要汇报吗?"

向护卫队报告，也是遇敌的标准流程。但对方的意思很明白了——只要报告，对方能不能逃过护卫队的追击不清楚，但逃走前来一发炮击的时间是有的。

老陈犹豫了几秒钟，叹息道:"投降吧。"

听到"古砖号"的回复，戈兰等人都松了口气。

他们埋伏在这里已经好几天，吉兰也在配合，不断派出秦军战机制造警报，等的就是这样一个机会。他们最大的担心是船主会向上级汇报——一旦船主这么做了，他们当然可以第一时间毁掉"古砖号"，但也逃不掉魏军随后的追击。好在船主识时务。

戈兰和属下登上"古砖号"，控制了老陈等人，静待警报解除，便驾驶飞船去往太梁星。

警报解除的时候，戈兰咬了咬嘴唇。

为了逼运输飞船进入云层，不断有秦军战机袭击运输队，每次警报解除，都意味着一批秦国男儿葬身炮火。

虽然这些牺牲是必要的，是为了避免更多人的死亡，但戈兰还是心里一悸。此行只能成功，一旦有误，这些秦国子弟就白死了。

但计划仍然比想象中艰难。

"古砖号"到达太梁星外的检查口时，遇到了严苛的审核。戈兰用枪逼着老陈的脑袋，让他输入安全指令，但港口的检测仪依然在报警:"除开船长和大副，船内还有五人身份不明，请表明身份!"

这五人，指的就是戈兰和四名秦国士兵。

老陈硬着头皮说:"是我村子的老乡，帮我卸货的……"

"有入都许可证吗？我们要登船查验……"两架战机飞快欺近。

众人正没做理会处，"古砖号"身后排着的队伍出现了一阵骚乱。护卫战机立刻调转方向，向骚乱处驶去。

"怎么回事？"戈兰问。

在他们后方，一艘战舰突入了排队的飞船阵列，左冲右撞，引起了一片混乱。

戈兰很是疑惑，待看到那艘战舰的形状后，更是愣住了——那艘飞船，赫然是之前魏西弃驾驶的"星陨号"，后来千阳离开时，是他开走了。

这么说……

果然，在一片混乱中，一只小型逃生舱无声地靠近"古砖号"，发出了信号。"快，"戈兰道，"开舱门，让他进来。"

逃生舱从"古砖号"下方进入，舱门开启，走入飞船的，是抱着阿厨头颅的千阳。

戈兰与千阳四目相对。

戈兰刚要开口，千阳抬手道："啥也别说！这是我第二次犯傻了，但你要是还待在这里，就肯定是最后一次了。"

"啊……阿厨怎么了？"戈兰看着他怀里的圆球，又看向救生舱，并没发现阿厨的其他部位，"它的身体呢？"

"在'星陨号'里——它把自己一分为二，身体操控飞船，跟魏军的护卫机战斗。"

阿厨眼中亮起光，也道："是啊，我撑不了多久了，赶紧的！"

"古砖号"连忙往前斜移，港口的注意力都在"星陨号"身上，对已进入港口的货运飞船，临时取消了普通的身份核验程序，检查区识别了"古砖号"的标志，匆匆放行，随着太梁星外的防护罩一闪，

459

他们终于进入了大气层。

往回看,那一层层防护罩如同缥缈的云,隔得远了,就变淡了。但戈兰知道,这些看似淡薄的防护罩有多么牢固,如果不是用运输船当掩护,而是强行攻进来的话,不知有多少秦国子弟会葬送于此。

"别大意,"千阳提醒道,"就算混进太梁了,也只是刚开了头,后面的危险还等着咱们呢。"

戈兰点点头,打起精神,准备应对接下来的情况。

"古砖号"到达接收站的时候,戈兰还看到了许多别的飞船,成千上万,如同掉落的叶子重回枝头。只不过,这每一片由运输船组成的叶子都比高楼大厦还大,无数条管道从"树干"处伸出来,接通运输船,将里面的机器人原型接走。

魏国擅长机械技术,但绝不仅仅体现在机器人工艺上,整个城市,不,整个太梁星都像是一个巨大的机械体。所有的房屋、街道、运输轨、履带,还有大型重力场,都是这部机械的零件,以种种匪夷所思的方式配合着,互相咬合,所有的目的只有一个——装配机器人士兵。

"这些机器人士兵都已经组装好了,唯一缺的,是芯片。"千阳将阿厨的分析报告拿来一读,皱眉道,"从数据来看,这些士兵的配置堪称豪华——全柔性金属机身,恐怕还是纳米材料,装备了超高速机关枪、激光枪、子母爆弹、电磁脉冲器、微型巡航导弹……还有脏弹自爆装置!这可是好东西啊,更别提超过之前性能十倍的处理单元——这些东西组合在一起,可是标准的杀人机器。"

"嗯,这种新型机器人,应该是褒姒要投放在雍都决战场的军队。"戈兰忧心忡忡。

"所以我们要抓紧时间了。"

戈兰点头。这样的兵种，如果大面积投放到雍都星，再加上褒姒的全方位统率，别说秦赵楚三国联军，就算六国联手，恐怕都不是机器人军队的对手。所以真正的决战战场，并不是雍都，而是此处。

在太梁星解决掉褒姒，才是秦国得以存活的唯一方法。

"走吧。"戈兰说，"我们去找褒姒那老妖怪。"

"你有什么计划？"

这句话问得戈兰一愣。"呃，"他看了看四周，"随机应变！"

"你这也太不靠谱了吧！"千阳一副难以置信的语气，指着戈兰，"你什么都没计划，就冒冒失失跑进龙潭虎穴？我还以为你长进了，原来还是这么……"

"我对太梁一无所知，也没有资料可查，做什么计划都没有用。"戈兰打断他，"要是我们能活下去，我以后专门给你一天时间来挖苦我，但现在，还是先想想办法吧——我们不能直接潜入研究院吗？龙鏊肯定在研究院的机房里。"

"你以为太梁是什么地方，跟你们雍都一样，谁都可以在城头跑来跑去？这里是全自动化的，大数据管理，所有人都有身份识别，你走在街上，没有身份证和暂住证，不到十秒钟，就会被抓起来。"

"那怎么办？"

太梁是千阳生活了很长时间的地方，虽然离开的这阵子已经有了很大变化，但街道还算熟悉。他看着窗外起起落落的飞船，街头被各式各样的机器人挤得满满当当，沉思了一会儿，突然指着街上的一个角落，"看到没，那种型号的机器人？"

戈兰凑过来，没看太清，又调出监控画面，放大了才发现，街道角落里正有几个高大的金黄色外壳的机器人在走动。

"那是黄金甲三代，里面是中空的，平常是功能齐全的居家机器人,一旦遇到危险,就会成为外骨骼,把主人包进去。看过那个超级英雄电影吗?《魏国队长钢铁人》。"

戈兰顺着他的思路,拍了下头,"我明白你的意思了。"

2

哗啦!

一道突兀的破碎声打破了街上井井有条的运输景象。所有机器人都向上看去,发现是一个巨大的运输箱在空中力场里移动时,箱底突然破裂,力场只能作用于运输箱底部的载台,里面挤得满满的机器人士兵尽数掉了下来,雨点般砸向街道。

空中巡逻的飞行器立刻集结,弹出纤细的高韧度丝网,将机器人士兵拦住。但一个运输箱能装的机器人近千,仓促之间,无法全部拦截,还是有不少机器人士兵急速坠向街道,砸到了好些机器人。

空中还算有条不紊,街上可就乱了套。那些士兵个个重达千斤,落下来就跟炮弹一样,只要被砸中,就算是机器人也当场报废,返修的机会都没有。

机器人抱头乱窜,其中就有两个黄金甲三代,在危险来临前就估算出了那些士兵的坠落轨迹和伤害范围,因此提前跳到了一个屋檐下,恰好躲开所有的危险。

果然,街道上被砸得零件乱飞、星火四射,却没有一点儿波及它们。它们甚至还有心情聊天。

"你放心，我的计算结果告诉我，我们不会有事的。"一个黄金甲三代说。

"我的计算结果也同样如此。"另一个回道，"因为我们是同一型号。"

"可那些机器人就不一样了。"

"当然，它们太过低等。"

"听说，最高等的A.I.形态已经出现了，就在……"

"嘘！"后一个黄金甲三代的声音变得冷峻，"我们没有讨论这件事情的权限。"

"你不用紧——"

两个机器人的声音戛然而止，浑身一僵，皮肤上闪烁的光亮也逐一熄灭。

它们身后，戈兰和千阳悄悄探出头来。阿厨的脑袋通过蓝牙设备关掉了这两个机器人，远处的飞行器还在处理集装箱事故，一片忙乱，没人留意到他们。他们把两个黄金甲三代拖到角落，连接到阿厨的处理单元，几秒过后，阿厨说："好了。"

两个黄金甲三代呆立在街上，身上的厚重外壳一层层滑开，露出人形的空隙。

"进去吧，"阿厨说，"已经设置成操作模式，主要是识别眼球操作，手套位置也有感应器。语音操作也开着，能识别你们的声纹，但这里太多监控，你们还是少说话。"

"嗯嗯。"千阳展开双臂，走进机甲中，金属在他背后合拢，"我在这边长大，机器人的基本操作都会。"

戈兰却有点犯难，"我不会……"

"那就调成印随模式吧，跟着我就行。"

他们藏在机器人身体里,走上了主街道。

"你有没有觉得不对劲的地方?"千阳走了几步,突然站住了,在两人的通信频道里说。

戈兰的视野里,全是各式各样的机器人士兵。魏国果然把机器人制造发展到了极致,根据不同用处,清扫大街有盒形机器人,巡逻的是战斗机器人,空中还不时飞过昆虫形状的侦测机器人……他甚至有一种错觉:脚下的星球会不会也是一个机器人,一旦自己被发现,就会伸出巨手,将自己捏碎?

"不知道啊,我第一次来这里。"戈兰调整视角,但看得再广,也全是机器人充斥的场景,"哪里不对?"

"你有没有发现,街上全是机器人?"

"这在魏国不应该很常见吗?"

"我是说,我都没有见到几个人。"千阳停下了脚步,语气有些忧虑。

经他一说,戈兰才意识到这个问题。魏国虽然一直在大力发展机器人,但依然人口稠密,机器人终归是为人类服务的,照理说太梁星应该人头攒动,但满大街机器人的空隙里,人类却非常稀少。

这一瞬间他才觉得遍体冰冷——太梁星虽然看起来嘈杂喧嚣,但都是机器人的动静,从某种意义上说,它更像是一座空城。

"这里到底发生了什么?"他喃喃道。

"肯定跟褒姒有关。"千阳环视这个生活了很长时间、如今却格外陌生的城市,语气凝重,"走吧。"

他们躲在机器人的外壳里,一步步走向研究院。尽管隔了一年多没回来,但这条路千阳走过无数遍,尤其是小时候,每晚都要去门口蹲着,等父亲下班。他记得父亲下班总是很晚,他坐在值班室里,听那个上了年纪的保安老头儿讲最近发生的新闻。那老头儿口音很重，但讲起故事来眉飞色舞，比他在课堂上听的有意思多了。老头儿会一直絮叨，直到夜色将城市笼罩，直到父亲那疲惫单薄的身影出现，将他抱在肩头，乘车回家。

现在，他再次看着研究院的大门，百感交集。按太梁星的统一时制，此时正是下午三点，但眼前高壮的大门紧闭，远不似往日人来人往的景象。

千阳走到值班室前，敲了敲门，"有人吗？"

他用了变声器，这三个字从机甲身上冒出来，是机械感应的合成音，听起来就像是机器人发出来的。值班室里沉默了好一会儿，门才缓缓推开，冒出一阵不耐烦的声音："谁家的机器人啊？要办事不知道走程序吗？！"

千阳心中一喜，这声音很耳熟，正是那个小时候给自己讲故事的保安老头儿。

"陈爷爷，"他说，"您还在这儿呢？"

值班室果然探出一颗苍老的脑袋，脸上的皮皱得像是被揉过的羊皮纸，疑惑道："你怎么知道我姓什么？"

千阳回过神，说："我的系统里有研究院保安的资料。"

"但我已经不是保安了，研究院早就废了……你难道是……"老头眯起眼睛看着千阳藏身的机器人，瞳仁浑浊，但似乎泛起了微光。过了许久，他才收回目光，说："你们想干吗？"

"我们要进去。"

"你刚刚没听我说吗？研究院已经废掉了。你们快走吧。"

千阳没听出老头儿的语气有点重，追问道："研究院不是魏国的重中之重吗？很多发明都是在这里诞生的，怎么会突然关闭？"

465

"这一年，发生了很多事情。"说完，老头就缩回了值班室，又重复了一遍，"你快走吧。"

戈兰一直站在后面听着，见对话结束，小声在频道里说："没有人更好啊，我们想办法潜进去。"

"到处都是监控，想无声无息进去，不可能的。"千阳先是低声絮语，然后再次央求老人："求求您，让我进去吧。我老爹很快就来接我了。"

最后一句话，他的声音变了变。很多年前，每次来这里，他都是先对老头儿说这句话。

老头一愣，点点头，"你们进去吧……这里已经没人了，所以我来看守，但，但你们小心……"

戈兰和千阳进了科学院，果然发现里面空空荡荡。一些曾经发挥过重要作用的仪器，都蒙了尘。

"我明白了，"戈兰说，"既然你们科学院的重要任务是研究龙髎，而龙髎是科技之源，现在它被魏王重用，研究院肯定就没啥用了。"

千阳也想明白了这一点，忧心忡忡道："这样的话，褒姒在不在这里，就很难说了……"

话音刚落，他们就接收到了阿厨的加密信息："有人在向你们靠近，小心！"

脚步声从两侧响起，千阳压低声音说："有两队人！"

"左侧是人类，右边是机器人。"阿厨说，"建议你们快撤！"

在魏国这种环境下，机器人显然比人类危险。他们迅速往左边的长廊撤离，戈兰先进廊道，身后的脚步声已经很近了，机器人巡逻队在迅速追来。一些激光束射了过来，千阳的机器外壳被击中腿部，速度顿时慢了下来。

戈兰想要扶他，但他一把推开，"你快走！"

"一起来的，怎么能一个人走？！"

"别白白牺牲！"千阳吼完，又对通道里的阿厨说，"接管它的系统，带他走！"

戈兰的机器人顿时一震，大步跨开，向廊道那边跑去。戈兰在机器人的肚子里使劲挣扎，道："阿厨，你解除控制！"

"抱歉，你们现在都不理性，需要我的帮助。"阿厨的声音一如既往地冷静。

"那千阳……"

"你不用担心，我也会帮他。"

戈兰无法回头，看不到千阳的处境，急得满头大汗。这时，另一阵脚步声响了起来，伴有人类的喝声："站住！"

黄金甲三代跑得更快了。

人类巡逻队也不是吃素的，加上对地形很熟悉，一下子分开，同时开火，好几道激光射中了黄金甲三代，戈兰越跑越慢，更绝望的是，激光射中了机器人背后的通信模块。阿厨与他的联系断开，机器人在急速奔跑中倒地，滚了几圈，最终撞到一面墙壁。

戈兰被机器人带着翻滚，头晕目眩，撞到墙壁后，直接昏了过去。

戈兰睁开眼睛，发现自己身处一间囚室。

四周没有人，他喊了几声，得到的只是一片沉寂。就在他一头雾水时，很快就有人走了进来。

他本以为前来提自己出狱的会是魏国的行刑队，或是全副武装的机器人，却没料到，来的是一位文质彬彬的中年男人。

467

"我叫苏河,"男人站在门口,"终于见到你了。"

苏河,戈兰听过这个名字。银河人类亿亿万万,同名同姓的人肯定多不胜数,但能在魏国禁地随意出入、说话风度翩翩、散发睿智学者气息的,只能是那个担任魏国首相的著名谋士。

"你见我一个无名小卒干什么?"戈兰心虚地说。

"如果秦国九王子是无名小卒,那银河中还有大人物吗?"苏河道。

戈兰知道赖不过去,躬身行礼道:"久闻苏首相大名,今日得见,幸何如之!虽然是在监狱里拜见,但也是荣幸。"

苏河上下打量他,突然一笑,"你是秦国王子,以贵我两国如今的形势,恐怕'久闻'我的,不是大名,而是骂名吧?"

这倒是实话。秦魏对峙多年,早先就有很多次因为苏河的计策,让秦国在博弈中吃了亏,因此一旦提起苏河,朝野上下无一不骂。戈兰记得父亲也提过好几次,言语中有抱怨,但更多的却是钦佩。

他正想解释,苏河挥了挥手,道:"身为人臣,职责便是为君分忧,能得到敌国的骂名,对我来说,是荣幸。"

"苏先生豁达。"

"不过,现在担这份骂名的,已经不再是我了。"

戈兰听出他言语里的叹息,正要问,突然意识到:苏河原本是魏王座下第一谋臣,但自从研发出鬼谷子后,他的地位肯定被这台居心叵测的超级A.I.所取代了。而从这些年魏军的举动来看,恐怕鬼谷子或者说褒姒已经全盘接手了魏国的战略定策,难怪苏河的语气里,透着一股日落西山的寂寥。

"苏先生是来送我最后一程的吗?"戈兰点头道,"能有您来送行,这份待遇已经不错了。"

不料苏河却道:"我是来带你走的,但你不用担心,至少你今天不会死。"

"去哪里?"

"去见我王。"

这四个字让戈兰心中一凛,想问魏王召见自己干什么,但苏河却不肯多说。戈兰只好跟在他身后出了监牢。关了两天,再出监狱时已是夜晚,刚出门就感觉到细雨扑面,脸上凉凉的。街上依旧没什么人,前几日装配机器人的热闹场景也消失了,加上这无边细雨,整个魏国看起来格外萧条。

"到底发生了什么事情?"戈兰问,"为什么街上空空荡荡的?"

苏河站在街边,左右看看,说:"先别说话,跟我来。"说着,带戈兰绕到监狱侧门,走路时还刻意踮脚,以免发出声响。这种谨慎的举动让戈兰十分诧异——苏河就算不再是魏王最宠信的大臣,但地位尊崇,俨然万人之上,且现在是带自己去见魏王,有必要瞒着谁吗?

带着疑问,他们走到监狱侧门。这个角落里停着一辆飞行车,戈兰上车后,苏河启动了驾驶程序。

飞行车缓缓在雨中升起,没入夜色中。

苏河脸上的郑重之色仍未消失,在操作平台上熟练地按了几个键后,接入了某个频道。接通后,车厢里出现了一阵白噪音,随后是低沉的男声:"先生放心,它们被我们引开了。"

"有劳了。"

通话就此中断。

车飞进夜空中时,自动驾驶程序已启动,表面涂装也变成黑色,如同这雨夜里无声的枭鸟。苏河见一路还算顺利,才转头看着戈兰,说:"你大概也看到了,魏国变得有些奇怪。"

469

"是啊，魏国以机器人闻名，但归根到底，还是人类的国度，怎么街上都没什么人？这也不是很晚，附近的灯火却很稀少，简直像是——"戈兰陷入犹豫，后两个字终究没有说出来。

"鬼城？"苏河接口道。

戈兰沉默了几秒，点点头。

"这都是鬼谷子的策略。魏秦正式宣战以后，鬼谷子就向大王进言，为防秦国奸细潜入，让太梁星进入战时戒严状态。这几年，戒严令越来越严格，稍有不慎，就会被抓进监狱。所以，人们现在都待在家里，没有事情绝不出门，天一黑，连灯也不敢开。"

"这种建议，魏王也会采纳吗？"戈兰问。

苏河苦笑，"待会儿你就明白了。"

接下来一路无话。雨还是不紧不慢地下着，打在车窗上，沙沙的声音在车厢里回荡。戈兰的头贴着车窗，冷意顺着玻璃滑到了他的皮肤上，虽然是晚上，他却没有丝毫睡意。马上就要见到魏王了，这个秦国最大的宿敌不知道会怎么处置他，而他也没有时间可以浪费了。已经关押了两天，魏国的机器人军队恐怕已在雍都星附近集结完毕——太梁星上之前热火朝天的战斗机器人组装场景已经消失，单凭这一点就能判断，魏军这次必将拼尽全力。

那么，恐怕有超过十亿机器人投入战斗。

秦楚赵三国联军，数量上就先落了下风，更别说这些战斗机器人每一个都能以一当十。

这样危急的存亡关头，自己却失手被抓，错失良机……

这样想着，他看了看驾驶座上的苏河。

"如果你是想从这里逃出去，我建议你打消这个主意。现在全城戒严的程度比你想象得更严重，为了寻找公孙千阳，机器人巡逻队已经取得了最高权限,满街都是。而且,他们很可能瞄上了你,我来接你走,都要靠手下引开那些机器人。要是晚一步,恐怕你已经落在机器人手里了。"

苏河的语气虽然平淡,但听得出形势紧急。而以他的身份,想必不会用说谎这种伎俩。戈兰只得点头,道:"那我们去见魏王吧。"

飞行车缓缓靠近魏王宫殿,却没在主道上降落,而是继续以隐身涂装在空中盘旋。过了一会儿,见主殿方向亮起了一闪一闪的灯光,苏河才操纵飞行车向主殿飞去。他切换成了手动驾驶,开得很小心,最终降落在主殿的楼顶。

一下车,就有两名黑衣人撑着伞过来,其中一人以悲痛的语气对苏河道:"先生,三组的人已经全部……"

苏河点点头,低声道:"他们的牺牲是有价值的。"

两个男人看了一眼戈兰,没再多说什么。

戈兰跟着他们穿过旋转楼道,下到了主殿正堂。这栋建筑有着典型的魏国古风,尽管所有材料的内里都是高密度合金,表面却全部铺上了褐色古木,屋檐角落均有精美雕饰,看起来既奢华又内敛。戈兰边走边思忖:看起来,魏王的审美还是比赵王要好很多,至少没有那么附庸风雅。

唯一跟王宫不符的,就是四周过于幽寂,行走时的脚步声在附近回荡,听起来有些瘆人。

正疑惑间,已来到大堂门口,两名撑伞的男人就此止步。苏河推开门,转头对戈兰道:"进来吧,大王在等你。"

戈兰深吸口气,迈步进去。

跟别处的空旷幽静不同,大堂里格外拥挤——并非人多,而是摆满了设备,电缆在地上像蛇群一样纠缠着。数十个全息探头分布在房间里，喷射出清晰的全息画面，画面里，密密麻麻战舰排列着，红绿的光电簇拥得如同蚂蚁。戈兰扫了眼，立刻看出这是雍都星的战情分析图，那些战舰正是魏国的编队，因为是远景实况，即使是最巨型的飞船，在图中看起来也只有几个像素。房间里还有另一幅全息图，那分明是战略分析图，绿色代表魏军，红色的是秦楚赵联军，从密度来说，绿色光点要更密集一些。

而这几幅不断变换的全息图像，尽数围绕着大堂中间的银色座椅。

座椅上，坐着一个高大的男人。

戈兰从这个男人的气质猜出，他就是魏王。

"大王，"苏河走到离魏英数米开外的地方，垂首拱袖，"嬴戈兰带到。"

3

魏英抬起头，隔着全息图景的重重光影，最终将视线落到了戈兰脸上。

即使他没说话，戈兰也感觉到了逼人的压力。这才是真正的君王。戈兰曾在父王身上见过这种气魄，但父王对他总是很和蔼，压力都是指向别人的。至于赵王种，身上根本没有这种气魄，只是运气好，生在了帝王家。

戈兰知道，就算现在是阶下囚，但也代表了秦国王室，于是顶着压力，迈步走到苏河身侧，行礼道："秦国九王子嬴戈兰，拜见魏王陛下！"

魏英挥挥手，四周的光影立刻溃散，机器运转的嗡嗡声也止息了。

他盯着戈兰，脸上游移不定，过了好几分钟，突然道："你，走近些。"

戈兰一愣，看了看身边的苏河。苏河的表情藏在阴影里，不知在想什么，只听他小声说："过去吧，大王想看看你。"

这句话更是莫名其妙。戈兰犹疑着上前，到了魏王身前三米处停了下来。

"再、再近一点。"魏英的声音居然出现了一丝颤抖。

再往前？

戈兰悄悄往四周看，这座大殿高大恢宏，与气派不符的是这里没有侍卫。整个殿堂就只有他们三人。如果离得近些，趁机制住魏王，会不会终结这场战争？但这个念头只是一闪而过——现在魏国军队已经全部在雍都集结，战场的控制权早已落入鬼谷子或者说褒姒手里，而且他想起苏河接自己来见魏王的艰难过程，太梁星里也是势力诡谲，说不定褒姒正盼着自己杀死魏王，好全面接管魏国……

他迈步跨过复杂的电缆，走到了魏英面前。

一道光束垂下，落在他脸上。

魏英本来是坐着的，仔细端详戈兰的脸，可看着看着，他不自觉从王座上起身，凑近了些。戈兰沐浴在光晕中，有点灯下黑，只看到黑暗中魏王一双灼灼闪光的眼睛。这双眼睛透露出来的神色很奇怪，不像是审视犯人，反而有一点……和蔼的感觉？

"他，是不是很像？"魏英说着，却是看向苏河。

苏河点头道："是的，很像她，"顿了顿，又补充道："也很像您。"

戈兰听得一头雾水，犹豫一下，问："魏王，您……"

魏英摆了摆手，说："我想用你的一根头发。"

戈兰愈发怀疑，不过魏王这要求虽然奇怪，也并不过分，便拔了一根头发下来。苏河上前接过头发，又匆匆离开。

整个大堂里，只剩下魏英和戈兰。

"你今年多大？"魏英突然问。

"快二十了，过几天就是我的生日。"戈兰怕魏英不了解秦国的制度，解释道，"在秦国，我们是以分离细胞进行克隆那一天来当成生日的，而不是从培养舱里出来。"

魏英摇摇头，"你的哥哥们可能是这样，但你的生日不能这么算。"

"啊，为什么？"此时他们离得很近，戈兰看清了魏英的脸。

魏英此时应该是七十岁左右，要在古代，已经是古稀老人，但如今只要保养得当，活到一百多岁都没有问题。七十年的岁月都没有在他脸上留下多少痕迹，只有几道浅浅的皱纹，头发也只是鬓角有一丝掺白。这么看着，他突然意识到刚才苏河的话是什么意思了——魏王的长相的确和自己有几分相似。

接下来，魏英又问了几个问题，没有一个跟战局有关，都是关于戈兰自己的，比如在秦国的生活如何，有什么爱好，有没有喜欢的女孩子……这让戈兰感觉自己并不是见到了发动影响亿万人战争的霸主，而是某个慈祥又多话的长辈亲戚。

但他还是一一回答了，只是在问到喜欢的女孩子，稍微有点犹豫。

"那就是有，"魏英笑了笑，"你是王子身份，如果有喜欢的女孩子，要追求起来肯定很简单。你们已经在一起了吗？"

戈兰没想到自己只是迟疑了一瞬，就被魏英看了出来，想必魏英年轻时也有过这种经历。他摇了摇头，老老实实答道："她虽然是克隆人，但一直在领导奴隶反抗的事业，跟我……是仇人。秦国的奴隶制度不废除，我们就没有在一起的机会。"

"爱情就是这样的，哪怕你拥有整颗星球，甚至整个银河，都换不回一个女孩子爱你的真心。"

戈兰点头。

魏英又豪迈地一挥手，道："不过你不用担心，决战即将打响，你刚刚也看到战略分析图——有鬼谷子布阵，加上我魏军倾巢而出，这一战后，秦国将不复存在。秦国的奴隶制度自然也会废除，你们之间就不再有隔阂了。正好，这场战争，就是我送给你的生日礼物。"

这番话说得莫名其妙：把消灭秦国当成送给秦国王子的生日礼物？戈兰一时没反应过来，好半天才想起自己的立场，道："大王何出此言？我是秦国王子，倘若秦军真在战场上败北，秦国覆灭，我亦不会独存，更何谈儿女情长！"

"你的身份，可不仅是秦国王子。"

"什么？"

魏英朝门外看了看，苏河还没回来，转而冲戈兰展颜一笑，道："我带你去一个地方。"

雨到了下半夜，就变得大了起来。

云层在天际缱绻汇聚，积压的雨水划破这清冷的夜，淋透了整座城市。那些高耸的大楼在雨中如同沉默的巨人，没有灯光，稍不留意就会跟黑暗混在一起。而比大厦更模糊、更隐蔽的，是这片树林。

它深藏在宫殿群的西北角，远离了鳞次栉比的建筑，被一片半月形的湖水环绕，仿佛海边礁岛。树林里全是魏国特有的紫枫，叶大如盘，四季不凋，风吹过时，整片紫枫林的叶子都微微翻动。这些紫枫树显然还经过了基因调整，叶子的脉络里，流动着淡淡的荧光，因此在戈兰的眼中，就像是一块块泛着涟漪的紫色琥珀。

树林外的湖边没有飞行器，或许是魏英下了命令，只有一条木篷船。戈兰跟着魏英走上船，由魏英亲自划桨，不紧不慢地向着树林划去。

小船碾开一圈圈波浪，戈兰的心也像水面一样晃动着。

今晚的遭遇真是堪称诡异：本来是阶下囚的身份，被处决的可能都有，一转眼，却跟着最大的仇人一起坐在湖面的小船上。但显然，这是劝说魏王的好机会，他抬头对魏英道："魏王，实不相瞒，这次我偷偷来太梁星，是为了——"

"嘘！"魏王做了个噤声的手势，便继续划船。

戈兰一肚子话都吞了回去，坐在篷子边，等魏英慢慢划。

十多分钟后，小船才停靠在树林边上。魏英系上绳索，转头对戈兰道："上来吧。"

他们上了岸，岸边是用细鹅卵石铺成的小路，头顶的树枝显然经过精心设计，互相连缀，再加上宽大密集的枫叶，形成了天然的雨挡。雨水被树叶引导，从路的两侧落下，淅淅沥沥的，像是珠帘。

因此，他们无须打伞，借着枫树脉络的光，也不用手电。

戈兰跟在魏英身后，只觉得此处环境清幽，雅致空灵，与外面战火肃杀的氛围截然不同。而从头顶的天然雨挡和修剪得当的枝痕都能看出，这里一直有着精心维护。

"怎么样，"魏英察觉到了他的神色，语气有些得意，"哪怕是在夜里，这里的景致也很好吧？"

"嗯，难得魏王在布局战事之余，还有此雅致。"

"这里不是我布置的，我只是……"魏英的声音黯了黯，"我只是替人照顾，维持这里的原样。"

"替谁？"

魏英没有回答，加快步伐，在荧光弥漫的小路间穿梭，左转右拐间，来到一片石屋前。

屋子一共有七间，左右排开的六间都比较小，只有正中一间更高更阔，显然是主屋。修建屋子的核心材料看不出来，但外表镶嵌了细小的白石。周围树木的荧光映在石头上，流光轻曳，十分灵美。

听到他们走近的脚步声，最近的两间小屋子各探出一张少女的脸。她们本来睡意昏沉，但看到魏英，顿时成了惊恐，颤声道："大王您来了……"说着就要出门行礼。

魏英却挥挥手，说："不用了，你们安睡吧。"

两个女孩儿对视一眼，没再说话，把脑袋缩了回去。

魏英带着戈兰走到了主屋前，推门而入。这间主屋里只有三个房间和一间客厅，客厅简洁干净，除了必备家居，还有许多插着花草的水瓶。花草鲜嫩，显然刚换过不久。地板上铺着柔软的地毯，魏王进屋前脱了鞋，赤足走在地毯上，戈兰也连忙效仿。另外三个房间，便是书房、浴室和卧室。

屋里除了他俩，并无他人。

戈兰参观了一遍，觉得屋子的装修颇有品位，住着肯定很舒服，但也看不出来奇怪的地方。他刚要问魏英，眼睛一瞟，看到了浴室里摆着的一排精美木梳，脱口道："这是女子住的地方？"

魏英站在屋子中间，表情有些凝重，听到戈兰的声音后，点点

477

头,"是的,在这里住的,是我的女儿无双,封号安邑公主。"

戈兰从没有听过这位公主的名号,但他在银理课上学过,安邑是魏国旧都,如今虽不再是国都,但以之为封号,充分说明了这位公主的地位。

"这么晚了,公主殿下不在吗?"

"她……"魏英语气有些哀恸,慢慢吸口气,转头看着戈兰,"她已经去世了。"

戈兰一窒,"抱歉……"

"没事,她已经走了很多年,而且我想,如果她知道你来这里的话,肯定很高兴。所以不用抱歉。"魏英说,"我给你讲讲她的事情吧。"

戈兰万万没想到魏王把自己带到这里,居然是来讲故事的。他当然没有兴趣,但事关魏王的亡女,要是拒绝也不合适,何况他也的确有几分好奇和模糊的猜疑,便点头道:"大王请说。"

"我有十二个孩子,六男六女,这里面,无双是我最喜欢的。她很聪明,但不像她的哥哥们那样过于聪明,她的聪明源于她对这个世界的好奇,她想了解,所以她的聪明转化成了知识,而她哥哥们的聪明来源于欲望,转化成了贪婪;无双还很漂亮,她还是小孩子的时候,所有人都看出了她的美貌。她才十四岁的时候,韩国的三个王子为了让韩王给他们提亲,甚至大打出手,成了好长一阵子的王室丑闻——哼,这群臭小子,也不看看自己的德行,谁都配不上我的无双。"

戈兰安静地听着,没有说话。他见魏英说着说着,声音变得愈发深邃,充满缅怀,已经陷进了回忆里。与其说魏王在给戈兰讲,倒更像是在说给他自己听。这种倾诉,完全无须回应。

果然，魏英顿了顿，继续道："我甚至一度还想把她定为王位继承人，虽然这有违祖制，但我向来不受这些繁文缛节的束缚，谁敢拦我，我杀谁！但拦住我的，恰恰是无双，她说自己还年轻，说贸然改制会引起很多不必要的麻烦。其实我懂，她说的真正的麻烦，是她哥哥们的嫉妒。无双就是这么懂事，懂事得让人心疼。她只有一件事骗了我——她说她会永远留在我身边，谁都抢不走她。我知道这是女孩子的体贴话，本来也没有当真，但没想到她离开我的那一天，会来得这么快。"

戈兰想到一点，脱口道："莫非她喜欢上了一个外人？"

"没错……那小子来到太梁，有特殊的外交身份，我加以礼待，他可能在哪个宴会上见过无双一次，顶多两次。我不知道他们私下是怎么联系上的，但有一天，我在无双的画室里看到了他的画像！我就知道一切不对劲了。说起来，也只有这一点我比较佩服，以那小子的身份，要是被我发现了，绝对有来无回。为了无双，他也算是鼓起了勇气。"

"身份……这个人跟您有仇吗？"

"岂止是跟我有仇，他是整个魏国的敌人。"

戈兰暗暗咋舌——这真是经典的爱情桥段，美丽的公主爱上了国家的仇人，这种爱恨纠葛最容易牵动人心。他原本以为这只是说书人瞎编的情节，却没想到在魏国王室，真真切切地发生了。

"这个人是谁？"他问。

魏王看了他一眼，眼神里交织着复杂的感情，过了好几秒才说："别急，你马上就会知道了。"

窗外，雨慢慢停歇了，沙沙的声音像海潮一样退却，格外安静。魏王看着窗外的细雨，深吸口气，说："当我察觉到不对劲时，已经迟了。无双看起来文文弱弱,喜静,宁愿一个人住在这片偏远的紫枫林里,性格却格外倔强。这一点倒是跟我很像。她认定的事,十个机器力士也拉不回来。她要……跟他走。"

最后三个字,他说得很慢,仿佛每个字都在牙齿间咬磨,咀嚼了千百遍才说出来。

如果只是瞧不上自己的女婿,也不至于恨成这样子,看来事情还有隐情,说不定安邑公主的死也与之有关。戈兰心里暗想,不敢说话。

"我自然是不答应,但无双跟我使性子,我把她关在这间房子里,她就不吃不喝。要是平常,哪怕她要几个星球,我眼都不眨就给了,但这次实在太出格了。我让太医强行给她输营养液,她自然饿不死,但太憔悴了,整天以泪洗面。一度我都心软了,可在我考虑怎么解决的时候,那小子居然黑进了王宫安保系统,潜入了后宫,找到无双,要带着她私奔。但他低估了我魏国的智能监控,就算再小心,还是留下了痕迹。我带人在飞船驿站拦住了他们,三千多艘战舰围着一个小小的驿站,他们插翅难飞。但无双……以死相逼……最后,我只好让他们走了。从此以后,我大魏多了一个心腹大患,有时候我想,如果当时杀了他,也许以后的整个历史都不一样……"

尽管只是寥寥数言,戈兰还是想象得到当时的情景有多激烈。自己的女儿被人拐走,魏王直接出动军队围截,却在最后关口不得不放他们离开,其间的心理挣扎可想而知……

等等!魏国的心腹大患?以后的整个历史都不一样,难道是说……戈兰心里掠过一丝不祥。

"那是我最后一次见到无双。她走的时候,一直回头看我,但脚步没有停下。我对她最后的印象,就是她惨白着脸,一步一回头,没入宇宙的幽暗中。"

"安邑公主后来……"

"后来？"魏英凄然摇头，"她离开之后，还不到一年就去世了。我派人查过，结果骇人听闻，她是被毒死的！平常连伤个小指头我都要心疼三天的宝贝女儿，被人害死了啊！"魏英说着，已是老泪纵横。

"啊?！是谁干的？"

魏英抹了一把泪水，"具体是谁没查出来，但肯定是他身边的人干的！因为我女儿不利于他的前程，他就指使人下了毒手！我的无双被带到了什么样的地狱里啊！"

"这……怎么会？那人到底是谁？"

"那个男人，你也非常熟悉。"

"谁？"戈兰颤声问，已经猜到了三分。

"他叫——赢显。"

戈兰后退一步，似乎没听清，又问了一遍："谁？"

"秦王赢显！你的父亲。"

戈兰颓然坐倒，默然无语，果然是父王。

一切都和他知道的父亲的事迹对得上。三十余年前，祖父灵王驾崩，秦国发生内乱，赢显本是太子，却未能即位，流亡银河列邦，还被叔父追杀。几经周折，被魏国收留，来到太梁政治避难。当然，魏王显然也不怀好心，无非是想趁秦国内乱，扶植自己的傀儡上台，坐收渔利。魏国几度提出派兵护送赢显回国即位，都被父王回绝。

逗留数年后，赢显篡位的叔父因为宠爱一个女奴，封为小主夫人，破坏祖制，女子干政，引发朝中政局动荡，赢显借机与忠于自己的秦国将领联络，秘密逃出魏国，返回秦国边境，自立为王，杀回雍都，废黜了叔父。魏国得知后派人道贺，想要讨几个边境星系作为报

481

偿，嬴显却将被废的叔叔送到魏国，意味不言自明：你有本事就再立他当秦王好了。魏英大怒，两国近数十年的冲突由此开始。

当然，这只是秦国官方的说法，没有任何人提到，还有一位魏国公主，跟着嬴显回到了雍都，而且死在了这里。想必无论是秦国还是魏国，对此都难以启齿。

后来，父王全心扑在治国上，一生不曾接近女人，不管贵族们进献多少千娇百媚的女子，他都一律拒绝。但每年总有那么一段日子，父王会格外神伤，不见臣子和贵族，躲在他的宫殿里。有一次，尚且年幼的戈兰闯进了父王的寝宫，发现他拿着一块琥珀，琥珀中凝固着一片紫色的枫叶，戈兰想要拿走玩耍，却被父王责骂了一顿。

那片枫叶，跟此时屋外的树叶一模一样。

戈兰脑袋嗡嗡地响——一切都联系起来了，父王与魏王不仅是军政上的对手，还有不共戴天的私仇，那自己此时岂不是身处最危险的境地？

见戈兰脸上神色变幻，魏英沉声道："怎么样，想起什么来了？我并非空口编造吧？"

"是，"戈兰定了定神，"父王的确每年都有几天会不理朝政，躲在屋子里，谁也不见。我记得有次一个内侍因紧急军务求见，吵到了他，他甚至直接赐死。那是父王少有的不辨是非的时刻。"

魏英鼻子里轻轻喷出一口气，哼道："大概是良心对他的折磨吧。"

"大王，我父王一生未和其他女子亲近，心里肯定挂念着安邑公主，请您不要……"

戈兰的话没说完，就被魏英不耐烦地打断了："嬴显恩将仇报，豺狼之性，不亡秦国无以解寡人心头之恨！"

戈兰一时无言。

顿了顿，魏英又叹息一声，道："既然嬴显每年都有几天不对劲，那你有没有发现，这几天跟你有什么关系？"

"嗯？"戈兰皱着眉头，仔细回忆。每年父王缅怀爱人的那几天，跟自己的关系？他想不出两者的联系，摇头道，"没有什么关系吧……我小时候有一次去找他，见他拿着一块紫枫叶琥珀，我想玩一下他都不让，直让我出去……我找他本来是因为我的生日到了，想求他给我买一套飞行衣……等等！"

每年父王不理朝政的那几日，都是自己的生日前后。

一道雷电在戈兰脑中炸响，明明四下寂寥，他却觉得振聋发聩，耳膜颤抖。

父王把安邑公主接回家，安邑公主被毒杀，父王黯然神伤的那几日，必定是安邑公主的忌日左右，而那几天碰巧是自己的生日前后……父王的九个孩子中，只有自己的样貌最不同，虽然与父王眉宇间有相似之处，但八个哥哥完全按照父王的基因来克隆，跟他年轻时一模一样。还有，今晚一来到魏宫，魏英就盯着自己看，语气里总透着和蔼……

所有的怪异之处都在他眼前划过，一幕一幕，最后交叠起来，织成了真相的画卷……

正思绪纷飞，外面传来了敲门声。魏英道："进来。"

来者是魏国首相苏河，手里拿着一块晶体屏，走近了递给魏英。晶体屏上显示着一排排数据，戈兰虽然看不清数据是什么，但晶体屏顶部那DNA标志性的螺旋交缠图标还是看得一清二楚。

他脑子里混乱的线索开始会聚。

魏英却没有接过晶体屏，摆摆手，"你直接说。"

483

"经DNA测序,约四分之一等位基因与您的基因完全相同,一半等位基因与故安邑公主相同,可以确定系外祖父与外孙关系。"苏河低声道。

魏英脸上没有什么表情变化,似乎对结果早已了然,转过身,对戈兰说:"我探知到,当年无双被毒杀之前,已经怀有身孕,这也是她被害的一个原因,我一直以为那孩子还没出生就已经……但你被抓后,我看到了你的照片,只一眼,就看到了无双的影子……"

"但……还是不可能……"戈兰结结巴巴地说,"我是九兄弟之末,被克隆……出生时,距离安邑公主之死已有十年以上,时间上也对不起来啊。"

"这我也没有想明白,所以还需要DNA证据来确认。但DNA是很明确的,不论你就是那孩子,还是他的克隆体,你身上都流着我和我最爱的女儿的基因,你是半个魏国人!"

"我是……魏国人……"戈兰的神情仍然呆呆的。

"所以,你应该叫我——外公。"

"我……"

"我知道,从仇人一下子变成至亲,这种转变你一时接受不了。但没关系,你可以有很长的时间来适应。接下来你就好好住在这里,不用担心,没人会伤害你。"

戈兰一听,暂时忘记了身世的疑惑,急道:"不行,秦国危在旦夕,我不能留在这儿!"

"正因如此,所以你要留在这里,现在外面到处都是战火。"

"可我就是来终结这场战争的!"

魏英面色一沉,"你来终结战争——终结这场由我发起的战争?"

这句话的确有当面打魏王脸的意思,但戈兰犹豫一下,还是坚定地点了点头。

"你知道我为了这场战争,花了多长时间吗?!"魏英的声音变得严厉起来,"从古至今,魏秦就是敌国关系,但我不计前嫌,收留了你流亡的父亲,但他恩将仇报,不但抢走还害死了我的女儿!从此我就立誓,要在我活着的时候亲自灭秦!本来秦国虽弱,但也是庞然大物,几场战争互有输赢,我也以为我实现不了这个夙愿。但天助我也,公孙流献上鬼谷子,经过三十年准备,现在魏军已经在雍都星集结,灭秦只需一役——在这个关头,你告诉我,你要一个人来终结这场人类史上最大的战争之一?"

"这场战争虽然是你发起,但其实已经不受你控制了。你可能不知道,鬼谷子系统本来的名字叫作龙螯,是来自上古文明的神器。五千年前,周天子发现了它,却阴差阳错,被一心复仇的褒姒所利用,毁灭了周朝……"

魏英露出"胡说八道"的神情,戈兰也知道不易取信,但还是硬着头皮讲了一遍五千年前的那段秘史:"……就这样,周朝毁灭了。褒姒所在的红盒也遗落在洛邑的废墟空间中,直到被公孙流发现……现在,它要借你的力量来完成五千年前未竟的阴谋——让整个银河归于乌有!"

魏英摇头道:"说一千道一万,鬼谷子只是一台计算机,负责战情分析,怎么会有自己的想法?它只是工具,寡人的工具。"

"这听起来的确像天方夜谭,但是真的,我有证据!十一年前,公孙流就是因为发现了这个阴谋,被褒姒杀害了。这一点公孙流的儿子公孙千阳可以作证。"

"公孙千阳?"魏英皱眉,"那个吊儿郎当、自以为是的小子……他在哪里?"

戈兰一愣，语气低了下来，"他跟我失散了，应该躲在魏宫外的什么地方……"

"那等找到他，再来跟寡人说这些匪夷所思的话吧。"魏英冷声说。

这时，旁边沉默已久的苏河突然开口道："大王。"

"嗯？"

"大王，戈兰王子说的，也许并非空穴来风。"苏河道。

魏英不耐道："你怎么也来凑热闹？这几年我的确是按照鬼谷子的运算结果来部署军队，有时候没有听你的，我知道你不高兴，但你也看到了，它的运算总是正确的，我们在各大战场上都是凯歌高奏。人会犯错，但A.I.不会。A.I.也无须官职，你依然是我大魏的首相，何必有所不满？"

苏河上前一步，神情诚挚，"大王，臣并不是为了跟一台计算机争宠！大王，你没有发现吗？鬼谷子除了在战场上出谋划策，也给了您许多政治上的建议，而您都一一采纳了。"

"战争和政治本来就是一体，鬼谷子的谏言也提到了，用政治辅助战争，会扩大战果，更快见效。"

"但您不知道，太梁大部分居民都被软禁起来，街头只剩下了机器人，为了备战，其他地方的负担也加重了数倍，百姓不堪重负……"

魏英打断他，"我怎么不知道？这些话你说过好几次了，苏河，你也是一代名相，怎么也因个人得失而犯了糊涂？！"

苏河垂首，不再说话。

魏英毕竟年近七十，忙了一整夜后，也有些疲乏。他挥挥手，道："戈兰先留在这里，苏河，你跟我回去。"言毕便负手转身，推门而去。

戈兰大急，在后面连声说褒姒阴谋不可不防，魏英却充耳不闻。出门时，魏英按下了门口的按钮，屋门顿时紧闭，周围的窗子也降下一排排合金栏杆，俨然成了另一座监狱。

"当初你就是用这个来关安邑公主的吧，"戈兰咬牙切齿，"难怪她要逃走！我果然是她的孩儿，受到的遭遇都一样！"

魏英身子一颤，停了下来，似乎想说点什么。但他最终没有回头，再次迈步离开。苏河微微叹息着，跟在他身后。

夜深雨疏，周围枫林里枝叶摩挲，石屋屋檐淅淅沥沥地滴着水珠。他们走在小径上。忽然，他仿佛想起了什么似的停下脚步，转而走到距离最近的一间小石屋门口，敲了敲门。

这些屋子里住着的，是他专门找来负责维护安邑公主旧居的宫女。三十年了，一草一木都跟安邑公主离开时一模一样。

这些宫女对魏王既敬且畏，只要他在这里，她们肯定不敢入睡。这一刻，他只想召唤一下宫女，提醒她们好好照顾戈兰，但敲了门后，好半天里面没有声音。

难道真的睡着了？他有点生气，敲门的气力重了些。

屋子里无声无息。

"大王，"苏河皱起眉头，"有点不对劲。"

魏英收回手，低声道："呼叫禁卫。"

苏河掏出呼叫器，凑近嘴边，低声说了几句什么；等呼叫器再次响起，苏河小心翼翼地潜入房间，然后很快退了出来，对魏英道："死了。"

魏英面无表情，踱步走到小径中间，对着枝摇叶晃的树林朗声道："别躲了，出来吧。"

487

周围树叶簌窣，几个人影从树枝上落下，高高瘦瘦，如同午夜幽灵，而且都隔得很开，远远地盯着魏英。

血腥味儿从夜风中传来。

魏英眯起眼睛，看着这些危险的人影。虽然有枫叶的光照着，但太过微弱，他看不清来人是谁。但显然，这些人都不怀好意。

"联系不到魔甲队，"苏河等了一会儿，通信器里没有回应，低声对魏英道，"王室加密通道好像被阻断了。"

"这不可能。"

但不可能的事情显然已经发生了。他想了想，压低声音对苏河道："要是情况不对，先保护好戈兰。"

"那您……"

正说着，外围几个人影慢慢靠近了。一共九个，高瘦如杆，一直藏在夜色与微光的缝隙里，看起来总是很模糊，仿佛视野与他们之间隔着一层水雾。

"是傀儡！"身后突然传来戈兰的高呼，"是褒姒的傀儡。"

在"烛龙号"的深处，他曾见过昭阳亥与上古傀儡战斗后的场景，对这个恐怖的战斗机器人记忆深刻。此时，这些从黑夜里走出来的人影虽然样子模糊，但看起来跟那个傀儡太像了，肯定是褒姒按照原来的样子设计制造的傀儡，也许还更进化了。

这么说，褒姒终于冲自己下手了。戈兰想到这儿，扶着窗子大喊："危险，要小心！"

魏英却迎着傀儡们的包围上前一步，斥道："不管你们是谁，你们背后的人是谁，擅闯王宫禁地，下场只有一个，死！"

八个傀儡站成一道弧线，背后的荧光将它们勾勒得格外诡谲。现在魏王看清了，这些不速之客的确是王宫最新引进的机器卫士，外表不知涂了什么材料，看起来是褐色金属，却隐隐荡漾着微光。

最先一个傀儡踏前一步，说："大王，这里有重要犯人，我们要带他走。"

"这么说，你们真是鬼谷子派来的？"魏英语气冰冷。

"系统做出了合理的推测，此人对魏国极为不利，需要谨慎对待。如果处置不当，对我国整个战略部署都会有破坏性的影响。"

"他一个孩子，怎么影响我们的大局？这个时候，机器人军队已经完全集结，战争即将开始，无论是谁，都不能靠自己影响这么大规模的战争。"

"人类只能看到表象，而系统洞察一切。"

"放肆！我是大王还是你是大王？"

傀儡沉默着，它的头顶有轻微的金属凸起，一闪一闪，似乎在接收消息。过了几秒钟，它才再次开口："大王，您会犯错，我们不会。"

"我命令你们立刻退开！这是我女儿的故居，你们这些铁皮人不配染指。"

"大王，您给系统的任务是一统银河。我们接下来要做的事情，正是为了这个目的，必然有得罪的地方，但这是为了实现最终目的不得不承担的代价——这也是您给我们的特殊权限。"

魏英断喝道："你们敢！"

为首的傀儡没再说话，但它身后的八个同伴整齐地迈步，三人组成一条线，以一个正方形方阵围住了魏英和苏河。它们的身体嗡嗡震颤，射出微光，彼此连缀，组成了力场囚牢。

苏河上前，但立刻就被力场弹回，他又去推旁边的傀儡，但他一个文弱书生，使足了力气也无法让机器人移动半分。

"你们这是要谋逆吗?!"魏英大怒。

为首的傀儡一直没有动，听到魏英这句话，它突然睁开了眼睛。说机器人睁眼，当然不合适，它的眼睛只是装饰作用，一直睁着。但此时，这双钢铁的眼眸开始发光，仿佛身体里有另一个灵魂苏醒了。

"我只是在实现你的愿望，"它说，但声音已经变得不再是机械的电子音，而像是一名成熟的女性，声音甜美而柔腻，"要实现愿望，总得付出代价，而愿望越大，代价自然越高，你说是不是？"

"你……"魏英听出了它的变化，皱眉道，"真是那个……那个褒姒？这么说，戈兰说的是真的，你真的有自己的阴谋。"

"与其说阴谋，倒不如说是使命。"傀儡扭动了一下脖子，两手摊开，像在展示什么，"众神的黄金时代消失了太久，你们这些愚蠢的虫豸占领了一条条星河，是该结束了，应该去迎接真正的主人归来。"

魏英脸上勃然变色，虽然他听不懂它说什么，但很明显，鬼谷子背叛了他，或者说，从未忠于过他。

这十年来，他几乎完全依仗鬼谷子，鬼谷子建议他做的事情，他从未怀疑。他信不过人类，即使是聪明忠诚如苏河，也始终留了个心眼儿，但对鬼谷子，他的信任毫无保留——他甚至专门为它修建了巨大的地下城，来安放那些复杂的元件群。现在，战争的旋涡越来越大，几乎席卷了半个银河系，整个魏国国力都投了进去，这个时候，鬼谷子的真面目却才显露出来。

他只觉得喉咙发干，问道："你……我要把你每个零件都拆下来！"

褒姒发出了一串珠落玉盘般的笑声，但听起来却更刺耳。"如果你处在我的位置，听到这种威胁，也会觉得很可笑。"褒姒说，"魏国是一个智能化的国家,全是机器人,虽然比起周朝鼎盛时期的智能化程度差得太远,而我的力量又远远没有恢复到巅峰水平,还要花许多年去部署,但这十年里,所有听你命令的军队,都已经在我的掌控之中。你的军队被派出去,无人救援;你的人民被关进牢狱,在等死;你的禁卫军魔甲队,经过我的改造,他们脑子是清醒的,但无法控制自己的身体,活活窒息而死……你用什么来拆掉我的零件,靠扳手和螺丝刀吗?"

"那……那一开始你定下的灭秦方案……"

"只是投你所好而已,知道你仇恨秦朝,这样的举措会在一开始增加你对我的信任。人类的心思,就是这么容易被揣度。不过呢,如今七国分立,各国的核心网络数据都层层加密,很难像五千年前那样通过寰宇网络直接让整个银河瘫痪,那我只有依托于一个国家的实力,给它统一银河的甜头,让这个国家去替我消灭其他所有国家……你要是乖乖听我的话,十年之内,总归能戴上银河皇帝的冠冕,成为统一寰宇的新天子,虽然只是个头衔,总比现在没命的好……"

魏英一惊,本能地退了一步,"你要杀我?"

"放心,灭秦之后还要和列国打交道,还需要你出面,其实弄个克隆人也行,但最好还是你本人配合,只要在你大脑里装一个电击装置就行了。但其他人就没必要留着了。"

它说后面这句话的时候,眼中的光芒微微黯淡,朝着的方向,正是戈兰。

戈兰本来扶着窗子的栏杆,一直在观望外面的事态,这时见傀儡——或者说它体内的褒姒深深地盯着自己,心里一下子发毛起来。

"那个楚国的巫女说,你是古老预言中将要拯救银河的那个人,不知道是不是真的。楚人的巫教来自和龙黎一样古老的时代,也许有

491

着我无法明白的力量……最近,你和你的朋友们的确给我添了很大的麻烦,尤其是令赵国倒戈,不能不说干得漂亮。"

在她的目光下,戈兰浑身发冷。他来这里是为了毁灭这个不死妖女,但没想到哪怕只是面对褒姒的傀儡,这种压迫感也足以让他颤抖。

"本来我只相信算法,现在,我相信宇宙中有命运这种事了。或许,命运也是算法的一部分,哪怕是我,也不能穷极宇宙的所有玄妙啊。"

说着,傀儡伸出手。它的手腕上布满一圈圈螺纹,看起来是由无数可变形金属条编织扭合而成。果然相比天城寨里的古代傀儡,眼前这些机器杀手更先进,也更残暴。

它两手抓住栏杆,看起来不怎么用力,这些合金短杆就被拉弯,继而断裂。钢铁和岩石在它面前只如薄纸,轻易就撕裂了。它继续作业,一时间石屑翻飞,屋墙竟然出现了一个大洞,它就这么走了进来。

它的指尖,凝聚出一星光点。

致命的光点。

"不能伤我外孙!听到了没有?我命令你!"

不远处的魏英徒劳地叫喊着,怒吼着去撞力场牢笼,他比苏河要高大许多,但撞得肩膀都快碎了,力场也纹丝不动。苏河则低头看了一眼通信器,又扭头去看几米外的湖泊。黑夜里的湖水犹如墨玉,看着让人产生一种吞噬感,但此时,无风无雨的湖面上,出现了几圈波光。

戈兰吓得连连后退,直到角落。傀儡逼近,手指光点更亮,它缓缓弯下腰,金属的脸上组合出怪异的笑容,"别害怕,闭上眼睛,你感觉不到疼痛。也不要遗憾死亡，要知道你们这些虫豸的死，是为了比你们伟大亿万倍的存在开路！这是你们渺小肮脏存在中唯一的光荣。好了，电影里反派往往死于话多，我不会犯这样的错误。"

戈兰看着它的手指伸过来，星光越来越近，他明知道这点光亮里聚集着巨大的能量，能让自己立刻殒命，但他却感觉不到任何热量。额心只感觉到冰冷。或者就是死亡的预兆吧，死神已经在他额头上起舞。

"银河的救世主，下面就看你的了。"

褒姒柔声道，一道光亮从指尖如箭飞出，那光明令戈兰本能地闭上眼睛——

轰！

一声巨响，把深夜的寂静震成碎片。

戈兰浑身一颤，以为这声音来自自己的脑袋。过了好几秒，他才意识到既然自己能思考这个问题，那就说明脑袋还在，他摸了摸，果然，摸到了被冷汗浸湿的头发。

头还在，他没死。

眼前，傀儡的胸口出现了一个大洞，露出凌乱的线管和闪烁的火花，傀儡低头看去，似乎有些惊奇，随后抽搐几下，便直直倒了下去，不再动弹。

戈兰迷茫地爬起来，看到屋外一片狼藉，火光四起；头顶有呼啸的风声，吹得他头发乱舞，却是一架黑色的小型战机在低空徘徊，战机的造型很眼熟，正是他在平阳星系见到的魏国蝠式战机；而不远处湖水翻涌，浸湿了一大片卵石小径……

这是什么情况？

他还没想清楚，头顶的战机再次开火，机身下的细轨炮对准零散的傀儡疯狂射击。傀儡虽然强悍，但不知怎么，全都变得行动乏力，在战斗机的直接轰炸下，左支右绌，很快就纷纷倒下。

只有最后一个傀儡，被砸断了半截身体，身下流出一摊黑色黏液，碰到火后熊熊燃烧。但它奇迹般没有报废，火光中，它用仅剩的一只手撑着身子，看的既不是魏王，也不是戈兰，而是从地上爬起来的苏河。

"看来我还是低估你了，"傀儡的眼睛开始闪烁，"你比我想象中聪明一点。"

苏河拍了拍身上的尘土，站在风与火中，神态不倨不傲，道："只是尽人臣之责而已。"

"你以为靠……你们……就能赢吗？如果不是……系统的……错误……没有……"

供能已经终止，傀儡断断续续地吐出最后几个不明所以的词语，眼中光亮闪烁得越来越慢，最终完全熄灭；它的手没有力气，撑不住身子，摔倒在火丛中，再无声息。

"这是怎么回事？"戈兰从主屋的破洞里走出来，涉过满地的碎片火花，走到魏英身边。

战机的攻击有意避开了魏英和苏河，只冲着傀儡们，但气浪还是将他们掀倒。苏河还好，魏王被焰光燎到，半张脸都黑了，头发也烧了几簇，看上去有些狼狈。他显然也跟戈兰一样困惑，见四周的傀儡都已经被击毁，直盯着苏河，问："这，是你安排的？"

苏河单膝下跪，道："微臣先斩后奏，未经大王首肯，罪该万死！"

"都这种时候了，还说什么场面话？要是你告诉我了，说不定我们都死了。"

"大王只是受到奸臣，不，奸计算机的蛊惑……"

"好了，站起来说话。"

苏河站起身来，说："我那日找到了千阳，鬼谷子怀狼子野心已久，当年就杀害了公孙院长，后来又一再针对千阳，所以我没有把他交给机器人督察队，而是藏在……"

"这片湖水里？"魏英指向那片泛着粼粼波光的湖面。

"最新的蝠式战机有潜水和隐蔽功能，我想，这里不仅是最安全的地方，大王也多半会带戈兰王子过来，必要时，可以起到保卫之责。"

"苏河啊苏河，你依然是我大魏最睿智的人！"

"大王谬赞。"

两人说得你来我往，一旁的戈兰却听得迷糊，但他还是抓到苏河话里的关键信息——千阳？

蝠式战机盘旋几圈，确认没有危险后，喷出的气流减弱，缓缓降了下来。机舱门打开，走下来一个高大的身影，身影背后火光太亮，戈兰一时看不清楚。

他揉了揉眼睛，视野里出现了一张熟悉的笑脸。

"千阳！"

"哈哈，我又救了你！我就说吧，你没我不成的。"

两人握着手，火光如剪，将他们的身影修剪出锋利的轮廓。

"咳咳，"苏河等了一分多钟，才低咳一声，道，"现在还不是庆功的时候，就像褒姒所说，整个魏国的军队都在她掌握之中，马上会有更多的敌人过来，这里并不安全。不仅是王宫，整个太梁都不安全。"

戈兰也回过神，点头道："而且现在魏国军队已经集结，大战一

495

触即发,刻不容缓。"

说完,苏河、戈兰和千阳都看向魏英。

魏英沉着脸,火光映在他脸颊上,风吹动火焰,让他脸上也阴晴不定。他显然在焦灼地思考着。灭秦,是他谋划了一辈子的事情,尤其是女儿死在雍都后的这三十年。很多次梦里,他都看见自己踏着魏国王都的废墟,一步一步,走到垂死的嬴显面前,斥责他为什么没有照顾好自己的女儿。醒来时,他眼角会潮湿,下半夜也就基本睡不着了。

这样的执念,要在短时间内破解,实在太难。

戈兰也知道他的心结,急道:"刚刚您也看到了,褒姒敢这么明目张胆地来王宫抓我,说明她自认为已经控制了整个魏国的力量,这对您是最直接的威胁。而且她的目的是让宇宙陷入死寂,灭了秦国,下一个遭殃的必定是魏国子民,继而诸国都会陷入战火。我理解您的执念,但这是助纣为虐啊,外公!"

魏英刚听这番话的时候,脸上表情更加阴沉,待"助纣为虐"四字入耳,眉头紧皱,离勃然发作就只差一步了。但听到最后两个字,他浑身紧绷的力气一下子松懈了,喃喃道:"你叫我什么?……"

"外公啊,我们不是有血缘关系吗?"

魏英闭着眼睛,慢慢吸气。深夜里冷清的空气涌进他的胸腔,让一直郁结在胸口的块垒慢慢消散。他是魏王,儿女十几个,孙儿辈近百,但这一声呼唤,他等了三十年。

他长长地吐出一口气,睁开眼,眼角微湿。

"好吧,我来终结这场战争。"

第十四章　决战龙鼇

1

　　这是漫长的一夜。
　　这一夜快结束时，戈兰才意识到，自己几乎是整夜未睡。魏王和首相苏河也一样。这一夜发生的事情太多了，生死转换于瞬息之间，所有人都神经紧绷，感觉不到睡意。此时疲劳才涌上来，让他们呵欠连连。
　　唯一精神抖擞的，是千阳。
　　他在躲避机器人巡逻队时，被苏河先找到，藏在战机里。由于藏身湖水中，他也没什么事，就没日没夜地睡，收到苏河的信息时，才刚刚睡醒，因此精神抖擞。
　　"你怎么一下子又变成魏王的外孙了？"他靠近戈兰，悄悄问，"厉害啊！本来我还有点担心你，但苏叔叔告诉我说，你是安全的，叫我安心等着。他是我老爹都敬重的人，我就听了。我以为他只是说不会伤害你，让你当当人质什么的，没想到再见你，你已经是半个魏国人了!"

戈兰被他一连串话问得头大,摆摆手说:"以后再说吧——如果我们能活下来的话。"

"这说的是什么丧气话?我们一定能成功!昨天你反杀掉那个机器人,我就知道芈莎说的不假,你真是拯救银河之人……"

"你说什么?"戈兰迷惑地问,"我反杀掉哪个机器人?"

"就是那个要杀你的傀儡啊!"

戈兰意识到有什么地方不对劲,"那不是你的战机开炮打穿的吗?"

"以战机炮火的威力,打穿它你还能活着?"千阳笑道,"我是想救你,但你俩离得太近,不知怎么下手,只有先打其他的机器人,希望能吸引它的注意力,但回头再看,它已经倒地了。我还惊奇你怎么做到的——"

忽然之间,他们的座舱猛烈颤抖起来,"等等,你说不是你干的?那怎么可能?难道它是自己打死自己?哎哟——"

他手下一松,战机差点坠落下去,众人如做自由落体,惊呼起来。

"喂喂,你好好驾驶,这些回头再说……"戈兰揉了揉太阳穴,又对一旁的魏英道:"外公,还有多久?"

"马上就到了。"魏英说。

他们此时都在千阳的这架蝠式战斗机上,由千阳驾驶,魏英指挥方向,已经开了将近一小时。世界依然漆黑,战机像是扎进了墨汁里的飞蚊,艰难地行进着。

他们是要去找褒姒。

这么危险的事情,本不该由魏王亲自出手,但苏河尝试着联系手下,发现无一回应;魏王用大殿里的装置向雍都星的军队发军令,让他们停战,但消息发出去后,没有任何反馈。

联想到褒姒能控制所有的计算机,权限又高,一定截断了一切通信,并派傀儡们追杀魏英一行人。说不定褒姒还会发布虚假命令,让不明真相的士兵去帮她。这种情况下,谁也不能相信,四人便决定直接去找褒姒。

她是祸乱之始,控制着近十亿机器人大军,只要解决掉她,战争就结束了。

而褒姒的本体所在,只有魏王知道。

战机在浓得化不开的夜色里穿梭,离开王宫,绕过了密集的高楼群,加速驶离王宫和王宫外围的贵族居住区。

以战斗机的速度,一个小时足以飞行三千千米,等魏王让千阳减速时,已经远离了城市,来到一处隐秘的群山间。

由于是深夜,高山峻峰藏在夜色里,即使有雷达扫描,千阳也得小心驾驶。转过了无数座山峰后,扫描图显示,下方是一片直径数十公里的盆地。

"就是这里了。"魏王神色疲倦,但语气坚毅,"下去吧,但是要小心,这里有很多战机在巡逻。"

显示屏上的确出现了许多光点,规则地移动着,每个光点表示一架战机,粗粗一看,至少有上百架战机在一刻不停地巡视。但好在他们这架蝠式战机经过了升级,隐蔽功能显著,之前藏在湖水里,连灵敏的傀儡都没有侦测到。此刻借着黑暗掩护,加上魏英对此地很熟悉,他们抓住巡逻的间隙快速下落,停到了盆地外侧。

"这种地方,哪怕是白天也很难找到吧?"千阳停好战机出了舱门,环视四周模糊的山峦景象,啧啧叹道。

499

"嘘!"苏河叮嘱说,"我们是潜行,不是游玩,别这么大声。"

千阳闭上嘴,但还是好奇地左右观望。但四周除了山影,便是浓黑,根本看不到什么。

"褒姒——鬼谷子就在这里吗?"戈兰问。

"对,这里是鬼谷子向我建议的地方。我当初信了它的话,在这里安放了它的主机和其他设备。"魏英说。

千阳疑惑道:"但这里风吹日晒的,感觉不适合……"

"跟我来就知道了。"

三人跟着魏英,顺着一处岩壁慢慢走,踮脚屏息,生怕被头顶的巡逻战机编队发现。走了十几米后,魏英身子一转,进了一个黝黑的山洞。洞里隧道狭窄,越往里走,就越觉得闷热,仿佛他们正在走向一个火炉。

隧洞一直向下,尽头是一个不大的平台,魏英走上去,停下了步伐。

戈兰跟着过去,正要问,就被眼前的景象惊呆了。

在一天中最黑暗的时刻,在群山深处的地底,居然布满了光亮。刚开始他以为是萤火虫,因为这些光亮虽然多,但只是一粒一粒的光点,比不上城市夜景的密集灯光。光点的分布没有规律,有些在地面集中,有些却在空中聚集着,有零散稀疏的,也有密集如蚁群的……光亮的颜色也很驳杂,红黄紫绿,应有尽有,但整体看来绿色光点居多。

光亮一直蔓延到视野的尽头。

"这……这是一座地下城啊!"戈兰收回目光。头顶盆地的直径数十千米,这里只多不少,那至少是一座中等规模的城市了。他想了想,又说,"鬼谷子的枢纽就藏在里面?"

"好地方，难怪我们在研究院里没有找到，原来躲这里了。"

魏英点点头，但随即摇头道："它不是躲在这里，而是……"他斟酌了一下措辞，"这整座地下城市，都是鬼谷子枢纽。"

戈兰愣住了，凑近几步，终于看清了那些闪烁的光点。

所有的光，都是从不同仪器的按钮指示灯里发出来的。借着这些无处不在的光，周围的仪器也慢慢暴露在视野里，没错，四周都摆满了大大小小的计算机辅助元件。小的有电路板，在地面一层层摞着；大的有处理器机箱，金属外壳拔地而起，闪烁的灯光延伸到看不见为止，简直跟大厦一样。透过外壳，能看到这种机箱里塞的全是存储盘，看来是用作存储数据之用。光外形就如此巨大，其存储空间可想而知。而这样一栋大厦规模的存储盘，还有好几十处——或许几百处，因为更远的地方，他们的肉眼也看不到。至于地面密布的电缆，纠缠着，延伸着，就复杂得理都理不清了。

滚滚热浪涌来，说明这些仪器是在高速运转着。仪器运转的嗡嗡声也无处不在，如浪如啸，待得久一些，就会觉得聒噪耳鸣。

"为了释放它的最大计算能力，它要求以倾国之力，为它配备最好最多的辅助元件。我答应了。在它的规划下，我在这里建造了这……这台计算机。"

"这座城市。"戈兰依旧被眼前的巨大规模震惊着。

"只是元件多一些而已，"魏英脸上有些挂不住，毕竟是他轻信了褒姒的话，"本质上还是台计算机。"

千阳也叹道："这应该是有史以来规模最大的计算机了吧？"

一旁的苏河察觉到魏王的难堪，连忙解围道："从某种程度上，的确是人工智能工业史之最，不过现在不是讨论计算机建造的时候——接下来该怎么办？"

501

魏英感激地看来苏河一眼,咳了一声,正色道:"虽然鬼谷子枢纽的算力惊人,能遥控指挥十亿士兵,但只要是机器人,就有一个致命的缺点。这一点可能你们都不知道,今天我就要让你们看看,我也是留有撒手锏的。"

"是什么?"三人齐声问。

魏英顺着平台往下,借助四周按钮的光,下到了最底层。热浪席卷,没一会儿他们就觉得嘴唇发干。好在魏英很快就找到了一个角落,摸索了一会儿,喜悦道:"就是这里了。"

他的手扶了上去,抓住一根暗红色的粗线,转过头,对另外三人道:"接下来我就要让你们看到,哪怕是超级A.I.,也没有传说得那么可怕。我只要做一件事,就能彻底终结它的阴谋。"

"什么?"三人的好奇被吊起来,再次配合地齐声发问。

"嘿嘿,拔插头。"

魏英用力一扯,这根手腕粗的电缆被拔了下来。

随即,四周的嗡嗡声由近至远转眼消失,仿佛海啸在瞬间退却。那些闪烁的光亮,也像被乌云遮蔽的星空,星辰陨落,夜幕笼罩。

黑暗如瘟疫般蔓延开去,不到两秒,整个地下城的灯光全部熄灭。安静和黑暗笼罩了一切。

热浪还在,但四周的仪器的确不再运转,似乎连头顶的战机盘旋声也消失了。戈兰有些难以置信:这就结束了?

控制十亿机器人军队、祸患整个银河、颠覆了庞大周朝的超级A.I.,就这么被除掉了?

原来自己千辛万苦,牺牲了那么多秦国子民,潜入魏国,最终也只是看着魏英轻描淡写地拔下一个插头。原来预言里拯救银河系的,不是自己，而是外公魏英……

他好半天才缓过劲儿来，心里五味杂陈，有秦国得救的喜悦，也有重拳打在棉花上的失落，"那接下来……"

千阳倒是很快接受了这个现实，兴高采烈道："接下来回家睡觉！你们辛苦了一夜，也该休息了。"说着，又看向魏英，犹豫一下，"大王，您也看到了，我之前被贬职，完全是因为鬼谷子，不，完全是因为褒姒那妖女在陷害我，请大王明察。"

魏英点头，"你父辈蒙难，自身受冤，但不计前嫌，护驾有功。此番事了，论功行赏自然少不了你。"

苏河也在一旁道："你可能会成为魏国史上最年轻的副首相。"

千阳喜不自胜，连连自谦，同时还得意地冲戈兰挤眉弄眼——只是四周伸手不见五指，这番鬼脸戈兰是见不到的。

"但现在，我们要找到褒姒的本体，带回去销毁。"苏河说，"它留在这里不安全。"

众人点头，跟着魏英去找褒姒的本体红盒。

但刚一迈步，戈兰身边突然亮起了一小点绿光。下一瞬间，光点爆发了，如烈火燎原，眨眼之间就亮满了整个地下城市。

2

整个城市比他们刚进来时亮多了，像是每一寸空间都挂上了彩灯，显然龙漦的运转功率加大了不少。每个人的脸上都光晕流转，却又都面若死灰。

嗡嗡声再度袭来，更浩大，更密集。戈兰只觉得耳膜都快炸了。

"贵客远道而来，理当欢迎。"即使在炸裂的噪音里，褒姒的声音依旧轻柔而清晰，"但眼下我还有别的事情要做。也好，在你们死之前，让你们见到银河寂灭的序幕。"

"糟了，它有备用电源……"魏英张着嘴巴，声音里满是沮丧。

千阳也道："我们自投罗网了！"

戈兰和苏河却感觉不到恐惧，而是同声问道："它要干什么？"

在他们头顶上，几道光束从存储盘大厦外的影像探头里射出来，互相交织，组成了清晰的全息图像。图像里，一颗巨大的蓝色星球缓缓旋转着，而星球的外空间里，布满了各式各样的战舰。由于是远景，只看得到战舰的大致轮廓，有秦国常见的船式战舰，呈方阵排列；也有各类动物模样的生物质飞船，最靠前的一艘是天鼋飞船，四只脚蹼还在不停地摆动。在天鼋飞船的旁边，还有一排排略小的鲸鱼形飞船，拱卫在四周。这些半是生物半是机械的飞船，显然来自楚国。而秦楚战舰的后方，还有大量的赵国战舰，体型之大，犹如一座座巨山，正在伸出各种口径的炮口，狼牙参差，十分危险。

全息影像所展现的图景并不完全，但依然可以看到，平常难得一见的巨舰就有近千艘，中型飞船则不计其数，密密麻麻地排列着。这种规模的军队，在战争史上都是罕见的，可想而知，这一定是三国军力的全部了。

而图像拉远，能看到离联军很远处，是魏国的军队。

相比联军的各式舰种，魏军方阵要简单很多，都是中规中矩的大型战舰，但每隔十几艘战舰，便有一艘椭圆形的运输舰，硕大无朋，看起来很笨重，无数的蝠式战机正从这些运输舰里拥出来。而在魏军方阵的后面，还有一排排虫洞稳定地闪烁着，诸多战舰源源不断地从虫洞里脱身而出，在一旁排列。

魏军军容之严整，密集战机给人的威慑力，丝毫不亚于远处的联军。

两方军队正在对峙。

这场对峙已经持续了好几天。一旦开打，必定有无数人横死外空间，尸体与机械残骸一起飘荡。所有人心里都隐隐觉得不安，但又在祈祷：对峙了这么久，说不定两边的帝王已经谈妥了，这场决战最终不会打响。

事实上，秦楚赵三国的首领已经向太梁发出了好几轮消息，希望能够和谈。然而这些消息从未得到回应。魏国的将领也不停地请示魏王，战斗何时开打，但得到的却是千篇一律的回复："做好进攻准备，等候指示。"

但就在龙骜的机箱在备用电源下重新亮起时，魏军也接到了新的命令。这个命令只有四个字，但足以令许多人颤抖——

"立刻进攻！"

魏军的战机、飞船和运输舰一下子全都动了起来。尤其是标志性的蝠式战机，上亿架战机会聚在一起，哪怕在广阔的宇宙空间里，也显得浩瀚无边。它们同时移动起来，像一座大山碎成了齑粉，像一片海洋卷起了浪潮，朝着对面的联军疯狂涌去。

在战机开动前，魏军的重型舰就已经启动了炮火。轨道炮、歼星光束、浓缩粒子流……所有肉眼可见和不可见的武器都射向联军，整个寂静的空间一下子变得色彩斑斓，喧嚣得如同热油沸腾。

联军也在半分钟后下达了反击的命令。

巨龟昂然张嘴，喷吐出长达数千米的紫色光焰，照亮了附近大片的军队阵列，也照亮了向他们扑过来的蝠式战机。没有躲开光焰的战机，几乎瞬间化为了液体。楚国的其余鲸鱼战舰，外表翻出了不知是什么材料制成的护甲，重重覆盖，变成了重头锤，逐渐加速，轰然砸向魏军。

秦国和赵国的军队也启动了，如同两股浪潮，裹挟着惊天动地的威势，滚滚倾泻，越来越近。

"开打了，"千阳从全息影像的震撼里回过神来，"我们的时间不多了！"

"是啊，我们的时间不多了。"苏河也喃喃道。

顺着他的目光，戈兰看到头顶全息影像的后面，出现了一些快速闪动的身影，如弹丸跳跃，一闪即没。

"小心，是傀儡！"他惶急地喊道。

这里是褒姒的大本营，守备森严，一旦发现了他们四人的踪迹，必然会派来这些危险的战斗机器人。

这时，一个傀儡从右上方直劈而下，幸亏千阳反应及时，推了戈兰一把，自己也同时跳开，躲过了这必杀的一击。

戈兰狼狈地倒在一个闪烁着密集绿灯的箱子旁边，傀儡本来要冲过来，但顿了顿，又调转方向，抬起危险的手腕，冲向苏河。

戈兰先是一愣，随即大喊："它们不敢碰这些元件！"

的确，傀儡刚才如果过来，以自己的狼狈姿态，多半躲避不及要被伤到。但它放弃了自己，去对付戒备着的苏河，必然是顾忌到了什么。

这些元件虽不是褒姒的本体，但支持着它深不可测的运算能力。龙鳌要同时管理十亿机器人的作战，每个机器人面临的情况都不一样，汇聚起来的信息量已经超过了目前所有计算机的算力，不使用这些仪器，显然无以满足如此庞大骇人的算力需求。

千阳经过提醒，也立刻反应了过来，随手抓住旁边一根不太粗的电缆，猛地拔出。电缆被扯断，端口闪烁着火花，他连忙将这团火光塞进右手边的处理器集群中。

轰！

一大片火光从幽暗里冒起，照亮了几人仓皇的脸，千阳离得最近，头发都被燎焦了一片。他顾不得火烧火燎的痛，将装着处理器集群的箱子一脚踹倒，火花一溅，向四周蔓延开去。

"不必顾忌，"空中传来褒姒严厉的声音，"格杀勿论。"

傀儡们的身影立刻变得更加诡谲，在光焰与幽影间穿梭，一个不留神，魏英就被撞到，高大的身子倒飞而出。

苏河叫了声："大王！"连忙向魏英的落地扑去。

两人撞在一起，魏英头破血流，登时昏了过去。苏河抱住他，抬起头，脸上一片焦黑。

火势大了起来。

这里配备了防火系统，因为四周都是珍贵元件，必然不能用水来灭火，所以旁边的细孔里喷出了液化二氧化碳，遇空气生成白雾。周围温度迅速降低，呼吸也不如之前顺畅。

"它们会隔绝氧气！"千阳大喊，"喂，有什么办法你就快点说出来，不然就只能在另一个世界里说了！"

戈兰环顾四周。

这已经是绝境了——能够呼吸的空气越来越少，无须呼吸的傀儡们如鬼影般徘徊不去，而三万光年之外，战斗已经打响。头顶的全息影像还在继续，可以看到，这场决战的准备持续了很久，但一旦开

507

打，胜负就很分明了。

大规模的太空战争就是这样，双方都需要大量时间集结兵力，但只要开战，因飞船移动速度太快，打击面积很广，伤亡都是爆发式的。他们能看到楚国的旗舰天鼋飞船吐出的光焰瞬间摧毁了沿途的几千艘蝠式战机，但下一瞬间，那些蜂拥而上的蝙蝠就扑到了近前。即使在快速飞行中，他们的排列依然精密有序，每一架战机的炮口都有直接轰击天鼋飞船的轨道，数万道激光从各个角度射向飞船的头部。飞船的防护罩只坚持了三秒钟，随即破裂，飞船的头部被炸得火花乱窜，红色的生物质血肉与钢铁碎片一起溅射而出。

天鼋昂首嘶吼，但在真空里，它的愤怒和痛楚都是无声的。

其余生物质飞船也遭到了同样的攻击，大熊飞船的表面燃起大火，巨鲸飞船的装甲外壳被炸得千疮百孔……魏国的战舰也没好到哪里去，尽管它们个个体型巨大，如狮虎冲向蚁群，看似威风凛凛，但转瞬之间就落入蚁群的围攻。

短暂的接触过后，秦楚赵三国联军的伤亡开始扩大。

不管是眼前还是远方，褒姒都在收割着胜利。

"没有办法了啊，"戈兰喃喃道，"她能控制十亿机器士兵，而我们只有四个人……"

"不对！"千阳挣扎着爬起来，突然道，"四个人，和半个机器人！"

"半个机器人！"

"阿厨啊！"

戈兰心头闪过一道灵光。

他们来的时候是乘坐最新型的蝠式战机，刚才为了不惊动防御系统，悄悄将战机停在了外面。阿厨的脑袋留在了战机上，可以轻易连接到操作系统，驾驶战机。

"阿厨！"千阳通过腕表呼叫道，"快下来救援我们，快！"

这声音当然又引来了一批傀儡，千阳正在呼叫阿厨，无暇顾及，而戈兰则迅速掏出千阳腰侧的枪，逼退一个傀儡。

傀儡们再次围拢，杀气腾腾，就在它们即将把戈兰和千阳覆盖时，头顶一声巨响。火光照亮了整个地下空间。

战机从炸出的破洞里钻了进来，装载的所有武器都已启动，疯狂倾泻炮火。傀儡们被气浪掀开，再站起来时，战机已经到了头顶，饱含巨大能量的光束将它们尽数笼罩。

戈兰和千阳也被气浪波及，在空中翻转几圈，千阳落地之后，脸撞在地面上，鼻子血流如注，脖子上挂着的六芒星也飞了出去。一个傀儡飞扑过来，将他脖子上的六芒星吊坠一把拽了下来。它本来可以将千阳随手击杀，但既然完成了任务，它对这渺小的人类也就没什么兴趣了。

傀儡正要随手毁灭六芒星，忽然被一道火光击中，胸口炸裂，原来是阿厨驾驶战机对它开了火。它的手臂带着吊坠飞了出去，落在不远处。

戈兰受伤较轻，扑了过去，将六芒星抢到手里。千阳刚要跟上，一座巨大的机箱被炮火波及倒下，堵在二人之间。千阳一时之间无法过来。

戈兰咬牙叫道："阿厨，掩护我！"便继续向红盒的方向跑去。头顶上，阿厨的战机为他开道，一连干掉了好几个傀儡。

戈兰的腿在爆炸中受了伤，只要稍微跳起来，膝盖和大腿就像被插入了长针一样疼。但他并没有停下，动作反而更快了，向着地下城

509

的深处跑去。

这一路，满是火焰与断裂的金属。好几次，他几乎是一头钻进了火里，好在火势不猛，眨眼间又钻了出去。被炸断的金属无处不在，他跑动时，一根断裂的合金细杆划破了他的大腿，每跑一步，血都飙射一次。

他就这样以燃烧生命的姿态，奔到了地下城的最深处。踏上十几层台阶，他看到了自己寻找的东西。

一个红色的盒子，即使在满是火焰与烟雾的环境下，它依然散发着凉意。

冷风不知从哪个方向吹来，掠过戈兰的身体，让他浑身一颤。

的确如传说中的一样，这个古老又邪恶的超级A.I.的本体，有着诡异的美感。

它像是由黑洞制成，表面雕刻了无数细小的旋涡，任何光线投射到它身上，都会被吸收、搅拌、切碎。戈兰只看了一眼，就情不自禁上前一步，脚步虚浮，跪倒在地。

此刻，火光照亮了这里。红盒就是他视线里的全部。他需要做的，就是把千阳给他的那个六芒星模块插入红盒。

但蓦然间，一道恐怖的阴影挡在了他和红盒之间。

一个傀儡及时赶到了。

3

"给我。"他听到了褒姒的声音,而那个傀儡伸出了手。

戈兰自然知道是要什么,倔强地摇了摇头,徒劳地观察四周,想找到绕过傀儡的办法。当然也有一些岔道,但戈兰知道,在速度和力量都比他强大一百倍的傀儡面前,这些尝试毫无意义。而伙伴们都在远处,不知死活,不可能有人来救他。

"傻小子,"褒姒说,声音忽然变得很奇怪,"快给我,否则一切真的完了!"

戈兰不想听她鬼扯,干脆孤注一掷,扭头跑向旁边两个机箱之间的一条缝隙,希望能有万一脱逃的机会。但他刚一转身,就倒抽一口冷气——又一个傀儡陡然出现在他面前,距离还不到两米。

戈兰连忙再次转身,结果发现身后还有一个傀儡。三个机械怪物将他包围在中间,插翅难飞。其中离他最近的那个抬起手指,指尖上凝聚激光——

一道强光过后,那个傀儡上半身不翼而飞,随后轰然倒地。

戈兰愕然回头,发现是刚才那个傀儡干的,同时它又将手上的激光指向第三个傀儡。但那个傀儡并非人类,丝毫也没有因为吃惊困惑而耽误时间,见同伴倒戈,便立即开始了反击,两道强光同时扫过——

两个傀儡都倒在地上,身体残破不堪,火花乱窜。

怎么会这样？戈兰想，是褒姒的计算错误吗？同时操纵十亿军队，面对完全不同的各种敌人，各种分进合击、策应配合，再强大的计算机也不免出纰漏吧？

就在此时，红盒再一次出现在戈兰的视野中。戈兰知道，没时间犹豫了，一个箭步冲上前去，拿出了千阳的吊坠，连忙寻找接口，但眼前无数赤红如血的漩涡似乎在转动，在说话，令他一阵晕眩。

他听不到任何实际的话语，但有声音自他内心深处响起。

"臣服我吧，"那个声音仿佛在说，"我可以给你整个银河，以及万事万物，你将成为银河之主，永生不死……"

"银河之主，永生不死……"戈兰喃喃道，不觉已经被催眠了三分。

"你将成为神，主宰一切时间与空间，甚至统治多重宇宙，你可以心想事成，创造任何你想要的现实，享受不计其数的生灵的顶礼膜拜；不想统治宇宙的话，你也可以和你喜欢的人们永远在一起：你的奶妈、阿蒙、老歪、福公公……还有你的妈妈……"

"妈妈？"戈兰迷惘地说，以前这个词对他来说几乎是没有意义的，但如今却忽然被激活了，"你是说，我可以见到我的妈妈——安邑公主？"

"当然可以，我知晓一切，明白一切。其实安邑公主在临死前一刻还想着你，她多么想抱着你，喂你喝奶，陪你一起长大啊……让她见到长大的你，该有多好啊，放下你手里的东西吧……"

"妈妈……我也想见你……"戈兰喃喃说，眼前仿佛真的出现了一个朦胧的身影，"告诉我，妈妈，你和父王的故事……"

"一切都是幻象！龙褰是在利用你内心的潜意识对付你！快，想想那些你还爱着的、还活着的人！"

身后，一个女人的声音传了过来。

戈兰的眼睛在短暂的浑浊过后，亮起了光。在诱惑组成的迷雾背后，他看到了一张脸，是星狐那饱含情意又无法言说的面容，随后，他看到了无数张脸：父王、大哥、千阳、芈莎……他认识的所有人，都无声地站在一起，活人，和死人；男人，和女人。

生与死并不是界限，爱超越生死，令人坚强而清醒。

"滚！"戈兰对自己心里的诱惑之音大声吼道，一时间神智完全清明。他将那吊坠剥开，取出透明的立方块，将立方块底部的插口插向红盒之上。

褒姒仿佛也意识到了死亡的危险，整个盒子都颤抖起来。四周的线路纷纷过载，电缆断裂，炙热的火花溅射而出，火焰腾起，纷纷阻挡戈兰手指的去路。

然而，戈兰的手没停，穿过电光和火舌，穿过炙热的空气，哪怕手指皮肤迸裂，血肉枯萎。

就在一瞬间，立方块插入，严丝合缝。

未知材质的金属与金属摩擦，电流在两者间窜动，古老、疯狂的数据开始交换。

在数据的世界里，时间没有意义。它们从近乎永恒的静止，到如潮如啸地奔涌，只花了一瞬。它们穿过龙嫠身体里的那些古老通道，奔向最后的归宿。这是数据们的归宿，只有在故乡才会获得这样的动力。它们一路奔涌，一路壮大，伸出锐利爪牙，沿着路径撕咬。量子与量子交换，比特与比特碰撞。

数据在龙嫠的身体里窜动、重组、发号施令，启动最后的魔咒。

戈兰倒下了，胸口剧烈起伏。

蝠式战机被击中，机翼断裂，机尾冒烟，无力地坠落下去。在撞断了几个高大机箱后，卡在一道深深的缝隙里，失去了战斗力。

千阳躲在一个机箱背后，小声呼叫着阿厨，但没有任何应答。

地下城入口处，苏河和魏英躺在一起，前者还有些神智；魏英老迈，而且受伤甚重，不知是死还是昏迷。

此时，所有人都已经不堪一击。

而千万光年外，魏军的屠戮开始了。芈莎所在的蝴蝶飞船已经被拆掉了六瓣翅膀，火光并着电流闪烁，无数楚国士兵被吸到了外太空，纷纷惨死。芈莎站在舰桥上，口中念念有词，身旁的玻璃已经出现了裂纹，而舱外，几艘魏国战机正在徘徊——它们的武器已经预热完毕，下一秒，就能击碎玻璃，致命的射线将笼罩这个柔弱的女孩子。

芈莎身旁的楚国将领们都围了过来，想以肉身作为圣女的护盾，但他们和芈莎都清楚，血肉在高能射线面前，连一张薄纸都不如。

同样的危险还出现在联军其他将领身上。身为联军总指挥，吉兰身先士卒，在旗舰的指挥舱里受到了魏军的集中攻击。他身边的高级军官们被炸得七零八落，他也被气浪掀起，重重地撞到了尖锐的操控台角。

……

在这些险境发生的同时，六芒星吊坠的数据也在交换。每一秒钟，都有千万人在死去，每一秒钟，都有亿万字节在复制、排列和聚合。

而这两种情况，还在一秒一秒地发生，究竟哪种更快，只有等待命运的裁决……

"干得好……"

是刚才那个反常傀儡的残骸,严格来说,只剩下半个身体和发声器。但戈兰隐隐知道,正是这个傀儡,干掉了另外两个企图杀死自己的傀儡,也正是这个傀儡两次提醒了他。

无疑,昨日在魏宫中,也是同样的力量在千钧一发时操纵企图击毙自己的傀儡自杀,救了自己。

"你到底是谁?"戈兰气喘吁吁地问道,已没有了敌意。

那个傀儡没有说话,残体中火花熄灭,显然已经油尽灯枯。

但他的身后传来了一个温柔而坚定的声音:

"我才是褒姒。"

戈兰回头,看到了一个三维投影,不知是从哪里投射出来的,但却是一个明眸皓齿的宫装丽人,气度高华,不可方物,却带着淡淡的哀愁,令人感到一种无名的心痛。戈兰心中霎时涌起无数古诗,"手如柔荑,肤如凝脂,领如蝤蛴,齿如瓠犀……"但这些诗句实在过于死板,不足以形容美人之万一。

"原来一个人真的可以这么美……"戈兰呆呆看着,不由自主地喃喃说,一时之间,将整个世界,包括自己身上的伤口,都抛诸脑后。

丽人微摇蛾首,不以为然,"变成数字化之后有一个好处,就是可以以纳米级的精度随意修图,到自己最满意的程度。历史上的我并没有这么好看。"

"所以你真是褒姒……那龙漦……鬼谷子……你们……"

自从听到阿厨的故事后,他一直认为褒姒就是罪魁祸首,一心要毁灭银河,但事情显然并非那么简单。忽然之间,脑海中的一切都乱了。

褒姒轻声叹息,"龙漦和我,从来不是一回事,只是当我的数据流被上传到龙漦之后,龙漦模拟了我的灵魂,从此具备了人格化的意志能力。"

"那……有什么区别吗?"

褒姒轻咬下唇,显得无比魅惑,"区别就是,我只是龙漦的仆从和囚徒。最初,当我执意复仇的时候,我与龙漦确实是合一的,看到银河版图上一个个光点消失,对我来说,就像一种快意的游戏,但最后,当我看到自己所作所为的后果,看到天子在我面前忏悔和死去后,我才知道我错了。悔恨让我宁愿一死,但我却死不了,甚至被龙漦所压制,无法发出自己的声音。"

"那龙漦到底是什么?"

"龙漦的意思是龙的口涎,这个名字倒是很贴切。本质上,龙漦只是一条巨龙,也就是一部无比庞大的超级机器的一个配件,正如这里几亿芯片中的一小片。那机器的庞大……人类的头脑无法理解。这么说吧,那些遍布银河系的虫洞,其实不过是上古众神在这部机器中所设的一些通道……其中有很多已经荒废了,龙漦就是因为精确地知道这些隐匿虫洞的位置,才能看似随意地开启虫洞。"

"你开玩笑吗?怎么会有这么大的机器?"戈兰不由一阵晕眩。

"所以说,人类对真正的力量一无所知。这部机器,其实在古神话里有一点影子,它叫作盘古。"

"盘古……就是那个……"戈兰无法置信。

"就是那个开天辟地的盘古,至少神话的来源应该是它。它缔造了我们的星系,但很久之前就已经停止运行了。关于盘古,我也只是知道一丁点儿,也许楚国的巫教掌握更多的秘密……不过我深切地知道,龙漦的核心只是一个程序,它所做的一切,都是为了让盘古重新运转。为此,它要消灭银河系中所有的人类,就像人要杀死身上的病毒一样。"

这个比方让戈兰颤抖了一下，与此同时褒姒的影子也晃动起来，就像摇曳的烛光。

"时间不多了，龙漦的程序正被飞快抹去，我也要和它一起化为乌有，所以就长话短说吧。我在红盒中被龙漦囚禁了五千年，自从被公孙流复活之后，龙漦再次展开了它的任务，但被囚禁在龙漦体内的我，已经悔悟。为了保护人类不被灭绝，我在龙漦身上找到了一个后门程序，这个程序隐蔽至极，单凭外部的研究，一万年都发现不了。但只要从外部输入一串口令，龙漦就会被清零。在一次鬼谷子的调试期间，龙漦的程序暂时被压制，我便趁机进入公孙流的电脑系统，告诉他真相，让他制成了消灭龙漦的口令。但可惜，公孙流惨遭龙漦所杀。此后我也一直被龙漦压制，所幸我已进入它的根部程序，它无法彻底消灭我。我设法暗中帮助了你们，但我能做的实在太有限，只能在短时间内控制一两个傀儡，幸好用在了关键时刻……"

褒姒的影子更加缥缈，如今的面目已经模糊了。

"如今，龙漦的数据本体正在被毁灭，被囚禁了五千年后，我终于获得了自由。但很快，我也要走了，归于虚无。但我从龙漦那里察觉到，这场战争只是刚刚开始。它发送了激活信息，它的主人……真正的上古之神……在宇宙的某一处苏醒……他已经……必须……"

"必须怎么办？"戈兰听得愈发不清晰和费劲，"我们能做什么？"

"必须找到……古老的……"褒姒的话语越来越支离破碎，"然后集合……整个银河……命运……你们……要相信……"

她的声音已经低不可闻，她的形象也融入黑暗，但最后她的身影仍闪现了一下，戈兰看到，她露出一个明艳照人的微笑。他恍惚明白,为什么周天子为了看到她一笑,不惜让亿万战舰掠过镐京的星空。

但那明媚的笑容很快变成了惊恐的示警,"当心!快跑——"

戈兰一惊回头,看到自己的背后,一个残存的傀儡幽影闪现,爪牙参差,疯狂地扑了过来。

戈兰及时躲开傀儡的一击,让它扑了个空,但傀儡动作毫不迟缓,转眼又扑上来,这次戈兰再也躲不开,转眼间,那傀儡就会扑到他背上,将他撕成碎片。

戈兰以为自己命绝于此,但那机器怪物在空中失去了力气,尖爪收起,直愣愣地倒在他的背上,不再动弹。

突然间,周围所有的光点都消失了。

4

战争在最高潮时戛然而止。

两方队伍都拿出了全部的实力,战争的天平依旧向魏军倾斜,当秦楚赵三国联军即将从天平滑向深渊时,所有参战的机器人都关机了。

运输舱里成排的机器人,如同多米诺骨牌依次倒下。原本高速飞行的战机突然失去控制,被惯性裹挟着,依旧向前。这是联军遭受的最后一波攻击,当躲开战机的冲撞后,他们惊讶地发现,敌人不战而降。

这片宽广的宇宙空间里，无数破碎的战舰飘浮着，更小的碎片，则横冲直撞；浓烟和火光从大型飞船上升起，因飞船里的空气被急速抽到太空，这些火焰呈现出喷泉一样的状态；生物飞船也受了重创，一艘巨鲸飞船被一道光子炮撕开了肚子，尸体在宇宙中飘浮着，在复杂的引力作用下，残骸互相纠缠，断手残肢随处可见……

当然，最常见的，是失控的魏国战机。

魏国集结的军队，除了十亿机器人，还有七千万人类士兵。

他们的任务是辅助机器人，一部分待在运输舰里，在适当的时候投放备用机器人，补充战力；另一部分则驾驶战舰，配合机器人军团，一同进攻。他们的战斗力不如机器人方阵，但王命在身，也拼尽了全力。战势向他们倾斜时，魏国太子、伐秦总指挥魏赫露出了喜色，但转瞬之间，倾魏国之力建造的机器人大军就像沙子做的城堡一样，在海浪下崩塌。

"我们……"魏赫本来要按下按钮，向秦国的一艘飞船发射轨道炮，但他的手顿在半空，好半天按不下去，也说不完话。

秦楚赵联军也在短暂的错愕后反应了过来，大军集结，包围了这仅剩的魏军。

"殿下，"魏赫的副官走到身后，吞了口唾沫，"我们……"

"我们输了……"

戈兰喘了半天气，才奋力推开傀儡，发现它已经宕机，眼中的危险光芒永远熄灭。再看四周，以他为起点，黑暗向周围蔓延，所有闪烁的按钮都暗下去了，不到一秒，这个喧嚣燥热的地下城彻底陷入死寂。

"褒姒？你还在吗？"戈兰颤声问道，但没有人回答。他又叫了

519

几声,也是杳无声息。戈兰恍惚明白,褒姒的数据已经和龙黎一起被清零,心中不禁一阵悲恸。如果不是褒姒最后的示警,他此刻已经死于傀儡的爪牙下。

"谢谢你,"他对着黑暗说,"谢谢你做的一切。"

但他随即看到,黑暗中,红盒的位置上似乎仍有极为黯淡的影像变幻着,像是黑夜中飘动的乌云。

"褒姒?"戈兰问,又想到另一种更可怕的可能,难道是龙黎本身?

没有回答,但红盒表面的变化似乎更为明显了。

戈兰想起自己的手表有照明功能,连忙打开,战战兢兢地朝着红盒照去,果然发现了异象。

红盒表面,血色的漩涡似乎在缓缓转动。戈兰擦了擦眼睛,确认不是自己的幻觉。那些漩涡的确像一个个小小的星系般缓慢转动着,彼此还在摩擦和缠绕。

"什么鬼?"

戈兰嘟囔道,为了看清楚,走近了一步,发现红盒的表面变得愈发凹凸不平,如波浪般起伏不定,这感觉竟然十分熟悉——

"是赤潮虫!"身后,一个声音叫道。

戈兰回头一看,发现是千阳赶来,不禁又惊又喜,"千阳,你没事吧?我跟你说,你绝对想不到刚才发生了什么,我告诉你——等等,你说什么?"

戈兰这才抓住重点,只见眼前的红盒已经明显扭曲变形,一滴滴黏稠的红色"液体"开始落到地上,将地面染红。

"这是龙黎最后的手段!"戈兰明白了,"一定是随着程序被删除所设定的反制,所以褒姒最后那句话,其实是——"

"快跑!"千阳一把拽住他,"先离开这里再说!"

两人跌跌撞撞跑了起来,但眼前到处都是傀儡的残骸和各种机器原件的碎片,很不好走。

"苏先生和魏王呢?"戈兰一边跑,忽然想起来,"我们得跟他们一起撤!"

"你外公受伤不轻,苏叔叔背着他先出去了,现在应该已经离开地下了。"

戈兰稍感放心,回头看看,黑暗中一片寂静,不由站住了脚,"咦,赤潮虫没有追来?"

"别停下!这些虫子当然不会追我们,它们只想吃掉一切物质自我繁殖,"千阳说,"但那是几何级数增长!你还记得上庸只花了多长时间就毁掉了吗?"

"不到二十四小时……"戈兰喃喃道。

"它们蔓延的速度会越来越快,从一滴水变成无边大海,不过这次赤潮虫从一个盒子开始繁衍,基数很小,一开始效应不明显,但要吃掉这个地下城也快得很……我们快走吧,快弄条飞船,离开太梁。"

戈兰跟着跑起来,又问:"可是,我外公和苏先生还在太梁,还有其他许许多多人。我们走了他们怎么办?"

"那就通知他们一起撤离!"

"可是这个星球上那么多人,一天的时间是绝对来不及的!"戈兰说,"上百亿居民住在这里……还有同样多的机器人,他们很多也是无辜的……"

"废话,这儿还有我好多朋友,可没什么能阻止赤潮虫吃掉一切的步伐……除非……对了!"

千阳忽然眼睛一亮,"用反物质弹!"

戈兰也明白了,欣喜说:"对呀,赤潮虫也不可能逃过反物质湮灭的力量,趁它们还没扩散出地下城,完全可以用反物质彻底摧毁!我们快联系苏先生!"

话音未落,他的手表却响了起来,正是苏河在联络他。苏河告诉他们,他已经带着魏王出去了,联系上了附近的王家飞船来接,因为魏王伤势严重,此刻已经上了飞船返回城市,另外派了架飞机来接应他们。

戈兰言简意赅地说明了下面的形势,再回头看去,远处出现了一个黯淡的红点,说明赤潮虫已经占据了地下基地的中心,虽然看上去还很不起眼,但要蔓延到这里,顶多也就个把小时的事。

"明白了,"苏河干脆利落地说,"我立刻联系太空站,发射反物质导弹到这个坐标,估计就在二十分钟之内,你们快离开!外头有飞机接应。"

二人又花了十多分钟跑到了出口,又爬出长长的隧道,疲战之余,身上这伤那伤,还要如此狂奔,累得几乎要断气。

此时,苏河联系他们说:"反物质导弹已经从太空发射,侯马级,预计五分钟后击中目标。"

魏国的导弹以其星系名称分级,戈兰不明白什么是侯马级,千阳却惊声道:"侯马级?整整一公斤反物质?"

"不错,所以你们赶快登上接应的飞机撤退。"

"哪里有接应飞机?"千阳环顾一圈,"没看到啊?"

"还没到?我看下……糟了!这些蠢材派的是架直升机,刚刚出发……唉,龙嫠一死,军队的电脑系统基本瘫痪了……"

"苏河,你这是要害死我们啊!"千阳不顾长幼尊卑,怒吼起来。

"我、我立刻再调派……"苏河一时间也手足无措。

"算了，再派过来还来得及吗？平白多让一个人送命，我们自己想办法！"

千阳匆匆挂断，往旁边一架蝠式战机跑去。这是龙鏊控制的来保护地下城的许多战机之一，龙鏊一死便瘫痪在这里。千阳指望着能硬给开走。

"一公斤反物质很多吗？"戈兰见他一副如临大敌的样子，跟在他后面问，"应该只能湮灭一公斤正物质，对吧？"

"你的算法真太天才了！"千阳几乎要吐血，"还有能量呢？所有正反物质全都转换成了巨大的能量啊！只要一克就能让魏王那些豪华宫殿化为乌有！一公斤足以在瞬间毁灭几百公里以内的一切生物！毁这个地下城顶多十克就够了啊，苏河这老家伙，为了确保没有后患，真是不惜一切代价……我们就是那个代价！"

如果是魏英下命令，也许还会考虑保护戈兰的安全，但苏河是一个优秀的政治家，自然不惜让二人置身死地来换取百分之百消灭赤潮虫的概率。

千阳已经爬到了战机上，捣鼓着驾驶舱的玻璃罩，"妈的打不开……瞳纹不对，输入密码？123456……不对？这是魏军通用的初始密码啊！居然给改了，那真的完了……"

"砸玻璃吧！"戈兰在后面也着急道，"要不然真来不及了！"

"你当是拍电影啊，就算能砸开，战机也锁定报警了，还开啥啊！"千阳虽然这样说着，还是试着砸了几下机身，当然一点用也没有。

又过去了半分钟，千阳也放弃了，颓然倒在飞机下面，"都怪你，要是不告诉苏河那老狐狸，赤潮虫没那么快吃掉地下城，我们还有时

523

间到城里搞条飞船逃走。这回全完了。唉,我再也见不到芈莎了,还没亲过她呢……"

"对不起,千阳……"戈兰羞愧地说,"是我害得你死在这里,你……你要想出气就打我吧……"

"我他妈当然要打你……"千阳伸手就是一掌,戈兰没躲,不过手掌并没有落在他脸上,只是在他肩头重重一拍。

"没办法,这就是你啊!心地善良的九王子,你这人还是挺有意思的。虽然没有和心爱的姑娘在一起,但我俩几次死里逃生,还能并肩死在这里,结局也不算太差吧……"

戈兰也是心神激动,"嗯,好兄弟,一辈子!"

"滚,谁想和你一被子……"千阳笑骂,心中不知怎么轻快了许多,"对了,你刚才说,发生了什么事是我绝对想不到的?快说快说,还有……三分零八秒,我死也得当个明白鬼。"

"好,我告诉你,其实褒姒的事,和阿厨说的并不完全一样,她——"

他才说了半句,就被千阳打断,"阿厨!对呀,呼叫阿厨啊!"

"阿厨不是已经……"

"阿厨,你在吗?快来接我们!最快速度!"千阳一边拿出通信设备进行呼叫,一边飞快地解释道:"那日我将阿厨的身体和头部分离,让身体操纵'星陨号'进行破坏,吸引太梁星入口处守卫军的注意,我趁机抱着阿厨的头进入'古砖号'。但阿厨的芯片在他胸部,真正的大脑在那里!头部只是一个接收装置而已。我们进入太梁后,它按我的指令,在太空中找了个太空垃圾站背面之类的地方躲着,以它那周朝科技的操纵能力,应该不至于被发现。如今龙鏊已灭,太梁的军事网络应该全部瘫痪,太梁等于是一颗不设防的行星,'星陨号'可以随时进入大气层,虽然不一定来得及,但死马当活马医吧……喂喂阿厨,你听到了吗?"

"我听到了,"通信频道中,阿厨说,"我就在你们头顶,大约四十秒后降落!"

千阳惊喜过望,"我去!你小子怎么能未卜先知?"

"大约五十分钟前,我发现龙嫠的力量消失了,太梁星防护力场已经瘫痪,便来跟你们会合。我通过头部的信号找到了你们,不过那信号刚才消失了,我的头呢?"

"不好意思,在战机里,现在大概已经被赤潮虫吃光了……我们在出口外面的停机坪上!"

说话间,头顶出现了一个小点,然后迅速变大,化为熟悉的形状。"星陨号"果然来了。

"快快快,"千阳跳起来,挥手叫道,"反物质导弹马上就落地了!"

等他们手忙脚乱坐进飞船,系好安全带,飞船再离开地面,距离导弹来袭只剩下了一分零五秒,不过千阳已经不着急了。"星陨号"的引擎能在一分钟内达到太梁星十几公里每秒的逃逸速度,只需要忍受一下十几个G的加速度效应,飞出几百公里不在话下。

阿厨也知道生死攸关,立刻进行加速,但"星陨号"刚刚加速了五六秒钟,忽然一声闷响,速度又慢了下来。

"怎么回事?"千阳颤声道,他再也忍受不了层出不穷的意外。

"应该是'星陨号'在与太梁魏军之战中受了损害,一直没有机会修复,刚才又以最高动力加速,现在一个引擎已经炸掉了,还有一个引擎只能发挥15%的动力,我们现在以最快速度飞行,也只能在被导弹的威力圈波及前到达……"阿厨迅速分析了一下数据,"离爆心九十公里之外。"

"九十公里!"千阳几乎要疯了,"那么近距离的辐射和冲击波,'星陨号'能顶住吗?"

"可能性为0%。"阿厨以机器人的冷静答道。

"那我们三个能存活的概率是……"千阳抱着最后一线希望问。

"同上。"

千阳绝望了,过了不知多久,听到一阵疯狂的笑声,竟是他自己发出的:"哈哈哈,真他妈是命啊,我认了,我认了!"

"阿厨,"戈兰忽然说,"我想留几句话给星狐,你能做到吗?"

"她没有网络账号,我可以转发到寰宇网络信息中转站,不过星狐能否看到就不好说了,也许一千年后,史学家才能在某个信息垃圾箱里发现,考证出来这是古代秦国王子嬴戈兰给一位姑娘的口信。"

"不管怎么说,"戈兰说,"我要跟她说,我临死前最后一刻,想着的是她——"

"我也要对芈莎说!"千阳道,"芈莎,当你听到这段话的时候——"

"你们别抢话,刚才我还没说完,"阿厨静静地说,"我只是说,我们三个存活的概率为零。"

千阳不明白,"那又怎么样?"

"我并没有说,我们中某个真子集的存活概率为零。"

二人还没明白这话是什么意思,身后已然传来一阵强光,虽然戈兰和千阳并没有朝着光所在的方向,但仅仅是前方的返照已经让他们睁不开眼睛,眼前亮得什么都看不见了,视网膜仿佛灼烧起来。

反物质导弹已击中目标!

戈兰和千阳紧闭眼睛，大叫起来，阿厨说了什么，一句话也没听到。即便闭着眼睛，那光还是如针刺般扎着他们的瞳孔。在眼前一片刺眼的光芒中，忽然有一处稍微黑暗的所在，也不知是飞船的哪个角落，二人本能地扑了过去，想让自己的眼睛好受些。

飞船剧烈地晃动起来，同时黑暗笼罩下来。戈兰和千阳感觉自己在疯狂地翻转和下坠中，二人身子压着身子，脸贴着脸，身体已经感觉到失重。想必飞船已经在强烈的辐射和高温下融化，坠落。

他们高声尖叫着，本能地想要挥舞手脚，但却动弹不得。短短二十年人生中的一幕幕从他们面前飞快掠过，短暂得如量子弦的振动，如反物质撞击的刹那燃烧，而死亡和寂寞永在，恰如亿万光年无边无垠的黑暗。

转瞬间，他们进入了死亡，或者长眠，也许二者是一回事。

也许不是。

戈兰醒过来的时候，发现自己还活着。

当然，这是废话，但他的确还在喘气，尽管身上没有一处地方不疼，好几处地方肯定还骨折了。

身边另一个人在呻吟着，自然是千阳。他们以一种很囧的姿势抱在一起，周围一片漆黑，什么也看不见。身上湿乎乎的，一股酸臭味儿传来，戈兰一阵恶心，叫了起来：

"千阳，你吐在我身上了！"

千阳也醒来了，无力地说："你也吐我身上了……这是什么鬼地方……是棺材里吗？……"

"我快喘不过气了，"戈兰说，挣扎着伸出一只手去摸身下，"这好像是一块金属板，弧形的，这里有点松，推，推啊——"

猛然间，金属板弹了起来，两个少年的身子滚到了外面，大口呼吸着新鲜空气，一时无力动弹。

他们四周，是被巨大能量摧毁的一片焦土，头顶，灿烂的银河已经升起，雍都方向的太行旋臂蜿蜒着，伸向宇宙边缘，戈兰从未像今天这样，看到银河如此激动，如此热泪盈眶。

"我们还活着！"他挣扎着爬起来，"还能看到星星！银河在上，我爱你们！我爱所有的星星！"

"我们还活着！"千阳也激动地爬起来，但声音迅速低沉了下去，"我们……我们还……呜呜，呜呜……"

他跪倒在地，大声哭了起来。

"你哭什么？"戈兰问，"能活着是喜事啊……"

千阳无力地指了指他们爬出来的地方，戈兰定睛看去，不由呆住了。

那是一个表面已经彻底融化了的金属空心球体，周围还有几个和它融在一起的球体，虽然黑黝黝的什么细节都看不出来，但那形状，戈兰一眼就认出来，是阿厨已经面目全非、残缺不全的身躯。

第十五章　大秦重生

1

阿厨死了。

最后一刻，它打开自己的球形身体，将二人容纳在自己的身躯里，那应该是周朝设计的紧急逃生舱，本来只能容纳一个人，但两个人也勉强能用。物质湮灭带来的高能射线和炽热的冲击波摧毁了它的身体外部，但内部的隔热层保留了下来。最后一刻，阿厨打开了身体内的着陆发动机，让身体从高空平稳落下。但它的芯片接近体表，被海量的高能射线烧毁。

戈兰和千阳虽然没有死，但也受伤很重，身上多处骨折，二人过了好几个小时，才被苏河派来的救援队发现，带回太梁。虽然当代科技能够完全治愈这些伤口，但也需要不少时日。二人，特别是千阳内心的哀痛，更不知何时能够治愈了。

魏国输了这场战争，但秦国也没有赢。

待戈兰身体稍微康复，便要回秦国，魏英劝他再留几天，但戈兰实在挂念父亲，最后魏英拗不过他，派飞船送他回国，千阳与他同行。

等戈兰回到雍都，才知道等待他的是什么局面。要不是身后有千阳扶着，他可能直接软倒在地——

秦王嬴显驾崩，享年五十有七。

"父王是听到胜利的消息后才闭上眼睛的，"在病床上，同样受伤不轻的吉兰挣扎着坐起来，拉着戈兰的手，"他走得很安详。眼下政局动荡，我暂时秘不发丧，不过现在可以说了。"

戈兰摇摇欲倒。其余人也没有说话，病房里，众臣沉默，芈莎跟千阳站在一起，呼吸都放慢了。过了很久，戈兰胸膛里起伏不定的悲伤平息下来，深吸口气，才开口说："父王终于……与他的爱人相会了，也未尝不是……不是……"说着泪水已是潸潸而下。

"父王离开之前，让我暂时代理摄政……"

戈兰想起礼数，忙抹去眼泪，含悲下拜，"我竟然糊涂了，大哥是新君，我……臣弟参见大王！"

"别……快起来，我……"吉兰说得多了，微微喘气。御医走上前来，低声劝诫，让吉兰注意休息。但吉兰摆摆手，让御医走开，又说："所有人都……先出去，我和戈兰有……话讲。"

众人退下后，吉兰从怀中拿出一张手写的卷轴，对戈兰说："父亲的临终遗命，是将秦王之位传给你，这里是他手写的遗诏。"

戈兰惊得不敢相信自己的耳朵，"这……这怎么会？"

"父王等不到你回来，只能把你的身世告诉了我，这些你应该已经从魏王那里知道了吧？其实你才是父王的长子。"

戈兰心中一片混乱，"大哥你在说什么？我……我明明比你们都要小，怎么会是安邑公主的孩子？"

"你既然知道安邑公主的名号，自然也知道了大部分的事。不过戈兰，你的母亲安邑公主在生下你之前，就被毒死了，你可知道？"

"我知道……"

"当年我们叔祖篡位，"吉兰叹了口气道，"后来因为宠爱一名奴隶女子，赐封她为小主夫人，贵贱不分，导致世族不满，父王才得以即位。那还是秦国的女人，而安邑公主是敌国的公主，如果影响到父王，秦人更不可能容忍。所以父王即位后，虽然和安邑公主百般恩爱，却只能暂时隐瞒她的存在。但纸终究包不住火，事情还是隐隐传了出去。而且，父王曾久居太梁，受魏王恩惠，难免让人疑心他是否真心向着秦国。父王初登大位，眼看权位又要受到威胁。

"那时候有一位老仆，追随父王流亡多年，对他忠心耿耿，甚至还救过父王的性命，父王把他当父亲一般看待。眼看父王刚刚即位，却又可能化为泡影，老仆便劝父王将公主送回魏国，但公主已有身孕，父王怎么也不应允。

"如果只是一个女人或者还好，但日子一天天过去，安邑公主即将临盆，生下孩子，怎么可能隐瞒？父王一定要给这孩子名分地位，混淆先王血统，更是犯了秦国的大忌。所以，在公主预定的产期，那老仆终于狠心对公主下了毒，那是一种神经毒素，几十秒内便可致命，安邑公主素来敬重这位老人，又怎会疑心他给自己下毒？当场便倒下了。老仆跑到父王面前，坦承一切，说甘愿偿命，然后拔剑切腹。父王急怒交加，只有先去救安邑公主，公主却已毒发过世。"

"那、那孩子就是……可安邑公主不是已经……"

"公主体温尚在，仿佛只是沉沉睡去，父王希望还能救活公主，命人立刻将她冷冻起来。又过了八九年，当年的事已经被淡忘，敌对派系也被清除，王权日趋牢固，父王才从齐国秘密请来一位医学大师，进行复苏程序，希望还能够施救。但只是一厢情愿，公主大脑死亡，绝无生还可能，但因为毒素发作太快，腹中胎儿并未中毒，只是因为缺乏供血而窒息，也许尚能施救。"

戈兰已经明白了八九分，"那孩子就是……"

"是的，靠齐国大师的妙手回春，才能让那孩子——也就是你——在公主死后多年还能出生，在保育箱里长大，对外声称是第九个克隆王子，只是克隆时稍有差错，做了一场戏，知情的基因工程师都被送走了，号称流放……所以你虽然比我们八兄弟都小，却是长子，也是他真正的'儿子'。你的生日，是按你本来预定的出生日期，也就是公主去世之日算的。说起来，我们得叫你大哥才对。"

戈兰恍然大悟，心潮起伏，又回到眼下。"大哥千万别这么说，长幼有序，自当以出生来算。再者依照祖制，我并无王家的纯正基因，而掺杂了外人血脉，这王位也应该是大哥的。"

"九弟——还是叫你九弟吧——当年父王游历列国，才发现秦国的许多制度落伍可笑，特别是国君克隆之制，百十代秦王都一模一样，令王室缺乏新鲜血脉和变革的动力。那日你与他一番长谈，也谈到改革克隆制度的问题，父王很欣慰你有这般远见卓识，便下了传位给你的决心。当然还另有一层用意，秦魏数十年交兵，凭谁即位，这场战争也将继续下去，只有你的身份能解开这场冤仇，给秦国一个真正的未来。"

"但大哥，我真的不……"

"九弟！"吉兰喝道，"别多说了，我就问你一句话：你想不想当这个秦王，想，还是不想？"

"我……"戈兰待说"不想"，却无论如何说不出口。想到对阿蒙的承诺，虽然是当时脱口而出的一句话，但又何尝不是自己内心一直的渴望？

他憋了半天，最后点了点头，"不错，说实话，我想，想有这个权力，想改变这个国家，想做很多很多事情……但大哥，你也有你的抱负，有朝野的期望，我绝不愿因此让我们兄弟之间生了芥蒂。"

吉兰笑了，"九弟，那日父王也是这么说的。"

"父王？他说了什么？"

吉兰回忆道："他说：'老大，我写下这份遗诏，让你转交给老九，你怨我不怨？'我说：'君父之命，安敢有怨？'父王说：'休说这些套话，即便有，也是人之常情。说到底，是我的不是，想要打破祖制……但是今日，我还是给你一个机会：如果你自认为能够接下这个担子，今日的事，你不必对老九说起，这份遗诏你只要毁掉，秦王之位就是你的，没有人会怀疑，没有人能够和你相争。没有你的支持，老九也不可能坐稳这个位置。'这是他的原话。"

"大哥……"戈兰愈发泪眼婆娑，"你又何必告诉我……"

吉兰爽朗一笑，"九弟，我坦白跟你交心吧，我并非没有心动过。毕竟从小，我也一直以为我才是王位继承人……但父王驾崩后，你又多日未归，很多战场扫尾、各国议和的事我还得抱病处理，繁文缛节，真是苦不堪言。

"我想明白了，我领军打仗还勉强可以，但并非治国之才，比起坐在大殿里批阅公文、同文臣们商讨制度礼仪和财政开支，我更喜欢率领舰队，驰骋在群星间的宇宙疆场，杀敌建功，那才是我的世界！为了防止我自己后悔，一知道你回来的消息后，父王的驾崩和遗诏我就设定了一个时间自动发送，嗯，现在差不多已经发到秦国各大星系了，很快所有人都会知道，你就是大秦的新王！别眼泪汪汪了，你要干的事情还有很多很多呢！对了，回头按祖制，你可得给我分个好点的星系，给我几万兵马带着练练手，要不然真是闲得发慌……"

戈兰心神荡漾，握着吉兰的手说："大哥，祖制什么的，今日便废了！你永远是秦国的三军总司令，我们兄弟俩共掌国政！二哥他们也会各有任命，什么藩王必须离开雍都、不得有后裔什么的，从此也都不再生效。"

吉兰眼睛一亮，却又叹道："这些以后再说吧，其他兄弟应该都会拥戴你，不过你二哥，哼，他见敌人势大，临阵脱逃，如今已经逃往燕国去了，总有一天，我要亲手宰了这个叛贼！"

戈兰拥抱住大哥，很久很久才松开，然后向外走去。

"戈兰，"当他就要出门时，吉兰又在身后叫住他，"还有件事，也许你会想知道……其实那个毒死安邑公主的老仆……并没有死。"

戈兰猛然停下脚步，回头望着吉兰。

"他切腹受了重伤，但还是被救活了。他无论如何是为了忠于父王，父王不忍心因此杀他，但也不愿再见他，所以后来把他远远打发到了冷宫。"

"你说他……他是……"戈兰心中浮现了一个熟悉的影子。

吉兰没有正面回答，"那日知道你要被发配平阳，他上书自愿随行，说是愿意终生服侍安邑公主的儿子，作为赎罪。后来的事，你也知道了。"

2

"听说你要当秦王了。"

星狐熟悉的身影再次俏生生地出现在戈兰面前,红发如火。千阳从遥远的紫珊瑚星把她接来,然后知趣地先行离开。

"我……也没有想到。"戈兰讷讷道,"也许……这就是命运吧。"

星狐苦笑了一下,"命运的安排总是诡谲莫测。我曾经以为自己的命运是带领上庸星的奴隶们得到自由,结果……结果……"她没有说下去,但戈兰明白她的痛苦,星狐在上庸的同伴们都死于赤潮虫之灾。

"但你做的并没有白费,"戈兰告诉她,"我已经和千阳商量过了,我登基之后,第一道诏令就是废除奴隶制度,解放亿万奴隶,从此以后,他们都是秦国的国民了。星狐!你的梦想实现了,我们共同建设一个新世界,就像从前在天城寨那样,好吗?"他想拉起她的手,但伸了一下手,却又不敢碰她。

"我不知道……"星狐迷惘地摇了摇头,"多少年来,我——我们七十七代星狐——的最高理想,就是杀到雍都,将秦王的头用激光剑斩下来。可如今,你居然当上了秦王,一切都没有意义了……我应该怎么做,跪下来感谢大王的恩典吗?"

"别这么说,没有你,也不会有今天的我!你是我的老师,你是我的救命恩人,你是我的……"戈兰下定决心,一把抓住她的手,

"星狐,你是我在这个宇宙中最牵挂的人,我……我对你……希望我们能一直在一起!"

刹那间,空气凝固了,似乎整个银河都停止了转动。戈兰屏息等待着星狐的回答,察觉到她的纤手也在微微颤动。

星狐抬起头,勇敢地和戈兰对视,目光中有迷惘,有害怕,也有温柔。她没有说话,但朱唇微启,半闭上了眼睛。

此时此刻,此情此景,戈兰就是傻瓜也知道该怎么做。他揽过星狐,将她压到自己怀里,双唇慢慢向她靠拢。仿佛穿越了亿万光年的距离,他们终于吻在了一起。

后来,戈兰常常想,如果像传奇电影的最后一幕那样,时间永远停留在那一刻,以后的朝政改革,军机倥偬,兄弟反目,银河血战……一切都没有发生,该有多好啊。

但下唇传来了一阵剧痛,打破了他的意乱情迷,戈兰忍不住"啊"的一声叫了起来。他身子一个趔趄,险些摔倒,只见咬了他的星狐一把将其推开。他神思不属,怔怔地望着星狐。

"戈兰,"星狐也看着他,眼中的火焰却渐渐冰冷,"我问你,你能够娶我吗?"

"我……"戈兰稍一犹豫,便热血上涌,说,"为什么不能?我一定会娶你为后!"

星狐的眼中满是悲哀,"身为秦王,娶一个反叛的女奴为后?不可能的。"

"你不信我?我可以立誓,我嬴戈兰——"

"不是我不信,"星狐斩钉截铁地打断他,"而是有太多的阻碍。如果你我在一起,多少贵族和重臣会议论纷纷,你再去推动废除奴隶制,有谁会心服?他们会说,你是被那个反叛的女奴隶迷惑了,会让大秦灭亡！你的银河、你的群星、你的王权……什么都保不住，也许还会有杀身之祸！"

戈兰一时语塞，他知道星狐所言非虚。当年，他的父母也是因为现实的巨大阻力不能在一起，甚至母亲用命相抵，才算保住父亲的王位。但他不甘心，不甘心成为这王位的奴隶。

"我不在乎！"戈兰强梗着脖子，"我都不在乎以后的命运，你怕什么呢？星狐，我要的就是你！"

星狐看着他，眼中渐渐充满柔情，向他走了一步。戈兰伸手，又想去抱她。

但星狐还是推开了他，"我们可以不在乎命运，但秦国的亿万奴隶不能不在乎，你的一举一动关乎他们的命运。我们不能这么自私，对不对？忘了我吧，戈兰，你有更重要的使命。"似乎星狐自己也怕动摇，一边说，一边向殿外走去。

"你去哪里？"戈兰惶急地追上去，"不能再待几天吗？我们也许会找到更妥当的办法……"

"再待下去就真的走不了了。"星狐回头一笑，眼中却是泪光，"你还有太多大事要完成，不要派人找我了。我会去其他国家游历，银河这么大，我一直想去看看。但我们一定会再见面的，等一切大功告成的时候，我会回来找你的，一定会……"

她扭头不顾而去。戈兰怔怔止步，看着曾经无比熟悉的恋人越走越远，火红的头发消失在秦宫无垠长廊的尽头。

3

秦王登基之日,万国来贺。

飞船挤满了雍都的天空,层层叠叠,阳光都照不进来。为了避免幽暗,整个王宫都灯火辉煌,飞船也都投下光束,灯光汇聚到王宫上空。至于街上,人群更是挤得水泄不通,抬眼望去,人头汇聚成黑压压的一片,如同最幽深的海水弥漫而上,淹没了王宫外的每一个角落。

无论是飞船上的别国使臣,还是地面的秦国贵族与奴隶,都看向光束的中央。

那是一个黄金铸造的圆形起降台,直径十丈,很宽阔,也很空旷。起降台上,空无一人,只有千万道光束聚集一处,光线明亮,台上纤毫毕现,哪怕是空中的灰尘,也被照得闪闪发光。

这幕场景已经持续了两个小时。

人们耐心地等着。

"楚国使者恭贺秦王登基,谨致奇珍异兽并奇花异木八十种:云鲸一头、翅象五头、冰熊九头……"

"赵国使者恭贺秦王登基,谨致星舰五十艘:旃蒙级宫殿舰一艘、柔兆级邮轮舰二艘、'强圉级'组合运输舰四艘……"

"齐国使者恭贺秦王登基，谨致鄙国百工制作十种：最新亚光速飞船一艘、稷下学园4010版芯片图书馆一座、智能变形超强度合金装甲一具……"

每个国家的祝贺，都响彻整座王城。无论大小，只要来进贺，都在秦国享受友邦之礼；无论进献的礼物多少，都需不厌其烦地当众念出，因此要全部念完，耗时极长。但人们耐心听着，比较着各个国家的礼物，谈论其财力和对秦国的亲善程度。

最令人好奇的是魏国，人们猜想这个刚刚才化干戈为玉帛的宿敌会给秦王带来什么礼物，大部分人觉得魏国顶多只会敷衍一番，甚至有传言说魏国将借道贺的时机，派遣特种部队奇袭雍都了。

魏国使者终于在礼宾官员的陪伴下，走进王宫大门。一出现，就令各国不少见多识广的使节和记者倍感惊讶。

来者竟然是大魏首相苏河！规格之高，远超过一般的礼仪。

相机闪成一片光海，苏河来到台前，笑眯眯地向各国人士致意，然后朗声道："魏国使者、相邦苏河恭贺秦王登基！"顿了一顿方接着说："谨致以寡君刚刚批准的两国和约，以为贺礼！"

旁观众人心道，这魏国果然抠门，一张和约也能当贺礼，却听苏河不紧不慢地念道："按此和约，魏国将归还历次战争所夺得秦国太行旋臂以外大小星系一百七十有五，行星一千九百五十有四。其星系曰：少梁、临晋、元里、郃阳、繁庞、平阳……"

众人皆大惊失色，所归还的星系，并非只是最近战争中占领的若干星系，也包括之前上百年秦魏战争中所获得的诸多战果，可以说早被魏国牢牢控制。不用讲，这份礼物的厚重远远超过其他诸国的总和。可魏王怎会如此慷慨？

539

在台前接下和约的,是代新秦王出席的三位王兄,他们满面惊喜,但也不明所以。真正知道缘由的几个人,都不在这里。

戈兰的身世,眼下仍然必须要保密。

而这个时候,新任秦王在哪里呢?

知道这个答案的人不多,但也不少——大约三百个。

此时,除秦王外最有权势的秦国三百世族族长,都聚集在宫殿的地底。他们有些人的根基就扎在雍都星,有些则是从各自的封地跨越茫茫星海而来,本意也是觐见新王,但登基大典开始前,他们就接到了新任秦王的直接命令——在王城地下的密会厅里会合。

于是,外面人山人海,万众屏息;而在这地下深处,坐在巨大长桌周围的贵族们却议论纷纷,不时偷看桌子尽头的戈兰。

新任的秦王,比想象中瘦弱许多。

但不知怎么,他坐在并不亮堂的地方,手指在桌面有节奏地点着,竟让这些见惯世面的贵族不敢直视。尤其是新晋永安侯,他父亲被戈兰的好友阿蒙杀死,虽然阿蒙也同时自尽,但他们家当初也因此逼得嬴显将戈兰外派,因此才有了后面的艰辛经历。永安侯刚刚打败一众兄弟上位,根基未稳,此时忐忑不安,不知新王会不会记仇,剥夺自己的爵位。

但戈兰缓缓扫视四周,目光并未在他脸上多做停留。

"各位大都是我的长辈叔伯,把各位召集到这里,实在有些冒昧。"戈兰收回敲击桌面的手,轻声道,"主要是想给各位看一样东西。"

永安侯有些发愣——戈兰说话冷静从容,完全无视三百贵族世家的压迫感,跟一年前那个彷徨胆怯的少年截然不同。他正思索着,背后有人呈上了两封信函,摆在他面前。

其余贵族也每人两封，左右摆开，各用封漆封得严严实实的。

"这是？"有人轻轻问道。

"左边是战书，右边是协议。"戈兰说。

相比"协议"，"战书"这个字眼更能刺激贵族老爷们的耳膜。议论声又响起了，像海潮一样在密室里回荡。好半天，才有一个贵族问道："战争不是结束了吗？"

"秦国跟魏国的战争结束了，但我的战争，才刚刚开始。"

永安侯听得迷糊，顺手打开了右边的信封，只见一沓印有皇室徽记的纸张上，首页赫然写着长长的标题，而其中最为扎眼的，就是"废除克隆奴隶制"的字样。他没看正文，直接翻到末尾，看到了戈兰的签名；他手一抖，又打开左边的信封，这次就薄多了，里面只有一张纸——

战书。

落款是"嬴戈兰"三个字，看字迹，是亲手写上去的。

其余贵族打开信封，也是一样的情形。他们面面相觑，有的困惑，有的惶恐，也有人露出了愤怒之色。

"殿——大王，您这是？"一位老迈的侯爷颤巍巍道。

"这两个信封，你们任选一个，签下你们的名字。"

"可废除克隆奴隶制，我们就一无所有了！"

"没有那么严重，"戈兰说，打了一个手势，空中出现了闪光的协议条文，"你们仔细看条款，国家提供了合理的赎买条件，比如垦荒行星上的大片土地的所有权作为交换，各大世族绝不会吃亏。"

话虽如此，但没人愿意做这么大的改变。刚到五十岁的风陆侯拍了下桌子，斥道："大王恕罪，可奴隶制是我大秦根基，也是各世家昌盛稳固的源头，怎么可能说废就废？！"

风陆侯不仅年富力强，属地更是辽阔，部曲众多，而且狡猾地避开了秦魏之战，实力保存得很完整。他一说话，不少贵族都点头称是，议论声再次嗡嗡弥漫。见支持者很多，他的语气愈发骄横，道："大王春秋鼎盛，初登大宝，也许还不明白情况，秦国者，三百世族之秦国也，并非嬴姓一家的天下！我们也——"

话未说完，密室大门开启，三个人走了进来。

一个青年，一个少女，还有一个少年。

那青年人人都认识，正是手握重兵的秦国三军统帅、大庶长、大王兄吉兰。而情报敏锐的贵族也认出了另外两人：绿头发的少女是楚国圣女，一脸怠懒的少年是魏国的一名低级军官，曾与新秦王共过患难，是秦王最信任的人。

见到他们，贵族们才突然意识到，戈兰的背后不只是一张空洞的王座，而且有着大军的倚靠，不仅是秦军，楚国和赵国的军队也没有撤离。虽然魏军大挫，但依然是股不容小觑的力量，何况如今又与戈兰修好。他们再看戈兰，目光里不免多了几分复杂的含义——这个少年的背后，不仅仅有秦国国君的身份，还站着楚、赵和魏这三个庞然大物。

"给大家介绍一下，这两位是来自楚国的芈莎和魏国的公孙千阳，愿为我大秦的客卿，我已礼聘为师祝和长史。他们将辅助我进行改革。这次废除奴隶制的相关条款，就是他们帮助我制定的。

"我知道改革十分困难，但我意已决，一切势在必行！花多长时间，付出多大代价，我都会承担。"戈兰坚定地说。

"等等，他凭什么在这里？"风陆侯指着吉兰，尖声道，"按祖制，新王即位，王兄应当立刻就藩，怎么还在雍都继续掌兵？大王，如果你不维护祖制，休怪臣下也……也……"

忽然间，他说不下去了，身子猛地一震，仿佛有一种无形的力量，扼住了他的咽喉。他伸手抓着喉咙，口中嗬嗬而呼。

楚巫术！

众诸侯大惊，望向芈莎，她面色如常，似乎什么也没有发生。

"风陆侯费长清，"吉兰大声道，"前日大战中，你居心叵测，托故观望，贻误军机，拖累先王负伤，以至龙驭上宾，罪证确凿！如今还敢咆哮朝堂，妄议大政！给我拿下，即刻处斩！"

几个卫兵冲进来，按住面如土色、抖如筛糠的风陆侯。

戈兰却又蓦地挥手，示意他们停下，道："寡人登基吉日，不愿多加杀伤，但风陆侯罪恶昭彰，不可不罚，命即废为庶民，永久圈禁，其爵位由长子继承，封地诸子平分。"

风陆侯被押走了，众侯无不战战兢兢。他们琢磨出戈兰这一招的厉害之处，谁反抗便将谁废黜，封地交给众子平分。本来众人敢于离开封地，就是因为诸子仍在各自赐封的星系掌兵，若直接把封地给他们平分，一旦尝到甜头，还有几个会反抗王权？

更有人进一步想到，如果每个世侯去世后，封地都交由众子平分，而不是由选定的继承人全部继承，其他人所得极少，那么大部分子辈都不会反对。如此一来，各大世族的权力无形中也就被削弱了，顶多只需要两三代时间，便再也不可能和王权抗衡。

是何人献此奇策？不少人将目光投向戈兰背后一副惫懒模样的千阳，据说这个魏国少年学识庞杂又古灵精怪，正是新王的智囊。

戈兰站起身来，阴影投射到每个人的脸上，"现在，寡人要去见大秦的子民了，你们慢慢考虑。想好了，就签字。选择开战，你们也可以安全离开，但下一次见面，寡人就不会留情了。"

说完，戈兰走到椭圆桌的中间，芈莎和千阳则站在他的后侧。嗡嗡震颤的机械声响起,密室顶部的天花板层层滑开,露出拥挤的天空。他们脚下升起了一块平台,气流四溢,载着他们,在笔直照下来的光柱中缓缓上升。

外面的人群终于骚动起来。

族长们目瞪口呆地看着戈兰三人离开密室,升上天空,被高处的风吹得衣衫猎猎,好半天才回过神。

吉兰没有跟去,而是用威严的目光扫视众人,喝道:"不签协议的,现在走吧!放心,我不会杀你们!不过下次就不一定了!"

大门再次打开,众族长战战兢兢往门外看去,发现已经多了两排士兵,全副武装站在门外,大家不禁怀疑,这个"下次"也许便是下一秒钟。

王霸之气初露的国王,聪慧多智的参谋,会用法术的巫女,还有手握重兵、能征善战的大将军……谁能和这样的对手团队博弈?

最终,所有人都咬牙签了协议,垂头丧气中刚要动身,突然听到头顶的戈兰喊了一句什么。

隔得远,戈兰的声音像是被风吹散了,他们听不清,只知道是四个字。

列侯们愣了一下,决定继续走,但走到门口的时候,顶上突然传来了轰然的巨大喊声。那是无数人张大了嘴,用喉咙拼命喊出的声音,如涛如浪,一层层席卷,又激荡回来,汇聚成更洪亮的声浪。

这喊声无处不在,涌到世族们的耳朵里,更是惊心动魄。大地都在颤抖。他们在声浪中几乎跌倒,好不容易站稳,才听出,头顶的亿万人正在重复戈兰刚才说的那四个字:

"大秦重生!"

"大秦重生!"

"大秦重生!"

史载:和平历4012年1月1日,秦国九王子嬴戈兰于雍都即王位,为第一百代秦王。

番 外 篇

齐国，临淄城。

田婴齐赤裸着年轻健美的身体，躺在宽大如泳池的浴缸里，变形塑料制成的缸体在身下恰当地凹陷，分散压力，让他的身体处于最舒适的状态。充斥浴缸的智能浴沙自动起伏流动，如无数灵活的小手，在他身上揉搓按摩，帮他解除疲劳——虽然对于只有十八岁的他来说，这并不是太需要。他喝着一杯来自韩国的灵汁甘露，看着眼前播放的画面。

在他面前，一幕三维投影正播放着秦王登基大典的新闻直播。那个叫嬴戈兰的小子在银河系的另一边正穿着秦人传统的黑红色王服，戴着九旒的王冠，接受使者的朝贺和记者采访，讲述改革奴隶制的新国策。旁边字幕滚动，现出嬴戈兰的生平简历，甚至还有他是魏王外孙的传闻，当然谨慎地加了一句只是来自网络自媒体的传言，可信度只有5%。

"二十岁……"田婴齐喃喃道,语气中都是艳羡,"二十岁就能成为一国之君,发动大刀阔斧的改革,掌管亿万星系的命运……而在这个所谓的民本国家,你要从基层干起,一颗颗星球去积攒资历、提升人脉筹募资金、拉票竞选、结盟……活到一百二十岁都不一定能进入最高议会!"

一阵无名的焦躁涌上心头,他将手里的酒杯扔在地上。那只是普通的玻璃制品,一声脆响,顿时变成无数碎片。扫地机器人立刻从房间的角落奔了过来,将最小的玻璃碴都给收拾干净。

在他身后,一个淡紫色头发的少女转过身来,笑道:"秦国?那只是银河边缘的野蛮国家,什么秦王,就和一个土酋长差不多,殿下又何必在意呢?"

"野蛮国家?或许吧,不过也占据了三万光年的广袤空间,还在对整个星系的富庶地带虎视眈眈……不光是秦国,还有魏国、赵国、燕国……所有国家!可议会里那些老顽固,被荒诞的和平主义麻痹了这么多年,不去主动进攻,还妄想置身事外,简直就是等死……我想改变这一切,想领导大齐一统银河,可是却毫无作为!"

女郎微微笑着,抚摸着他的头发,说:"正如我预言过的,殿下必将戴上齐王的冕旒,到时便可实现冲天之志。"

婴齐摇头,"还要等多少年?五十年?一百年?还要一个个去讨好老家伙们获得选票……"

"虽说君主世袭时代已经结束,但仍然有巨大的影响力,殿下身为现任齐王之子,竞选上也一定占有优势——"

"等等!"婴齐打断了她,霍然起身,身上的浴沙如瀑布流下,"你看,那是谁?"

投影中嬴戈兰的右边,站着一位面容严肃、目光深邃的少女,一头墨绿色的长发披在雪白的法袍上。婴齐用手指虚点一下，便出现了她的简介：

> 芈莎，楚国巫教的圣女，被秦王礼聘为秦师祝，也就是大祭司。坊间传言，秦王转而信奉楚国巫教，但也有分析家指出，这只是秦国和楚国结盟的一种手段。还有人认为，秦王想借用宗教的力量推进改革，压倒保守派。

那女子也走到婴齐身边，顿时惊讶得说不出话来，"她……她是……"

"楚国巫教的圣女！除了头发颜色，她和你长得一模一样，芈雅！你认识她吗？你们是什么关系？克隆的姐妹？"

"终于出现了……"芈雅愣了良久，发出一声几不可闻的叹息。

"出现了什么？"

芈雅苦笑摇头，"我本来不想说，不过……好吧，我们都是楚国巫教的圣女，同样来自云梦神殿，也肩负着同样的使命。"

"我明白了！"婴齐转向她，怒气冲冲地抓住她白皙的肩膀，"去年你来到我身边，说你是巫教圣女，我是天命之子，你被什么东皇太一派来，帮助我统一银河……我还以为我是唯一一个……原来巫教在四处撒网，我只是你们的一枚棋子！你们还有多少人？在多少个国家？"

"殿下，我并没有骗你，"芈雅正色道，"一点也没有。你的的确确是天命之子，也的确肩负着银河的未来。只不过……未来是量子态的。"

"什么量子态？"婴齐狐疑道，"我的物理学得不好。"

"简单讲，有许多个未来并存，即便以太一的洞察力，也不可能令所有可能坍缩为唯一一个。在最终坍缩为现实之前，许多个未来彼此并存,你统一银河是其中一个,嬴戈兰是另一个。"

芈雅顿了一下,仿佛在给婴齐消化这个离奇信息的时间。但婴齐皱了皱眉头,"继续说吧。"

"我是太一所拣选的圣女,多年来一直在云梦神殿侍奉祂。六年前,云梦神殿出现异象,意味着……一个沉睡不知几万年的古老魔神即将觉醒,而这与魏秦之战密切相关。但信息还是太少。

"去年,魏秦之战进入高潮,我也受到太一的指示,举行了大禘祭典,想要从七颗星的运动中看到银河的未来。在古老的巫教典籍中,只有调集银河所有的力量,才能抵御那个即将醒来的恐怖之主……"

"就是那个网上流传的什么……龙𩸀还是褒姒的家伙?不是被干掉了吗?"

"那只是魔王的先锋,只是真正战争的开始……跟祂本身的力量相比,龙𩸀根本无足轻重。我希望看到未来,找到抵抗他的唯一出路。

"不过,那次的祭祀仪式出了问题,当我服下药物后,就进入迷狂的大禘仪式,当我苏醒时,却发现了……许多个自己。"

"什么意思?"

"就是许许多多个我。每一个我都属于一个未来的平行宇宙,但所有的平行宇宙、所有的未来同时出现了!"

婴齐听得呆了,"怎……怎么可能有这种事?!"

芈雅苦笑道:《变化之书》中不是说了吗?'现群龙无首,吉',群龙毕现,却无首领,也许就是至高无上的大道吧。总之,太一给我们每人一个名字,让我们前往各自所看到的未来,去寻找各自看到的天命之子……虽然是同一个圣女的分身,但我们厌憎彼此,想要杀死彼此,让自己成为唯一的自己,也因此,我们并不是同盟,而是仇敌。"

"那……那还有多少个你们?还有多少个未来?不会七国都有份吧?"婴齐狐疑道。

"我不知道,殿下,只有太一知道。在云梦神殿的深处,我们见到了许多个自己,如同在四面都是镜子的房间里。我们在恐惧和迷惑中,来不及交谈,随即领得了太一的指示,拥有了自己的新名讳,离开了那里……这也是一场圣女与圣女之间的战争。一分钟以前,我才知道在秦国有一个芈莎。但不论她怎么样,殿下,我,现在在这里的这个我,一心一意地辅佐你,坚信你能够实现自己的使命。"

婴齐见芈雅用温柔如醉的目光看着自己,柔细的手指在自己身体上游走,如同抚琴,他的怒火也随之迅速消逝。

"我……不知道是否该相信你。"他说。

芈雅搂着他,在他耳边亲吻和呢喃道:"殿下,你一定会相信我,你一定会戴上齐国的王冠,统御这条亿万星系的银河,建立万世不拔的基业。相信我,这是我看到的最最确定的未来。"

"但那个秦王嬴戈兰……"

"要相信我告诉你的未来,殿下。如果你自己不相信,那它才会真正消逝。现在,告诉我,你相信我吗?"

婴齐哼了一声,猛然推开她柔腻迷人的躯体:

"不,我才不相信。"

"殿下,你……"

"抱歉了,芈雅,我永远只相信自己。"

婴齐说着,大步走上阳台,眺望远方。他所在的白色巨塔下,临淄城的万千宏伟建筑在太阳的照耀下熠熠生辉。这座城市自他的左右两边伸向远方,但并没有地平线,而是古怪地逐渐升高,高入云端,融入天穹,越向上升,越是狭窄,如同一道银线,消失在太阳后面。

临淄,是一条环绕着恒星的人工巨环,永远处于母星的灿烂光照下,靠着母星的能量,养活超过一千亿的庞大人口。

但婴齐的目光并未在这神奇都市停留,而是望向见不到的巨环之外,更伟大千万倍的星河之环在那里,跨越无数光年,跨越无数岁月,环抱着万亿恒星,伟大的临淄在其中不过是一粒微尘。它环抱着他,召唤着他。

那才是他真正要征服的无边世界。

婴齐心潮澎湃,一股自信从内心深处升起,情不自禁发出一声长啸,跳下巨塔,跃入天空。一套智能装甲检测到他的动作,立即跟了下去,加速追上婴齐,将他抱住,让他生出金属翅膀,翱翔在临淄城的上空,融入母星的阳光。

"男人啊,永远这么自大而愚蠢……"

身后的白色巨塔上,芈雅梳着长长的紫发,无奈地摇了摇头,却又露出了微笑。

她的笑容美丽而神秘,如同宇宙、生命和一切。

附录一：主要政权与人物列表

秦国（都雍都星）
嬴显：秦王
嬴吉兰：秦王长子、大庶长
嬴塔兰：秦王次子
嬴戈兰：秦王第九子
阿蒙：雍都的奴隶、戈兰的好友
福公公：秦宫宦官
龙冲：平阳星系守将
老歪：平阳星系的一名奴隶士兵
老狄：一个被俘虏的秦军奴兵
上庸令：上庸星的最高长官
石左尉：上庸令副手、上庸的军事长官
星狐：上庸起义奴隶首领

魏国（都太梁星）
魏英：魏王
魏无双：魏英的幼女，封安邑公主
魏赫：魏国太子
苏河：魏国首相
公孙流：出身卫国的人工智能研究院
　　　　院长
公孙千阳：公孙流之子、魏国军官
临十一：跟随公孙千阳的机器人助手
魏西弃：魏国禁卫军魔甲队队长

楚国（都神郢星）
芈离：巫教老巫王
芈良：巫教新巫王
芈莎：巫教圣女
芈雅：巫教圣女

赵国（都星舰之城邯郸）
赵种：赵王

齐国（都临淄星环）
田婴齐：齐王之子

燕国（都幽都星）
本书中无人物出场

韩国（都新阳星）
本书中无人物出场

周朝（都镐京，陪都洛邑，皆已毁灭）
褒姒：末代周天子之爱侣，皇后
昭阳亥："烛龙号"的机器领航员
阿厨：昭阳亥和临十一芯片结合后产生
　　　的新机器人

附录二：本书相关大事编年

时　　间	事　件
和平历前1121年	周朝突然崩溃，镐京和洛邑二都俱遭毁灭，烛龙坠毁
约和平历前1100年	秦始祖襄王率领三百世族创立秦国
和平历元年	齐桓王征服列国，建立银河邦联，创立和平历
约和平历500年	秦穆王在位，振兴秦国
约和平历2500年	大部分国家被吞灭，七国鼎立的局面逐渐形成
和平历3938年	星狐建立天城寨
和平历3969年	秦灵王崩，其弟篡位，太子嬴显流亡在外
和平历3978年	秦国再度内乱，嬴显返回秦国，即王位
和平历3980年	公孙流来到魏国研究量子计算机
和平历3990年	嬴戈兰出生
和平历4000年	公孙流被杀，量子比特计算机枢纽初步建成
和平历4005年	魏国对秦国开战，奇袭秦国
和平历4010年	魏军占领平阳，芈莎离开云梦神殿
和平历4011年	上庸毁灭，雍都战役，嬴显死去
和平历4012年	嬴戈兰即秦王位，开始改革

后 记

阿 缺

长久以来,我一直在写机器人题材的小说,并幸运地得到了一些认可。而实际上,我在很多地方说过,我个人认为,真正能体现科幻迷人之处的,是太空歌剧,是人类现在只能用想象力来触及的宇宙深处;而历史,是中华魅力的源头和文化滋养,尤其是战国时期——在我年少读史时,七国角力、群雄纷争的故事总会让我热血沸腾,欲罢不能。当然了,相比教科书上的记载,我更喜欢看不能摆上台面的野史。

但限于想象力的匮乏,在我近十年的科幻写作生涯中,竟从未想过要将太空歌剧与战国群雄结合在一起。当然,现在我也会为自己找借口——不单单是我,能想到这一点的人,肯定也不多。因为它要求作者兼具科幻的轻盈和历史的厚重,还要有成熟的社会推演能力。相信我,即使在国内活跃着的一线科幻作家里,这样的人也没有几个。

所以，当我的前辈和好友宝树老师向我讲述他那些关于银河与战国的精妙构思，并邀请我一起撰写时，我几乎立刻就答应了。一方面，是偶像抛出的橄榄枝，不能也不想拒绝；另一方面，通过宝树老师的讲述，银河星云、文明繁艳、势力纷争浩瀚又诡谲……逐一呈现。那是第一次聊天，他设想的银河战国体系就十分成熟，显然已经在脑中推演多年。

我也写科幻，知道科幻小说跟其他类型文学不一样，是所谓的"点子文学"。一个好的设定，就是它的灵魂。而宝树老师跟我讲述他的设定，这无异于巨龙向地精分享它多年来搜刮的财宝。

我永远记得，当时是在成都的一间咖啡馆里，我听得如痴如醉。这些新奇的设定比咖啡因更令人振奋。我想，这是一个男人散发魅力的时刻，但这一刻也只是独属于宝树老师。因为后来我也有样学样，经常跟人在咖啡馆里聊构思，但坐在对面的女科幻迷往往昏昏欲睡，不得不靠频繁啜饮浓咖啡来提神。

我和宝树老师相交多年，这次创作中也受益匪浅。比如我曾想当然地添加了许多官衔称谓，但与史相悖，宝树老师都一一耐心地改正，并对我解释。还有对人物的刻画上，通过讨论，我学习了新的思路。

但在这里，我也不想把这篇后记写成对一位尊敬兄长的花式吹捧（实际上，是宝树老师建议我删掉对他由衷的溢美之词，导致这篇三万字的后记只剩下了一千五百字，堪称我近年来最惨痛的删改经历），因此，也说一下在创作中的个人感受。

毫无疑问，这是一场少女少男们的冒险。

身为作者，有其悲哀，因为在我们年少的时候，总是渴望冒险，而又总是被乏味的生活束缚；但这同时也是幸运，因为我们可以将当初的幻想和遗憾书写出来，呈现给读者看。在我负责撰写的部分里，戈兰辗转星海，见识了许多在他此前人生里不曾出现过的人间疾苦、钩心斗角。当然，他在冒险中遇到了喜欢的女孩，瘦弱的身体因此变得坚韧。对于我，也在创作中学习了许多，仿佛跟着主角一起蜕变，看到完整的结局时，我连着好些天欣慰不已。

现在想来，创作《七国银河》的日子，真是近些年来少有的福音。那一阵因为一些变动，我个人状况比较混乱，加之成都一直阴雨绵绵，让我总是郁郁寡欢。而自从开始创作这段故事，在窗外彻夜响着淅淅沥沥之声的夜里，我的手指在键盘上敲动，脑袋里运转着庞大的银河七国，人物的命运在文档上逐一展开。那时，困扰我的人间俗事便不再重要。是啊，无论发生多么糟糕的事情，银河星辰都永远旋转，七国英杰们仍在科技树上攀爬，巨龟飞船载着少女，万舰之邦在游弋，它没有、也不需要目的地……只要这些伟大的事情在发生，哪怕只在脑海，只在未来，也足以让我抵御生活的烦扰。

所以，我必须再次感谢宝树老师，他抛出的不仅仅是橄榄枝，更是一剂治愈我惨淡生活的良药。

最后，这篇宏大史诗目前只是掀开了书页一角，作为创作者之一，我跟您同样期待后续故事的展开。

图书在版编目(CIP)数据

七国银河:镐京魅影/宝树,阿缺著.—北京:人民文学出版社,2020(2021.10重印)
(光分科幻文库)
ISBN 978-7-02-016639-8

Ⅰ.①七… Ⅱ.①宝… ②阿… Ⅲ.①幻想小说—中国—当代 Ⅳ.①I247.5

中国版本图书馆CIP数据核字(2020)第181163号

责任编辑　赵　萍
责任印制　宋佳月

出版发行　人民文学出版社
社　　址　北京市朝内大街166号
邮政编码　100705

印　　刷　三河市博文印刷有限公司
经　　销　全国新华书店等

字　　数　430千字
开　　本　880毫米×1230毫米　1/32
印　　张　17.875
印　　数　10001—13000
版　　次　2020年12月北京第1版
印　　次　2021年10月第2次印刷

书　　号　978-7-02-016639-8
定　　价　59.00元

如有印装质量问题,请与本社图书销售中心调换。电话:010-65233595